정치학 :
인간과 사회
그리고 정치

한국정치학회 편
김영재 외

박영사

책을 펴내며

　이 책은 정치에 대한 저널리즘적인 이해를 넘어서 정치현상에 대해 보다 깊이 있고 체계적인 이해를 원하는 일반 시민들이나 학생들을 위해 기획되었다. 이를 위해 전국의 대학에서 정치학과 국제정치학을 가르치는 30여 명의 교수들이 공동으로 국내정치와 국제관계의 주요한 현상과 핵심적인 내용들을 각각 15개의 주제로 나누어 집필했다.

　두 책의 출판을 구상하게 된 계기는 기존 정치학 입문서의 한계에 대한 문제의식에서 비롯되었다. 무엇보다도 많은 교수들이 강의실에서 대학 1, 2학년 대상으로 정치학과 국제관계학을 가르치기에 적합한 책이 마땅치 않다는 토로를 하고 있다. 필자 역시 25년여 동안 대학에서 저학년 학생들에게 정치학과 국제관계학을 가르치면서 교재에 대한 아쉬움을 많이 느껴왔다. 물론 정치학의 입문서로 훌륭한 책들이 많이 있지만, 그 내용이 너무 난해하고 포괄적이어서 학부 고학년생이나 대학원 수준에 적합한 경우가 적지 않다. 또한 한국의 정치학이 수입학문이라는 태생적 한계로 인해 한국적 맥락과 괴리된 서구적인 경험과 이론에 치우쳐 있다는 인상을 지울 수 없다. 특히 외국 저서를 번역한 개론서의 경우에는 문장 자체가 의미전달이 모호하여 가독성을 떨어뜨리는 경우도 있다.

　물론 이 책이 이 모든 한계를 극복했다고 자신하는 것은 무리이며 우리가 세상에 내놓는 정치학 입문서 두 권이 다른 훌륭한 책들보다 우월하다고 주장하지는 않을 것이다. 다만, 우리의 공동 저작은 각각 15명의 교수·학자들의 집단지성이 만든 산물로서 기존 입문서의 한계를 극복하는 데 최대한 노력했으며, 일반 시민들이나 저학년 학생들이 국내외 정치현상을 체계적으로 이해하고 보다 심층적인 학문적인 사고의 발전으로 안내할 수 있기를 간절히 바랄 뿐이다.

　　이 책은 한국정치학회의 훌륭하신 선배 교수들이 오랫동안 제기해온 과제에 대해 본인이 적극적으로 화답한 결과물이기도 하다. 2014년 필자가 한국정치학회장으로 취임하기 전 학회의 원로 선배님들께서는 "정치학 입문서로 '기본'에 충실한 정치학 교재를 만들어 보라"는 제안을 해주셨다. 2014년 한국정치학회장에 취임하면서 '한국 정치학 교재 발간위원회'를 구성, 이 과제를 실행에 옮기려 했지만 다양한 학술사업을 추진하다보니 2014년 하반기에 들어서야 하며 정치학·국제관계학 입문서를 본격적으로 추진하게 되었다. 이후 제반 사항을 검토하고 교재 발간을 책임·관리할 간사진을 구성했고 수차례의 회의를 통해 필진들을 선정하고 섭외에 들어갔다. 발간위원회에서 합의한 필진 선정의 원칙은 기본서 출판의 취지에 진정으로 공감하고 그 주제에 대해 오랫동안 강의한 교수 및 박사들로 구성하며 특히 패기와 열정을 갖춘 학자들을 우선하여 선정하는 것이었다. 그리고 마침내 전체 필진이 모인 워크숍에서 교재 출판의 의의 및 문제의식을 공유하는 동시에 집필원칙과 방향을 수립할 수 있었다.

　　30여 명의 필진 전원이 모인 전체회의에서는 다음과 같은 출판 목적 및 집필

원칙을 공유하고 합의했다. 첫째, 정치학의 이해에 충실한 입문서를 만들되 지나치게 방대하거나 백과사전식의 설명을 탈피하여 현대 정치를 이해하는 데 핵심적인 개념과 이론들을 집중적으로 소개한다. 둘째, 서구 중심의 정치학에서 벗어나 정치학의 한국화를 시도해야 한다. 한국적 상황과 맥락에서 정치학 및 국제관계학의 의미를 부각시키도록 한다. 셋째, 대학 1, 2학년 학생들이나 시민들이 쉽게 이해할 수 있는 내용들을 선별하고 평이한 어휘를 사용하여 핵심을 명료하게 제시하고 가급적 풍부한 사례들을 제시한다. 넷째, 대중적인 정치학 입문서 출판을 통해 정치학에 대한 관심을 제고하고 궁극적으로 정치학의 위기를 극복하는 데 기여하며 공동체의 민주적 성숙에 일조한다.

전체 필진 워크숍 이후에도 정기적인 간사회의를 통해 원고집필 상황을 수시로 점검했으며 필진들 간에 온라인상 아이디어와 정보 교환, 의견 수렴 등을 통해 완성도 높은 책을 만드는 데 최선을 다했다. 그리고 마침내 이제 우리는 '2014 한국정치학회'의 이름으로 두 권의 정치학 입문서를 출판하게 되었다.

정치학 및 국제정치학 두 책 모두 각각 15명 저자들의 아이디어와 열정과 땀방울로 만든 공동저작이지만, 여전히 부족하고 미비한 점이 없을 수는 없을 것이다. 그러므로 우리는 독자들의 제안과 대학 강의실 현장에서 이 책으로 가르치면서 발견되는 한계와 제안을 모아 지속적으로 내용을 발전시켜 나갈 것이다. 더구나 정치가 '살아 움직이는 생물'이라면 정치학과 국제관계학 입문서 역시 새로운 이슈와 쟁점의 출현에 따라 그 내용과 접근방식도 보완되어야 할 것이다. 이런 노력을 통해 보다 완성도 높은 정치학 이론서를 만들어 나갈 것을 독자들에게 약속드린다.

　이 책의 출판에도 많은 분들의 관심과 열정, 참여가 함께했다. 무엇보다도 정치학 및 국제정치학 입문서 출판의 의의에 공감하고 선뜻 집필에 응해주신 저자분들에게 감사 드린다. 정치학과 국제정치학의 기획, 집필 조율, 편집 등을 책임 있게 이끌어준 정치학 분야의 홍원표 교수(한국외국어대), 정상호 교수(서원대), 심승우 박사(성균관대)와 국제정치학 분야의 정한범 교수(국방대), 김태형 교수(숭실대), 김태완 교수(동의대)에게 감사드린다. 회의 준비와 회의록 작성, 필진 연락 등을 맡아준 이충희(청주대) 박사에게도 고마움을 전한다. 마지막으로, 사회과학서적 출판 현실이 무척이나 어려운 상황임에도 이 책의 출판을 선뜻 맡아주신 박영사의 안종만 회장님, 안상준 상무님, 임재무 이사님, 우인도 부장님께 감사드리며, 정치학과 국제관계학의 각 편집을 맡아준 김선민 부장님과 문선미 대리님에게도 감사드린다. 앞으로도 박영사가 출판시장에서 대한민국의 학문적 지성을 선도해 나가길 기원한다.

2015년 8월
글쓴이의 뜻을 담아
2014 한국정치학회 회장 김영재 씀

차례_____

정치학: 인간과 사회 그리고 정치

총론

    정치는 인간의 필수불가결한 조건이다. 인간사회에는 차이와 다양성이 존재하며 희소한 자원과 결핍이라는 환경 속에서 우리는 살고 있다. 때문에 공정한 경쟁과 평화로운 삶을 위한 필수적인 조건으로서 규칙을 만들고 유지·수정하는 정치는 인간으로 구성된 공동체의 필연적인 현상이자 인간다움을 위한 조건이라고 볼 수 있다. 즉, 대립적인 의견이나 경쟁적인 이해관계, 다양한 삶의 방식과 욕망들, 양립하기 힘든 가치관이나 세계관들 간의 공존의 원리와 가능성을 모색하는 것이 정치라고 볼 수 있다.

    물론 정치는 참으로 다양하게 정의할 수 있으며 공동체에 대한 통치기술이나 공적 업무를 관할하는 조직과 활동, 정부의 구성이나 정당 활동, 선거에서의 경쟁 등은 정치를 구성하는 핵심요소이다. 그러나 정치를 국회, 정당, 정부, 정치적 보스 간의 권력투쟁이나 정치공학 등과 같은 권력게임으로만 이해하는 것은 정치를 지나치게 협소하게 정의하는 것이고 정치에 대한 무관심을 불러일으키며 궁극적으로 정치의 위기를 초래한다. 더구나 시민의 정치적 무관심과 무지, 개인적 권력과 이해관계에만 매몰되는 정치인들, 부정부패와 게이트 같은 대형비리 사건 등 정치의 타락은 정치에 대한 냉소와 환멸을 불러일으키고 이는 다시 정치에 대한 희망과 기대를 갖지 못하게 만드는 악순환이 되고 있다.

　　플라톤과 공자 이래로 동서양의 수많은 정치학자들이 정치를 다양하게 정의해 왔지만, 지배적인 가치(부, 지위, 명예, 기회, 존중 등)의 권위적인 배분이라는 점에서 정치란 '누가 무엇을 어디서 언제 어떻게 얻는가' 하는 원리를 추구하는 활동으로 단순화하여 정의할 수 있다. 이와 연관해서 '누가 통치해야 하는가', '어떻게 통치해야 하는가', '통치의 목적은 무엇이어야 하는가', '정치적 통치자가 행사하는 권력의 정당성은 무엇인가', '정치공동체의 목표는 어떻게 합의되는가' 등의 근원적인 질문에 대한 해답을 추구하는 행위로 이해할 수 있다. 또한 아리스토텔레스가 '인간은 정치적 동물'이라고 정의했을 때, 가장 핵심적인 의미는 공동세계에의 참여를 통해 인간은 자신의 잠재력과 도덕성을 완성시켜나가면서 정치공동체의 조화와 번영을 추구한다는 의미일 것이다.

　　이 책은 정치에 대한 지적 관심과 학문적 이해를 원하는 민주시민이나 대학생이 알아야 할 정치의 세계를 3부로 나누어 설명하고 있으며, 정치를 이해하는 데 필수적인 개념이나 관련 지식, 이론의 대부분을 충실하게 설명하고 있다. 정치의 개념과 정의, 정치권력, 정치이데올로기, 민주주의, 정치변동, 국회, 선거와 정당, 정치문화와 정치사회화, 시민사회와 단체, 법과 정치의 관계, 지방자치, 다문화와 소수자, 세계질서 등 현대정치학의 모든 주제를 대부분 망라하고 있다.

　　먼저 제1부 "정치란 무엇인가?"는 정치학의 가장 근원적이고 핵심적인 개념과 이론으로서 정치의 개념과 정의, 정치권력, 정치이데올로기, 민주주의 등을 공부하는 4개의 주제로 이루어져 있다.

　　제1장 "정치란 무엇인가?"에서 홍원표는 정치에 대한 다양한 개념과 정의들을 살펴보면서 노동이나 작업 등 여타의 다른 인간적 행위와 구분되면서도 밀접히 연관되어 있는 정치의 독특한 의미를 부각시키고 있다. 간단히 말해, 정치는 인간다운 삶을 실현하는 데 기여하는 중요한 활동이자 고유한 인간성의 표현이고 공존의 원리이자 구성원들이 가진 다양한 정체성의 기반이 된다. 정치사상 전공자로서 홍원표는 정치에 대한 심오한 정치철학적 이해를 대중적인 언어로 알기 쉽게 설명하고

있다. 특히, 정치의 두 얼굴로서 조화 지향적인 정치와 경쟁 지향적인 정치를 대조하면서, 권력투쟁을 중심으로 한 협소한 '주류' 정치 개념을 넘어서 정치의 진정한 의미를 강조하고 있다. 정치의 고유성을 부활시키고 차이와 다양성의 공존으로서 정치, 새로운 것을 시작할 수 있는 시민적 능력으로서 정치적 실천을 활성화시킨다면 우리는 정치의 아름다움을 체험할 수 있을 뿐만 아니라 지금보다 훨씬 인간적이고 행복한 삶을 살아갈 수 있을 것이다.

제2장에서 박명호는 핵심적이고 필연적인 정치현상으로서 정치권력의 문제를 다룬다. 주지하듯이, 우리가 집단사회를 유지하는 한 공동체에 최소한의 질서와 통합을 유지해야 하기 때문에 권력은 인간사회에서 불가피한 현상이다. 나아가, 현실적으로 최고의 인간 공동체는 국가이고 권력이 정치적 기능을 수행하기 위해 조직화되었을 때 정치권력이 된다. 그런데 정치권력은 정치공동체의 불가피한 요소이고 민주주의 사회에서조차 정치권력이 소수에 집중되는 것이 현실이라면, 문제는 어떻게 정치권력이 공동체의 발전에 기여하도록 통제하느냐이다. 이 장에서 우리는 하나의 정치공동체의 발전과 번영을 가능하게 만들기도 하고 때로는 정치공동체를 재앙으로 몰고 가거나 파괴하기도 하는 야누스의 두 얼굴 같은 정치권력의 본질, 방식 등을 이해하고 통제하는 것이 민주공화국 시민의 의무임을 배우게 될 것이다.

제3장에서 정태일은 정치현상의 뿌리이자 정치적 신념과 행동의 강령으로 기능하는 이데올로기를 설명한다. 우리가 의식하지 못할지라도, 이데올로기는 우리의 일상적·사회적 삶과 실천에 영향을 미치고 있다. 특히, 근대 이후를 사는 우리는 다양한 신념이나 사상에 의해 사고와 행동의 제약을 받기 때문에 그 어느 때보다 이데올로기 시대를 살고 있다고 볼 수 있다. 또한 현대사회에서 정치에 대한 신념이나 사상의 역할이 지속적으로 확대되면서 정치이데올로기에 대한 논쟁은 지속될 수밖에 없을 것이다. 이 장에서는 18-19세기에 확립된 자유주의, 사회주의, 공화주의, 민주주의 등 일반적인 정치이데올로기와 20세기에 지역적이고 보편적인 특성 속에서 형성된 종속이론, 페미니즘, 환경주의, 다문화주의 등을 공부할 것이다. 다양한 범주와 유형의 정치이데올로기 공부를 통해 우리는 정치의 본질로서 갈등과 투쟁, 통합의 원리를 보다 깊이 있게 이해할 수 있을 것이다.

제4장에서 심승우는 우리의 정치적 사유와 실천, 정치제도의 틀과 내용을 직·간접적으로 규정하고 있는 민주주의 이상과 현실을 살펴보고 민주주의에 대한 다양한 이해 및 이론적·실천적 쟁점들을 깊이 있게 고찰한다. 예컨대, 우리는 민주주의를 왜 지지하는가, 민주주의를 정당화하는 논리는 무엇인가 등 보다 근원적인 질문을 통해 민주주의에 대한 우리의 이해와 문제의식을 심화시키고 있다. 특히, 이 장에서 심승우는 최근 많은 비판을 받고 있는 대의민주주의의 대안으로서 심의민주주의 및 참여민주주의, 전자민주주의의 의의와 한계를 체계적으로 설명하고 있다. 결론에서 심승우는 바람직한 민주시민으로서 민주주의가 정확히 무엇인지를 알고 실천하는 시민의 정치적 능력과 덕성을 함양하고 미래의 정치공동체를 이끌어 갈 책임과 의무를 강조하고 있다.

제2부 현대 정치과정의 원리와 동학은 정치공동체에서 공식적인 의사결정이 이루어지는 동태적인 과정을 공부하는 분야로서 국가와 정부, 법과 정치의 관계, 의회정치와 정당정치, 선거와 투표 등의 주제를 다루고 있다.

먼저 제5장에서 김용복은 세 가지 중요한 화두를 던지고 있다. 첫째, 국가의 본질은 무엇이고 왜 여전히 중요한가, 둘째, 다양한 정부형태를 어떻게 하면 쉽게 이해할 수 있는가, 셋째, 한국에 바람직한 정부형태는 무엇인가. 주지하듯이, 국가는 정치학의 핵심적인 단위이자 다른 사회집단과도 구분되는 정치적 단위이다. 그리고 국가의 가장 중요한 부분이 정부이다. 최근 세계화 및 정보화의 물결과 더불어 사회가 다원화, 분절화되면서 초국가적 행위자의 등장, 시민사회 영역의 확대 등으로 국가 및 정부의 역할이 상대적으로 약화되고 있는 것도 사실이다. 그렇지만 여전히 국가와 정부는 정치의 중심이자 가장 중요한 행위자이다. 김용복은 국가의 본질, 기원, 역할 등에 대한 다양한 시각을 정리하고 한국적 상황에서 바람직한 정부형태를 모색하는 동시에 특히 통일한국을 고려할 때 연방제 정부까지 포함하여 적실성 있는 미래의 정부형태와 운영까지 논의하고 있다.

제6장에서 전기원은 최근 정치학 분야에서 새롭게 조명을 받고 있는 정치와 법치의 관계를 다룬다. 법에 의한 통치는 인민에 의한 통치를 의미하는 민주주의와

4
정치학: 인간과 사회 그리고 정치

어떤 관계인가, 법에 의한 통치는 사법부의 지배를 의미하는 것인가. 전기원에 따르면, 근대 이후 정치학은 '정치와 법'의 학문으로 존재해왔다. 특히 근대 이후 입헌주의는 대의제, 권력분립, 법의 지배, 헌법 등 성문법 제정을 통해 국가의 자의적인 권력행사를 견제하고 기본권 보장, 보통선거, 사법심사제도 등을 통해 자유주의와 민주주의 원리의 실현에 기여해 왔다. 그러나 최근 정치가 위축되고 사법기능의 영역이 확대됨으로써 정치영역과의 갈등이 잦아지는 정치의 사법화(사법의 정치화)현상이 보편화되고 있다. 이 장에는 최근 정치적 결정들이 사법심사의 대상이 되는 사례(한국의 대통령 탄핵소추와 미국의 대통령선거 등)가 증대하면서 나타난 정치의 사법화 현상의 '정치적 함의'를 분석하고 정치(민주주의)와 법(법치주의)의 바람직한 관계설정을 모색한다. 최근 학제 간 연구주제로 급부상하는 '법치와 정치'의 관계를 다룬 정치학 입문서는 대단히 희소하다는 점을 강조한다.

제7장에서 신유섭은 의회의 탄생부터 발전 과정, 현대 의회정치의 쟁점까지 의회정치에 대한 포괄적인 내용을 설명하고 있으며 마지막 결론에서는 한국 의회정치의 특징과 한계를 살펴보고 의회정치의 발전 방안을 제시하고 있다. 일반적으로 한국에서 정치에 대한 냉소는 정부의 실정뿐만 아니라 국회의원에 대한 불신과 밀접한 관련이 있다. 신유섭은 막연하게 국회 혹은 국회의원을 비판할 것이 아니라, 의회정치의 구성과 원리, 의원과 의회의 역할과 관련된 논쟁점을 학문적으로 살펴보고 문제의 원인과 대안을 모색할 것을 제안하고 있다. 나아가 학문적 관점에서 한국의 정부형태, 즉 삼권분립에 기초한 대통령제하에서의 의회의 역할과 한계에 초점을 맞추어 바람직한 의회정치의 발전 방향에 대해 논한다. 현재로서 한국정치의 성숙과 발전을 위한 가장 확실한 제도적 대안은 의회정치의 활성화와 국민의 대표기능 강화라는 점은 의심의 여지가 없다.

제8장에서 김영태는 정당정치를 다룬다. 주지하듯이, 현대 대의민주주의하에서 정당정치 역시 회의와 불신의 대상이 되고 있고 다양한 이유로 정당정치가 위기를 맞이하고 있다. 그럼에도 여전히 정치의 희망도 정당정치의 발전에 있음을 강조하면서 김영태는 차분하고 냉정하게 정당정치와 민주주의 발전과의 관계를 분석하고 정당정치의 위기의 본질과 극복 방안을 모색하고 있다. 이를 위해 김영태는 정당의

개념과 대의제 민주주의에서 정당의 의미를 살펴본 후에 근대적 의미의 정당이 어떤 과정을 통해 형성되었고 변화·발전했는지, 현대 정당의 조직과 운영, 정당체제의 중요성을 검토, 설명한다. 그리고 마지막으로 서구 유럽과 우리의 정당체제가 어떻게 구조화되어 있는지 정리한 후에 정당정치와 그 미래를 논한다.

제9장에서 전용주는 민주주의의 꽃이자 생명선이라고 불리는 '선거제도와 유권자 투표행태'에 대해 살펴본다. 이 장에서 전용주는 '정치엘리트를 선택하고 통제하는 수단'으로서 선거에 대한 피상적인 이해를 넘어서 선거제도의 대표적 유형과 각각의 장·단점을 다수대표제와 비례대표제를 중심으로 검토하면서 선거제도의 기능과 역할, 정치적 효과 등을 풍부한 사례를 통해 설명하고 있다. 또한 유권자의 투표행태에 대한 객관적인 분석도 중요한바, 유권자의 투표행태에 영향을 주는 요인으로서 집단, 정당일체감, 그리고 정치적 쟁점이 유권자 선택에 어떻게 영향을 미치는지를 분석하고 있다. 전용주는 한국의 선거제도 개혁의 쟁점, 한국적 투표행태와 여론 등에 대한 논의를 정리하면서 선거와 투표의 메커니즘을 심도 있게 설명하고 있다.

제3부에서는 현대정치의 주요 쟁점으로서 '시민사회와 정치의 미래', '정치문화와 정치사회화', '정치변동', '지방자치와 주민참여', '정치적 소수자', '글로벌 거버넌스와 세계시민의 형성' 등 시사적이고 실천적이며 역사적인 이슈를 학문적 관점에서 체계적으로 분석하고 있다.

먼저 제10장에서 정상호는 시민사회의 정의와 기능, 그리고 시민사회의 구성요소와 발전 과정을 살펴본다. 일반적으로 시민사회는 민주주의의 토양이자 민주주의를 지키고 발전시키는 보루라고 평가받는다. 정상호 역시 국가와 시장으로부터 상대적으로 독립적이고 자율적인 영역인 시민사회는 민주주의와 불가분의 관계에 있다고 강조한다. 왜냐하면, 개인과 가족을 국가와 정치의 공적 영역과 매개하는 시민사회는 정치사회적 참여를 촉진시키고 공익과 집단이익을 대변하며, 사회서비스를 제공하기 때문이다. 시민사회의 중요한 구성요소인 이익집단과 국가의 관계는 다원주의와 조합주의의 두 가지 유형으로 대별될 수 있다. 다원주의 모델이 로비로 대표되는 미국식 자유민주주의를 반영한다면, 조합주의 모델은 노사정위원회로 상징되는 북유럽의 복지국가와 친화성이 있다. 정상호는 우리의 참여에 의해 활성화되는 시민사회의 중요성과 민주주의 발전 과정에서의 역할을 강조하고 있다.

제11장에서 이소영은 정치현상과 정치과정에 중요한 영향을 미치는 정치문화와 정치사회화에 대해서 설명한다. 정치문화는 사회 구성원들이 공유하는 정치적 태도 및 정향을 의미하며 구성원들은 정치사회화를 통해 이 정향을 지속적으로 습득해 간다. 이 장에서는 정치문화의 의미와 유형, 그리고 사회적 갈등 및 발전과의 연관성을 살펴보면서 정치문화를 습득하는 과정에서 나타나는 정치사회화의 긍·부정적 역할에 대해 알아보고 한국의 정치문화와 정치사회화 과정의 특징을 생각해보기로 한다. 이 장을 통해 우리는 우리가 그 안에서 정치적 의식과 태도를 가지게 된 정치공동체의 정치문화와 정치사회화의 특징을 객관적인 시각에서 이해하고 평가할 수 있을 것이다.

제12장에서 차창훈은 다소 고전적인 주제인 정치변동론을 다룬다. 정치변동은 과거와 질적으로 다른 차원의 권력관계의 이동과 지배관계의 변화를 의미하는 개념이다. 정치변동론은 정치공동체의 변화와 발전을 거시적이고 비교역사적인 시각에서 통찰할 수 있게 만들고 당장 우리의 민주화 과정을 이해하고 민주주의의 지속적인 공고화를 위해 공부해야 할 중요한 주제이다. 차창훈은 80-90년대에 정치체제의 변동을 이해하려 했던 근대화 및 정치발전론을 간략히 소개한 후에, 정치변동의 원인과 조건, 민주주의 이행과 권위주의 체제 성립/붕괴 등을 분석한 정치학자들의 설명을 검토한다. 결론으로 민주주의 공고화의 내용과 과제를 정치체제 혹은 정치변동의 맥락에서 설명하고 있다. 풍부한 사례와 자세한 설명을 제시하고 있기 때문에, 상당히 역사적이고 거시적인 내용이지만 비교적 쉽게 이해할 수 있다.

제13장에서 이충희는 최근 선진민주주의 국가에서도 적극적으로 지지받고 있고 민주주의를 활성화할 것으로 기대되는 분권과 지방자치, 주민자치를 설명하고 있다. 지방정부를 중심으로 한 지방자치, 주민자치의 활성화는 민주주의를 심화시키고 정치발전을 촉진하는 동시에 주민의 정치적 능력과 덕성을 함양할 수 있다. 이충희에 따르면, 세계화는 국가경쟁력 강화를 위한 방안으로 지방의 잠재력 개발

7
총론

을 요구하고 있다. 지방의 고유한 자원의 개발은 중앙정부의 통제보다는 지방의 자율성을 보장함으로써 다양성을 확보할 수 있다. 즉 중앙정부의 권한을 지방으로 이양시켜 지방정부의 권한을 보장하는 '분권'을 정착시켜려는 노력이 필요하다. 분권을 안정적으로 정착시키기 위해서는 지역주민들의 참여를 적극적으로 유도하여 지방정부를 견제하는 등 '자치'를 활성화해야 한다. 이충희는 '분권'의 핵심이 되는 지방자치단체의 집행권한을 중심으로 분석하고, 지방의회의 역할과 지역주민의 정치참여 방안을 분석하여 자치의 개념을 확립한 후에 마지막으로 한국지방자치의 역사적 과정을 통해 한계를 규명하고 이를 극복할 수 있는 방안을 제시한다.

제14장에서 김민정은 최근 외국인 이주민의 급증으로 상징되는 다문화 현상을 맞이하여 정치적 관점에서 소수자의 인권과 평등과 같은 민감하고 시사적인 이슈를 분석, 정리한다. 차이와 다양성이 지속적으로 증가할 수밖에 없는 현재의 흐름과 미래의 경향성을 고려한다면, 정치적 소수자 문제는 학문적으로도 실천적으로도 대단히 중요한 쟁점이자 사회통합의 시대적 과제가 될 것이다. 김민정은 먼저 다양한 정치적 소수자에 대한 개념과 정의, 정치적 소수자에 대한 구분과 배제의 역사, 정치적 소수자의 평등에 대한 세밀한 범주화, 차별과 배제에 대한 구조적 접근, 소수자의 저항과 민주주의의 관계 등 방대한 논의들을 체계적으로 분석한다. 그리고 한국적 상황에서 정치적 소수자의 쟁점, 즉 정치에서의 여성의 문제, 이민자의 사회적 차별, 장애인 등 여러 소수자 집단의 현실과 정치적 권리의 평등에 대해 논하고 있다.

마지막 제15장에서 박종철은 주권국가를 중심으로 하는 국제관계를 넘어서는 글로벌정치와 세계시민의 형성을 설명하고 있다. 글로벌라이제이션과 파편화, 그리고 정보화가 동시에 진행되는 지구촌 사회에서 글로벌정치의 개념이 중요한 화두가 되고 있다. 글로벌정치에서 주권국가라는 전통적 행위자와 더불어 미디어, 다국적 기업, 테러조직 등 횡국가적 행위자의 활동이 증가하고 있으며 규범적 관점에서도 유럽연합을 비롯하여 지역연합 등의 부상이 국적 및 영토적 경계에 기반한 인권과 시민권의 문제가 국제사회에서 더욱 강력하게 제기될 것이기 때문이다. 그러므로 이 장에서는 지구촌 사회의 복잡한 문제에 대하여 다양한 행위자들이 참여하는 공동의 관리라는 의미에서 글로벌 거버넌스의 가능성을 적극적으로 검토한다. 그리고 이를 바탕으로 세계시민의 관점에서 좀 더 아름다운 지구촌을 목표로 하는 정치적 공동체를 향한 정치문화를 탐구하도록 한다. 더 아름다운 지구촌으로 나아가는 방안으로 동아시아 '공동의 집'의 가능성과 한반도 남북 공존과 화해의 가능성을 검토하고 탐색한다.

이상의 논의를 통해 우리는 "정치란 무엇인가?"라는 근원적인 질문에서 시작해 소위 글로벌시대에 세계시민으로서 의식과 자세까지 정치학의 중요한 쟁점을 대부분 공부하게 될 것이다. 이런 정치학으로의 여행을 통해 독자들이 얻는 결론은 다양할 수 있을 것이다. 그럼에도 한 가지 확실한 결론은 정치는 공동체에 행복과 불행을 동시에 안겨줄 수 있는 강력한 힘을 발휘할 수 있다는 것이다. 공동체를 구성하는 그 누구도 정치의 영향력으로부터 자유로울 수 없다. 아울러, 공동체를 불행하게 만드는 것도 정치이지만 그 어떤 공동체의 재난도 극복할 수 있게 만드는 것도 또한 정치이다. 사실, 사회 전체가 행복하지 않다면 그 사회를 구성하는 개개인의 행복도 불확실성의 운명으로부터 벗어날 수 없다. 그러므로 평화롭고 정의로운 공동체를 만들어 나가려는 개인적·집단적 실천으로서 정치는 바로 우리 자신의 행복을 위해서 반드시 올바르게 행사되도록 끊임없이 경주해야 한다. 정치가 활성화된다는 것은 시민들의 역량도 활성화되고 공동체의 잠재력도 극대화된다는 것을 의미한다. 갈등과 분열을 야기하는 정치의 역기능은 그대로 우리 공동체의 역량을 반감시키거나 미래의 발전가능성을 고사시킨다는 것을 의미한다. 그러므로 우리는 정치에 대한 냉소와 환멸을 넘어서 정치가 무엇인지를 정확히 인식하고 바람직한 공존과 통합의 정치, 참다운 정치인의 활동을 촉진할 수 있는 '능력 있는' 민주시민이 되어야 한다.

정치학: 인간과 사회 그리고 정치

1

정치란 무엇인가?

정치란 무엇인가?

I. 머리말

일상적 삶과 정치적 삶은 다르다. 우리는 평생 동안 다양한 유형의 삶에 참여하며, 각기 상이한 영역에서 활동하는 사람들과 관계 속에서 삶을 영위한다. 우리는 다른 사람으로부터 도움을 받으면서도 다른 사람에게 도움을 줄 수 있을 위치에 있기 때문에, 상황에 따라 나의 위상은 바뀔 수 있을 것이다. 이러한 상황을 잘 집약하고 있는 용어는 '인간관계망'이다. 정치란 수많은 사람들이 관계를 유지할 때 비로소 자신의 모습을 드러낸다. 정치는 관계 속에서 이루어진다. 정치가 '제대로' 운영되는 곳에서는 어느 누구도 일방적으로 자신의 영향력 또는 권력을 행사할 수 없다는 의미를 담고 있다.

우리는 정치를 이해하기 위해 활동 영역의 차이를 이해해야 한다. 인간관계망이 단순하게 구성되어 있다면, 사회와 국가를 이해하려는 시도는 그렇게 어렵지 않을 것이다. 동일한 영역에서 활동한다고 하더라도 개인의 체험과 생각에 따라 어떤 인간관계를 유지할 것인가에 대한 입장은 달라질 것이다. 게다가, 다른 영역에서 활동하고 있는 사람과 관계를 유지하는 데 있어서는 더 많은 사항들을 고려해야 한다. 물론 복잡한 인간관계망을 이해하는 이론적 고찰은 전문가들의 연구영역이겠지만, 공동체가 어떻게 구성되어 있으며 질서정연하게 작동되고 있는가를 이해하는 노력은 우리의 삶을 풍요롭게 하는 데도 도움이 될 것이다.

이 복잡한 문제의 해답을 한 번에 제시할 수는 없을 것이며, 본 주제에 초점을 맞추어 다양한 활동 유형을 제시하고, 그 특성을 밝히기로 한다. 모든 사람이 한 영역에서 똑같은 활동을 한다면 사회는 존재할 수 없을 것이다. 그러한 사회는 완전히 동질화된 사회이며 역사 속에 존재할 수 있는 공동체는 결코 아닐 것이다. 어떠한 활동을 하던 사회의 유지에 중요한 역할을 한다는 이해는 필요하다. 이러한 전제하에 정치적 삶의 중요성을 검토하기로 한다.

우리는 정치영역과 다른 영역의 고유성을 고려할 필요가 있다. 정치는 인간들의 공존에 기여하는 중요한 활동이므로, 정치영역은 분명히 다른 영역에 영향을 미친다. 그러나 다른 영역은 또한 정치영역에 영향을 미친다. 우리의 삶을 구성하는데 있어서 정치활동은 중요한 일부이다. '직업으로서의 정치' 또는 정치학은 전문가의 영역이지만, 대다수 시민 역시 정치의 주체로서 역할을 담당한다. 전자가 엘리트의 입장을 강조한 측면이라면, 후자는 일반 시민의 입장을 강조한 측면이다. 특정 전문가의 독점 영역에 속했던 정치가 일반의 수준으로 확장될 때 비로소 정치의 고유성은 부활될 것이다. 이러한 견해의 변화는 시대적 상황을 반영하고 있다. 우리가 이러한 시대적 변화를 이해하려면 무엇보다도 정치의 '고유성'뿐만 아니라 다른 활동과의 '차이'를 고찰하고, 양자의 연계성을 고려할 필요가 있다.

II. 정치에 대한 다양한 생각들

정치학자든 일반 시민이든 정치에 대한 자신의 견해를 말하는 사람들은 "정치란 죽은 무생물이 아니라 살아 있는 생물과 같다"라고 한다. 이러한 주장은 형식적이고 상투적인 것 같이 들릴지 모르지만 정치의 특성들 가운데 핵심적인 것을 담고 있다. 살아 있는 생물은 시간적 제약 속에 있으며 공간적 제약을 받듯이, 정치에 참여하는 인간들 역시 시간적·공간적 제약 속에서 살아간다. 그러므로 인간의 특정한 활동인 정치 역시 시간적·공간적 차원을 지닌다. 정치는 시대에 따라 그리고 공간에 따라 달리 이해되어 왔으며 앞으로도 그럴 것이다.

우리는 시대를 고대·근대·현대로 구분한다. 각 시대에 따라 사람들의 사고방식과 생활양식이 다르기 때문에 인간들은 각기 다양한 목적을 추구할 것이다. 예컨대 고대인들은 인간적 완성을 강조하였다면, 근대인들은 '자기보존'[1]을 강조하였다. 현대인들 역시 자신의 생존 문제에 더 애착을 갖고 있다. 그러니 정치의 내용은 달라질 것이다. 정치는 바로 이러한 시대의 흐름 또는 분위기에 따라 달리 나타나기 때문에, 정치가 과연 무엇인가에 관심을 갖고 이해하는 노력과 능력이 필요하다. 정치에 대한 이해란 정치적 사유와 밀접하게 연계되어 있기에 정치적으로 사유하는 입장을 부각시키고자 다음과 같이 몇 가지 예를 제시한다.

그리스인들은 왜 정치를 폴리스의 생존이나 유지, 나아가 발전과 연관된 공동의 문제를 결정하는 활동으로 이해하였을까? '정치(politics)'란 용어는 '도시(polis)'라는 용어에서 유래하였다. 즉, 그리스인들은 폴리스 내에서 이루어지는 특정한 활동을 정치로 이해하였다. '폴리스'란 원래 내성(內城)을 의미했으며, 원(circle)이란 개념을 표현하는 *urbs*로 표현되었고, *orbis*와 같은 어원을 가지고 있다. 그리스인들은 정치를 왜 이렇게 정의하였을까? 인간들이 거주하는 공간인 문명세계, 동물들이 사는 공간인 자연세계라는 이분법적 구분에 대한 이해 없이, 그리스인들의 정치에 대한 입장을 이해하기 어려울 것이다.

그렇다면 서구의 근대인들은 정치를 어떻게 이해하였을까? 근대인들은 고대인들과 달리 자기보존의 논리에 입각해 정치를 정의하고 있다. 마키아벨리는 정치란

---

1 '자기보존(self-preservation)'이란 명제는 주체의 유형에 따라 다르다. 개인의 차원에서 생존에 필요한 요건을 충족시킬 필요가 있다. 이때 기본 요건은 로크의 주장대로 생명·자유·자산이란 기본권일 것이다. 기본권 유지는 개인, 나아가 한 집단의 생존과 연관된다. 국제관계에서 한 국가의 생존은 주권으로 표현될 수 있다. 냉전 시대 자유주의 진영과 사회주의 진영 사이의 대립에서도 자기보존의 주체는 진영이었다.

권력을 둘러싼 대립과 투쟁으로 이해하였다. 이러한 정의는 정치의 본질을 잘 드러내고 있다. 그런데 마키아벨리는 정치를 왜 이렇게 정의했을까? 폴리스의 생존·유지·발전이 한 민족의 공동 운명과 연관된다는 점을 고려할 때, 시간과 공간에 따라 다른 모습으로 나타나는 정치에 대한 마키아벨리의 정의는 이해될 수 있을 것이다. 마키아벨리가 살던 이탈리아에는 수많은 도시국가들이 난립해 있었기 때문에 도시국가 사이 또는 정파 사이의 대립과 갈등이 심했다. 이러한 갈등의 해소를 통해서 정치 안정을 유지하는 길만이 민족의 생존과 자유를 보장하는 길이었을 것이다. 마키아벨리는 당대 정치현실에서 핵심적으로 드러난 현상을 중심으로 정치를 정의하였다.

반면에, 로크는 개개인의 자유를 확보하는 활동을 정치로 이해하였다. 봉건적 정치질서가 붕괴된 이후 근대 자본주의가 발전하는 과정에서 지배세력을 둘러싼 갈등은 정치의 새로운 양상을 드러냈다. 근대 초기 부르주아 계급은 지배계급으로서 위상을 유지하지 못하였다. 자본주의 사회의 신흥 세력인 부르주아 계급은 자신들의 지위를 유지하고자 국가를 대변하는 귀족계급과 대립하지 않을 수 없게 되었다. 이러한 측면에서 부르주아 계급은 자신들의 기본권을 유지하기 위한 투쟁을 전개하게 되었다.

여기에서 정치를 이해하기 위해 또 다른 요소를 고려할 필요가 있다. 고대 그리스인들과 근대인들은 왜 정치를 다르게 이해하였을까? 고대인들은 개인과 국가를 동일시하였기 때문에 정치에 대한 이해에서 개인과 국가 사이의 대립과 갈등을 고려하지 않았다. 희랍 시대에는 정치란 폴리스의 생존·유지·발전, 즉 공동의 문제를 결정하는 활동으로 이해했다. 이 시대의 아테네 시민들의 활동을 특징화시켜 한마디로 언급한다면, 정치생활과 개인생활의 원리가 일치했으며, 개인과 국가는 동일한 것이었다(polis is individual writ large). 반면에, 근대인들, 특히 부르주아 계급은 개인의 자유를 기본권으로 생각했기 때문에 국가의 억압으로부터 벗어나고자 하였다. 이러한 측면에서 개인과 국가는 대립 관계에 놓이게 된다. 정치가 인간들의 활동으로 이루어진다는 점을 고려할 때, 정치에 대한 이해는 당연히 그 활동 주체의 위상과 밀접하게 연계된다.

이제 마르크스로 눈을 돌린다. 마르크스는 유럽의 자본주의가 발전하는 과정에서 사회적 모순이 표면으로 노출되는 시기에 살았다. 마르크스는 계급적 착취를 목적으로 하는 계급적 지배가 정치라고 정의하였다. 자본주의가 발전하는 단계에서 사회는 가진 자와 갖지 못한 자라는 두 계급으로 분열되었고, 갖지 못한 자는 생존의 위협을 받게 되었다. 마르크스는 경제관계가 결정되면 정치관계도 결정되기 때문에 이러한 구조를 해체하기 위해서는 폭력 수단에 호소하지 않을 수 없다고 생각했다. 그러니 마르크스는 폭력이 역사의 산파라고 이해하였다.

이렇듯 정치를 정의하는 데 있어서 여러 가지 요소를 고려할 수 있다. 정치행위의 주체가 누구인가? 그리고 정치는 어느 공간에서 진행되는가? 그리고 무엇을 목표로 삼는가? 정치학자들은 바로 이러한 문제를 염두에 두고 정치를 각기 다르게 정의하였다.

정치를 국가의 활동으로 이해하는 학자들은 국가를 하나의 인격체로 비유한다. 국가라는 인격체는 자신을 대리하는 사람들을 통해 의사를 창조하고, 결정하며, 집행할 수 있다. 이러한 활동이 바로 정치이다. 이때 정치란 국가의 목적·기능·존재 양식과 관련된 모든 것을 의미한다. 이러한 견해는 주로 1920-50년대에 인정되었다. 달리 표현하면, 이들은 주로 헤겔의 입장에서 정치현상의 포괄성·통일성을 강조하였다. 헤겔은 국가를 모든 것의 통일체로 인식하였다. 20세기 전반에는 헤겔의 국가를 연구하는 것이 주류를 이루고 있었기 때문에, 미국 정치학자들도 이 견해를 그대로 수용하였다.

그러나 시민사회의 발전과 더불어 정치 행위자는 분화되어 왔고, 정치는 국가와 시민사회의 다양한 관계 속에서 자신의 모습을 드러냈다. 정치는 국가 영역에만 존재하지 않고 사회 영역에서도 나타난다는 인식은 정치에 대한 기본 이해의 변화에 영향을 미쳤다. 정치란 국가에 국한된 활동이 아니고 모든 사회에 공통된 '지배-피지배관계'라는 정의는 시대의 변화를 반영하였다. 이때 정치현상은 권력현상이다. 즉 정치는 권력의 획득·유지·확대와 연관되는 인간의 활동을 모두 지칭한다.

오늘날 정치현상은 국가라는 한정된 영역에서만 나타나지 않는다. 정치는 인간의 삶이 전개되는 모든 영역에서 나타날 수 있다. 데이비드 이스턴은 정치에 대한 기존의 정의에 이의를 제기하면서 정치에 대한 다른 이해를 고려하였다. 그는 정치를 정의하기 위해 다음과 같은 문제를 제기하고 있다. '선한(good)' 생활의 본질은 무엇인가?(인간은 어떠한 목표를 추구하는가?) 인간은 이러한 목표를 실현하기 위해 어떻게 해야 하는가? 정책을 어떻게 결정하고, 정책의 실효성을 어떻게 얻는가? 그에 따르면, 정치생활은 한 사회의 '권위 있는' 정책을 수립하고 집행하는 데 중대한 영향을 미치는 모든 종류의 활동이다. 이러한 관점에서 정치는 한 사회의 가치들을 권위적으로 배분하는 것이다.[2] 또한 정치는 정책결정으로 정의된다.

III. 정치, 그 고유함을 위하여

우리는 현실세계에서 살아가는 사람들의 활동이 외형적으로 보면 수많은 유형의 활동으로 나뉠 것이라고 생각한다. 그러나 다양한 활동은 그 속성으로 구별하면 정치행위·노동·작업으로 구분된다. '정치'는 인간의 다양한 활동들, 노동이나 작업과 달리 독특한 특성을 지닌 활동이다. '정치'는 시대(적 상황)와 장소에 따라서 다르게 보이며 개인의 경험과 견해(시각, 관점)에 따라 다르게 보일 수 있다. 그러니 연구자의 숫자만큼 '정치'에 대한 정의가 많다고 한다. 이렇듯 "정치란 무엇인가?"라는 주제를 간단히 정리할 수는 없을 것이다.

'정치'가 어떤 활동인가를 이해하기 위해서 정치행위와 다른 인간 활동을 구별할 필요가 있다. 이를 위해 다음의 세 가지 명제에 따라 논지를 정리한다. 첫째, '정치는 다른 활동과 구별된다.' 둘째, '정치는 다른 활동과 밀접하게 연계되어 있다.'

---

2 ① 정치활동은 사회의 **'가치 있는 것들'**을 중심으로 이루어진다. 물론 가치는 유형적 가치(물질적인 것: 부, 재화, 자원)와 무형적 가치(비물질적인 것: 권력, 존경, 명예)로 구성된다. 인간은 욕구를 충족시키기 위해 이러한 가치들을 추구하게 된다. ② 그러나 가치의 희소성으로 인해 인간들 사이의 갈등과 경쟁이 이루어진다. 즉, 인간들은 상호경쟁을 통해 가치를 많이 획득하려고 하지만, 갈등과 경쟁관계를 원만하게 해결할 필요가 있다. 여기에서 조정과 통제의 기술이 필요하다. 이 조정과 통제는 가치를 배분하는 정책 (결정과 행동)으로 표현된다. ③ '권위적' 배분의 문제를 고려해야 한다. 조정과 통제가 공정하지 않을 경우에 인간들 사이의 갈등양상은 지속된다. 편파적인 조정과 통제는 새로운 유형의 갈등을 야기한다. 이러한 측면에서 모든 사람이 인정할 수 있는 결정이 필요하다. 따라서 여기에서 "권위적"이란 용어는 배분에 참여하거나 영향을 미치는 사람들은 결정에 구속된다는 것을 의미한다.

셋째, '정치는 인간다운 삶을 실현하는 데 기여하는 중요한 활동이다.'

제2절에서는 다른 활동과의 차이 및 연관성을 밝히지 않았지만, 여기서는 정치와 다른 활동의 차이와 연관성을 밝히고자 한다. 이러한 시도는 정치의 고유성을 부각시키는 데 도움이 될 것이다. 인간은 노동을 하지 않고 생명을 보존할 수 없으며, 인위적인 세계를 구성하지 않고 생존할 수 없다. 아울러, 인간의 공존을 가능케 하는 활동, 즉 (정치)행위를 하지 않고 인간의 자유뿐만 아니라 개별적인 정체성을 정립할 수도 없다. 여기에서는 각 활동의 차이를 부각시키고자 한다.

노동은 '생물학적 필요에 조응하는 활동, 즉 생물학적 삶이며 동물에게 공통된 활동'이다. 인간은 생존하기 위해 먹고 마시며 수면을 취하고, 후손을 생산하는 기본적인 필요를 갖고 있다. 노동은 삶(생존; life)의 필연성에 관계된다. 출생과 죽음은 인간의 가장 의미 있는 두 가지 현상이다. 인간은 육체적 생명을 유지하는 활동을 하는데, 이러한 모든 활동은 끊임없는 반복과정에 포함된다. 노동은 생존을 위해 불가피한 활동이지만 생명 자체를 제외한 어떤 지속적인 것도 남기지 않는다. 사람들은 '덧없음'을 싫어하기 때문에 생명을 하나의 부담으로 생각한다. 오늘날 생명이 정치적 관심사로 부각되는 소위 '생명정치의 시대'이지만, 생물학적 삶(zoe)과 인간다운 정치적 삶(bios)은 기본적으로 다르다.

대상세계를 구성하는 사물들을 만드는 작업은 기본적으로 마음속에 그려진 청사진(이미지)에 따라 진행된다. 인간은 먹는 문제와 더불어 기거하는 문제를 해결함으로써 인간다운 삶의 기본 요건을 갖출 수 있다. 우리는 자연세계에서 사는 게 아니라 인위적으로 구성된 공간에서 살아야 하기 때문이다. 작업 또는 제작활동(making; fabrication)은 물리적 강제력 또는 폭력을 수반하며, 결과적으로 자연세계의 일부를 변형시키는 활동이기도 하다. 작업은 자연환경과 구별되는 인위적 사물세계를 구성하는 활동으로서 인간조건의 비자연성에 조응하는 활동이다. 작업은 천연재료를 사용하여 다양한 인공물을 만듦으로써 인간이 거주할 수 있는 세계를 구성한다. 인간은 제작인(homo faber)으로서 안정적인 세계를 구성한다.

제작인은 인공물을 만드는 과정에서 항상 자연을 파괴해 왔다. 그의 관점에서 보면, 자연은 세계를 구성하는 데 사용되는 재료에 불과하다. 인간은 자연에 물리적 힘(폭력)을 가함으로써 자연과 구별되는 인위적인 공간을 구성한다. 이 인위적 공간 또는 사물은 내구성을 유지한다. 신체적 생명과정은 끝도 없는 순환과정이지만, 작업은 시작과 끝을 갖는 활동이다.

정치란 행위이고, 행위란 공적인 문제에 대한 공개적 대화(언어행위; speech)이다. 인간은 언어소통을 통해 공적인 문제를 논의하면서 자신의 특이성을 발휘할 수 있다. 인간은 정치적 동물이며 말을 하는 동물이라는 아리스토텔레스의 정의를 고려할 때, 정치와 말은 밀접하게 연계된다. 인간은 다른 동물과 달리 말을 통해서 자신이 누구인가를 드러낼 뿐만 아니라 같이 공존할 수 있는 기반을 마련하기 때문에, 말을 매개로 하는 정치행위는 가장 인간적인 활동이다.

"행위란 사물의 매개 없이 인간들 사이에 직접적으로 진행되는 유일한 활동이며, 다원성이란 인간조건에 부응한다. 이 다원성은 특별히 모든 정치적 삶의 조건이다." 행위의 두 가지 주요한 측면은 자유와 다원성이다. 다원성은 평등과 차이라는 의미를 담고 있다. 평등하지 않은 상태에 있을 경우 한 개인은 다른 사람에게 예속될 수 있다. 예속 상태에 있는 사람들은 수적으로 다수라 하더라도 개별적인 인격체로서 존재하지 못한다. 이때 사람들은 공적인 문제를 진지하게 논의할 수 없다. 그리고 모든 사람이 똑같이 생각하고 행동한다면 대화가 필요하지 않다. 사람들은 모두 다르기 때문에 자신의 의견을 이해시키고자 말을 해야 한다. 인간 개개인의 차이, 그로 인한 대립과 갈등에도 불구하고 인간적 공존을 가능케 하는 활동이 바로 (정치)행위이다.

근대적 자유는 외적 제약으로부터 해방을 의미한다. 아렌트에 의하면, 자유란 일련의 가능한 대안들 중 선택하는 능력을 의미하지 않고, 새로운 것을 시작하는 능력, 예외적인 것을 행하는 능력이다. 자유는 새로운 시작과 밀접하게 연계되어 있다. 가장 일반적인 의미에서 '행위한다'는 '선수를 치다', '시작하다'(archein), '어떤 것을 움직이게 하다'를 의미한다. 행위란 새로운 것을 창시하고 시작하는 활동을 의미한다. 행위는 기존의 관례를 변화시키거나 새로운 것을 첨가하든지 또는 전적으로 새로운 것으로 대체시키는 성격을 지니고 있다.

우리는 노동과 작업의 관점에서 정치에 접근할 때 정치의 의미를 곡해할 수 있다. 정치를 작업의 모델에 입각해 정치를 곡해하는 습관은 정치철학의 전통만큼이나 오래되었다. 물건을 제작하는 장인을 인도하는 모델과 '철인왕'을 인도하는 모델에 대한 플라톤의 비유는 이러한 전통의 출발점이다. 이 모델이 정치에 적용되었을 때, 다른 사람들은 폭력적으로 다루어질 재료가 된다. 물론 플라톤은 정의국가라는 목표를 이루기 위해 폭력 사용을 주장하지는 않고 교육을 통해 문제를 해결하고자 하였다.

인위적 사물세계는 역으로 인간의 삶을 제약한다. 마찬가지로, 역사발전에 있어서 정형화된 본 또는 청사진에 맞추어 구성원들의 삶을 만드는 활동은 제작 활동과 유사하다. 제작의 관점에서 정치를 이해하는 사회는 항상 폭력을 정당화하며, 구성원의 삶을 위협할 수 있다. 독재체제 또는 전체주의체제에서 이러한 양상이 뚜렷하게 나타난다.

노동활동은 서구의 전통에서 멸시되었다. 마르크스가 노동계급의 해방을 통해 상징화함으로써 노동에 새로운 위상을 부여하였다. 마르크스는 노동으로부터 인간의 해방을 주장했지만, 그가 실제로 세련화하고자 했던 것은 정반대의 결과이다. 정치가 소멸되기 때문에, 인간적 개별성은 집단적 생존과정에 함몰된다. 노동의 관점에서 정치를 이해하는 것은 인간적 가치를 완전히 포기한다는 의미를 담고 있다.

IV. 정치, 그 모든 것을 위하여

정치(행위)는 사적 활동이나 경제활동과 다르지만, 다른 영역의 문제를 해결하는 데 있어서 중요한 활동이다. 사회적 대립과 갈등이 야기되었을 때, 우리는 정치를 통해서 이 문제를 해결하기도 한다. 예컨대, 경제문제를 둘러싼 갈등은 물질적 풍요로 해결될 수도 있지만, 그러한 사회의 존재를 현실적으로 상정하기란 어렵다. 따라서 경제문제를 둘러싼 갈등을 해결하기 위한 정치적 결정이 필요할 것이다.

이러한 논리가 정치영역만을 절대시하고 다른 영역의 위상을 폄하시키는 것으로 이해되어서는 안 된다. 그럴 경우 또 다른 문제가 제기된다. 다른 영역의 정치화가 무엇을 의미하는가? 이를 검토할 필요가 있다. 나치체제의 경우를 생각해 보자. 정치만능주의는 사회를 동질화하는 결과를 초래하며, 다른 방식의 삶을 부정하게 된다. 우리는 다른 활동들의 고유성은 인정해야 한다.

1. 사적인 활동(프라이버시)과 정치행위

공공영역과 사적 영역은 상호의존적이다. 우리는 사적인 것을 상정하지 않은 채 공적인 것을 상정할 수 없다.[3] 사적인 것과 공적인 것이 각기 유지될 경우에만, 인간적 균형과 정신적 통합이 가능하다. 공적인 것은 구성원들 공동의 관심사이지만, 사적인 것은 개인(가족 구성원)에 귀속되어 있다.

따라서 사적으로 소유한 장소란 나에게 잠재력·꿈·기억을 털어놓을 장소, 자아의 상처를 치유할 공간이다. 이것은 단순히 소유한 집을 의미하는 게 아니라 가정을 의미한다. 이때 가정은 개인이 공공영역에 나타나기 적합하도록 그 개인을 보호하고, 양육하는 공간을 제공한다. 가정 없는 사람(노숙자; the homeless)은 사회적인 것의 강제력에 의해 유린당할 준비가 되어 있는 개인이다.

가정의 도덕적·문화적 목적은 자율적인 개체성을 발전시키고 육성하는 것이다. 가정을 가질 권리(right to a home)는 어린이가 자신의 개성을 발전시킬 신체적·정신적 전제조건을 가질 도덕적·정치적 권리이다. 이러한 측면에서 '가정'은 단순히 가시적인 공간만을 의미하는 것은 아니다. 거처할 집이 있다고 하더라고, 자신이 안락하게 쉴 수 없는 공간이라면, 그것은 가정이 아닐 것이다.

아렌트의 사적/공공영역 구분은 남성 중심적인 이론으로 비판받아 왔다. 여권론자들(feminists)은 이러한 구분이 단순히 사적 영역에서 가정폭력, 어린이 학대, 남성의 탐욕을 위장하는 방식으로만 이용되어서는 안 된다고 주장하고 있다. 그러나 프라이버시를 가정과 연계시킬 때, 아렌트의 두 영역 구분은 무리가 없을 것이다.

---

3 "사적인 것과 공적인 것의 차이는 필연성과 자유의 대립과 일치한다. … 두 영역의 가장 근본적 의미는 두 영역이 전적으로 존재하려면 숨길 필요가 있는 것과 공개적으로 노출될 필요가 있는 것이 있다는 것을 암시한다."(Arendt, *Human Condition*, 73)

사적 영역의 새로운 긍정이 필요하다. 이 경우에 아렌트의 구분은 정당화될 수 있다. 공공영역의 부활은 사적 영역의 재구성 없이는 불가능하다.

2. 경제활동과 정치행위

1) 정치의 도구화 지양

정치는 경제의 부수적 현상은 아니다. 마르크스의 경제결정론에서는 경제영역이 정치영역을 규정한다고 주장하지만, 우리는 경제적 욕구만을 충족시키는 것으로 인간다운 삶을 영위한다고 주장하지는 않는다. 동물적 욕구를 충족시키는 문제와 인간다움을 실현하는 문제는 다르기 때문에, 우리는 정치를 통해서 목적을 실현하고자 한다.

인간은 경제활동을 주로 담당하는 시민사회를 필요로 하지만 정치적·공적 존재로서 정치공동체를 필요로 한다. 아렌트는 경제활동이 이루어지는 영역을 사회영역으로 규정했다. 오늘날 가정이란 사적 영역을 유지하는 데 있어서 친밀성의 원리가 강조된다. 반면에, 사회영역, 특히 경제영역은 효율성의 원리가 강조되며, 공공(정치)영역에서는 다원성의 원리가 강조된다. 그러나 이러한 논리적 구분에도 불구하고, 우리는 살아가면서 세 영역과 관계를 유지한다. 한편, 가정의 삶은 경제문제와 연계되지만, 정치적 결정에 또한 많은 영향을 받는다.

무엇보다도 현대의 삶에서 경제문제는 중요한 위치를 차지하고 있으며, 정치의 중요한 쟁점으로 자리를 잡고 있다. 이러한 측면에서 양자를 엄격히 구분하는 아렌트의 입장은 비판의 대상이 되고 있다. 그러나 아렌트는 분명히 양자의 상호의존성을 인정하고 있다. 인간의 삶에서 생존문제를 부정한다는 것은 상정할 수 없기 때문이다.

2) 경제적 관심의 편협성을 넘어서

아렌트는 경제이익을 추구하기 위한 수단으로만 정치영역을 도구화하는 데 반대했다. 이러한 측면에서 그는 정치영역과 경제영역을 엄격히 구분해야 한다고 주장했지만, 다음과 같은 문제까지 부정한 것은 아니었다. 유럽의 노동운동에 관한 그의 평가는 우리 현실을 이해하는 데 있어서도 시사적이다.

아렌트는 계급사회의 위선을 벗기려는 투쟁에서 노동계급이 경제적 요구와 사회적 정의를 표명한다는 점을 부정하지는 않았다. 이들은 새로운 정치적 기준을 갖고 '새로운 공공영역'을 구성할 수 있다는 관점에서 투쟁했다. 공공영역의 구성은 항상 요구, 필요, 관심의 일반화 가능성에 대한 주장을 포함하고 있다. 8시간 노동제, 어린이 노동 금지, 의료보험제를 획득하기 위해 투쟁하는 과정에서 사람들은 정의 — 정치공동체로서 우리가 공동으로 지니고 있는 이익 — 를 위해 투쟁한다. 한마디로 표현하면, 공적-정치적 투쟁과정은 편협한 자기이익의 태도를 훨씬 더 광범위한 공공이익으로 변형시킨다. 사회-경제 영역과 정치영역의 근본적 차이는 여기에 있다. 정치에 참여하는 것은 경제적 또는 사회적 쟁점을 포기한다는 의미가 아니다.

V. 정치의 두 얼굴

국제정치의 주요 연구 주제인 전쟁과 평화는 대립적인 개념이다. 로마의 신화에 등장하는 야누스는 전쟁과 평화의 신으로, 과거와 미래를 주시하는 처음과 끝의 신이기도 하다. 이렇듯 야누스는 두 가지 속성을 지니고 있다. 일부 정치학자들은 이러한 점에 착안하여 "정치는 야누스 신과 같다"고 한다. 정치의 양면성에 관한 이해는 "정치란 갈등의 근원이며, 갈등을 해결하는 행위의 한 양태이다"라고 규정한 월린(Sheldon Wolin)의 주장에도 잘 드러난다.

사물의 속성을 보면 정치가 양면성을 띠고 있다는 점을 확인할 수 있다. 운동은 작용과 반작용이란 속성을 지니고 있으며, 인간의 관심은 정방향으로 작동할 때 사랑으로, 반대 방향으로 작동될 때는 증오로 표현된다. 우리는 이를 '애증'으로 표현한다. 인간의 의지 역시 '~을 하겠다'는 긍정의 형식으로 나타나기도 하고 '~을 하지 않겠다'는 부정의 형식으로 나타난다. 이렇듯 사물의 속성이나 인간의 심리 상태가 양면성을 띠고 있듯이, 정치 역시 인간의 활동이라는 점을 고려할 때 양면성을 띠고 있다.

이러한 양면적 속성을 드러내는 활동 유형 가운데 한쪽은 대립·갈등·분열·논쟁(분투)으로, 다른 한쪽은 조화·합의·타협·관리·통합 등으로 표현할 수 있다. 정치를 이해할 때 전자에 중점을 두는 학자들은 정치적 경쟁이 인간의 삶에서 영속적으로 존재한다는 점을 강조한다. 반면에 후자에 중점을 두는 학자들은 정치로부터 분열을 추방하고 부조화를 완화시키거나 해소하는 기능을 강조한다.

호닉(Bonnie Honig)은 정치의 양면성을 드러내고자 조화를 강조하는 이론과 논쟁을 강조하는 이론으로 구별하고 있다. 여기서는 헤이우드(Andrew Heywood)의 정치에 대한 정의를 소개하되 호닉의 분류를 원용하여 내용을 재구성한다. 통치기술 또는 타협과 합의로서의 정치는 정치의 두 얼굴 가운데 한쪽, 즉 갈등·대립·분열이란 요소를 제거함으로써 정치를 행정적 관리 또는 통합을 강조하는 경향이 있다. 반면에, 공적 활동 또는 권력현상으로서의 정치는 외형적으로 조화를 강조하는 것 같은 인상을 주지만 대립·경쟁의 항구성을 강조하고 있다.

1. 조화 지향적 정치 개념

자유주의자들이나 공동체주의자들은 일반적으로 정치를 법률적·행정적·규제적 임무로 국한시키거나 '동의'를 이루고, 합의를 유지하면서 공동체를 '통합'하는 데 많은 관심을 갖고 있다. 이들은 정치에서 부조화·저항·갈등·투쟁의 요소를 약화시키거나 제서하는 데 관심을 가지고 있다.

1) 정치는 통치기술이다

정치는 집단적 결정을 확립하고 강화시킴으로써 사회 질서를 유지하는 기술이다. 즉, 정치는 '통치기술'이다. 통치기술의 그리스적 어원은 *kybernan*이다. 플라톤은 『국가』에서 국가와 배를 공동운명체로 비유하면서 키잡이의 역할을 강조하였다. 국가가 공동운명체라는 인식은 오늘날에도 여전히 적실성을 갖지만, 정치가 통치기술이라는 정의에서 정치는 어떠한 특성을 지니는가? 이러한 정의에서 정치는 대립이나 갈등의 측면을 배제하는 관리 또는 행정과 같은 의미를 지니고 있다.

정치가 '폴리스의 업무', 즉 '폴리스에 관계되는 일'이란 고전적 정의는 현대에도 적실성을 갖는다. 현대의 관점에서 정의하면 '국가에 관련되는 일'이 곧 정치이다. 이러한 생각은 정치에 대한 이해에서 전통적 관점이며, 이 분야의 연구는 주로 정부의 인사나 기구에 초점을 두고 있다. 이를 포괄적으로 표현하면, 정치학은 권위 행사에 관한 연구이다. 정치가 '가치의 권위적 배분'이란 이스턴의 정의에도 고전적 전통은 유지되고 있다. 그는 이러한 정의를 통해 정치가 다양한 과정에 에워싸여 있으며, 정부는 이러한 과정을 통해 더 큰 사회로부터 발생하는 압력에 대응한다고 생각하였다. 권위적 가치들은 사회에 널리 수용되어 있고, 따라서 많은 사람들을 구속하는 것으로 간주되었다. 정치는 결정과 연관된다. 즉, 정치는 공동체의 행동계획을 수립하는 형식적 혹은 권위적 결정과 연관을 맺고 있다.

이 정의에 따르면, 정치는 내각·입법부·정부 부서에서 실행된다. 즉, 특정한 집단의 구성원만이 정치에 참여하게 된다. 정치를 국가에 한정된 활동으로 묘사할 때 초국가적 기술과 다국적기업의 영향을 간과하게 된다. 이러한 정의는 국민국가를 여전히 세계적인 문제에서 하나의 독립적 행위자로 간주할 수 있던 시대의 유물이다. 오늘날에는 복합적인 사회를 관리하는 과제가 정부만의 임무가 아니라는 점에서 'governance'라는 용어가 등장하였다.

2) 정치는 타협과 합의이다

이 정의는 정치가 수행되는 '영역'보다 정책결정이 이루어지는 '방법'에 중점을 두고 있다. 정치는 타협·화해·협상을 통해 갈등을 해소하는 하나의 수단이다. 이 정의에서 정치는 가능성의 기술(the art of the possible)로 묘사될 수 있다. 이 정의는 정치가 광범위한 영역에서 수행된다는 것을 전제하고 있다. 정치적 문제의 해결은 '군사적 해결'과 달리 평화로운 토론 및 조정과 연관된다. 이러한 정의는 이상적인 정부제도의 하나로서 민주정을 옹호하였던 아리스토텔레스에 기원을 두고 있으며, 버나드 크릭(Benard Crick)은 이에 기초해 현대적 입장을 제시하였다.

크릭은 정치에서 갈등이란 요소의 필연적 존재를 인정하지만, 갈등을 조정할 수 있다고 생각한다. 그는 자유수의-합리주의적 원칙에 대한 확고한 신념에서 이러한 정의를 제시한다. 이 정의는 다원주의적 민주주의에서 발생하는 정치형태를 정당화하고 있다. 물론 정치는 주로 선거를 통한 선택, 정당결정과 동일시되기 때문에, 이러한 유형의 정치는 권위주의 또는 전체주의 체제에서는 나타나지 않는다.

2. 경쟁 지향적 정치 개념

정치에 참여하는 사람들은 자신들의 잠재적 또는 현재적 능력을 발현하는 기회를 갖는다. 인간은 다양한 방식으로 자신의 탁월성(virtù)을 드러낼 수 있지만, 무엇보다도 정치행위를 통해서 자신의 탁월성을 가장 잘 드러낼 수 있다. 공동의 문제를 논의하고자 정치에 참여하는 시민들은 각기 자신의 입장에서 다양한 의견을 제시한다. 다양한 의견은 일차적으로 충돌 상태에 놓이게 되며 많은 사람이 공감할수 있는 의견은 공동의 결정에 반영될 수 있을 것이다. 이렇듯 탁월한 의견을 제시하려는 노력은 불가피하게 경쟁의 요소를 지니게 된다.

1) 정치는 공동의 활동이다

정치란 공동의 삶 또는 공동의 활동(act in concert)으로 정의된다. 인간은 정치를 통해서 인간다운 삶을 실현할 수 있다. 아렌트는 『인간의 조건(Human Condition)』에서 정치란 '자유롭고 평등한 사람들, 즉 시민들 사이에서 일어나는 상호작용'으로 이해하였다. 시민들 사이의 상호작용이란 표현은 조화 지향적 활동을 강조하는 것으로 이해될 수 있다. 문제는 정치에 대한 이러한 정의가 공공영역과 사적 영역의 구분에 기반을 두고 있다는 점이다.

공공영역의 역사적 모델은 폴리스이다. 따라서 보통명사로 표기되는 폴리스(polis)는 곧 공공영역을 지칭한다. 아렌트는 폴리스에서 전개되는 활동이 어떠한 특성을 갖고 있는가를 제시하고 있다. 시민들은 폴리스라는 현상공간에서 자신이 누구인가를 드러내고자 노력하는데 이 과정에서 자신의 개성과 특이성을 돋보이고자 노력한다. 따라서 자신의 다양한 능력을 드러내려면, 공공영역에서 끊임없는 경쟁과 분투가 있어야 하기에, 공공영역은 바로 분투적(또는 경쟁적) 특성을 지니게 된다.

따라서 자아에 대한 관심보다 공동체에 대한 관심이, 비겁한 행태보다는 용기 있는 활동이, 개인의 생존과 연계된 문제보다 자유의 실현에 주목하는 활동이 강조된다. 또한 현실에 안주하는 순응적 태도보다는 새로운 시도(저항)가 강조되며, 공적인 문제에 침묵을 지키기보다 오히려 문제를 제기하는 논쟁이 강조되기도 한다. 이렇듯 아렌트가 이해한 그리스인들은 자유와 평등이 보장되는 공공영역에서 공동으로 활동하는 삶을 정치의 이상으로 생각하였다.

그러나 공동의 활동을 최고의 이상으로 삼는 것은 종종 다른 비판에 직면하게 된다. "모든 것이 정치적이라면, 정치적인 것의 의미와 특이성은 퇴조한다." 정치가 도처에 존재한다면, 정치는 어느 곳에도 없다는 주장 역시 성립되기 때문이다. 그러나 이러한 비판은 공공영역과 사적 영역의 엄격한 구분, 그리고 경계선의 유동성을 고려하지 않고 있다.

국가의 제도는 공동생활의 집단적 조직화에 책임을 맡고 있어서 공적인 성격을 띠고 있지만, 가족이나 혈족집단, 사기업, 클럽과 같은 조직은 참여자들의 이익을 증진시키는 데 목적을 두고 있어서 사적인 성격을 띤다. 사적 영역에서는 한 개인의 능력이 인간관계를 결정하는 요인이 아니지만, 공공영역에 참여하는 시민은 대화와 논쟁을 통해 자신을 의견을 제시하지 않을 수 없다.

2) 정치는 권력현상이다

정치학과 경제학은 사회의 재화가 어떻게 분배되는가에 관심을 가지고 있는 학문이다. 경제학의 분배 대상은 주로 상품·서비스·자원 등 '물질적' 재화이지만, 정치학의 분배 대상은 권력·존경·명예·희망 등 주로 '비물질적' 재화이다. 물질적 재화는 소비자와 생산자가 자발적으로 거래하는 시장을 통해 분배되지만, 비물질적 재화는 이익단체나 정당 혹은 국가 등을 통해서 분배된다. 물질적 재화는 시장에서 자발적으로 거래되지만, 반면에 비물질적 재화는 명령에 의한 권위적 방식에 따라 분배된다.

넓은 의미로 볼 때, 정치는 사회생활 과정에서 자원의 생산·배분·소비와 연관된다. 본질적으로 정치는 권력이다. 정치는 어떤 수단을 사용하여 갈망했던 결과를 달성하는 능력이다. 라스웰은 『정치학: 누가, 무엇을, 언제, 어떻게 취하는가?』에서 정치란 희소자원을 둘러싼 투쟁으로, 권력을 수단으로 이해하였다.

이렇듯 정치를 이해하는 데 있어서 권력이 핵심적인 위치를 차지한다. 문제는 정치의 본질을 이해하는 데 있어서 권력현상이 무엇인가?라는 또 다른 문제가 제기된다. 권력에 해당하는 영어는 'power'이다. 그런데 이 용어는 상황에 따라 권력, 세력, 힘, 위력 등 다양한 의미로 번역된다. 예컨대, 'struggle for power'는 '권력' 투쟁으로, 'balance of power'는 '세력' 균형으로, 'national power'는 '국력'으로, 그리고 'power of love'는 사랑의 '위력'으로 표현된다. 이렇듯 power는 다양한 형태로 번역된다.

이러한 다양한 표현보다 더 주목할 문제는 권력에 대한 정의가 정치에 대한 정의만큼 다양하다는 점이다. 몇 가지 예를 들어본다. 베버에 따르면, "권력은 사회적 관계에서 한 행위자가 다른 행위자의 저항에도 불구하고 자신의 의사를 관철시킬 수 있는 위치에 있을 가능성이다." 반면에 홉스는 권력을 개인적 특성으로 이해하였다. "권력은 미래의 명백한 선을 실현하기 위한 현재의 수단이다." 이 정의에 따르면, 개인은 미래의 선을 실현하는 수단을 사용하지 않더라도 그 수단을 명백히 소유할 수 있기 때문이다. 그러나 권력은 한 개인이 소유하고 있는 힘(내구력; strength)과 다르다. 어떤 사람이 '권력을 갖고 있다'고 말할 경우에, 그는 다수의 사람들이나 집단으로 위임받아 권력을 행사한다. 집단이 없다면, 권력은 소멸된다. 아렌트에 따르면, "권력은 함께 행위를 하는 사람들 사이에서 발생하여 사람들이 흩어지는 순간 사라지는 현상으로서 공동으로 활동하는 능력이다."

VI. 맺음말

인간의 삶을 이해하는 것만큼이나 정치를 제대로 이해하기란 쉽지 않을 것이다. 정치가 때론 갈등의 원인이 되기도 하고 때론 갈등을 해결하는 활동이기도 하다. 공동의 문제를 해결하려는 시도는 참여자들의 이해관계와 관점의 차이 때문에 오히려 갈등을 심화시킬 수 있다. 그럼에도 불구하고 우리는 인간다운 삶에 대한 욕구에서 심화된 갈등을 극복하려는 분투적인 활동에 참여하지 않을 수 없을 것이다.

정치에 환멸을 느끼는 사람들에게 정치의 의미(가치) 또는 중요성을 강조하는 게 현실을 무시하는 일인가? 일상적 삶에 얽매여 공동의 문제에 관심을 가질 수 없는 사람에게 정치적 삶의 중요함을 강조하는 게 한낱 부질없는 일인가? 현실 정치를 이야기하는 사람들은 과연 정치적으로 사유하고 있는가? 정치적 사건을 이야기한다는 것이 과연 정치를 제대로 이해한다는 것을 의미하는가? 정치 개념에 대한 다양한 주장을 검토하면서 여전히 의문은 제기될 것이다.

우리가 경험한 '주류' 정치는 조화의 정치는 아닐 것이다. 권력을 둘러싼 대립과 갈등을 단지 정치로만 이해하고 경험한 사회가 지불해야 할 대가는 분명히 정치에 대한 반발이다. 정치를 통해 사회적 문제를 해결하지 못할 때, 사회 구성원 다수는 자신이 거처할 '가정'을 상실할 것이며, 경제적 풍요도 기대하기 어렵다.

개인적 삶 속에서 정치의 진정한 의미를 이해할 때, 시민들은 정치의 고유성을 부활시키고 정치의 아름다움을 직접 체험할 수 있는 계기를 갖게 된다. 이런 상황은 아마도 풀뿌리 민주주의가 정착될 때 나타날 수 있을 것이다. 개인의 삶이 정치적 삶과 밀접하게 연계되어 있다는 이해는 인간다운 삶을 가능케 하는 정치적 실천으로 이어진다.

질문 및 토론 사항

1. 정치를 정의할 때 연관되는 요소들 가운데 중요한 것은 무엇인가?

2. 정치행위는 왜 인간의 활동 가운데 가장 인간적인 활동일까?

3. 정치에서 갈등과 대립, 조화와 통합이란 기본 구도를 넘어설 수 있는가?

4. 우리들의 정치적 사유 또는 정치에 대한 이해를 제약하는 요인은 무엇일까?

5. 우리는 정치에 실망하기도 하지만 왜 희망을 갖는가?

정치권력과 정치공동체의 운명

I. 머리말

인간이 모인 곳에 권력이 있고 권력이 있는 곳에 권력 엘리트가 있다. 권력은 불가피한 것이라는 의미이다. 그것이 인류의 역사였다. 왜냐하면 권력은 인간사회의 최소한의 질서를 유지하고 통합하는 기능을 수행하기 때문이다. 따라서 자연과학에서 에너지가 중요하듯 사회과학과 정치학에서의 연구의 핵심은 권력이다.

권력에 대한 이해는 다양하다. 한 쪽에서는 권력을 하나의 실체로 간주하여 현실적이고 실제적인 힘이라고 생각한다. 다른 한 쪽에서는 권력자와 구성원의 관계에 주목하여 권력을 설명한다. 전자가 물리적 강제력을 강조한다면 후자는 구성원의 동의와 지지를 중요하게 생각한다. 권력을 어떻게 이해하든 권력이 정치적 기능을 수행하기 위해 조직화되었을 때 그것을 우리는 정치권력이라 부른다.

정치권력은 언제 어디에 존재하느냐와 상관없이 권력으로서 공통된 특성을 갖는다. 우선 정치권력은 소수에 집중된다. 권력 엘리트와 권력 엘리트가 아닌 사람으로 구별되는 것이다. 따라서 권력 엘리트가 교체되더라도 권력 엘리트는 언제나 소수에 불과하여 과두제의 철칙이라고 불리는 것이다.

정치권력은 권력의 목표를 달성하기 위해 다양한 방법을 사용한다. 그것은 크게 나누어 설득적 방법과 강제적 방법이다. 현실적으로 정치권력은 설득적 방법과 강제적 방법을 혼용하여 권력의 목적을 추구한다. 정치권력이 권력의 목적달성을 위해 가능한 설득적 방법을 사용하는 것이 원칙적으로 바람직하지만 현실적으로 정치권력은 물리적 강제력의 사용 가능성을 목적 달성의 중요한 수단으로 항상 예비하고 있다.

민주주의 사회에서조차 정치권력은 소수에 집중되는 것이 현실이다. 민주주의에서 글자 그대로 모든 국민들이 참여하여 누구나 권력을 행사한다는 것은 현실적으로 어렵다. 민주주의 사회에서 시민들은 자신들의 대표를 통해 권력을 행사한다. 민주주의 사회에서는 엘리트들이 더 많은 시민의 지지를 얻기 위해 경쟁한다. 그것이 선거이다. 따라서 민주주의 사회에서의 권력에 대한 견제는 권력을 통해 이루어지게 된다.

정치권력은 인간이 집단생활을 유지하는 한 불가피한 요소이다. 문제는 어떻게 정치권력이 공동체의 발전에 기여하도록 하느냐이다. 이를 위해 우리가 해야 할 첫 번째 과제가 바로 권력에 대한 정확한 현실적 이해이다. 정치권력의 현실적 이해가 공화국 시민으로서의 역할을 위한 전제조건이기 때문이다.

II. 인간과 권력

권력이란 무엇이고, 과연 필요한 것인가? 이 질문은 인류에게 가장 오래된 의문 중 하나였다. 따라서 권력이 과연 필요한 것인가에 대해 다양한 견해들이 수 없이 제시되어 왔다. 대체로 보면 권력의 존재는 불가피한 것으로 인식한다. 왜냐하면 권력은 하나의 사회가 최소한도로 존재하기 위해 필요하며, 같은 맥락에서 정치권력은 정치사회의 질서유지를 위해 필요하다는 것이다.

예를 들면 아렌트는 모든 정치제도들이란 권력의 표현이자 구현으로 정치제도는 권력을 유지하지 못할 때 생기를 잃고 사라지게 된다는 것이다(Arendt, 1969). 그만큼 권력이 중요하다는 것이다. 물론 반대 견해도 있다. 무정부주의자들은 권력을 필수불가결한 요소로 보지 않는다. 그들에 따르면 권력은 한 인간집단이 그 자신의 이익을 위해 다른 인간들과의 관계에 이용할 수 있는 수단에 불과했다. 따라서 인간의 사회적 관계에서 권력은 제거될 수 있고 또 제거되어야 한다.

인간 집단생활의 속성은 권력의 존재를 불가피하게 만든다. 사회를 구성하는 인간의 다양성으로 인해 그들 간 상호마찰이 불가피하기 때문이다. 이때 이를 조정하기 위해 정치권력이 필요하다. 즉, 인간 사회에서 집단과 집단 사이 또는 개인과 개인 사이에 분쟁이 생겼을 때 이를 해결하여 질서를 유지하기 위해 공권력을 갖고 있는 정치권력이 필요하다.

권력은 인간성과도 관련 있다. 권력의 추구가 인간의 기본적인 목표라고 전제하고 정치에 대한 이해를 시도하는 것이 권력정치(power politics)이다. 권력정치론에 따르면 정치는 현실이며 인간은 끊임없이 권력을 향해 질주하는 존재이다. 인간의 권력을 향한 욕망은 인간의 내재적인 속성이기 때문이다. 권력을 향한 인간의 욕망은 필연적이다. 정치인이란 권력을 장악하고 유지하는데 전적으로 몰두하는 권력에 굶주린 인간일뿐이다(Lasswell, 1936).

인간의 권력에 대한 태도는 양면적이다. 권력을 향한 욕망을 추구하는 권력 지향적 인간이 있지만, 반대로 복종 지향적 인산도 있다. 프롬은 이러한 상반된 경향이 인간의 권력욕에 따른 것으로 보고 복종 지향성과 지배 지향성을 '매저키즘(masochism)적 경향'과 '새디즘(sadism)적 경향'으로 각각 분류했다.

매저키즘적 경향은 열등감과 무력감, 그리고 개인의 무의미함을 느낀 개인이 이로부터 도피하기 위해 다른 사람이나 제도 그리고 자연 등에 대해 의존하려는 성향이다. 반면 새디즘적 사람들은 선천적인 어떤 특성을 나타내는데 대체로 타인을 괴롭힘으로써 쾌감을 느끼는 경향이다(Fromm, 1972).

결국 정치권력은 인간의 집단 또는 사회생활과 밀접한 관계를 갖고 있다. 개인이나 집단이 정치권력을 장악하고 유지하고 또 변화시키는 문제는 정치에 있어 언제나 중요한 관심사였다. 이러한 맥락에서 정치권력이 추구하는 목표가 무엇이며, 정치권력이 어떤 수단들을 사용하여 자신의 목표를 달성하려는가에 대한 문제는 인간이 집단적 공동체 생활을 유지하면 계속될 수밖에 없는 논쟁의 대상이다.

그렇다면 왜 인간의 집단생활에서 권력이 필요한가? 무엇보다 집단적 생활에는 최소한의 질서와 안정을 유지해야 하며 이를 위해 일정한 권력관계가 필요하다. 집단적 생활에 있어서 최소한의 조정과 통합을 위한 매개체로서 권력이 기능하는 것이다. 이때 권력은 조정과 통합의 기능을 수행하기 위해 일정한 능력과 수단을 보유해야 하는 대표적인 것이 물리적 강제력이다.

인간의 집단생활 중 가장 규모가 크며, 최고의 집단생활은 국가이다. 따라서 국가는 물리적 폭력의 강제력을 독점하고, 이를 바탕으로 국가 내의 질서와 안정을 유지하며 조정과 통합 기능을 수행한다. 즉 국가의 질서유지와 통합을 위한 최후의 수단이 바로 경찰과 군의 물리적 강제력이다.

결국 인간과 권력은 불가분의 관계이다. 권력에 대한 인간의 태도는 이중적이며, 인간이 집단생활을 영위하는 한 권력의 존재는 불가피하다. 집단생활에서 나타날 수밖에 없는 다양한 갈등과 다툼을 해결하여 최소한의 사회적 통합과 질서를 유지하기 위해 권력은 필요하다. 나아가 권력은 인간사회와 집단의 발전을 위한 리더십 역할을 수행하기 때문에 인간과 권력은 떼려야 뗄 수 없는 관계이다.

Ⅲ. 권력의 개념

1. 권력이란 무엇인가?

권력이란 과연 무엇인가? 에너지가 물리학의 근본적인 개념인 것처럼 권력은 사회과학의 근본적인 개념이다(Russell, 1938). 권력에 대한 이해 없이 사회과학을 이해하는 것은 불가능하다. 특히 정치학은 권력에 대한 학문이다. 권력에 대한 이해와 설명, 그것이 바로 정치학이다.

이때 정치학에서 권력은 경험적이고 규범적인 분석의 대상이다. 사회과학과 정치학에서 다루는 권력은 구체적으로 개인과 개인의 관계 또는 집단과 집단 간의 동태적 관계의 모습으로 표현된다. 이런 의미에서 경험적 측면에서나 이론적 측면에서나 권력 또는 정치권력을 정의하는 것은 본질적으로 논쟁적일 수밖에 없다.

권력은 예전부터 많은 사람들의 관심의 대상이었다. 예를 들면 플라톤은 권력이란 어떤 것에 영향을 미칠 수 있고 변화를 가져올 수 있으며, 또는 영향을 받거나 변화될 수도 있는 능력(ability)이라고 생각했다. 이는 권력이 어떤 변화를 만들 수도 있으며, 권력 또한 스스로 변화될 수도 있는 것으로 인식한 로크의 개념정의로 이어진다. 로크는 권력을 인식될 수 있는 이념들의 변화의 차원에서 규정하여 이념의 변화를 만들 수 있는 '능동적인(active) 권력'과 그렇지 못하고 변화될 수 있는 '수동적인(passive) 권력'으로 구별했다(Locke, 1690).

한편 홉스는 인간의 권력을 미래의 선을 실현하기 위한 현재의 수단으로 이해했다. 그는 권력을 인간이 소유할 수 있는 어떤 실체로 파악하며, 권력이란 권력을 소유한 사람이 자신에게 유리하도록 상황을 이끌어 나가는 능력이다(Hobbes, 1945). 홉스적 권력이해는 러셀에게 이어져 그는 권력을 의도된 효과의 생산으로 보았다.

같은 맥락에서 맥키버도 권력을 "직접적인 명령에 의하든 또는 간접적으로 이용할 수 있는 수단에 의해서든 다른 사람의 행동을 통제할 수 있는 능력"으로 규정했다(MacIver, 1948). 이와 같은 권력에 대한 이해는 베버에게서도 나타난다. 베버는 권력을 사회적 관계 내에 있는 한 행위자가 어떤 저항에도 불구하고 그 자신의 의사를 실현시킬 수 있는 지위에 있는 가능성이라고 이해했다(Weber, 1978). 즉 권력은 사람 혹은 여러 사람들이 어떤 행위를 할 때 다른 사람의 저항에도 불구하고 자신의 의지를 실현시키는 것이다.

정치를 "권력분배에 참여하려는 행위 또는 권력의 분배에 영향을 미치려는 일체의 행위"라 할 때 권력은 베버의 지적처럼 "타인의 힘을 거슬러 자신의 의사를 관철하는 능력"이다. 즉, 권력이란 "한 인간이 다른 인간을 그의 의사에 반해 자신이 의도한대로 어떤 효과를 가져 오기 위해 일정한 행위를 하도록 이끌어 나가는 능력 또는 영향력"이다.

　이렇게 보면 권력은 무엇인가를 결정하는 능력이다. 개인적 차원에서 권력은 타인을 자신의 의도대로 행동하도록 결정할 수 있는 능력이다. 동시에 권력은 기존의 결정을 막거나 번복시킬 수도 있는 결정능력이기도 하다. 따라서 권력은 다양한 결정과정에 영향을 미칠 수 있는 힘, 결정이 내려지는 것을 방지할 수 있는 힘, 그리고 사람들의 생각까지도 권력자의 생각이나 언급을 통해 통제하는 힘이다(Held, 1989). 한마디로 "정책을 결정"이라고 한다면, 권력은 결국 결정과 결정과정에의 참여이다(Lasswell, 1948).

2. 권력의 실체설과 관계설

　권력에 대한 이해는 다양하나 크게 두 가지로 대별할 수 있다. 권력의 실체설은 권력을 권력자가 현실적으로 의식적으로 행사하는 것으로 본다. 권력의 관계설은 권력을 권력자와 복종자와의 사이의 '관계'로 인식한다. 전자가 권력을 개인이나 집단들이 소유할 수 있는 실체(substance)로 본다면, 후자는 권력을 인간과 집단들의 다른 인간과 인간 또는 집단 간의 관계(relationship)로 본다.

　권력의 실체설과 관계설의 구별은 홉스와 로크의 권력에 대한 이해에서부터 시작되었다(Friedrich, 1937). 권력의 실체설은 권력을 실제로 존재하는 사물로 간주하여 그것을 소유한 사람이 전적으로 권력을 행사할 수 있는 것으로 이해한다. 반면 권력의 관계설은 권력을 인간과 인간의 관계 또는 치자와 구성원 간의 관계에서 나타나고 행사될 수 있는 것으로 보았다.

　따라서 권력의 실체설은 권력을 장악한 엘리트와 그의 대상이 되는 구성원 간의 지배-복종관계의 수직적인 것으로 보는 반면, 권력의 관계설은 엘리트와 구성원 관계의 수평적인 상호관계로 파악한다. 이렇다보니 실체설은 권력의 물리적 강제력을 중요시하고, 관계설은 구성원의 동의와 지지를 강조한다. 결국 실체설은 독재자나 이들을 옹호하는 정치 이론가들이 지지하고, 관계설은 자유민주주의나 다원주의를 추구하는 사람들이 지지하는 경향이 있다.

1) 실체설

실체설은 유럽 대륙계 학자들이 주로 제시했던 개념이다. 이들에 따르면 권력은 다른 사람을 지배하기 위하여 인간이 소유하는 물건이 된다. 권력이라는 실체를 가진 소수의 사람들이 권력 엘리트가 되어 다수의 사람들을 지배하는 것이다. 따라서 실체설은 소수의 엘리트가 다수의 구성원보다 더 능동적인 역할을 수행한다고 생각하여 소수 권력 엘리트의 힘과 역할을 중시한다.

실체설은 관계설과 달리 현실적으로 권력측정의 어려움이 없다. 왜냐하면 실체설의 권력은 손으로 만질 수 있고, 눈으로 볼 수 있는 실체로서의 권력이기 때문이다. 이때 권력은 정부 내의 공식적 위치, 돈 또는 물리적 강제력의 통제권 등으로 나타난다.

실체설과 같이 권력을 현실적 개념으로 파악한다는 것은 강제성을 전제로 한다. 정치를 권력의 추구로 간주하거나 또는 사회질서에 대한 위협의 산물로 권력을 취급하는 것은 권력에 대한 현실주의적 접근이다. 따라서 권력의 실체설은 이데올로기로써 정치권력의 전제성을 강조하며 통치자의 강제적 지배를 중요하게 생각한다.

권력의 실체설은 홉스와 마키아벨리에서 시작되어 헤겔, 마르크스, 레닌, 히틀러, 스탈린 등으로 이어진다. 홉스는 권력을 미래의 명백한 그 무엇을 차지하기 위한 현재의 수단으로 '자신의 힘'이나 '다른 도구'를 통해서 구현되는 것으로 인식했다. 이때 '자신의 힘'은 그 사람의 초월적인 힘이나 외모, 신중함, 기술, 웅변, 관대함 등을 들 수 있다. '다른 도구'는 부나 명성 등을 의미한다.

권력의 실체설과 관련하여 주목해야 하는 사람이 마키아벨리다. 그는 권력현실에 대한 객관적이고, 미시적 분석으로 근대 정치학의 서막을 연 학자로 평가된다. 왜냐하면 그의 저서 군주론이 정치를 종교, 전통, 도덕 그리고 윤리로부터 분리시켰기 때문이다. 마키아벨리는 국가가 종교적 신념과 교리에 따라 지배력을 행사하며 운영되는 중세적 개념을 처음으로 거부했다. 대신 마키아벨리는 군주의 세속적인 권력이 국가질서를 유지하기 위한 유일한 수단이라고 주장했다. 나아가 그는 이상적 목표를 달성하기 위한 현실적 수단에 초점을 두어 억압적 폭력기구는 국가가 독점한다고 주장했다.

2) 관계설

권력의 관계설은 영국과 미국 등 앵글로 색슨계 학자들이 제시했던 개념이다. 관계설은 로크에 의해 대표되며, 이스턴과 맥키버 등에 의해 계승되었다. 관계설은 엘리트와 구성원 사이의 관계에 초점을 두어 구성원의 적극적인 또는 소극적인 지지와 동의가 있어야 한다는 것을 강조한다. 권력의 관계설은 엘리트와 구성원의 상호작용과 구성원의 동의와 지지를 중요시하기 때문에 강제력을 상대적으로 경시한다.

따라서 권력은 어떤 사람을 내가 원하는 방향대로 행동하도록 만드는 영향력이 된다. 이러한 권력관계에서 중요한 것은 내 의도에 반대하는 다른 사람의 저항을 어떻게 극복하느냐 하는 것이다. 따라서 구성원의 반대를 극복하기 위해 중요한 것은 상대의 동의와 지지가 된다.

이스턴이 정치를 '사회를 위한 가치의 권위적 배분(authoritative allocation of values for a society)'으로 정의한 것은 권력을 관계론적 입장에서 바라 본 것이다. 왜냐하면 사회를 위한 각종의 가치를 창출하고 배분할 수 있도록 구성원의 동의와 지지에 따라 권력 엘리트에게 권력이 부여되었기 때문이다. 결국 관계설의 권력은 지도자와 구성원이 어떠한 공동 목적의 달성을 위하여 일부는 강제에 의해서, 일부는 동의와 지지에 의해서 서로 결합된 관계가 된다(Friedrich, 1950).

관계설에서 강조하는 구성원의 동의와 지지는 엘리트와 구성원 사이에만 발생하는 것이 아니다. 아래의 사례를 보면, 가정에서조차도 구성원 간 동의와 자발성이 집단의 유지와 발전에 중요한 역할을 한다는 것을 알 수 있다. 가정은 인간사회의 가장 최소한의 집단이라 할 수 있다. 이는 결국 인간집단에서 구성원의 참여와 동의가 공동체의 유지와 발전에 중요하다는 것을 의미한다.

"불면증과 만성 복통 설사로 내원한 60대 여성. 마혼된 아들의 결혼식을 앞둔 즈음 갑자기 아프기 시작했다. 검사에서 아무런 이상이 없는데도, 이유 없이 불안하고 머리끝부터 발끝까지 안 아픈 데가 없다. 자식은 '예정된 양가 상견례며 결혼식 날짜까지 다 미뤘다'며 답답하다는 모습이다.

불편한 마음이 만든 결과물이었다. 결혼식 장소 결정이 문제였다. 결혼 당사자들은 직장 근처인 서울에서, 환자는 양가 고향에서 하길 바랐다. 그러나 결론은 너무 일방적이고 싱겁게 끝나버렸다. '어머닌 너무 신경 쓰지 마세요. 제가 다 알아서 할게요'였다. 권력의 추는 이미 장성한 자식에게 기운 것이다.

환자의 심기와 몸이 불편해진 것이 바로 이즈음, 외아들의 결혼식은 홀어머니 인생에서도 매우 중요한 방점이었으며, 자신이 스스로 참여하고 결정할 게 아무것도 없는 '뒷방 늙은이' 신세의 무력한 삶으로 전락한다는 불안감을 갖게 된 것이다. '이제 죽을 날만 받아놓고 조용히 주는 밥이나 먹다 가야 하나'싶은 불안감이 커진다.

소통과 참여, 실종되고 억압과 배제가 노골화된 장면이다. 홀어머니가 원하는 것은 가족구성원으로서 당당한 참여였다. 사소한 결정에도 어머니 의견을 묻고, 때로는 설득하고 때로는 설득당해야 한다. 당신의 존재가 아직 집안에서 큰 의미가 있음을 느끼게 만드는 것이다"(경향신문 2014/10/02)

이 사례는 인간집단의 기본단위이자 최소단위라 할 수 있는 가정에서 일어난 사례이다. 인간집단으로서 가장 큰 단위이자 최고의 집단인 국가단위에서도 이와 같은 구성원의 동의와 자발성은 중요하다. 그래서 라스웰과 카플란이 권력은 정치학에서 가장 기본적인 요소로써 정치과정은 권력의 형성과 분배 및 행사에 불과하다고 한 것이다. 권력은 개인이나 집단이 소유할 수 없는 재산이나 물건이 아니라 엘리트와 구성원의 관계로서 이해되어야 하는 것이다(Lasswell and Kaplan, 1950).

이렇게 보면 가정이든, 국가든 인간집단에서 정치권력은 정책결정에의 참여를 통해 나타나게 된다. 이때 어떤 집단에서든 구성원의 참여자가 자신의 이익 극대화에 도움된다고 판단되도록 하는 것이 중요하다. 따라서 권력의 관계설과 민주주의 정치과정은 밀접한 관계를 갖고 있다. 왜냐하면 민주주의 사회에서 권력의 창출과 행사를 의미하는 정치과정에서 엘리트는, 구성원의 동의와 자발성이 체제유지와 권력행사에 결정적으로 중요하기 때문이다.

3. 권력과 권위 그리고 세력과 영향력

권력은 현실에서 다양한 용어와 혼용되어 사용된다. 예를 들어 권력, 권위 그리고 영향력 등의 단어들은 대부분 개념적으로 구별되지 않고 사용된다. 하지만 과학적 분석을 위해서는 다양한 용어의 혼용보다 엄밀한 개념규정에 따른 유사용어의 구별과 사용이 필요하다.

우선 권위와 권력의 구별이다. 라스웰과 카플란은 어떤 사람이 권위를 가지고 있다고 말하는 것이 그가 실제로 권력을 갖고 있다는 것이 아니라고 했다. 권위를 갖고 있다는 것은 정치적 공식(political formula)이 그에게 권력을 부여하고, 어떠한 역할을 수행하는 사람들이 그의 권력사용을 '정당하고 적절한' 것으로 간주하는 것을 말하기 때문이다(Lasswell and Kaplan, 1950).

이렇게 보면 권위는 관계적 개념으로 사람들의 자발적이고 내면화된 행태에 바탕을 둔다. 이에 반해 권력은 강제적이고 외형적인 행태에 바탕을 둔다. 물론 권위와 권력은 일정한 사회적 관계나 공동체의 질서를 유지하는데 있어 서로 다른 효과를 갖는다. 100% 권력관계에만 의존한다면 사회적 관계와 질서를 유지하기 어렵기 때문이다. 따라서 권위의 가치가 포함된 사회적 관계가 구성원 사이에 형성되어야 한다. 그리고 이는 구성원들의 자발적인 합의와 지지가 중요하다.

따라서 권위는 권력의 속성을 내포하지만 권력과는 분명 다르다. 오히려 권위는 권력의 반대편에 있다. 현실적으로 보면 권위의 끝 부분에서 권력이 시작될 수 있다. 사회질서가 더 이상 권위에 의해 유지될 수 없을 때 불가피하게 물리적 강제력을 포함한 권력이 행사되기 때문이다.

즉 권위는 물리적 힘의 관계에서 현실적으로 나타나는 어떤 힘의 차이가 아니라 어떤 가치의 차이를 반영한 것이다. 권위는 인간본연의 결합관계에 내재하는 구성원의 자발적 성격 때문에 권위는 구성원의 동의를 획득하는 힘이 된다. 따라서 권위는 구성원의 마음을 지배하는 힘, 즉 '승인을 받아낼 수 있는 잠재력'이다. 이런 의미에서 정치권력이 스스로를 권위화시킬 수 있을 때 보다 더 견고한 권력의 지배·복종관계를 확립할 수 있다. 왜냐하면 권위는 엘리트와 구성원의 지배·복종

관계가 구성원의 마음에 있어서 '정당한 것'으로 인정되는 것이기 때문이다.

결국 권위는 사람들로 하여금 권력자에게 따르도록 하는 그 무엇, 즉 정당성을 제공해주는 것이다. 구성원이 엘리트의 지배가 정당하다고 믿을 때 성립되는 엘리트의 권력이 권위가 된다. 이때 권위는 강압, 유인, 합법성, 전문성 그리고 개인적 권위의 형태로 나누어 볼 수 있다.

강압적 권위는 동의를 얻기 위해서 무력을 수단으로 위협하는 행위이다. 이때 사람들은 권력의 의도를 달성하기 위하여 자신에게 무력을 사용할 가능성이 있다고 믿어 권력의 의도대로 행동하는 것이다. 유인에 의한 권위는 권력의 보상을 받고자 하는 심리로 사람들이 엘리트에게 순응하는 것이다.

합법적 권위는 권력자에게 구성원에 명령할 권리를 지니게 하고 또한 구성원은 권력자에게 복종할 의무가 있는 관계를 말한다. 따라서 합법적 권위는 구성원을 지속적으로 감시해야 하는 강압적 권위와 지속적으로 보상을 제공해야 하는 유인에 의한 권위보다 효과적이다. 왜냐하면 합법적 권위는 구성원의 동의와 지지에 의한 자발적 행위로서 의무이자 책임의 복종이기 때문이다.

전문성에 의한 권위는 권력자의 특별한 전문적인 지식으로 구성원이 권력자의 의도대로 행위하게 되는 것을 말한다. 전문성에 의한 권위는 몇 가지 조건을 충족시켜야 그 가치를 인정받을 수 있다. 전문성에 의한 권위는 전문성, 공정성 그리고 중립성을 가졌다고 사람들로부터 인정받았을 때 비로소 그 권위를 인정받게 된다. 왜냐하면 현대 대의민주주의에서 정당성 또는 권위의 최고 원천은 선거의 제도적 절차에 따라 시민들로부터 권력을 위임받는 민주적 정당성 또는 권위이기 때문이다. 따라서 선출되지 않은 권력으로써의 제도가 그 권위를 인정받으려면 전문성에 의한 권위의 조건을 충족시켜야 한다.

한편 세력은 개인 또는 집단 간의 어떤 한쪽이 다른 쪽에 미치는 영향력을 말한다. 이렇게 보면 권력은 세력의 일부이며, 특히 권력은 정당성(또는 정통성)을 가진 결정력이다. 라스웰에 따르면, 권력의 결정은 '중대한 제재(또는 가치박탈)를 동반하는 정책'이다. 따라서 정책효과가 비교적 중대한 제재에 의해서 강제되어질 때 세력의 형태는 언제나 권력의 형태가 된다(Lasswell, 1948).

영향력은 권력과 마찬가지로 개인, 집단, 국가 등 모든 사회적 단위 전반에 걸쳐 나타난다. 영향력은 누가 누구에게 무엇을 하도록 어떤 행동을 유도하는 것이다. 영향력은 크게 현재적 영향력과 잠재적 영향력으로 나눌 수 있다(Dahl, 1991). 현재적 영향력은 분명하게 상대방의 행동에 변화를 가져오는 유형을 말하고 잠재적 영향력은 영향력을 행사하려는 시도나 의도가 없었음에도 불구하고 사람들이 내재된 영향력의 실체를 인식하여 행동의 변화를 보이는 경우를 말한다(홍득표, 1999).

IV. 정치권력이란 무엇인가?

1. 정치권력의 개념

권력은 인간집단에 일반적이다. 권력이 정치적 기능을 수행하기 위해 조직화될 때 정치권력이 되며, 정치권력은 일반적으로 국가에 의해 제도화되고 행사되기 때문에 국가권력이 가장 전형적인 형태의 정치권력이다. 사실 우리가 권력이라 말하는 것은 대부분 정치권력을 의미한다.

권력의 문제는 정치학에 있어서 가장 기본적인 문제이자 중요한 연구대상이다. 베버의 언급처럼 정치란 요컨대 권력의 세계에 참여하거나 권력의 분배에 영향을 미치려고 하는 노력이다(Weber, 1921). 뢰벤슈타인도 정치는 권력을 장악하기 위한 투쟁으로 보았다. 따라서 권력은 인간을 움직이는 근원적인 충동의 하나로서 모든 인간관계에서 나타나는 정치적 영역이다(Löwenstein, 1965).

정치학의 모든 분야에 걸쳐서 언급되는 기본적인 문제는 정치권력이다. 라스웰의 지적처럼 권력은 정치학 전반에 걸쳐서 가장 기본적인 개념으로 정치과정은 권력의 형성·분배 및 행사이다(Lasswell, 1948). 결국 모든 정치현상은 권력보유와 권력확대 그리고 권력과시이다(Morgenthau, 1948).

이렇게 보면 정치학 연구에서 정치권력의 동태적 연구를 제외한다는 것은 정치학의 가장 중요한 요소를 제외하는 것이다. 정치체계 자체가 권력·지배 또는 권위를 중대한 구성요소로써 포함하여 인간의 여러 관계의 연속적인 모형이기 때문이다 (Dahl, 1963). 나아가 정치사는 정치의 권역 또는 영역의 차이를 불문하고 결국 권력의 형성·조직·분배 및 변혁의 역사적 추이를 다룬 것이다.

정치의 영역을 세 가지로 나눌 때 지구적 차원에서 국가가 정치행위의 주체가 되어 외교의 형태로 전개되는 정치가 국제정치이다. 권력의 관점에서 보면 국제정치는 국가와 국가 사이의 권력관계를 다루는 것이다. 국가적 차원에서 내정의 형태로 집단이 정치행위의 주체로 나서는 중역 정치권의 경우 집단 간 권력관계가 핵심이다. 가장 미시적 차원에서 리더십의 형태로 개인이 정치행위의 주체로 나서는 협역 정치권의 경우 집단 내 개인 간의 권력관계가 핵심이다.

그렇다면 정치권력은 언제 발생하는가? 메리암은 권력을 인간의 사회적 관계의 한 기능으로 이해하면서 정치권력이 발생하는 여러 상황들을 세 가지로 요약했다. 물론 현실의 정치권력은 아래의 세 가지 상황이나 요소의 복합적 형태로 발생하게 된다. 정치권력이 발생하는 상황은 첫째, 조직화된 정치적 행위가 필요한 사회집단 간의 긴장상태이다. 이러한 긴장상태를 해소하기 위해 정치권력이 발생하게 된다.

둘째, 사회적 생활에서 조정되고 서로 적응되어야 할 다양한 인간개성 때문에 권력은 필요하다. 즉, 모든 인간들은 어떠한 방법에 의해서든 일정한 사회체계에 적응되고 통합되어야 하는데 일부는 혼란과 충돌의 가능성을 불가피하게 내포하고 있다. 따라서 다양한 사람들을 사회체계로 흡수시키기 위해 정치권력이 발생하게 된다.

셋째, 주어진 상황에서 기회를 최대한 이용하여 권력을 장악하려는 개인이나 집단이 경쟁하는 상황에서도 권력이 필요하다. 즉, 권력을 추구하는 지도자들이나 정치세력들이 정치조직체를 형성하고 그들의 권력욕망을 충족시키려고 경쟁할 때 정치권력은 발생하게 된다.

라스웰은 정치를 "누가, 무엇을, 언제, 어떻게 얻느냐(politics involves who gets what, when and how)"로 정의했다. 이에 따른다면, 사람들이 자신이 원하는 것을 언제, 어떻게 얻느냐 하는 것은 그들이 어느 정도의 권력을 갖고 있느냐에 달려있다. 따라서 권력에 대한 이해 없이 정치를 설명한다는 것은 불가능하다. 왜냐하면 정치의 생산물 — 예를 들면 정부의 공공 정책 — 은 사람들에 의해 만들어진 결정이고,

이때 정책을 결정하는 사람들이 권력을 갖고 있는 엘리트이기 때문이다.

정치가 '희소가치의 권위적 배분'이라 한다면 정치권력은 정책결정을 담당하여 어떤 결정의 정책을 만들어 낸다. 이때 정책은 원칙적으로 공익을 지향한다. 소수나 특정 집단에 이익이 되기보다는 가능한 많은 사람들과 집단에게 혜택이 가도록 시도한다. 정책이 대부분 공공정책으로 불리는 이유가 여기에 있다. 그럼에도 불구하고 정책은 본질적으로 이익갈등이 발생할 수밖에 없는 영역이다. 누군가 손해를 보면 누군가 이득을 본다는 것이다.

그래서 사람들은 정부의 정책결정에 영향을 미치려 경쟁한다. 민주주의 국가에서 정책결정을 담당하는 권력은 선거를 통해 결정된다. 권력의 정당성이 선거를 통해 부여되는 것이 민주주의 사회이다. 이때 선거의 승패는 표의 수로 갈린다. 따라서 누구나 상대보다 더 많은 득표를 하려고 노력하는 것이다. 그래야 권력을 장악할 수 있기 때문이다.

민주국가에서 선거를 통해 탄생한 정치권력은 다음과 같은 특성을 갖는다. 첫째, 정치권력은 법률에 따라 탄생하여 합법성을 가진다. 나아가 정치권력은 사회와 국가의 유지를 위해 조직화된 물리적 강제력을 합법적으로 사용할 수 있다. 둘째, 정치권력은 일반성을 가진다. 이는 정치권력이 국가의 전 영역에 걸쳐 전반적으로 영향력을 미치는 것을 말한다. 셋째, 정치권력은 인간의 공동체로서 국가가 존속하는 한 유지되기 때문에 영구성을 갖는다. 넷째, 정치권력은 사회와 국가의 유지를 위해 물리적 강제력을 합법적으로 독점하는 강제성을 갖는다.

나아가 정치권력은 공공성을 갖는다. 공공성은 개인과 특정 집단의 이익을 넘어 타인과 다른 집단에 대한 배려와 공정함을 추구하는 것이다. 공공성은 공동체의 일에 헌신하는 이타적 자세이기도 하다. 대부분의 정책은 이익갈등의 영역이다. 따라서 공공성은 개인과 집단이 사적 이해관계를 넘어 공공의 이익 또는 공동의 이익을 추구하는 것이다. 이런 의미에서 정치권력은 공공성이 한 사회의 규범과 관습으로 한 사회에 자리 잡도록 노력해야 하는 특성을 갖게 된다.

2. 정치권력의 속성

정치권력의 속성에 관한 논쟁은 사회학적 관점과 정치학적 관점의 충돌이다. 사회학적 관점이 권력의 집중화 현상에 초점을 둔다면, 정치학적 관점은 상대적으로 권력의 분산이나 다원성을 중요시한다. 예를 들면 사회학적 관점은 권력의 집중이나 소수지배의 원칙을 제시하여 엘리트 권력론을 탄생시켰다. 반면 정치학적 관점은 다원적 권력론을 주장한다. 어떤 관점이든 정치권력의 속성에 대한 이해는 권력에 대한 논의가 정의나 도덕의 윤리적 문제가 아니라 사회와 정치의 현실에 대한 과학적이고 경험적인 연구여야 한다는 공통된 인식을 갖고 있다.

첫째, 밀즈와 파레토의 소수권력 엘리트론이다. 밀즈는 미국 사회구조에 대한 경험적 분석을 통해 권력 엘리트집단을 발견했다. 그들은 '사회구조의 전략적 명령 지위들(the strategic command post of the social structure)'이다(Mills, 1954). 즉 모든 사회는 두 개의 주요 계급, '엘리트'와 '비엘리트'로 구성되어 엘리트 집단 또한 '통치 엘리트'와 '비통치 엘리트'로 구분된다(Pareto, 1963).

둘째, 미헬스의 과두제의 철칙이다. 그에 따르면 조직되어 있는 소수(an organized minority)가 조직되어 있지 못한 다수(unorganized majority)를 지배한다(Mosca, 1939). 과두지배(oligarchies)는 모든 사회와 조직에서 필연적으로 나타나는 불가피한 현상이라는 것이다.

모스카는 엘리트 이론의 시조로서 엘리트를 다음과 같이 분류했다. 그들은 지배 계급인 엘리트, 전문적 기능인·경영자·공직자 등의 하위 엘리트, 그리고 피지배 계급인 대중이다(Mosca, 1939). 그는 소수의 엘리트가 다수의 대중을 지배할 수 있는 근거로 몇 가지 요소를 들었는데 첫째, 조직의 힘이다. '조직화된 소수'가 '비조직화된 다수'를 지배한다는 것은 불가피하다는 것이다. 둘째, '지배 정당화 담론'이다. 이는 법률적·도덕적 기초나 원칙 등으로 소수의 지배를 정당화시키는 이론적 근거이다. 셋째, 엘리트는 대중과 구별되는 특별한 자질이 있다(Mosca, 1939).

한편 모든 조직은 그 규모가 확대되면 반드시 과두제적 경향이 생긴다. 이는 어떤 조직의 메카니즘이 무엇보다 능률적으로 기능을 해야 한다는 효율원리와 분업

방식에 따른 조직구조를 갖기 때문이다. 이것이 집단의 과두제화이고 따라서 다수가 소수의 지배에 복종되는 이유이다. 미헬스는 이를 과두제의 철칙이라 불렀고, 이는 불가피한 역사의 냉혹한 숙명이라고 했다(Michels, 1925).

미헬스는 가장 혁신적이며, 마르크스주의 정당이었던 독일 사회민주당의 내부구조를 분석했다. 민주주의를 표방하는 조직이라 하더라도 과두제 출현의 모순적 현상에서 예외적일 수 없음을 경험적으로 발견했다. 과두제화는 조직 자체의 특성과 인간본성에 따라 불가피하다는 것이다.

결국 조직의 발전과 확대는 필연적으로 관료조직을 낳게 된다. 관료조직은 조직의 운영을 담당하며 더 많은 정보와 기능을 축적하여 시간이 지날수록 지배적인 지위를 더욱 강화하게 된다. 이때 권력을 장악한 과두제적 지배자는 권력의 유지에 전념하게 된다. 왜냐하면 조직 목적의 실현보다는 조직 자체의 유지가 더 중요하기 때문이다.

셋째, 파레토의 엘리트 순환론이다. 파레토의 엘리트 순환론(circulation of elites)은 마키아벨리 이래 엘리트의 '소수자 지배' 인식을 계승했다. 인류의 역사는 '소수 엘리트 사이의 투쟁의 역사'이다. 역사상 어떠한 시대에 있어서도 그 체제의 형태가 어떻게 되어 있든 모든 사회는 소수 엘리트에 의해서 지배되어 왔으며 또한 지배되어진다는 것이다. 따라서 '엘리트의 순환'은 어떤 방식에 의해서든 신(新)·구(舊) '통치 엘리트'의 주기적 또는 비주기적 교체를 의미한다(Pareto, 1963).

파레토는 여우형과 사자형이라는 엘리트의 두 가지 유형을 제시하고, 이러한 엘리트 유형이 사회의 변동에 맞추어 순환한다는 이론을 내세웠다. 사자형은 전통과 현상유지를 중시하고 권력의 행사에서는 '힘'을, 여우형은 변화와 쇄신을 앞세우고 권력의 행사에서는 설득과 후원 등을 통해 이루어진다(Turner and Beeghly, 1981).

앞서 언급된 엘리트론이 권력집중과 엘리트 소수화를 강조한다면, 정치학적 관점의 엘리트론은 권력의 다원성을 중요시한다. 대표적인 것이 다원주의 권력론이다(Dahl, 1984). 소수 엘리트론과 과두제의 철칙은 민주주의 사회에도 현실적으로 적용된다. 그것이 현실이다. 민주정치에서도 정치를 담당하는 엘리트는 언제나 극소수에 불과하기 때문이다. 따라서 러셀의 지적처럼 사회구조가 민주적이냐, 아니냐 하는 것은 엘리트 존재 여부와 엘리트와 대중의 관계, 엘리트의 충원방식 그리고 권력의 행사방식이다(Russell, 1948).

나아가 권력은 분산되어 있어 어느 한 집단이 전적으로 권력을 독점하는 것이 아니라 복수 엘리트들이 서로 권력을 나누어 행사한다. 동시에 한 사회에는 여러 엘리트 집단들이 존재하고 그들은 각각의 자율성을 가지고 있어 특정한 사안에 따라 영향력을 행사하는 정도가 계속해서 달라진다.

다원주의 엘리트 이론가들은 전통적 엘리트 이론가들과 달리 다양한 엘리트들이 대중의 지지를 얻기 위한 경쟁을 중시한다. 이러한 경쟁과정에서 민주주의적인 가치가 실현된다고 본다. 이렇게 보면 민주주의 사회에서 엘리트는 자신의 권력을 유지하기 위해서는 선거를 통해 권력을 획득해야 한다. 그리고 권력장악을 위해서는 다른 엘리트보다 더 많은 지지를 얻어야 한다. 엘리트들이 구성원의 더 많은 지지를 얻기 위해 경쟁하는 것이 선거이며, 선거에서 승리하기 위해 엘리트들은 구성원의 요구와 지지를 필요로 하게 된다.

V. 정치권력의 수단과 정당성

1. 정치권력의 수단

정치권력이 목적을 달성하기 위해 사용할 수 있는 수단은 다양하다. 예를 들면 라스웰은 '상징', '물리적 강제' 그리고 '재화'를 정치권력이 자신의 목적을 달성하기 위해 사용할 수 있는 수단이라고 했다(Lasswell, 1963). 메리암도 '관습', '폭력', '상징과 의식', '합리적 동의와 참여', '전략' 그리고 '지도력'을 정치권력의 수단으로 보았다(Merriam, 1957). 이와 같은 다양한 정치권력의 수단은 크게 설득과 강제로 나누어 볼 수 있다.

1) 설득적 방법

설득은 권력을 사용하는 사람이 자신의 의도와 바람을 상대방이 스스로 알아서 실현하도록 하는 권력의 비물리적·비강제적 수단이다. 설득은 폭력 대신 상대방을 이해시켜 결과를 얻어내는 이상적인 권력행사 방법이다. 이때 정치권력이 행사하는 설득적 방법은 권력의 정당성에 대한 사람들의 인식과 동의가 출발점이다. 즉 권력의 결정과 선택이 옳다는 권력의 정당성은 설득적 방법이 효과를 낼 수 있는 가장 중요한 조건이다.

정치권력의 수단으로써 설득적 방법은 다양한 모습으로 구체화된다. 첫째, 교환이다. 이는 쌍방이 협상을 통하여 서로 원하는 것을 주고받음으로써 이익을 교환하는 방법이다. 둘째, 전통과 관습이다. 전통이나 관습이 지배와 결정의 타당한 근거로 사용되는 것이다. 셋째, 가치부여이다. 이는 일정한 가치를 부여하여 권력의 지배와 결정을 정당화하는 것이다. 이때 사용할 수 있는 가치는 경제적 가치와 사회적 가치 등이다.

2) 강제적 방법

설득과 함께 정치권력이 사용할 수 있는 수단은 강제적 방법이 있다. 정치권력의 수단으로써 강제적 방법은 대표적으로 보상과 처벌이다. 예를 들면 조직 또는 회사에서 상급자의 지시에 따르면 보상을 주고 그렇지 않으면 처벌하는 것이다. 법 집행에서도 어떤 행위를 금지시키는 법을 제정하고 이를 위반할 경우 법에 따라 처벌하는 방식이다. 강제적 방법의 가장 전형은 물리적 폭력을 행사하는 것이다. 이때 폭력은 두 종류로 나눌 수 있다. 하나는 심리적 폭력으로 공포, 과장, 위협 등이다. 다른 하나는 물리적 폭력으로 정치권력의 가장 본질적인 특징이며 권력의 적나라한 모습이라 할 수 있다. 군과 경찰 등 국가 폭력기관을 통해 행사되는 물리적 폭력이 가장 전형적인 예이다.

2. 정치권력의 정당성과 견제

현실적으로 정치권력은 강제적 방법과 설득적 방법을 혼용하여 행사된다. 공동체 구성원의 100% 동의와 지지를 받는 정치권력이라 하더라도 일정 정도 물리적 폭력은 현실적으로 불가피하다. 그럼에도 정당성을 인정받는 정치권력은 그렇지 못한 정치권력에 비해 정책집행이 효율적이고 효과적이다. 따라서 권위주의적 정치권력이나 민주적 정치권력이나 모두 정당성을 얻고 이를 더욱 강화하기 위해 노력한다. 정당성을 유지하며 강화해야 정치권력의 생명이 연장되기 때문이다.

이때 요구되는 것이 권위이다. 권위는 앞서 언급했듯이 정당성과 밀접하게 연결되어 있다. 권위가 정당성에 기초한 권력이기 때문이다. 권위는 비폭력적이며 비강제적인 영향력이다. 정당성이 공동체 구성원이 정치권력의 행사를 정당한 것으로 인정하는 것이라면 권위는 이와 같은 정당성을 중요한 구성요소로 하고 있다. 이렇게 되었을 때 정치권력은 사회적 지배근거를 확보하게 된다.

지배근거로써 베버는 세 가지 유형을 순수형으로 제시했다. 물론 세 가지 유형은 경험적으로는 서로 혼합된 형태로 나타난다. 베버가 제시한 순수형 지배근거는 전통적 지배, 카리스마적 지배 그리고 합법적 지배이다.

첫째, 전통적 지배는 전통의 신성스러움과 역사적 배경 그리고 이에 기초한 정치적 권위에 대한 사람들의 일상적 믿음에 근거한 지배유형이다. 전통의 신성스러움과 전통 자체에 의해서 권위가 부여된 정당성이 지배의 근거가 되는 것이다. 대체로 사람들은 오랫동안 손속해 내려온 전통과 관습을 무의식적으로 인정하고 신뢰하는 경향을 보이기 때문이다.

대표적으로 가부장적 지배와 군주제가 전통적 지배의 전형이다. 군주제는 특정 가족 또는 가계가 군주의 자격을 갖고 있으며, 통치권을 행사하는 권력을 갖는다는 사람들의 믿음에 기초한다. 이때 사람들은 군주가 자신들을 이끌도록 신에 의해 선정된 것으로 생각한다. 따라서 군주에게 복종하지 않는 것은 결국 신에게 불복종하는 것과 같게 된다.

둘째, 카리스마적 지배는 어떤 사람의 특별한 신성함, 영웅적 능력 또는 모범적

인품, 또는 이것들에 의해 창조된 열렬한 헌신 등에 근거한 지배유형이다. 한마디로 카리스마적 지배는 개인화된 지배근거로써 사람의 인격, 신성성, 영웅적 권력의 모습 또는 모범 등에 기반하여 정치권력이 행사되는 것이다. 또한 카리스마적 지배는 신의 계시 또는 창조된 질서의 신성함 등에 대한 구성원의 신뢰에 기초한 지배이기도 하다.

카리스마적 지배 또는 카리스마적 권위는 비합리적이고 경우에 따라서는 이성적 판단의 영역을 초월한 것이다. 탁월한 지도자가 가진 초인적(超人的)인 매력이 카리스마적 권위가 되는 경우가 대부분이기 때문이다. 따라서 카리스마적 지배유형은 특정 개인과 밀접하게 연결되어 있다는 것이 가장 큰 약점이다. 카리스마적 리더의 신상변화나 대중적 인기가 사라지면 정치체제 자체가 위험에 처하기 때문이다.

셋째, 합법적 지배는 정치적 지배를 성문화된 질서와 법규의 합법성에서 찾는 지배유형임과 동시에 법규화된 질서의 합법성에 기초한 지배유형이다. 이때 정당성은 근본적으로 성문화된 헌법으로부터 나오며 헌법은 새로운 법과 규칙을 만드는 일련의 절차를 총체적으로 규정한다.

합법적 지배는 법과 규칙에 의한 지배가 정당한 것으로 인정되는 지배형식이다. 이와 같은 '법의 지배(rule of law)' 원리는 근대 국가의 관료제와 맥을 같이한다. 이때 합법적 관료제는 ① 인격적으로 자유롭고, 객관적 직책에만 복종한다. ② 직무 계층제에 기초한다. ③ 명확한 직권을 가진다. ④ 계약에 의해서 임명된다. ⑤ 자격을 갖춘 자가 임명된다. ⑥ 봉급과 연금을 받고, 봉급과 연금은 등급에 따라 정해진다. ⑦ 공직을 유일의 직업이라고 생각한다. ⑧ 재직연한과 근무성적에 따라 승진된다. ⑨ 행정수단을 공유한다. ⑩ 직무규율에 복종한다는 특징을 갖는다 (Weber, 1921).

나아가 합법적 지배는 선거를 통한 정치체제의 구성을 의미한다. 선거를 통해 구성원의 지지를 바탕으로 창출된 정치권력에 정당성을 부여하는 것이다. 민주주의 사회에서는 대중적 지지를 얻기 위한 엘리트 간 정치적 경쟁을 통해 권력 엘리트를 결정한다. 그것이 선거이다. 나아가 유권자의 지지를 확보하기 위한 정당 엘리트 또는 정치권력을 추구하는 엘리트 간의 경쟁을 통해 권력의 견제가 이루어지게 된다.

이런 의미에서 민주주의 사회에서 권력견제의 가장 중요한 방식은 권력에 대한 권력의 견제라 할 수 있다.

VI. 맺음말

권력은 인간사회에서 불가피한 요소이다. 정치 공동체의 유지와 발전의 견인차 역할을 하는 것이 정치권력이다. 권력의 최소한의 기능은 공동체의 유지이다. 이를 위해 권력은 최악의 경우에 경찰 또는 군의 물리적 강제력을 사용할 수 있다. 국가가 독점하는 물리적 강제력의 권력행사는 권력의 가장 적나라한 모습으로 우리가 가장 흔히 보는 권력이다.

정치적 기능을 위해 권력이 조직화되었을 때 권력은 정치권력이 된다. 현대 민주주의 사회에서 정치권력은 합법적 지배에 근거한다. 합법적 지배는 현실적으로 법치주의로 표현된다. 민주주의 사회에서 정치권력의 정당성은 선거를 통해 부여된다. 권력 엘리트들은 정치권력을 장악하기 위해 선거에서 더 많은 표를 얻어야 한다. 결국 민주주의 사회에서 정치권력은 권력 엘리트 간의 경쟁에 의해 결정되는 것이다. 권력이 권력을 통해 견제되는 것이 민주주의이기도 하다. 따라서 정치권력을 결정하는 선거에서 시민의 선택이 중요하다. 공화국 민주시민으로 권력에 대한 이해가 중요한 이유가 바로 여기에 있는 것이다.

질문 및 토론 사항

1. 주변에서 볼 수 있는 권력의 모습은 무엇인가?

2. 그 권력의 근거는? 왜 우리는 그 권력의 결정에 복종하는가?

3. 통합진보당 해산에서 보듯 시민에 의해 선출된 국회의원의 자격을 임명된 헌법재판관이 박탈하는 권력은 어디에서 오며, 어떻게 정당화될 수 있는가?

4. 권력이 정치의 핵심이고 "정치가 누가, 무엇을, 언제, 어떻게 얻는 것"이라고 한다면 사회적 약자는 정치권력으로부터 어떻게 공정한 대우를 받을 수 있을까?

정치이데올로기의 이상과 현실

I. 머리말

우리에게 이데올로기란 무엇인가? 이데올로기에 대한 우리의 입장은 매우 다양성을 가지고 있다. 오늘날 사람들은 좋든 싫든 다양한 신념이나 사상에 의해 행동의 제약을 받으면서 사회생활을 하기 때문에 이데올로기 시대에 산다고 생각한다. 반면에 사람들은 미국식의 자유주의 번영이 모든 사회문제를 해결해 주는 것도 아니고, 그렇다고 소련과 동유럽의 사회주의가 문제해결에 대한 신뢰성을 가지고 있는 것도 아니라고 여겨 이데올로기는 종식된 것처럼 보기도 한다. 그러나 현실에서는 이데올로기가 특정한 사회체제를 정당화시키는 속성을 가지고 있어 우리가 이데올로기를 떠나 생활하는 것이 어렵다. 특히, 현대사회에서 정치에 대한 신념이나 사상의 역할이 지속적으로 강화되고 있어 현대사회의 정치적·사회적·경제적 이해관계를 해결하는 다양한 방법을 모색하는 차원에서 이데올로기에 대한 논쟁은 확대·

재생산되고 있다.

　본 연구에서 정치이데올로기에 대한 논의는 정치이데올로기에 대한 이해와 정치이데올로기의 유형을 통해 살펴보고자 한다. 첫째, 정치이데올로기에 대한 이해이다. 이데올로기가 시대와 사회에 따라 다양성을 가지고 있는 것처럼 정치이데올로기도 다양성을 가지고 있다. 그러나 정치이데올로기는 제도 변화에 대한 인식에 따라 현상유지에 치중하는 보수적 이데올로기, 과격하게 새로운 질서를 추구하는 급진적 이데올로기, 점진적인 변화를 모색하는 개혁적 이데올로기로 분류된다. 정치이데올로기는 보수적이냐, 급진적이냐, 개혁적이냐에 관계없이 가치판단기준, 결속과 통합, 자기정체성, 정당성, 연대성 등에 있어 순기능과 역기능을 하기도 한다. 둘째, 정치이데올로기의 유형이다. 정치이데올로기의 기본 유형은 변화에 저항하면서 변화를 모색하는 보수주의, 개인의 자유를 보편적 가치로 삼는 자유주의, 분배의 공평성을 강조하는 사회주의, 민족정체성을 강조하는 민족주의 등으로 근대에서 현대까지 적용되는 이데올로기이다. 정치이데올로기의 하위 유형은 여권쟁취를 주장하는 페미니즘, 환경위기를 타개하려는 환경주의, 문화적 다양성을 추구하는 다문화주의 등으로 현대사회에서 논의되는 이데올로기이다. 정치이데올로기의 기본 유형과 하위 유형에 대한 구분은 특별히 유의미한 것은 아니다. 왜냐하면 오늘날 정치이데올로기는 모든 국가나 사회에서 정치사회적 환경변화에 따라 다양하게 나타나는 동시에 변화를 모색하기 때문이다.

Ⅱ. 정치이데올로기의 이해

1. 이데올로기의 개념

　이데올로기(ideology)는 어원적으로 관념(idea)과 논리(logy)의 합성어로 '관념의 논리'로 직역된다. 이데올로기는 사고방식, 이념, 주의 등으로 번역될 수 있지만 일반적으로 이데올로기라 부르고 있다. 이데올로기는 통상적으로 사회집단에 있어서 사상, 행동, 생활방법을 근본적으로 제약하고 있는 관념이나 신조이다.

이데올로기라는 용어가 처음 등장한 것은 1789년에 프랑스의 계몽주의 철학자 데스튀트 드 트라시(Destutt de Tracy)가 『이데올로기의 요소(Eléments d'Idéologie)』에서 사용하였지만 이데올로기를 사회과학적인 차원에서 사용한 것은 마르크스(Karl Marx)이다. 마르크스는 『독일이데올로기(Deutsche Ideologie)』에서 이데올로기를 인간의 두뇌작용에 의한 이념으로 인식하여, 이것이 인간을 구속하고 지배하기 때문에 이데올로기로부터 인간을 해방시켜야 한다는 입장이었다. 그 후 마르크스가 엥겔스(Friedrich Engels)를 만나면서 이데올로기의 개념을 확대시켰다. 마르크스는 사회적 존재인 인간의 정신생활이란 물질적인 관계에 의존하면서 철학적·정치적·법률적·종교적인 이념들과 연결되어 그 사회 지배계층의 이데올로기로 정착된다고 인식하였다. 만하임(Karl Mannheim)은 『이데올로기와 유토피아(Ideologie und Utopie)』에서 이데올로기는 언제나 그 사회 지배계급의 이익을 반영하는 것으로 사회구조의 현상유지를 지향하는 지배계급의 보수적인 성향이라 보았다. 렘베르크(Eugen Lemberg)는 『이데올로기와 사회(Ideologie und Gesellschaft)』에서 이데올로기의 사회적 기능은 통합·연대·동일성이라 보았다. 이데올로기는 사회 구성원들을 효과적으로 통합할 수 있게 하며, 하나의 목표를 통해 단결시키며, 나아가 모든 사회나 국가가 동일성을 확보하도록 한다는 것이다.

따라서 이데올로기는 통합과 연대, 그리고 동일성을 위해 몇 가지 특성을 지닌다. 첫째, 합리성이다. 이데올로기는 사회에 대한 진단을 통해 그 사회의 정당성을 주장하는 경향이 있다. 둘째, 연대성이다. 이데올로기는 공동체나 사회집단이 특수한 사회적 환경에서 일반적으로 가지는 신념이기 때문에 공유된 의식과 그것을 실행하기 위한 연대의식이 요구된다. 셋째, 혁명성이다. 이데올로기는 사회적 발전과정에서 진취적인 성향을 요구한다. 넷째, 민주성이다. 주도세력들은 국민적 이익을 위해서 최선을 다해 국민의 지지를 얻기 때문에 국민 대다수의 의견을 무시할 수 없다. 다섯째, 이상향이다. 이데올로기는 지향하는 목표 내지 목적이 전형적으로 유토피아적인 성격을 가지고 있다. 여섯째, 극단성이다. 이데올로기는 흑백논리가 강하여 모든 것에 대하여 친구가 아니면 적이라는 매우 단순한 성격을 가지고 있다.

오늘날 모든 국가와 사회가 이데올로기를 활용할 수밖에 없다는 입장에서 이데올로기는 다의성과 다양성을 지녀 정의를 내리는데 한계가 있다. 그러나 이데올로기는 사회 각 분야에 미치는 영향과 기능 등으로 말미암아 어떤 시대, 어떤 사회 안에 존재하는 모든 관념, 의식, 신념, 가치관을 의미한다는 것에는 이론이 없다.

2. 정치와 이데올로기의 관계

모든 이데올로기는 특정한 사회체제를 정당화하는 성향을 지니고 있어 매우 정치적이다. 이데올로기에서 정치적인 성향을 배제하면 이데올로기를 설명하기란 쉽지 않다. 우리가 인식하는 이데올로기가 인간의 의식이나 가치관을 포괄하는 것이라면, 정치이데올로기는 집단과 계층, 계급 간의 연대의식을 강화시키는 정치적 규범이나 상징으로 매우 한정된 의미를 가지고 있다.

정치이데올로기가 특정한 정치적 목적을 위하여 구축된 정치적 규범체계로 인식되기 때문에 정치이데올로기는 사회에 잠재하는 관습적 의식, 신념, 태도보다는 사회에 내재되는 것들을 토대로 새롭게 조성되는 규범과 상징이다. 따라서 정치이데올로기는 정치적으로 목적하고자 하는 규범들을 명확히 제시하고, 그러한 규범들을 일관성 있게 설득해야 한다. 정치적 목적의 명확성은 정치집단에게 일관된 권력행사의 방향과 방법에 대한 정당성의 기준이 된다. 이에 정치이데올로기를 가진 정치집단은 특정인의 일시적 감정이나 임시방편적 정책에 의하여 좌지우지되는 경우보다 정치적 목적의 명확성을 바탕으로 체제안정을 정당화시킨다. 뿐만 아니라 정치적 규범의 일관성은 일반대중이 특정한 정치적 목적에 참여시키는 강력한 촉매제의 역할을 한다. 수동적인 일반대중에게 능동적인 정치참여를 유도하기 위해서는 그들에게 가치판단을 강요하고 특별한 감정을 유발할 수 있는 일관성 있는 규범체계가 절실히 요구된다.

정치이데올로기는 상황에 따라 기능과 역할에 있어 변화를 수반하기 때문에 고정적인 것은 아니다. 그러다보니 정치이데올로기는 제도의 변화에 대한 인식에 따라 보수적 이데올로기, 급진적 이데올로기, 개혁적 이데올로기로 구분할 수 있다.

보수적 이데올로기는 특정한 사회에서 특정한 시대에 존재하는 정치경제적·사회문화적 질서의 기본적인 조건을 합리화시키고, 재생산하여 그 당시의 가치를 유지하려는 기능을 담당한다. 급진적 이데올로기는 기존의 정치경제적·사회문화적 질서에 저항하여 새로운 질서를 확립할 것을 요구하면서 급진적인 변화를 지향한다. 개혁적 이데올로기는 기존의 질서 속에서 새롭게 요구되는 질서를 수용하는 입장이지만 변화의 수용방법과 과정에서 점진적 경향을 띠고 있다. 사실 급진적 이데올로기와 개혁적 이데올로기는 추구하는 목표를 실현방법에 있어서도 차이점을 보이고 있다. 급진적 이데올로기는 조직화된 무력에 의존하는 경향이 높지만 개혁적 이데올로기는 점진적인 목표달성을 위해 무력보다는 정당들의 정치적 경쟁과 다양한 정치제도의 변화를 통한 설득에 치중한다.

정치이데올로기는 어느 시대, 어느 국가에서나 정치목표를 위한 권력을 획득하고, 유지하며, 정당화하기 위해 통치 집단과 일반 대중에게 불가피하다. 왜냐하면 정치이데올로기는 지배와 피지배의 관계에서 지배의 구속성을 정당화시키는 요인으로 작동하기 때문이다.

3. 정치이데올로기의 기능

정치이데올로기가 효과적으로 작용하기 위해서는 권력의 대상인 일반 대중에게 쉽게 전달할 수 있도록 명확하고 체계적인 내용으로 구성되어 대중신앙처럼 파급효과가 뛰어나야 한다. 뿐만 아니라 모든 사회 구성원이 공감할 수 있는 사회적 가치에 합당해야 한다. 이를 통해 정치이데올로기는 다음과 같은 기능을 수행한다.

첫째, 정치이데올로기는 사회에 대한 인식과 가치를 판단하는 기준을 제공한다. 정치이데올로기는 어느 사회에서나 특정한 행위나 가치를 판단하는데 있어 무엇이 정당한 것인가에 대한 인식과 판단을 결정하는데 매우 중요한 기능을 담당한다. 정치이데올로기는 어느 사회에서 어떤 행위와 가치를 선택할 때 어느 것을 우선시할 것인가를 결정하는데 중요한 역할을 한다.

둘째, 정치이데올로기는 하나의 관념적 인식을 공유시켜 집단이나 정당 등을 하나로 결속시키고 통합하는 역할을 한다. 정치이데올로기는 혈연이나 지연 등 전통적인 통합요인들이 약화된 사회에서 정치적 결속과 통합을 촉진시키는데 결정적인 역할을 수행한다. 물론 정치이데올로기를 통한 사회, 민족, 국가의 통합은 개인적 특성을 훼손시킬 우려가 있다.

셋째, 정치이데올로기는 개인의 정치참여에 대한 자기정체성을 확립시킨다. 정치이데올로기는 개인, 집단, 국가들이 자신의 정체성을 규정하는 방식이다. 따라서 정치이데올로기는 나와 타인, 내가 속한 집단과 국가 혹은 속하지 않은 집단과 국가로부터 구별시키는 역할을 한다. 물론 정치이데올로기가 배제와 포함의 원리로 자기정체성을 확립시키는 순기능을 하지만 반대로 배타적 자기합리화라는 역기능을 초래하기도 한다.

넷째, 정치이데올로기는 특정한 정권과 그 정치제도에 대한 정당성을 확보하게 한다. 정치이데올로기는 국민들이 정권에 대해 긍정적인 인식을 갖게 하여 복종의 당위성을 확보하게 한다. 어느 정권이든지 국민들의 지지를 확보하기 위해서는 특정한 정치이데올로기를 통해 국민들의 자발적인 참여를 유도하여 정권의 안정성을 극대화한다.

다섯째, 정치이데올로기는 연대의식을 통해 같은 이데올로기는 공유하는 세력들을 조직화하고 행동화한다. 정치이데올로기는 개별화되어 있는 사회구성원들을 감정적 일체감을 갖게 하여 정치적 목표를 달성하도록 적극적인 행동을 유도한다. 그러나 정치이데올로기의 조직화 및 행동화는 통치자의 권력 안정화에 악용되는 경우가 있다. 이런 경우 정치이데올로기는 정당성이 취약한 정치지도자나 정치선동가에 의해 자신의 욕망을 충족시키는 도구로 전락될 수 있다.

여섯째, 정치이데올로기는 국가, 계급, 정파 등을 초월하여 정치이데올로기를 추종하는 사람들로 하여금 그들의 이익이나 목표를 위해 정치적 행동을 하도록 유도한다. 정치이데올로기는 일반적으로 사회변화를 촉진시키는 성격을 가지고 있기 때문에 개혁과 혁명이라는 정치적 행동을 촉진한다. 예를 들어 물질적 평등을 주장하는 공산주의나 개인의 권리를 주장하는 자유주의는 모두 기존 질서에 변화를 주고자 정치적 행동을 강화하였다.

위에서 살펴 본 정치이데올로기는 집단, 사회, 국가 등에 있어서 순기능만 있는 것은 아니다. 정치이데올로기는 순기능만큼이나 역기능도 가지고 있기 때문에 비판적인 시각에서 논쟁의 대상이 되어왔다.

Ⅲ. 정치이데올로기의 기본 유형

정치이데올로기의 기본 유형은 18세기에서 19세기에 확립된 것으로 보수주의, 자유주의, 사회주의, 민족주의, 공화주의, 민주주의 등 매우 다양하다. 여기에서는 보수주의, 자유주의, 사회주의, 민족주의를 중심으로 살펴보고자 한다.

1. 보수주의

보수주의(Conservatism)는 버크(Edmund Burke)의 논문인 "프랑스 혁명에 대한 고찰(Reflections on the Revolution in France)"에서 프랑스의 급진적 혁명이 인간성을 훼손시킨다고 비판한데서 유래하였다. 정치이데올로기로서 보주수의는 현상을 유지하고, 변화를 반대하는 의식체계로서 역사, 전통, 관습에 토대를 두고 사회적 기능을 유지하려는 정치적 태도이다. 헌팅턴(Samuel P. Huntington)에 의하면, 보수주의는 일정한 사회적인 상황에서 나오는 반응으로써 일정한 역사적인 필요를 충족시키기 위해, 즉 기존의 제도에 대하여 도전하는 사회집단과 이를 옹호하는 사회집단이 일정한 관계를 갖고 대치하게 될 때에 발생한다는 것이다. 헌팅턴은 보수주의를 세 가지 관점에서 이해하고 있다. 첫째, 보수주의는 귀족주의와 관련된 것으로 프랑스 혁명에 내포된 자유주의에 대한 반응이라는 것이다. 둘째, 보수주의는 자치이론(autonomous theory)으로 어느 집단의 이익과는 아무런 관련이 없다는 것이다. 셋째, 보수주의는 현상론(situational theory)으로 기존 체제가 근본적으로 도전을 받았을 때 이것을 재확인한다는 것이다.

따라서 보수주의는 다음과 특징을 가지고 있다. 첫째, 보수주의는 공동체의 유기성과 귀족사회의 전통을 지니고 있다. 이것은 민주주의에 대해 회의를 가진 대중의 감정에 의한 지배보다 유능한 인물들의 역사적 지혜에 의한 지배를 주장하는 것이다. 둘째, 보수주의는 인간의 자연적 불평등을 강조한다. 인간은 능력, 특히 지배능력에 있어서 차이가 있으며, 엘리트와 귀족들이 우수한 인물이기 때문에 이들의 지배는 당연하다는 것이다. 셋째, 보수주의는 사회계급과 질서의 필요성을 강조하여 인위적으로(법적으로) 계급제도를 없애는 것은 우매한 행위라고 보았다. 넷째, 보수주의는 이성에 대해 회의적이다. 이성은 사회의 전통과 관습을 파괴한다는 것이다. 이성은 인류에게 유토피아를 갖게 하며, 결과적으로 비극을 초래하게 된다는 것이다. 또한 인간은 결코 완전해질 수 없으며, 완전해지려는 것은 신을 모방하는 죄악이며, 완전이란 불가능하므로 중용과 타협이 최선의 미덕이라고 하였다. 다섯째, 보수주의는 사회변동의 불가피성을 인정하지만 사회변동은 점진적으로 이루어져야 한다는 것이다.

오늘날 보수주의는 보수주의의 특징만큼이나 다양한 형태로 존재한다. 보수주의는 국가나 사회가 상이한 특성을 바탕으로 현 제도에서 처방적 가정에 근거하여 변화를 모색하기 때문에 보수주의자 모두가 기존 체제의 유지를 원한다고 말할 수는 없다.

2. 자유주의

자유주의(Liberalism)란 집단에 의한 통제보다는 개인의 자유를 보장하기 위해 사회가 존재한다고 보는 것이다. 자유주의는 고대 그리스의 정치적 자유에 그 기원을 둔 것으로 개인의 자유를 보편적 가치로 인식하여 그것에 기초한 사회제도를 만들고자 하였다. 이에 자유주의는 전제조건을 가지고 있다. 자유주의는 인간의 본질에 대한 신념을 가지고 있기 때문에 인간의 본성을 저해하는 것은 무지와 잘못된 사회제도에 기인한다는 것이다. 자유주의는 합리성에 바탕으로 두고 있어 개혁적이고 반전통적이라 할 수 있다. 자유주의는 진보에 대한 믿음을 강조하기 때문에 진보를 방해하는 무지와 사회의 악조건은 과거의 유산이라는 것이다.

일반적으로 자유주의는 도덕적·경제적·정치적 이념을 가지고 있다. 자유주의는 도덕적 이념으로 개인적·시민적·사회적 자유를 추구하고, 경제적 이념으로 시장자유를 지향하며, 정치적 이념으로 피치자의 동의와 입헌적 대의정치를 모색하는 경향이 있다. 따라서 자유주의는 다음과 같은 특징을 가지고 있다. 첫째, 자유주의는 변화를 선호하는 경향을 지닌다. 둘째, 자유주의는 인간 이성에 대한 신뢰를 갖는다. 셋째, 자유주의는 인간의 조건을 개선하기 위하여 정부를 이용하는 경향을 띠고 있다. 넷째, 자유주의는 개인의 자유를 선호하나 경제적 자유에 대해서는 분명하지 않다. 다섯째, 자유주의는 인간의 본질에 관해서는 양면적 태도를 취하나 보수주의자들보다는 비교적 낙관적이다.

자유주의에 대한 유형은 유토피아적 자유주의, 민주적 자유주의, 자유시장적 자유주의, 개혁적 자유주의로 구분할 수 있다.

유토피아적 자유주의(utopian liberalism)는 정치이데올로기 그 이상의 것을 추구한다. 여기에서 인간은 자유를 희구하는 이성적 존재로서 자기완성이 가능한 피조물이라는 것이다. 따라서 인간은 자유에 근거하여 정치적·경제적 자유나 양심의 자유를 추구하는 최고의 사회제도에 합의한다는 것이다.

민주적 자유주의(democratic liberalism)는 민주주의와 개인의 자유 사이에서 균형을 강조한다. 대부분의 사회는 다수자 지배와 소수자의 권리보호가 조화를 이루기 위해 노력한다는 것이다. 자유주의자는 민주주의보다 개인의 자유에 보다 높은 가치를 두고 있어 민주주의는 소수자를 희생시키지 않는 범위 내에서 고려될 수밖에 없다는 것이다.

자유시장적 자유주의(free-market liberalism)는 경제활동에서 정부 간섭으로부터의 해방을 주장하는 급진적 관점이다. 이것은 자유시장의 운영에 있어 국가간섭의 최소화를 요구하면서도 자유경제체제의 보존을 위해 국가는 자유시장경제가 강화되도록 정치권력을 확대해야 한다고 본다. 따라서 자유시장적 자유주의자들은 자유경제의 존속을 위해 법과 질서의 확립이 적실하다고 보는 입장이다.

개혁적 자유주의(reform liberalism)는 개인주의에 근거한 자유주의의 전통을 고수하면서 소수의 권력엘리트층의 보수화를 극복하고자 하는 것이다. 개혁적 자유주의는 자본주의의 기본제도를 시인하지만 자본주의가 안고 있는 정치, 사회문제에 대한 기존 질서의 무관심을 용납하지 않는다. 따라서 개혁적 자유주의는 자유주의의 근간인 사유재산권의 원칙을 고수하면서 균등한 교육과 고용기회에 대한 권리를 강화하고 있다.

오늘날 자유주의는 다양한 영역에서 강조되고 있다. 정치적 측면에서는 성별, 인종, 경제적 지위에 무관하게 모든 시민에게 참정권을 주장하는 동시에 사상과 언론, 출판, 결사의 자유를 주장한다. 문화적 측면에서는 문학, 종교 등에 있어 정부의 규제를 반대한다. 경제적 측면에서는 시장에 대한 정부의 규제를 기본적으로 반대하는 동시에 자유경쟁에 의한 불평등을 인정하고 있다. 사회적 측면에서 정부가 최저임금제, 반독점법 등과 같은 사회적 문제를 해결하는 데 있어 정부의 역할을 인정하고 있다.

3. 사회주의

사회주의(Socialism)는 자유주의적 개인주의에 대한 수정이론으로서 광범위하게 사용되고 있어 정의하기가 쉽지 않지만 생산수단을 공유하는 사회제도 혹은 그러한 사회제도를 실현하려는 사상이다. 모든 유형의 사회주의는 사유재산을 완전히 폐지하거나, 그 일부를 제한함으로써 분배의 공평성을 추구하는 공통점을 가지고 있다. 사회주의는 1827년 오웬(Robert Owen)이 그의 저서 「협동조합지(Cooperative Magazine)」에서 자유개인주의에 반대되는 경향을 표시하기 위해 처음 사용하였으며, 생시몽(Comte de Saint-Simon), 푸리에(Francois Marie Charles Fourier) 등에 의해서 근대적 사회주의가 형성되었다. 그 후 마르크스(Karl Marx)와 엥겔스(Friedrich Engels)는 이전의 사회주의를 공상적 사회주의라 부르면서 자신들이 사용하는 사회주의는 과학적 사회주의라고 불렀으며, 나중에 사회주의를 공산주의로 표현하였다. 한편 마르크스 이후에 공산주의와 사회주의는 다소 상이한 의미로 사용하게 되었으나 일반적으로 사회주의보다 공산주의는 과격한 뜻으로 사용되었다.

공산주의는 사회주의의 여러 종류 가운데 하나임에도 불구하고 공산주의자들은 사회주의가 공산주의의 하나의 과정인 것처럼 혼용하고 있다. 그렇다면 공산주의와 사회주의는 어떤 차이점이 있는가? 첫째, 사회주의는 생산수단만의 사회적 소유를 주장하나 공산주의는 모든 소비재까지도 사회적 소유를 주장한다. 둘째, 사회주의는 개인의 경제적 동기를 중요시하지만 공산주의는 개인의 비경제적 동기를 중요시한다. 셋째, 사회주의에서는 노력의 결과에 따라 소득의 차이가 생기고 이에 따라 어느 한도 내에서 매매가 이루어지며 그것을 위해서 화폐가 존재하게 된다. 반면에 공산주의는 능력에 따라 노동만 하면 필요한 것은 무엇이든지 얻을 수 있다는 주장으로 소득도, 교환도, 매매도 없고 따라서 화폐도 존재이유가 없다. 넷째, 사회주의에서는 국가가 해악적 존재이기는 하지만 그 존재의 불가피함을 인정한다. 반면에 공산주의에서 국가 존재는 불필요하며 무정부 사회가 공산주의라는 것이다. 다섯째, 사회주의의 조직은 대체로 자치적이며, 사회주의의 전술은 지역적으로 결정되기 때문에 세계적으로 일률적일 수 없다는 것이다. 반면에 공산주의의 조직은 국내외적으로 동일한 중앙집권적인 기구에 의해 만들어지며, 공산주의의 전술도 국내외적으로 중앙기구에 의해 결정되어 일률적인 성격을 지닌다. 여섯째, 사회주의는 평화적·합법적·의회주의적·점진적·개량주의적인 민주방법에 의해 새로운 사회를 실현할 수 있다고 보는 반면에 공산주의는 파괴적 폭력혁명과 강압적인 프롤레타리아트 독재에 의해서 실현된다고 본다.

오늘날에 있어 사회주의는 소련 붕괴 이후 동유럽을 중심으로 하여 퇴조하는 경향이 뚜렷하다. 이는 사회주의가 자본주의와 경쟁에서 실패한 것으로 해석되고 있지만 그렇다고 사회주의에 대한 존재가치가 상실된 것은 결코 아니다. 왜냐하면 대부분 국가가 사회주의적 가치인 평등주의를 경제나 사회의 여러 영역에서 확대시키고자 하기 때문에 불평등한 사회구조가 존재하는 한 사회주의의 가치는 지속될 수밖에 없다.

4. 민족주의

민족주의(Nationalism)는 집단적 운명공동체라는 의식을 유지하거나 강화해 나가는데 영향을 미치는 사회적 특성들을 바탕으로 형성되어 공유되는 정체성이다. 민족주의의 기원은 원초론과 근대론에서 찾고 있다. 원초론적 입장에서 민족주의는 생태적으로 특정한 종족에 속하는 것으로 인간의 자연적인 특질이라는 것이다. 반면에 근대론적 입장에서 민족주의는 자본주의, 산업주의, 관료제, 매스커뮤니케이션을 위해 만들어진 근대적 산물 내지는 근대적 현상이라는 것이다.

민족주의에 대한 정의는 시간과 장소에 따라 변화하는 개념이자 객관적 조건(언어, 혈연, 지연, 풍습, 역사)과 주관적인 조건(민족 정체성, 민족공동체의식)이 혼합된 개념이다. 민족주의에 대해 헤이스(Carlton J. H. Hayes)는 다음과 같이 말하고 있다. 첫째, 민족주의는 정치단위로서 민족주의를 형성하는 종족과 제국으로부터 근대적 국가를 만들어 내는 실제적 역사과정이라는 것이다. 둘째, 민족주의는 특정 국가의 역사과정에 내재하는 이념이자 원칙이다. 셋째, 민족주의는 역사과정과 정치이론을 결합하는 특정 정당의 활동이라는 것이다. 넷째, 민족주의는 문화민족 구성원 간에 내재된 마음의 상태인 충성심 같은 감정이다. 헤이스가 주장하는 것처럼 민족주의에 대한 개념은 다의성을 지니고 있지만 민족주의는 기본적인 전제가 있어야 한다. 민족주의는 종교적 전통, 영토적 과거, 정치적 과거, 전투상의 과거, 경제적 과거, 문화적 유산이 공유되어야 한다.

그렇다면 민족주의가 지니는 특성은 무엇인가? 여기에서는 진보성과 보수성, 우리와 타자의 구분, 개인화와 집단화를 통해 살펴보고자 한다.

먼저, 진보성과 보수성이다. 마르크스 경제학에서 민족주의는 자본주의적 산업화가 요구하는 일정한 단위의 인구를 확보하기 위해 봉건적 신분제를 폐지하였는데, 이는 형식적 평등을 기초로 하는 민주제 혹은 공화제의 발전에도 기여했다는 것이다. 즉, 근대 초기 국가건설과정에서 평등한 구성원의 의식이 민주주의를 보완해 주었다는 것이다. 반면에 19세기 이후부터 대량이민, 인구증가, 제국주의의 팽창 등으로 혈연적·언어적·문화적 동질성을 강조하는 종족 민족주의의 성격으로 퇴행하여 근대 초기의 혁명성을 상실하게 하였으며, 민족적 이익이라는 명분 아래 지배계급의 이해와 제국주의적 팽창을 정당화하려는 이념으로 변질되었다는 것이다.

다음으로 우리와 타자의 구분이다. 민족주의는 자동적으로 우리와 남을 구분하는데, 우리 민족과 다른 민족으로 구분된다. 민족국가의 경계와 국적은 그 밖에 있는 모든 존재를 타자화하는 경향이 있다. 이러한 이분법은 유사시에 살인과 폭력 등을 통해 다른 민족을 억압하는 것을 정당화시키는 정서적 바탕이 될 수 있다. 예를 들어 유대인 학살이나 코스보–세르비아 분쟁에서와 같이 타 민족에 대한 살인을 마치 우리 조국을 위한 불가피한 희생으로 정당화한다. 뿐만 아니라 우리와 타자의 구분은 다민족국가와 다민족사회에서 우월한 민족이 열등한 민족을 통제하는 논리로도 활용되는 성향이 있다.

　　마지막으로 집단화와 개인화이다. 민족주의에서 개인은 민족의 발전을 위한 단위이자 수단으로 인식되어, 개인의 불가피한 희생을 요구하고 찬미한다. 민족주의는 일종의 집단주의로서 개인의 존재를 제약한다. 민족적 의사를 거부하는 개인의 의사는 민족적 의사에 근거한 국가권력과 사회권력 앞에서 무기력하게 된다.

Ⅳ. 정치이데올로기의 하위 유형

　　정치이데올로기의 하위 유형은 20세기에 확립된 것으로 지역적 특성과 보편적 특성에 따라 분류된다. 지역적 특성을 반영한 정치이데올로기는 유로코뮤니즘, 종속이론, 해방신학, 이슬람원리주의 등이 있다. 반면에 보편적 특성을 반영한 정치이데올로기는 신좌익운동, 페미니즘, 환경주의, 다문화주의 등이 있다. 여기에서는 페미니즘, 환경주의, 나문화주의를 중심으로 살펴보고자 한다.

1. 페미니즘

　　페미니즘(Feminism)은 남녀평등권주의, 여권신장운동, 여성해방론 등으로 불리는 여성운동이다. 페미니즘은 '여성의, 여성에 의한, 여성을 위한 운동'으로 정치적·경제적·사회적·문화적으로 남성에 비해 차별받고 불이익을 당하는 여성들이 자신들의 노동권, 평등권, 생존권 등에 관한 권리를 쟁취하려는 사회운동이다. 페미니즘은 국제연합이 '여성의 해(The United Nations Decade for Women, 1975-1985)' 제정을 계기로 삼아 국제적 운동으로 성장하였다.

페미니즘에서 강조하는 주요 내용은 첫째, 페미니즘에 대한 모든 해석은 기존의 양성관계, 즉 여성이 남성에게 종속되어 있는 관계는 바람직하지 못하기 때문에 변화되어야 한다. 둘째, 페미니즘은 우리 사회에서 자연스럽고, 정상적이고, 바람직하다고 인정되는 많은 것에 도전한다. 셋째, 페미니즘은 여성에 대한 권리뿐만 아니라 인류의 역사와 미래에 대한 문제를 제기한다. 넷째, 페미니즘은 단순히 이념만을 주장하지는 않는다. 페미니즘은 세계를 변혁하려는 것으로 남녀관계를 변화시켜 모든 사람들이 인간의 잠재성을 실현할 기회를 보다 많이 가질 수 있게 하려는 것이다. 다섯째, 페미니즘은 다양한 정치적 실천으로 이루어지며, 여성의 삶에 대한 통제권을 여성에게 줌으로써 양성관계의 변혁을 목적으로 한다. 정치적 실천은 남성과 분리를 요구하는 투쟁에서 시민자유권의 획득에 이르기까지 매우 다양하다. 여섯째, 변혁에 대한 페미니즘의 제안은 비록 저항의 힘과 본질이 일정하지는 않지만 항상 반대편의 저항에 부딪히게 된다. 일곱째, 페미니즘은 남녀관계의 지식에 대해서 분리적이고, 객관적인 입장으로부터 출발하지 않는다. 페미니즘은 이성과 과학에 대한 근본적인 비판을 포함하고 있다.

페미니즘의 근원적인 문제인 여성차별주의는 언어, 종교, 사회화, 폭행 등 어디에서나 찾을 수 있다. 먼저, 언어에서 차별성이다. 페미니스트들은 남성중심의 편견이 담겨있는 언어사용이 문제라는 것이다. 예를 들어 대학교 일학년 여학생을 freshman이라고 부른다. 여학생을 왜 그렇게 불러야 하는가? 이 점에 대해서 우리는 오래 전에 여성이 대학교에 다닐 수 없었다는 사실을 알 수 있으며, 이 단어는 과거에 심각한 여성차별이 존재하였다는 것을 단적으로 보여주고 있다.

다음으로 종교에서의 차별성이다. 신약성서에서 예수는 남녀를 평등하게 대우했다고 하지만 남녀를 차별하는 것은 여전하다. 로마 가톨릭 교회는 지금도 여성을 사제직에 임명하지 않는다. 대부분 개신교 종파들은 여성의 목사직 임명을 장려하고 있으나 대부분 국가에서 여성 목사는 아주 극소수로 생소하다. 뿐만 아니라 사회화에서도 차별이 존재한다는 것이다. 페미니스트들은 언어와 종교에 내포된 순종성을 여성들이 받아들이고 있는 것은 여성들이 협소하게 규정된 역할만을 받아들이도록 사회화가 진행되기 때문이라고 여긴다. 여성에게 있어 사회화는 서구 사회에서조차도 여성에 대한 그릇된 인상인 '여성은 열등하다'는 감정을 내재화시키는 과정인 것이다.

마지막으로 여성폭행에 대한 인식이다. 페미니스트들은 여성들이 남성들로부터 받는 육체적·심리적 부당한 취급과 폭행을 용인하도록 사회화되어 왔다고 주장한다. 남성의 폭행에 대해 여성은 참는 것이 미덕이며, 남성이 여성을 폭행할 때는 그만한 이유가 있다는 전제를 두고 폭행의 정당성을 주장한다.

결국 페미니스트들은 여성에 대한 모든 차별에 반대하면서 정치적인 해결이 필요하다고 주장한다. 정치라는 것이 어떤 사람들이 가지고 있는 권력관계에 관한 것이라면, 개인적으로 그리고 집단적으로 남성과 여성 간의 관계에도 정치라는 장치를 통해 근본적인 문제를 해결하여야 한다는 것이다.

2. 환경주의

오늘날 환경문제가 심각하게 대두되고 있다. 지구환경은 토양유실과 농경지 황폐화, 삼림지역의 감소와 사막의 확장, 산성비, 대기오염으로 인한 오존층 파괴와 온실효과, 생물종의 다양성 훼손 등으로 급변하고 있다. 뿐만 아니라 산업화에 따른 독성물질의 증가로 인해 폐기물오염, 수질오염 등이 만성화되어 인간의 일상생활이 크게 위협받고 있다. 이에 환경주의는 인류가 사용하는 광물자원, 동식물자원, 공기와 같은 환경자원이 점차 없어지거나 부족해지는 데서 기인한다.

환경주의(Environmentalism)는 1960년대에 '자족(self-sufficiency)', '땅으로 돌아가자(back to the Land)'라는 운동에서 시작하였으며, 1970년대에 '환경위기론'이 대두되면서 본격화되었다. 환경주의는 1992년 6월 브라질의 리우데자네이루에서 세계 114개국 정상들이 참석한 '유엔환경개발회의(United Nations Conference on Environment and Development)'에서 오존층의 파괴와 지구온난화 등 지구적 환경문제가 이슈화되었다. 1992년 유엔환경개발회의에서 논의된 중요한 주제는 과연 환경을 보호하면서도 인간의 문명을 지속적으로 유지할 수 있으며 또한 어떻게 하면 환경이 주는 혜택을 다음 세대에도 돌아가도록 하느냐 하는 것이었다. 이에 대한 해답은 환경적으로 건전하고 지속가능한 개발을 해야 한다는 것이다. 즉, 지속가능한 개발을 위해서는 환경과 개발이 통합적으로 관리되고, 이러한 관리를 담당할 주체로서 정부와 민간 등 사회의 모든 구성원이 환경에 대한 능력을 배양해야 한다고 보았다.

　　환경주의를 새로운 이데올로기라고 주장하는 밀브레드(Lester W. Milbrath)는 환경주의는 다음과 같은 특성을 지닌다고 주장하였다. 첫째, 자연을 높이 평가해야 한다. 자연은 그 자체로 가치를 갖고 있으며, 인간과 자연은 조화를 이루며, 경제성장보다 환경보호를 우선해야 한다는 것이다. 둘째, 대상에 대한 연민과 사랑을 가져야 한다. 인간 이외의 다른 생물학적 종족, 다른 사람들, 다른 세대에 대한 연민과 사랑은 매우 중요하다. 셋째, 위험을 피하기 위해 신중한 계획과 행동을 해야 한다. 과학과 기술이 항상 좋은 것은 아니며, 더 이상의 핵무기 개발을 금지해야 한다. 뿐만 아니라 각 국가는 정부가 책임지고 자연과 인간을 보호할 수 있는 규제를 만들어야 한다는 것이다. 넷째, 성장의 제한이다. 천연자원의 고갈문제에 대한 인식을 바탕으로 자원의 보존정책이 필요하다는 것이다. 다섯째, 안전하고 새로운 사회건설이 요구된다. 인간이 자연과 인간 그 자신을 심각하게 훼손시켰다는 점을 인식하여 탈물질주의에 바탕을 둔 소박한 생활방식을 실천해야 한다는 것이다. 여섯째, 새로운 정치에 관한 관심을 가져야 한다. 우리는 인간과 자연관계에 관한 다양한 논의를 통해 장래에 대한 예측과 그것에 맞는 계획을 수립하여 실천하여야 한다.

　　최근 들어 전 인류 차원에서 환경의 중요성이 강조되면서 환경주의는 환경에 대한 사상과 새로운 양식의 정치, 말하자면 환경의 정치화를 강조하고 있다. 그러나 환경주의 정치가는 유권자들에게 지나치게 이상적인 환경정책을 제시하여 환경정치에 대한 대중의 참여를 이끌어 유도하는데 실패하였다. 그럼에도 불구하고 환경정치를 추구하는 녹색정당들은 무한한 번영과 풍요가 그릇된 방향으로 진행되고 있어 환경위기는 더욱 심각해질 것이라고 주장하면서 환경정치는 미래세대를 위해 인류가 추구할 수밖에 없는 가치라고 여긴다.

3. 다문화주의

다문화주의(Multiculturalism)는 모든 국가나 사회에 존재하는 문화적 다양성을 의미하기 때문에 정의하기란 현실적으로 어렵다. 다문화주의는 1970년대에 다민족 사회인 호주와 캐나다에서 사회통합을 위한 다문화정책을 채택하면서 확산되었다. 일반적으로 다문화주의는 다양한 민족, 언어, 문화, 종교 등을 통해 서로의 정체성을 인정하는 사회적 질서를 의미하기 때문에 문화동화주의와는 반대적 개념이다. 문화동화주의는 다수세력이 민족적·문화적·언어적·사회경제적으로 소수세력이 받는 차별적 요소를 합리적 정책을 통해 극복하여 사회통합을 이루고자 하는 것이다.

물론 다문화주의와 문화동화주의는 사회의 다양성을 인정하고 사회통합을 추구한다는 점에서 같다. 그러나 다문화주의가 주류 사회의 존재를 인정하지 않으면서 다양한 문화가 평등하게 인정되어야 한다고 보는 반면에 문화동화주의는 문화의 다양성을 인정하면서도 주류사회의 존재를 전제조건으로 삼는다. 말하자면 다문화주의는 모든 구성원이 동등한 자격과 권리를 가지는 것으로 보는 반면에 문화동화주의는 주류사회의 문화 속에서 문화적 다원성을 수용하는 것이다. 일반적으로 호주와 캐나다는 다문화 구성원들의 사회·문화적 다양성에 기반할 다문화주의를 사회통합의 원리로 활용한 반면에 미국이나 유럽은 주류사회의 사회·문화적 토대에서 문화적 다양성을 인정하는 문화동화주의를 사회통합의 원리로 활용하고 있다.

다문화주의는 국가의 성격과 역사적 배경에 따라 어느 정도 다문화를 수용할지의 여부를 결정하는데, 여기에서는 욥케(Christian Joppke)와 벤팅(Keith Banting)의 주장을 살펴보고자 한다.

욥케는 국가가 공식적으로 다문화주의를 채택하고 있는가를 통해 공식적 다문화주의(official multiculturalism)와 비공식적 다문화주의(de facto multiculturalism)로 구분하였다. 공식적 다문화주의에서는 국가가 다문화주의를 통치이념으로 선언하고, 소수집단의 문화적 권리보호에 적극적으로 개입한다. 반면에 비공식적 다문화주의에서는 정부가 다문화주의를 지향한다고 선언하지 않고 있으며, 설사 다문화주의정책을 시행하더라도 다문화주의 이념을 받아들이는 것에 대해서는 매우 소극적인 태도를 취한다.

벤팅은 다문화주의를 국가의 개입정도에 따라서 강한 다문화주의, 중간 수준의 다문화주의, 약한 다문화주의로 구분하였다. 벤팅은 다문화주의에 대한 국가개입의 정도를 측정하는 기준으로 헌법이나 입법을 통한 다문화주의에 대한 인정 여부, 교과과정에서 다문화주의 채택 여부, 대중매체를 통한 이주자문제의 보도 여부, 자유 복장의 가능 여부, 이중국적의 허용 여부, 이주자의 문화활동에 대한 재정지원 여부, 이중언어(bilingualism) 교육이나 모국어 교육을 위한 재정지원 여부, 불리한 이주자 집단을 위한 적극적 조치 시행 여부 등을 두고 있다. 벤팅은 이 기준에 따라 호주와 캐나다를 강한 수준의 다문화주의정책을 시행하는 국가로 분류하였다. 또한 벤팅은 욥케가 시기적인 제한을 두고 공식적 다문화주의로 분류하였던 스웨덴과 네덜란드는 영국, 벨기에, 뉴질랜드, 미국 등과 함께 중간 수준의 다문화주의에 속한다고 보았으며, 그 외의 유럽 국가들은 약한 다문화주의를 시행하는 국가로 분류하였다.

오늘날 대부분의 국가들은 다문화주의를 수용하는 과정에서 다양한 논란을 야기하고 있다. 첫째, 법제도적 입장에서 시민권 문제이다. 시민권은 국민정체성의 근원적 요인으로 쉽게 변할 수 없는 것으로 속인주의(屬人主義)와 속지주의(屬地主義)의 절충, 동화주의와 다원주의의 절충을 통해 국가별 특성을 유지하고 있다. 둘째, 사회적 입장에서 사회통합 문제이다. 다문화주의정책은 근본적으로 사회통합에 기여하는 것을 목적으로 하지만 현실은 사회통합에 있어 의도하지 않은 부정적인 영향을 미치고 있다. 셋째, 문화적 입장에서 언어정책 문제이다. 이주자에 대한 언어정책은 귀속의식을 촉진시키는 제도적 장치이다. 따라서 언어정책이 이주자를 주류사회의 문화로 동화시키는 억압 장치로 작용하지 않게 언어의 자유보장에 대한 균형이 요구된다.

V. 맺음말

이 장에서는 국가와 사회에서 분열과 통합의 쟁점이 되고 있는 정치이데올로기에 대하여 논의하였다. 정치이데올로기는 국가와 사회의 흥망성쇠에 영향을 받기 때문에 국가와 사회가 소멸하지 않은 한 지속될 수밖에 없다. 그러나 정치이데올로기는 국가와 사회가 추구하는 가치에 따라 다양한 형태로 변화되는 특징을 지니고 있어 지금 보수주의를 지향한다고 해서 미래에도 보수주의가 지속될 것이라고 단정할 수 없다. 뿐만 아니라 정치이데올로기는 국가와 사회의 정치사회적 변화에 따라 다양한 형태의 정치이데올로기가 복합적으로 나타나기도 한다.

한국에서 정치이데올로기는 한국의 급격한 정치사회적 변화만큼이나 다양성을 가지고 있다. 한국의 정치이데올로기는 기본적인 정치이데올로기뿐만 아니라 한국적 특성을 지닌 보수와 진보, 종북(從北)과 친북(親北), 독재와 민주 등 이념적인 특성이 지나치게 나타나 한국사회의 분열적 요인으로 작용하고 있다.

우선, 한국에서 보수와 진보에 대한 문제는 진보와 보수에 대한 개념적 정립이 이루어지지 않는 상태에서 단지 구분을 위한 이분법적인 상황 논리에 몰입하고 있다. 한국사회에서 보수와 진보는 자본주의 체제를 수용하면서 친부자적이냐, 친서민적이냐에 따라 갈라지는 것으로 서구적인 우파(右派)와 좌파(左派)와는 다르다. 이로 인해 한국에서 보수는 수구적(守舊的) 이미지로, 진보는 좌파적(左派的) 이미지로만 표현되는 한계를 가진다. 이에 국민들은 현실정치에서 보수와 진보에 대한 회의감 내지는 괴리감에 직면하는 등 보수와 진보에 대한 모호함에 빠져 중도개혁이라는 애매모호한 이념성을 가지게 되었다.

다음으로 한국에서 종북과 친북에 대한 문제는 북한에 대한 인식의 차이이다. 종북은 북한의 대남노선인 인민민주주의와 주체사상을 추종하는 세력들을 의미하고, 친북은 북한과의 공존을 통해 협력을 모색하는 세력들을 의미한다고 하지만 이는 학술적인 용어가 아닌 정치적인 용어이다. 사실 종북은 이명박정부와 박근혜정부에서 사용한 용어로서 김대중정부와 노무현정부의 친북정책에 대한 차별적 용어이다. 종북과 친북문제는 정권 차원에서 북한에 대한 인식의 차이를 설명하는 것이라 하더라도 이것이 마치 이데올로기적 편가르기에 사용되는 것은 심각한 문제이다. 특히, 한국사회에서 종북과 친북이 마치 보수가 진보를 공격하는 도구로 사용되는 것은 매우 위험한 것으로 경계해야 한다.

마지막으로 한국사회에서 독재와 민주에 대한 문제이다. 한국에서 독재와 민주는 갈등과 분열의 상징이다. 한국정치는 이승만 정권에서 전두환 정권까지 장기집권 내지는 군사정권으로 인해 독재에 대한 거부감이 만연되었으나 1987년 민주항쟁에 의해 민주화가 성취되었다는데 이의가 없다. 그럼에도 독재와 민주에 대한 논쟁은 한국사회를 이분법적으로 만들어 분열과 갈등을 초래하고 있는데, 그 이면에는 국민이 인정할 수 있는 삼권분립이 아직 완성되지 않았기 때문이라 할 수 있다.

질문 및 토론 사항

1. '이데올로기의 종언'과 '이데올로기의 시대'가 의미하는 것은 무엇인가?

2. 국가와 사회에서 정치이데올로기의 긍정적 효과와 부정적 효과는 무엇인가?

3. 보수주의와 자유주의는 선진국과 후진국에서 어떤 특성을 보여주는가?

4. 한국의 정치이데올로기가 이분법적 특성을 나타내는 이유는 무엇인가?

5. 해방신학과 종속이론 등이 남미에서 발생한 이유는 무엇인가?

04

민주주의, 정치의 영원한 이상향

Ⅰ. 머리말

이 장에서 우리는 우리의 사회적 삶과 정치적 사유, 정치제도의 틀과 내용을 직·간접적으로 규정하고 있는 민주주의 이상과 원리, 유형을 살펴보는 동시에 정치현실의 다양한 스펙트럼 및 이론적·실천적 쟁점들을 깊이 있게 고찰한다. 이 장의 목차를 개략적으로 살펴보면, 먼저 민주주의의 개념 및 정의에 대한 일반적인 쟁점을 정리하면서 민주주의에 대한 새로운 문제의식을 제기할 것이다. 이 화두를 풀기 위해서는 무엇보다도 민주주의의 영원한 고향으로 평가받는 아테네의 민주주의 원리와 실천을 통해 '시원'으로서 민주주의의 통치원리 및 작동 원리를 심층적으로 살펴본 후에 시민혁명 등을 통한 근대민주주의 발전의 역사를 고찰하고 정치현실 속에서 작동하는 현대민주주의의 특징과 유형, 논쟁점을 심층적으로 공부할 것이다.

사실, 민주주의란 대단히 복잡하고 미묘한 정치이론이다. 현실 속에서 대부분의 사람들과 정치인들은 스스로를 민주주의자라고 규정한다. 그러나 민주주의의 원리에 비추어 자신들의 민주주의가 어떤 특징과 한계를 갖는지를 냉정하게 파악하는 경우는 드물다. 더구나 모든 정치철학자들이 민주주의를 지지했던 것은 아니다. 플라톤은 무식한 대중이 지배하는 것은 가장 나쁜 정치체제라면서 민주주의를 비난했으며 철인왕의 지배를 가장 이상적인 통치형태로 평가했다. 아퀴나스는 다수의 빈민이 무리의 힘으로 소수의 부자들을 통치하는 민주주의를 경멸했으며 처칠은 무지한 대중이 통치하는 민주주의를 최악의 통치형태로 규정했다. 이런 맥락에서 서구 민주주의 정치철학자인 윌리암스(R. Williams)는 "민주주의 역사는 혼란스럽고 당혹스러우며 여전히 진행 중"이라고 평가했으며 민주주의 대가인 데이비드 헬드(D. Held) 역시 "민주주의 사상의 역사는 복잡하고 상충하는 개념들로 특징지어지고 많은 영역에서 이견과 논쟁이 존재한다"고 강조했던 것이다(Held 2010, 17).

그렇다면, 역사적으로 민주주의는 어떤 통치원리를 의미했으며 그 이상과 현실은 어떠했는가? 사람들마다 서로 다르게 정의하는 민주주의의 역사적 원형은 어떠했으며 현대에서 그 이념은 얼마나 다양하게 나타나고 있는가? 이러한 질문을 통해 민주주의에 대한 막연한 이해와 오해를 극복하는 동시에 오늘날 민주주의는 어떤 것이어야 하는가에 대한 고민을 심화시킬 수 있을 것이다.

Ⅱ. 민주주의란 무엇인가?

1. 민주주의 개념과 핵심적 원리

민주주의(democracy)는 오랜 역사 속에서 매우 복잡한 의미를 내포하고 있는 말이다. 희랍어 demos(인민)와 kratia(지배)의 합성어로서 '인민의 지배'를 뜻하는 이 말은 고대 그리스에서 발원한 특정한 정치체제 및 운영 원리를 지칭하는 데 사용된다. 역사적 기원으로 볼 때, 1인의 지배(군주정), 소수의 지배(귀족정)와 달리 민주주의는 자유롭고 평등한 시민들이 참여하여 스스로 통치하는 자치를 핵심으로 삼는다. 특히 기원전 5세기 페리클레스 시대의 아테네 민주주의는 평등한 자유민들이 법의 제정과 집행 그리고 판결을 담당하는 자치(自治, self-rule)를 구현하면서 인민의 지배를 실행한 민주주의의 원형(原形)이라고 할 수 있다.

링컨 대통령은 1864년 게티스버그 연설에서 "민주주의는 '인민의, 인민에 의한, 인민을 위한' 통치"라고 정의했다. 이는 민주주의는 인민의 자아 발전과 행복을 위한 필수 조건이라는 주장이다. 이 논의는 ① 민주주의 하에서의 정치권력은 인민에게 귀속된다는 주권재민의 의미로서 인민의 동의를 강조하는 것이며 ② 정치권력이 인민의 소유일 뿐만 아니라 그 인민의 참여에 의해 운영, 행사되는 정부형태 및 통치원리를 의미하며 ③ 민주주의는 소수의 기득권층이 아니라 인민 대중의 행복을 위한 정치라는 의미를 가진다.

그런데 이 세 요소 중에서도 민주주의의 핵심은 바로 '인민에 의한' 정부라고 할 수 있으며 공적인 의사결정과정에 대한 직접적이고 지속적인 시민의 참여가 민주주의의 필수요소임을 강조하는 것이다. 즉, 공동체의 문제에 대한 시민들의 적극적인 관심과 공동의 참여가 민주주의의 가장 핵심적인 특징이다. 좀 더 적극적으로 해석한다면, 이 정의는 민주주의는 주권의 소유자로서 인민이 자신의 삶과 공동체를 규율하는 규칙(법과 정책)을 제정하는 실질적·상징적 주체인 동시에 집단적 의사결정의 최종적인 권력이 인민에게 있음을 강조하는 것이다.

이처럼 민주주의는 정치적 주체로서 인민의 평등과 집단적 의사결정 절차로서 통지원리를 동시에 의미한다. 이러한 민주주의의 원리에 의해, 모든 인민들은 동등한 자격으로 법 제정 및 정책결정에 직·간접적으로 참여할 수 있는 권리를 가진다. 1인 1표제 역시 민주주의의 이런 평등의 원리를 반영하는 것이다. 민주주의가 아직 확립되지 않았던 자유주의 시대에는 일정한 사유재산을 가진 자에게만 투표권을 부여하였으며, 아예 여성에게는 투표권을 부여하지도 않았다. 게다가 개인들이 지닌 기술과 지성에 따라 차등적 투표권을 부여해야 한다는 주장도 제기되었다.

한편, 일반적으로 민주주의 절차를 충분조건으로 간주하는 경향이 있다. 즉, 일반적으로 민주주의의 절차적 조건은 성인의 1인 1표의 보통선거권, 2개 이상의 경쟁하는 정당들의 존재, 권력에 대한 견제와 균형 및 사법부의 독립, 언론·출판·결사 등 시민권의 보장, 정부 및 의회에 대한 시민의 비판 등으로 구성된다는 것이다. 이런 내용들은 이 책의 다른 장에서 심도 깊게 다루어질 것이고 이 장에서는 이외에 정치사상적 측면에서 민주주의 개념과 특징, 유형, 쟁점 등을 깊이 있게 다루어 볼 것이다.

2. 규범적 민주주의와 경험적 민주주의

민주주의는 규범적인 접근과 경험적인 접근으로 구분하여 이해할 수 있다. 규범적이라는 것은 '더 좋은 방향으로 되어야 한다', '이렇게 해야 한다'는 당위적인 의미나 목표, 이상을 의미한다. 경험적이라는 것은 '현재 이렇다', '현재 이런 일이 벌어지고 있다'는 현실적으로 경험하고 있는 사실을 의미한다. 민주주의에 대한 규범적 이해는 민주주의를 하나의 정치적 이상으로 이해하는 입장을 의미하며, 이에 비해 민주주의에 대한 경험적 이해는 현재 민주주의 국가들의 정치현실을 관찰, 분석하여 정의하는 경험과학적·행태주의적 접근방식을 의미한다.[1]

1) 규범적 민주주의

규범적인 민주주의는 인민이 정치과정의 주체로서 자신의 운명에 관련된 중대 사들을 스스로 결정하는 정치형태를 의미한다. 규범적 민주주의 개념은 공동체의 공적 문제에 대한 인민의 광범위한 정치참여를 정당한 것으로 인식시키고 또 촉진 시키고자 하는 당위적 목표로서 제시된 것이다. 규범적 민주주의는 특히 고대 그리스의 아테네 직접민주정치와 고대 로마의 공화정으로부터 그 영감을 받았다. 물론 지나치게 이상적이라는 비판을 받아 왔지만 민주주의의 역사를 볼 때 비민주적인 현실을 변화·발전시키는 동력으로 작용해 왔다. 규범적인 민주주의자들이 가장 찬양하는 민주주의는 아테네 민주주의로서 직접민주정치의 이상이 실현된 곳이다(김비

---

[1] 이러한 구분의 민주주의에 대한 이해는 김비환(2014)의 2부 특히 102-113페이지를 참조하라.

환 2014, 108-110). 규범적인 민주주의는 특히 정치의 주체로서의 인민의 정치적 성숙을 강조하는바, 시민 주체의 공적인 덕성과 참여의 의지, 심의의 능력을 필수적인 요소로 간주한다. 그래서 규범적 민주주의는 공공선에 대한 관심과 참여의 의지, 타인에 대한 배려, 유대와 연대의 덕목을 갖춘 정치적 주체의 형성을 위한 제도의 형성과 혁신을 강조한다.

2) 경험적 민주주의

경험적 민주주의는 우리가 실제적으로 경험하는 제한적 범위의 민주주의를 가치 있는 것으로 인정하는 입장이다. 즉, 민주주의는 정책결정과정에 인민들이 자유롭게 참여하는 정치원리가 아니라, 선거와 투표의 핵심적인 절차를 통해 인민이 자신들을 통치할 대표자들을 자유롭게 선택하는 제도적 장치라는 것이다.

민주주의는 선거경쟁을 통한 엘리트 집단 간의 정권교체를 의미하며 그 이상적인 의미를 담고 있지 않다. 대표적으로, 슘페터는 민주주의란 통치엘리트를 선택하는 제도적 장치에 불과하며 정권 교체 역시 인민의 노력의 결과가 아니라 선거경쟁에서 승리하는 엘리트 집단 간의 능력에 달려있다고 주장한다(김비환 2014, 112). 이런 경험적 민주주의에 의하면, 민주주의는 선거, 투표, 권력분립 등을 통한 사실상 '정치엘리트의 통치'라는 해석이 가능하다.

3. 민주주의의 정당화: 본래적 가치와 수단적 가치

경험적 민주주의와 규범적 민주주의의 구분은 민주주의를 지지하는 이유와도 밀접히 연관되어 있다. 예컨대, 우리는 민주주의를 다른 목적을 위한 수단으로서 지지하는가? 아니면 민주주의 그 자체의 이상에 동의하기 때문에 지지하는가? 이 문제는 사실 민주주의 정당화 논리와 밀접히 연관되어 있다(Swift 2011, ch.5).

1) 민주주의의 본유적 가치

민주주의의 본래적 가치는 민주주의에 본질적으로 내재되어 있는 가치들을 의미하며 이런 입장은 민주주의 자체의 가치들과 이상을 지지하는 입장이다. 이런 입장은 민주주의가 현명하고 올바른 결정을 내려줄 수 있기 때문에 지지한다기보다도, 민주주의 자체가 가진 도덕적 가치 때문에 민주주의를 지지하는 것이다. 만약 민주주의가 현명한 답을 가져다주기 때문에 지지한다면, 더욱 현명한 답을 제시해 줄 수 있는 철인왕의 통치를 지지하게 될 수도 있을 것이다.

민주주의의 본래적 가치에는 자율성으로서 자유, 평등, 인간성의 완성 등이 포함된다. 첫째, 민주주의는 우리의 삶의 방식과 내용을 우리 스스로가 판단하고 결정하는 원리로서, 자기 자신의 삶의 방식뿐만 아니라 공동체의 결정 역시 공동체 구성원들이 스스로 집단적으로 의사를 결정하는 자치를 통해 운영하는 것이 올바르다고 주장하며, 개인적·집단적 자율성을 최대한 존중하기 때문에 민주주의는 정당화된다.

둘째, 민주주의는 평등이라는 이상을 실현하고 있기 때문에 민주주의를 지지한다는 입장이다. 평등은 인간이라는 이유만으로 모든 인간의 존엄성과 발언권을 동등하게 존중해주는 것을 의미하며 나와 집단의 구성원들의 동등성을 존중해 주기 때문에 민주주의는 정당화될 수 있다는 것이다.

셋째, 민주주의 원리는 인간의 도덕성 완성의 실현을 의미하기 때문에 지지하는 입장이다. 인간은 정치적 동물로서 공동체의 의사결정에 참여하는 공적 행위를 통해 인간 존재로서 가진 도덕적 잠재력을 완성시켜 나갈 수 있다는 것이다.

2) 민주주의의 수단적 가치들

민주주의의 수단적 가치들은 민주적 절차를 통해 실현할 수 있는 가치들이 중요하기 때문에 민주주의를 지지한다는 입장이다. 첫째, 민주주의는 토론과 논쟁, 경쟁을 통해 올바른 결정 혹은 좋은 결정을 유도하는 경향이 있으며 다른 비민주적 절차들과 비교할 때 옳을 가능성이 높기 때문에 정당하다. 둘째, 민주주의는 사람들의 이기주의를 완화하고 공동체의식을 함양하며 다양한 정보를 습득하게 할뿐만 아니라 비판적 성찰 능력, 지적 능력을 향상시키기 때문에 지지한다는 입장이다. 셋째, 통치의 정당성을 인식시켜 주고 정치질서의 안정성을 지켜 주기 때문에 민주주의를 지지할 수 있다. 민주주의는 비록 그 결과가 마음에 들지 않더라도 그 절차가 공정하기 때문에 나의 입장과 반대되는 정책이나 후보가 선택될지라도 그 결과에 승복함으로써 정치질서를 안정시키는 효과를 가진다. 넷째, 민주주의는 자본주의 경제발전에 효과적인 정치체제이기 때문에 민주주의를 지지한다는 입장이다. 그런데 이런 입장에서는 만약 경제발전을 위해 권위주의 체제가 더욱 효과적이라면 민주주의는 유보되어도 좋다는 결론이 나오게 될 위험성도 있다.

Ⅲ. 민주주의의 이상과 역사

1. 민주주의의 영원한 이상향: 아테네 민주주의

아테네의 민주주의는 솔론으로부터 클레이스테네스를 거쳐 페리클레스에 이르는 과정 속에서 지속적으로 발전해 온 정치적 원리이자 제도라고 볼 수 있다. 고대 그리스인들은 자신들이 생각한 민주주의의 이상과 원리를 자신들의 구체적인 삶의 영역에 실현하려고 노력하였고, 이런 과정에서 민주정치를 구현하려는 다양한 제도적 방안들을 모색·창안했으며 발전시켰다. 비록 고대민주주의의 특성이 직접 민주주의에 있으며 현대 사회의 영토와 인구, 복잡성 등을 고려할 때, 현대 민주주의에서는 실현 불가능한 이념일 뿐이라는 주장이 제기되고 있지만, 그러나 그리스 아테네의 폴리스는 여전히 민주주의에 대한 상상력을 자극하는 오아시스로 기능하고 있으며 현대 민주정치를 활성화시키는 데에도 시사하는 바가 크다. 실제로, 아테네 민주주의의 정치적 실천과 통치 원리, 정부 형태 등에 대한 문헌 자료와 기록 등을 검토해보면 오늘날 현대민주주의의 이상적인 원리이자 원형이 대부분 담겨져 있다. 예컨대, 아테네 폴리스에는 자유로운 시민이라면 누구나 공동체의 문제를 논의하고 결정하는 민회에 참여할 수 있으며 시민들은 공적인 문제를 논의하기 위해 아크로폴리스라고 하는 큰 광장에 모여 설득하고 설득당하는 자유로운 토론을 거쳐 공적인 문제를 해결했다. 특히 아테네 시민들이 모여 공적 사안에 관해 토론하고 의결한 민회(ekklesia, Assembly)는 아테네 민주주의를 상징하며 오늘날 의회정치의 기원이기도 하다. 또한 평등한 자유민들이 법의 제정과 집행 그리고 판결을 담당하는 자치(self-rule)의 제도와 이상은 오늘날 많은 국가들의 배심원 제도나 시민참여재판 제도 등에 반영되어 있다.[2]

아테네 민주정치의 이상과 목표는 아테네 폴리스의 참여적 시민이며 탁월한 장수이자 위대한 정치가였던 페리클레스의 '장송연설'에 잘 나타나 있다. 페리클레스의 연설은 아테네 민주정치의 이상과 목표를 다음과 같은 몇 가지로 요약하고 있다 (김비환 2014, 198). 첫째, 아테네의 민주정치는 권력이 소수의 수중이 아닌 전체 인민의 손에 있다. 둘째, 공적인 지위에의 등용에 있어서는 계급보다는 실천적 능력이 고려된다. 셋째, 사생활에서는 자유롭고 관용을 베풀지만 공공업무에서는 법률을 준수한다. 넷째, 아테네에서는 개인이 자신의 일뿐만 아니라 국가의 공무에도 관심을 가진다는 것 등이다. 이 연설에서 페리클레스는 특히, "아크로폴리스에 참여하지 않은 시민을 우리는 인간으로 간주하지 않는다. 그는 나름대로 일을 하고 있지만 우리는 그를 '아무것도 하지 않는 사람'이라고 부른다"고 비판했다. 페리클레스는 사생활에만 몰두하는 사람은 사실상 사회적 구성원권을 포기한 사람이고 온전한 도덕성을 완성시켜 나가는 인간으로서 자격을 포기한 사람이라고 비판했다. 아테네 폴리스에서 시민들은 공동체의 문제에 대한 관심과 공동의 의사결정과정에 대한 참여를 통해서만 진정한 성원권(membership)을 얻었다고 볼 수 있다.

2. 직접민주주의: 누가 통치하는가?

아테네 민주주의가 비록 자치의 적극적인 원리로서 직접민주주의를 실현했다고는 하지만 민회에 모인 모든 사람들이 집단적 의사결정에 참여하고 발언한 것은 아니었다. 당시의 자료에 의하면, 자격을 가진 모든 아테네 시민들이 모이는 민회가 아테네 민주주의의 핵심적인 기구였음은 분명하지만 실질적으로 권력을 행사하는

---

2 아테네 민주주의의 원리 및 제도, 현대적 의의에 대한 설명으로는 헬드 1장을 참조하라.

주요 원천은 선출된 대표기구인 평의회와 법정 그리고 행정관이 보유하고 있었다. 그럼에도 불구하고 우리가 아테네 민주주의를 직접민주주의의 원형으로 간주하는 이유는, 집단적 의사결정 과정에 참여하기를 원하는 자라면 누구나 동일한 원리에 의해 통치자가 될 수 있는 가능성의 원리를 보장하고 있었기 때문이다(Manin, 1997). 즉, 민회의 인민들이 모든 권력을 동등하게 행사하지 않았을지라도, 주요 대표기구들이 선출되는 방식과 그것에 내재한 원리에 의해 모든 시민들은 정치권력 행사의 잠재적 등가성을 보장받고 있었다. 특히, 추첨을 통한 대표의 선출은 당시 아테네에서 '인민의 지배'에 핵심적인 원리인바, 추첨은 시민들 간 평등을 전제로 원하는 누구든 공직자가 될 수 있는 '가능성'을 동등하게 보장했다.[3] 즉, 이 방식은 시민들 사이에 공직을 순환시킴으로써 시민들 간의 동등성/동일성을 구현하는 제도이자 통치자가 피치자가 될 수 있고 피치자도 통치자가 될 수 있는 지배와 복종의 상호성을 보장하고 있다. 추첨은 누가 선출되어도 무방하다는 원리에 기초하므로, 시민들간 평등을 전제로 할 뿐만 아니라 지배자와 피지배자의 동일성을 구현한 원리로 평가할 수 있다. 이처럼, 아테네 직접민주주의의 본질은 아테네 인민들 모두가 직접 권력을 행사하는 데 참여했다는 점에 있는 것이 아니라 누구나 원한다면 추첨을 통해 공직자가 될 수 있었다는 점에 있다는 것이다.

3. 직접민주주의: 어떻게 통치하는가?

아테네 민주주의의 통치방식은 무엇보나노 공적 의사결정의 예비단계로서 시민들 간의 토론이나 심의를 강조했다는 점에 있다. 공적인 의제에 대해서 활발하게 진행되는 토론을 통해 시민들은 계몽된 이해를 촉진하면서 자신의 입장을 정당화하고 타인을 설득하는 논증 과정을 경험할 수 있었다. 이런 점에서, 고대 그리스의 민주주의가 광장에서의 토론과 토의를 통해 공동선을 발견하고 이를 실현하려는 '광장(forum) 민주주의'의 원형으로 평가받고 있다. 아테네 민주주의의 절정기이자 원

---

3 추첨민주주의에 대한 이론적·실천적 설명으로는 다음을 참조하라. 이지문, 『추첨민주주의 이론과 실제』, 이담 Books, 2012.

리와 제도적 차원에서 민주주의가 완성된 시기에 페리클레스(B.C 495-429)는 아테네의 민주주의의 진정한 모습은 심의적 태도 속에 있다고 강조했다. 그는 "우리 아테네인만이 정책에 대한 결정을 직접 내리거나 올바르고 철저하게 토의에 회부합니다. … 가장 나쁜 것은 결과에 대해 미리 토의를 하여 정확한 판단을 내리기도 전에 저돌적으로 행하는 것이다"(Held 2010, 37-38 번역 일부수정)라고 주장하고 있다.

이처럼, 아테네 민주주의의 통치방식은 집단적 의사결정 과정으로서 폭넓은 대화와 심의 등에 참여할 수 있도록 만든다는 개방성에 있었으며 공적인 문제에 관심과 참여의 의지를 가지지 않은 시민들은 자연스럽게 도태되는 시스템이었다고 평가할 수 있다. 아테네 민주주의는 어떤 공동체의 문제에 대해 심의의 의지와 능력을 가진 소양있는 시민이라면 누구든지 참여할 수 있는 제도적 장치를 마련하고 있었으며 정치적 심의에 참여하겠다는 의지를 가진 시민에게 사실상 중심적인 발언권을 부여하는 효과를 발휘했다. 한편으로는, 무관심하거나 무지한 시민이나 사적 이익에만 매몰되어 있는 시민들의 영향력은 최소화시킬 수 있는 장치도 구비하고 있었다.

이러한 아테네 민주주의의 핵심적인 통치기구는 민회(ecclesia), 500인 평의회, 시민 배심원으로 운영되는 시민법정이었다(Held 2010, ch.1). 민회는 아테네 도시국가 정치의 최고의결기구였으며 아테네의 남자 시민들은 20세가 되면 이 총회에 참가할 자격을 부여받았다. 평의회는 클레이스테네스의 행정구역 개편으로 정착된 10개 부족에서 30세 이상인 남자 시민 대표 50여 명씩을 매년 추첨에 의해 선출하였다. 평의회는 그 자체에 어떤 의안 결정권을 갖고 있는 것이 아니라, 민회의 투표에 부칠 의제 또는 의안들을 협의하고 민회의 소집권을 갖는 기구였다. 평의회를 통한 안건은 민회에서 대체로 거수투표에 의한 다수결로 결정되었다. 또 다른 중요한 통치기구로서 시민법정은 매년 추첨으로 선출된 6,000명의 시민단(배심원후보)에서 재판 당일 추첨에 의하여 배심원을 구성하는데, 평의회나 민회가 내린 어떤 결정에 대해서도 그것이 법률에 위배된다고 기소하여 폐기시킬 수 있었기 때문에 민회와도 거의 동등한 위치였다(박혁 외 2014).

4. 아테네 민주주의의 의의와 한계

이처럼 민회와 평의회, 시민법정은 오늘날 민주적 평등과 참여의 제도화뿐만 아니라 사법부의 독립 등 권력에 대한 견제와 균형을 통한 합리적이고 공정한 의사결정으로서 삼권분립의 원형으로 평가할 수 있으며 시민 다수의 참여를 제도화시키는 동시에 아테네 민주정의 타락을 방지하는 강력하고 효과적인 장치였다. 이러한 제도적 장치들은 다수의 지배로서 민주주의가 폭민정이나 우민정으로 타락할 가능성을 방지하고 다수의 성급하고 급작스럽고 충동적인 결정 위험성을 최소화시킬 수 있는 심의정치를 제도화시킨 것으로 평가할 수 있다. 무엇보다도, 모든 시민들이 정치공동체의 의사결정에 참여하여 심의할 수 있는 능력의 소유자라는 신념에 기반하고 있었다.

그럼에도 아테네 민주주의는, 소크라테스에 대한 사형선고가 상징하듯이, 자칫 대중 선동 및 조작에 능한 이들의 전횡을 야기할 수 있다는 점에서 정치공동체를 타락시킬 수 있었으며 파벌들 간에 야합과 비방, 중상, 허위의식 등 비심의적 정치술에 의해 지배받을 위험성을 통제하지 못할 경우, 숙고하지 않은 대중들의 다수의 전횡으로 빠질 수 있으며 이는 민주주의 자체를 타락시킬 수 있었다. 또한 아테네 민주주의는 도시국가라는 소규모의 정치공동체에서 비교적 단순한 사안을 중심으로 운영되었기 때문에 오늘날 방대한 영토와 인구를 가진 국민국가 체계에서 복잡하고 구조적인 문제를 논의하는 데에 '원형 그대로' 적용하기 힘들다는 한계를 가진다.

5. 근대민주주의 대장정: 영국 혁명, 프랑스 혁명, 미국 혁명

지금부터 약 2천 5백 년 전에 이미 아테네 시민들은 민주주의 이상을 최대한 실현하려고 노력했던 것이며 아테네 민주주의의 원리와 제도는 서양 사회에서 중세 암흑기를 거친 후에 근대 이후의 시민혁명에 직접적인 영향을 미쳤다. 영국 혁명, 미국 혁명, 프랑스 혁명, 소비에트 혁명 등은 봉건제도하에서 신분적 속박, 종교적 억압을 비판하고 해체할 것을 주장하는 동시에 군주와 소수 귀족 및 성직자의 특권

체제를 타파해야 한다고 주장했다. 모든 인간은 자유, 생명, 재산 등 양도할 수 없는 천부인권을 가지고 있다는 프랑스 혁명의 인권 선언은 사실상 아테네 민주주의의 정치적 구호를 부활·발전시킨 것이다.

아테네 민주정치의 이상은 로마 공화정의 원리와 함께 후대의 민주정치 사상가들에게 지대한 영향을 미쳤다. 마키아벨리, 루소, 헤겔 그리고 마르크스 등 많은 사상가들이 그리스와 로마의 공화주의 사상으로부터 자유민주주의의 결합과 약점을 보완하려는 실마리를 찾으려고 노력했다. 오늘날도 마찬가지이다. 아렌트(H. Arendt), 스키너(Q. Skinner), 샌들(M. Sandel) 등 많은 학자들이 자유민주주의의 한계를 극복하기 위한 실마리를 고대 그리스 아테네와 로마에서 발원한 공화주의적 전통에서 찾으려고 하고 있다.

1) 영국 혁명

영국 혁명은 근대 이후의 시민혁명으로서 법에 따른 통치, 즉 입헌주의를 확고하게 정착시킨 혁명이다. 영국 혁명은 제임스 1세(James I) 국왕이 의회의 동의를 받지 않고 엄청난 세금을 신흥 중산계급 및 농민들에게 부과하려 하자 이에 반발해 신흥 부르주아가 강력한 저항을 펼친 것이다. 결국, 중산계급의 지지를 받고 있던 의회가 1642년 국왕 세력과 전쟁을 벌였고 이 내란에서 승리한 의회가 국왕의 절대적·자의적 지배를 종식시키고 의회의 강력한 견제를 받게 만들었다. 영국 혁명의 결과로서 최초의 근대적 법전으로 볼 수 있는 권리장전이 만들어졌는데 여기에는 "국왕은 군림하나 통치하지 않는다"는 핵심적인 주장이 담겨져 있다. 국왕은 자신의 자의나 독선에 의해 통치해서는 안 되며 오직 법이 정한 규칙에 따라 통치해야 한다. 왕과 의회의 투쟁의 결과로서 채택된 권리장전은 절대권력을 제한하고 인민의 자유를 보장함에 있어 가장 중요한 보장책이라고 볼 수 있다. 영국혁명에 기반을 둔 입헌주의는 지금까지도 삼권분립론과 권력 간 견제와 균형의 논리와 결합하여 근대 자유민주주의를 가능하게 만들었다.

2) 미국의 독립혁명

영국의 식민지였던 미국의 인민들은 영국의 지배세력들이 미국의 대표들을 인정하지 않고 일방적으로 과도한 관세를 부과하고 착취를 일삼자 1776년 모국인 영국과 전쟁을 벌여 1783년 승리하게 된다. 특히, 혁명 과정에서 미국의 주인은 영국의 국왕이나 귀족이 아니라 미국의 평범한 인민들이었음이 끊임없이 주창되었다. 미국의 혁명세대는 대통령, 연방의회의 상원과 하원, 지사 그리고 판사 거의 모든 정부 관리들을 직접 선출했을 뿐만 아니라, 투표권을 당시의 유럽인들이 도저히 상상할 수 없을 정도만큼 광범위하게 부여했으며 미국의 평민들은 이제 미국 민주주의의 핵심세력이 된 것이다. 정부의 모든 부분들에까지 대표 관념을 확장시킴으로써 미국인들은 주(州)로부터 연방(聯邦) 수준에 이르기까지의 많은 관리들로 구성된 새로운 연방제도를 정당화할 수 있었다. 미국 독립 후에 독특한 연방구조는 이후 중앙-지방정부 등 지방자치의 발전에도 영향을 미쳤으며 강력한 중앙정부의 행정수반으로서 대통령의 권한을 견제하는 입법과 사법의 삼권분립 제도를 정착시켰다.

3) 프랑스 혁명

누구나 인정하고 있듯이 1789년의 프랑스 혁명은 유럽사에 있어서뿐만 아니라 전 인류사에 있어 획기적인 사건이었다. 프랑스 혁명으로 인해 유럽의 사회·정치적 성격에는 근본적인 변화가 일어났다. 당시 프랑스 혁명주의자들은 고대 그리스의 폴리스와 로마 공화국으로부터 직접민주주의 모델을 끌어왔다. 이 모델은 정치적 결정과정에 대한 시민의 적극적이고도 지속적인 참여와 꼬뮨이라는 단위에서 자치의 실현, 공화국에 대한 헌신과 충성의 정신을 중심으로 구성된 것이다. 혁명과정 전체를 통해 정치적 위기와 대치국면이 발생할 때마다 파리 인민들이 자발적으로 개입함으로써 정부에 인민의 입장을 표현하고 관철시키려 저항했다. 1789년 바스티유 감옥과 빌 호텔을 점령한 왕에 대해 의회의 승리를 결정지은 힘도 파리의 인민의 봉기였다. 프랑스 혁명이 남긴 가장 위대한 유산은 인민주권론과 결합된 '인간과 시민의 권리선언'이다. 이 선언은 개인의 사적인 자유의 권리, 정치적 평등, 재산의 보호, 사상의 자유 등을 내세웠는데 이를 전체 인류의 '자연적'이며 '불가침의' 권리로서 선언했다. 이 선언의 내용은 근대 민주주의의 발전에 불멸의 이정표가 되기에 충분한 것이었다.

Ⅳ. 현대민주주의의 유형과 특징

1. 대의민주주의

1) 대의민주주의의 등장

현대 민주주의에서 실질적인 정치의 주체는 국민의 대표자들이며 이는 대의민주주의로 불린다. 대의민주주의는 간접민주주의의 일반적인 형태이다. 근대 산업혁명 이후 사회는 비약적으로 진화하고 산업사회의 규모 증대 및 구조적 복잡성이 증대되면서 국민들은 자신의 개인적인 일에 전념하면서 사적인 영역에서 주로 생활하게 되었고 때문에 다양한 영역의 전문가와 정치인들이 공동체의 업무를 대신해서 효율적으로 처리하는 대의민주주의가 가장 일반적인 통치원리가 된 것이다. 그러므로 대의민주주의는 전문가와 국민들 사이의 일종의 기능분화의 결과이자 타협이라고 볼 수 있다. 한편, 민주주의의 핵심적인 원리인 시민들의 자유와 정치적 참여는 대의민주제하에서 대표자들을 선출하는 선거 및 여론을 통해 부분적으로 실현되고 있다.

2) 대의민주주의의 '대표' 개념과 원리

대의제의 핵심 개념인 대표라는 개념은 오늘날의 민주주의 사회에 있어 가장 대중적인 개념들 중의 하나이자 현대 정치학의 가장 논쟁적인 이슈이다. 과연 누구를 대표하며 무엇을 대표하고 어떻게 대표하는지에 대해 많은 이견들이 존재한다. 17세기 이래 민주주의 사상이 발전하면서 대표 개념도 발전해 왔다.

신탁(trust)은 "믿고 맡긴다"는 뜻으로서 맡기는 사람을 전적으로 신뢰한다는 함의를 담고 있다. 정치적으로 해석하자면, 시민들이 그 대표자에게 정치적 문제들에 관한 모든 일을 책임지고 관리해달라는 의미이며 종교적이든 도덕적이든 대표의 탁월함을 전제하고 있다.

'대리(delegate)'는 대리를 부탁한 사람의 명령과 지시에 따라서만 행동해야 한다는 개념으로 정치인들은 철저하게 유권자의 뜻과 의지의 통제에 따라 움직여야 한다는 것이다.

위임(delegation) 개념은 현대 정당정치와 밀접한 관련을 맺고 있는바, 대표자는 선거구로부터 선출되지만 전체 국민의 위임을 받으려고 경쟁하는 정당의 일원으로서, 특정 선거구민의 뜻과 이익이 아닌 전체 국민의 뜻과 이익을 대표하는 신탁자로서 자유롭게 판단하고 행위할 수 있는 것으로 간주된다.

'유사(resemblance)'로서 대표 개념은 현대의 복잡한 산업사회 속에서 다양한 이해관계의 정치적 반영을 강조하고 있다. 근대 사회는 계급, 종교, 성, 인종 등 다양한 집단들로 균열되어 있는 구조이므로 의회와 정부의 대표는 바로 이와 같은 사회의 균열구조를 그대로 반영해야 한다는 것이며 특히 맑스주의적 입장에서 자본가계급과 노동자계급의 갈등과 대립을 반영하는 대표 개념이다.

이상의 네 가지 대표 개념이 정확히 어떤 시점을 기준으로 차례로 채택된 것은 아니다. 서로 교차하고 중첩되기도 하면서 대표 개념의 변화를 초래하고 있다. 그러나 어떤 대표 개념이 우리 사회의 민주주의 발전과 더 깊은 관련이 있는지는 어느 정도 판단이 가능하다.

3) 대의정치의 의의

이러한 대의민주주의는 자유주의의 자율성의 이상과 사회 관리의 효율성을 결합한 민주주의 형태이다(김비환 2014, 148-160). 즉, 시민들은 자신의 욕망에 따라 자신의 삶이나 경제생활, 사적인 영역에 더욱 집중하면서도 전문가로서 정치인과 정당 등 정치집단의 노력으로 안정적인 공동체의 질서를 유지할 수 있다는 것이다. 전문가들이 정치적 심의와 정책적 합리성을 극대화시킬 수 있는 대의민주주의는 정당정치와 밀접하게 연관되어 있다. 정당은 다양한 계급 계층의 이익을 대표하면서 기술이나 지식, 전문성을 갖춘 정치엘리트를 육성한다. 아울러 선거와 여론에 반영된 시민의 이익을 대표하면서 정부 조직을 구성할 수 있다. 복잡한 대중사회에서 정당 없이는 정부 구성이 어려울 것이다.

또한 주기적인 경쟁선거로 상징되는 대의정치는 정부 혹은 정치세력이 대중적 관심을 경청하고 반응하는 수준을 향상시킬 수 있다. 정당은 선거에서 승리하기 위해 유권자의 목소리에 끊임없이 귀기울이면서 정책에 반영을 시켜야 하기 때문이다. 대표자를 뽑는 선거의 결과에 대해 우리가 순응하는 것도 대의민주주의의 절차적 정당성에 동의하기 때문이다. 그러므로 선거에 기반한 대의민주주의는 정당들이 경쟁의 효과로서 사회적 갈등과 대립을 효율적이고 평화적으로 해결하는 정치제도라고 볼 수 있다. 예컨대, 적대적인 세력들이 대립하고 있는 정책일지라도 정권 획득을 목표로 하는 정당들은 양 대립집단들의 의견을 수렴하는 경향이 있다. 왜냐하면 극단적인 입장만을 노골적으로 지지하거나 편을 들게 되면 선거 경쟁에서 승리하기 힘들기 때문에 어느 정도 균형 있게 상이하고 대립적인 견해들을 반영하면서 수렴점을 마련하려 노력한다는 것이다.

아울러 대의민주주의는 정책결정에 필요한 심의를 견고하게 갖추고 있기 때문에 질 높은 정책결정 및 입법활동 가능성이 높다. 국회나 정부의 경우에는 소위원회, 위원회, 본회의 등으로 연결되는 복잡한 심의 절차를 통해 정책 결정의 오류를 최소할 장치를 마련하고 있다. 또한 대의민주주의에서는 잘못된 정책이나 공정하지 못한 국정운영에 대해 대의원들에게 정치적·법적 책임을 청구할 수 있다.

4) 대의민주주의의 한계[4]

대의민주주의의 이런 의의와 장점에도 불구하고 오늘날은 대의민주주의의 위기로 이해되고 있다. 국민의 대표기관인 의회나 정당이 다양한 요인들 때문에 제 기능을 발휘하지 못함으로써 대표성의 위기가 초래되고 있다는 비판이다. 의회가 국민의 의사를 제대로 대변하지 못하고 있는 것은 어느 나라를 막론하고 정치인에 대

---

4 대의민주주의에 대해 심도 깊은 비판적 분석으로는 임혁백(2009)을 참조하라.

한 불신이 높은 이유이다. 더불어 정치인의 도덕적 타락과 국가 운영 능력에 대한 회의도 대의민주주의를 위기에 처하게 만들고 있다. 실제로 대표가 공공의 이익을 위해 헌신하는지를 감시하고 책임을 물을 수 있는 대중의 감독과 통제의 수단이 제한적이다. 유권자가 할 수 있는 것은 오직 선거에서 회고적으로 정치인을 평가, 선택하는 것뿐이다. 대표에 대한 민주적 통제가 빈약하다면 대표자는 국민의 의사를 무시하거나 왜곡, 기만하면서 사익의 추구에 몰두할 수 있다. 한나 아렌트는 현대의 대의정치가 귀족정의 현대판으로 전락하고 있다고 비판하기도 했다. 또한 대의민주주의는 개인의 사유재산권으로 상징되는 사적 이익과 경제적 권리를 중시하는 자유민주주의를 이념적 기반으로 하는바, 특히 경제적 선호를 집계하는 소비자 민주주의를 벗어나지 못하게 만들고 대중은 엘리트 정치에 과도하게 의존하게 되면서 점점 공적 세계에 무관심해지는 소비적 인간형으로 전락하고 있다(Mouffe 2007).

내 가게의 운영권을 대리인에게 맡긴다면?

어떤 큰 음식점의 소유주가 모든 업무(재료 구매부터 매장 관리 및 직원 고용, 회계 등등)를 특정한 직원 1인에게 오랫동안 모두 전적으로 맡길 경우 사업장의 경영은 악화될 가능성이 높다. 사업장의 전권을 행사할 수 있는 그 직원은 권력이나 지위의 남용 및 비리나 부패, 비효율적인 매장 경영 등 자신에게 부여된 권한을 자기 이익이나 욕망을 위해 사용할 가능성이 높아지기 때문이다. 이는 경제학이나 법학에서 나오는 명제로서 "계약의 시간적, 공간적 범위가 넓어지면 대리인의 기회주의적 행동이 나타난다"는 법칙으로 '주인과 대리인 관계의 왜곡'으로 불린다. 그러므로 사업을 통해 수익을 얻고 싶다면 상점의 주인은 자신이 직접 운영하지 못할 경우에 각각의 독립적인 업무를 여러 직원에게 분담해서 맡기고 상호간 통제하도록 만드는 것이 더욱 안전하다고 볼 수 있다. 이 논리를 대의정치의 영역에 적용해 본다면, 민주적으로 선출된 의회나 행정부는 4년 혹은 5, 6년에 한 번씩 바뀌기 때문에 위임된 권한을 행사할 수 있는 시간적·공간적 범위는 엄청 큰 것이며, 더구나 단일 사안이 아니라 국가정책을 통째로 패키지로 위임하기 때문에 효과적인 감시와 제재가 힘들다고 볼 수 있다. 끊임없이 발생하는 비리나 부패 사건은 이를 명료하게 증명하고 있다. 그러나 주인(국민)이 대리인(정부, 관료나 의회)의 업무 처리에 대한 정보를 모두 통제하는 것은 불가능하다. 그러므로 인민 대중이 대의자의 업무 처리를 효율적으로 파악할 수 있는 정보통로 및 대의자를 책임지고 견제할 수 있는 권한의 '실질적인' 확보 및 장치가 중요하다고 볼 수 있다. 그만큼 시민들의 실질적인 참여와 감독을 강화해야 하며 능력있는 시민들의 활동이 중요하다는 것이다.

2. 심의민주주의

1) 심의민주주의란 무엇인가[5]

심의민주주의는 아테네 직접민주주의의 이상을 현대사회에서 최대한 구현하려는 민주주의 유형이라고 볼 수 있다. 그러나 심의민주주의는 사실 우리의 상식을 좀 더 체계화시킨 것이다. 우리는 이미 일상적인 생활에서조차 토론의 중요성을 알고 있다. 토론을 통해 우리는 더욱 현명한 결정이나 해결책을 내릴 수 있으며 자신의 사고와 정체성을 확인 및 수정할 수 있다. 즉, 공동체 토론에 적극적으로 발언 및 경청함으로써 처음에는 몰랐던 사고방식이나 자신의 정체성을 확인할 수 있으며 이를 통해 적대심이나 이기심, 편협한 가치관의 제약성을 극복하고 더 나은 집단적 의사결정에 도달할 수 있다. 시민들이 자발적이고 적극적으로 공동체의 집단적 의사결정으로서 정치에 참여할 수 있는 기회를 보장한다면, 시민들의 심의 능력과 영향력은 향상될 것이다. 이러한 심의민주주의는 충분한 정보가 제공되지 않은 채, '심의와 숙고'를 거치지 않은 다수의 의사가 최종적인 국민의사로 간주되는 현실 속에서, 대중들이 자신의 통념, 무비판적 사고, 단순선호와 편견만을 표출하는 대의정치의 한계를 비판하고 극복할 것을 요구한다. 즉, 조작되기 쉬운 개인들이 불충분한 정보를 가지고 무관심하거나 완고한 경우에 내리는 집단적인 의사결정의 한계를 극복해야 한다는 것이다.

5 심의민주주의에 대해 학문적으로 체계적이고 포괄적인 분석을 담고 있는 저서로는 다음을 참조하라. 장동진, 『심의민주주의: 공적 이성과 공동선』, 박영사, 2012. 한편, 대표적인 심의민주주의 정치철학자로는 존 롤즈(John Rawls), 하버마스(Jurgen Habermas), 버나드 마넹(Benard Manin), 조슈아 코헨(Joshua Cohen), 에이미 구트만(Amy Gutmann), 아이리스 영(Iris M. Young), 제임스 피쉬킨(James Fishkin), 드라이젝(John Dryzek) 등이 일반적으로 포함된다.

2) 선호집합과 심의민주주의

무페가 강도 높게 비판했던, 선호집합 민주주의는 특히 경제적 이해관계를 중심으로 개인적 선호가 고정되어 있으며 민주적 의사결정이란 단순히 이런 선호들을 취합하는 것이고 이런 선호와 욕망의 취합이 합리적인 절차라는 입장이다. 이에 비해 심의민주주의는 시민들의 선호가 고정되어 있지 않으며 시민들 간의 대화, 토론, 의사소통, 심의를 통해 개인들이 자신의 선호(의견과 판단, 이해관계 등)를 계속 변화시켜 나가면서 집단적 의사를 합의해 나가는 과정이 진정한 민주주의라는 입장이다. 공적인 토론 및 민주적 과정을 통해 시민들은 자신의 선호를 형성하고 세련화시키며 자신의 잘못된 선호를 교정할 기회를 가지게 된다. 이 과정을 통해 성찰적이지 못한 다수의 힘을 상대적으로 완화시키면서 다수결주의의 폐해를 최소화할 가능성이 높아진다.

그러므로 심의적 관점에서 민주주의란 자율적인 개인들이 평등한 배려 위에서 의사를 형성하고 그런 의사형성과정에서 제공된 수준 높은 정보를 가지고 심사숙고하여 내리는 집단적 의사결정의 원리를 의미한다. 이런 관점에서 베르나르 마넹은 "의사결정, 규칙, 제도, 법이 가진 정통성의 근원은 이미 결정된 개인들의 의사(고정된 선호)가 아니라 오히려 그런 의사의 형성과정, 즉 심의 그 자체에 있다"(Manin 1997)고 주장하는 것이다. 즉, 개인의 의사를 형성해 나가는 민주적 과정이 중요하며 그 민주적 과정은 질적으로 심의적 성격을 가져야 한다는 것이다.

3) 심의민주주의 기본 원리

무엇보다도 공정하고 객관적이며 보편화시킬 수 있는 논리에 입각하여 심의민주주의가 전개되어야 한다(목광수 2013). 첫째, 포괄성의 원리에 입각해야 한다. 즉, 모든 시민을 포함하여 심의에 참여할 자격을 부여해야 한다는 것이다. 둘째, 비당파성의 원칙을 지켜야 한다. 특정한 계급이나 계층, 소속집단에 특권적 지위를 부여해서는 안 된다. 모든 개인이나 집단의 동등한 참여를 보장해야 한다는 것이다. 또한 쟁점 의제와 관련된 모든 견해나 이해관계가 차별받거나 배제되어서는 안 된다. 셋째, 보편성의 원리에 입각해야 한다. 즉, 쟁점에 대해 자신의 주장을 정당화시킬 수 있는 보편적인 기준을 제시하고 자신의 주장을 정당화해야 한다. 오직 보편적이고 불편부당한 기준에 입각하여 시민들의 지지와 동의를 얻을 수 있는 관점, 규범, 규칙 등이 논쟁하면서 설득력을 확산시킴으로써 합의를 도출해야 한다는 것이다. 마지막으로, 상호성의 원리에 입각해 심의민주주의가 전개되어야 한다. 상호성의 원리는 복수(multiple)의 관점 및 방식과 다양하고 대립적인 정보, 의견이 교류되고 검증되면서 상호 존중에 부합하는 조정을 추구해야 하는 것이다(Held 2010, ch.9).

이처럼 심의민주주의 원리에 기반한 집단적 의사결정이 모든 정치적·도덕적 갈등을 해결할 수는 없지만 적대적 대립을 완화하면서 갈등의 합리적인 수렴 지점을 모색하는데 유리할 것이며 충분한 심의 이후에 다수결 표결로 내려진다면 패배한 측이나 소수자의 불만도 훨씬 경감될 것이다.

이러한 핵심 명제와 관련하여 심의민주주의의 몇 가지 조건을 추출해 볼 수 있다.

첫째, 정부 내에서의 심의 또는 보다 넓은 공적 영역에서의 심의를 보장해 줄 수 있는 질서정연하고 효율적인 제도가 존재해야 한다. 둘째, 심의의 주체들 간 관계가 자유롭고 평등해야 한다. 셋째, 심의를 통한 선호의 변화 가능성이 전제되어야 한다. 이는 권력이나 기만, 위협 등으로부터 자유롭게 의사소통을 통해 자율적으로 선호를 변화시킬 수 있는 능력 및 민주적인 통제가 보장되어야 한다는 것을 의미한다. 넷째, 합리적이고 논리적 토론을 위한 일정 수준의 학식 또는 지식이 필요하다. 다섯째, 정치적·사회적 문제들에 관심을 가지고 심의에 참여할 수 있는 정도의 경제적 수준이 충족되어야 한다.

4) 심의민주주의의 의의와 한계

이러한 심의민주주의는 몇 가지 한계를 가지고 있다. 첫째, 상당히 규범적이고 이상적인 상황을 상정하고 있다는 점이다. 민주적 심의 과정에는 원칙적으로 누구나 참여할 수 있어야 하지만 현실적인 제도 속에서는 제한된 사람들만이 참가할 수 있다. 그러므로 보다 많은 사람들이 심의정치에 참여할 수 있는 정치사회적·경제적 환경을 조성하는 것이 중요하다.

둘째, 심의 과정에서 권력과 정보의 불균형 문제도 이상적인 담론 상황을 어렵게 만들고 있다. 소수자 및 약자들의 목소리가 충분하게 반영되지 않는다면 심의민주주의는 차별과 배제를 정당화하는 장치로 전락할 것이다. 서구의 경우, 심의정치의 수혜자는 소수 약자들이 아니라 교육을 잘 받은 사람, 백인, 중산층이라는 비판이 제기되어 왔다. 현실의 권력관계가 반영된다는 것이다. 셋째, 심의 과정의 비용이 지나치게 투입된다는 점이다. 만약 정책심의에 참여하기 위한 시간과 금전이 과도하게 요구되고 그 비용이 심의적 정책결정의 효용성을 능가하게 된다면 심의민주주의의 정당성은 회의의 대상이 될 것이다. 사실상 경제적·시간적 여유를 가진 자들의 발언권이 불평등하게 영향을 미칠 것이다.

3. 참여민주주의

1) 참여민주주의의 등장

참여민주주의는 대의민주주의의 한계와 불만이 팽배한 현대 사회에서 많은 시민들이 선거나 정당활동 등을 넘어서 개인적·집단적 수준에서 직·간접적인 참여의 실천을 통해 정치와 정부의 정책에 영향을 미치려는 모색 속에서 등장했다.[6] 20세기 후반 이후 현대사회가 성, 인종, 계급, 문화 등으로 다원화되고 다양한 선호, 이해관계, 의견이 표출되는 탈근대·탈산업 시대로 진입함에 따라 모든 민주주의 국가에서는 다양한 욕구와 의사를 충실하게 대리하지 못하는 대의제의 혁신과 보완을 요구받았기 때문이다. 특히, 참여민주주의는 1960-1970년대에 서구의 선진 민주주의 국가들에서 대의제의 위기로 인한 '새로운 사회운동', 즉 학생운동, 환경운동, 평화운동, 차별철폐운동 등의 물결에 의해 급속한 관심과 조명을 받았다. 당시에 민주적 정당성의 위기를 겪던 정부 입장에서도 시민사회의 다양한 목소리를 반영하지 않는다면 효과적인 국정운영을 수행할 수 없을 뿐만 아니라 통치질서의 위

6 참여민주주의에 대해서는 많은 연구논문과 저서가 나와 있다. 대의정치의 한계를 넘어 대안적인 실천으로서 참여민주주의 의의를 압축적으로 제시한 논문으로는 주성수(2006)를 참조하라.

기에 직면할 수도 있었다. 따라서 참여민주주의는 오늘날 대의민주주의를 대체한다기보다는 대의제의 정당성과 효율성, 합리성 등의 한계를 보완하기 위해서 등장했다고 볼 수 있다(이동수 2004, 76-87).

2) 참여민주주의의 개념과 정의

참여(participation) 개념 자체는 학문적으로 복잡하고 다양한 개념이지만 이 장에서는 참여의 개념을 단순화해서 정책영역에서 이슈가 되는 쟁점 및 의사결정의 결과에 대해 영향력을 미치려는 일반 시민의 직·간접적인 행동으로 정의한다. 참여민주주의에서 참여는 공직자를 선출하는 선거에 대한 참여뿐만 아니라 여러 가지 형태로 의사 결정자에 압력을 행사하거나 소환이나 집회 등의 직접적인 방법으로 정책, 법률 등에 영향을 미치고자 하는 광범위한 정치적 실천을 의미한다. 때문에 참여는 단순히 투표 행위만이 아니라 시위, 집회, 캠페인, 청원에의 서명, 기부, 조직의 설립 및 가입과 활동 등 다양한 형태의 행동을 포괄한다. 이런 참여 개념에 기반하여 참여민주주의는 "대의정부하에서 시민들이나 시민단체들이 직접 공적인 집무를 담당하지는 않더라도 정치과정에 적극적인 관심을 갖고 참여함으로써 민주주의를 활성화시키는 것을 목표로 하는 체제"로 정의할 수 있다(이동수 2005, 24). 달리 말해, 정부의 공식적인 정책과정에 자신들의 견해를 통합하고자 영향력을 행사하는 전반적인 활동을 의미하며 우리나라에서 참여민주주의는 대의제도의 개혁을 위한 다양한 참여제도의 도입 확대로 나타나고 있다. 특히 중요한 정치적 이슈가 발생했을 때 '촛불집회'가 상징하듯이 거리와 광장에서 광범위한 시민의 운집과 시위 형태로 표출되는 경향이 강하다. 이처럼, 참여민주주의자들은 선거 이외에도 다양한 방법으로 사회의 의사결정과정에 참여하고, 정책의 집행을 감시하는 것을 민주주의를 위한 대중의 책무이자 권리로 본다.

3) 참여민주주의의 특징과 의의

첫째, 참여민주주의는 일상적으로는 의사결정에 영향력을 미치지 못하는 평범한 시민과 시민단체들이 삶과 사회에 영향을 미치는 정치와 정책결정에 관여하겠다는 '아래로부터의' 행동의 성격이 강하다. 그러므로 광범위한 시민운동, 대중운동의 조직화를 중요하게 간주하며 정치인이나 통치권자, 고위관료와 같은 직업적이거나 공식적인 의사결정권자의 활동은 참여민주주의에 포함되지 않는다.

둘째, 참여는 동원이 아니라 자발적인 실천이다. 그러므로 위로부터의 정치적 목적을 위한 동원(mobilization)은 그 외형과는 달리 진정한 참여로 간주되지 않는다. 예컨대, 소수의 이해관계자 집단이나 정부 여당·야당의 지지자들 일부가 참여하여 압력을 가하는 것은 진정한 의미의 참여민주적 실천이라고 볼 수 없다.

셋째, 참여는 정부정책의 정당성과 효율성을 증대시킨다. 정부는 시민사회의 광범위하고 직·간접적인 참여의 요구와 의견을 수용함으로써 보다 민주적이고 실효성 있는 정책 결정과 집행에 도움을 받을 수 있다. 결국 참여는 사회 구성원 스스로의 이익을 보호하는 한편 그 사회의 민주주의 발전을 심화하는 수단으로 기능한다.

넷째, 참여민주주의는 참여의 과정 자체와 주체의 변화를 중요하게 간주한다. 즉, 참여는 결과의 성취보다도 참여의 과정을 통해 주권자이자 공동체의 주인으로서 역할과 의무를 행사하고 있다는 점을 강조한다. 아울러 참여를 통해 우리의 삶에 대한 태도와 공동체에 대한 태도를 바꿈으로써 우리 자신을 더욱더 도덕적인 존재로, 그리고 사회를 더욱더 풍요로운 삶의 터전으로 만들어 갈 수 있는 계기임을 강조한다(Parker 1994, 13).

4. 전자민주주의

1) 전자민주주의의 등장 배경

최근의 참여민주주의는 인터넷기술의 발달과 정보화의 급진전으로 참여의 방식에 있어 획기적인 전환을 이룩했으며 이는 전자민주주의의 새로운 출현으로 확장되고 있다. 주지하듯이, 인터넷이 일반대중들에게 널리 보급·이용됨으로 인해 사이버 공간은 개인간, 시민간, 집단간 새로운 커뮤니케이션의 중심무대가 되었다. 일반적으로 사이버 공간은 쌍방향성, 시간초월성·공간초월성, 다기능성, 익명성 등의 특성을 가진다. 이러한 인터넷 및 사이버 공간은 일상적인 영역뿐만 아니라 정치적 영역에서도 공론장 및 통로의 역할을 하면서 정치과정 및 정치적 실천 등의 많은 변화를 야기하고 있다.

2) 전자민주주의란 무엇인가?

앞에서 살펴보았지만, 대의민주주의의 가장 큰 한계는 정치적 주체가 되어야 할 시민들이 선거나 여론조사를 제외하고는 정치적 의사결정 과정에 참여할 통로가 매우 부족하다는 것이다. 전자민주주의는 인터넷을 통해 특정 이슈나 후보에 대해 더 많은 정보를 제공받고 합리적인 판단을 하는 노력을 용이하게 만들며 특정한 정치적 결정에 간접적으로 참여할 수 있는 등 국회나 정부 같은 정책결정집단에 접근할 수 있는 가능성과 영향력을 획기적으로 높였다.

이러한 전자민주주의는 단순히 정치적 결정과정에 전자기술이 사용된다는 사실만이 아니라, 전자기술을 통해 일반 국민들의 적극적인 정치참여가 유도되고, 그로 인하여 정치적 기본권을 직접적으로 실현할 수 있는 정치체제를 말한다. 이러한 전자민주주의가 적용되고 활용되는 영역은 특정한 정책결정에 대한 찬반이나 선거 시스템뿐만 아니라 중요한 정치적 이슈나 법률안 등 공적인 이슈에 대한 토론과 심의를 가능하게 만드는 포괄적인 민주적 공론장의 기능까지 할 수 있다. 전자민주주의의 강점은 민주적이고 합리적인 의사형성을 위한 광범위하고 폭넓은 정보로의 접근 가능성, 인터넷 등 전자적 매체를 통해 국민의 의사가 정책에 전달되고 확인될 수 있는 모든 가능성을 포함한다. 시민들이 시간과 공간의 제약을 뛰어넘어 의사결정에 직접 참여하고, 진지한 토의와 심사 숙고를 할 수 있는 폭넓은 기회를 제공해줄 것으로 기대되는 전자민주주의는 대의민주주의의 한계를 보완하는 동시에 직접민주주의의 이상을 부분적으로 실현할 수 있는 원리이다.

전자투표의 위험성?

직접민주주의를 채택한 어떤 상상의 국가에서 수 백개에서 수 만개에 이르는 모든 공동체의 정책결정을 모든 국민들이 참여하는 전자투표로 결정하거나 선택한다면? 그리고 정부와 대표들은 전자투표에 의해 결정된 정책만을 이행하는 역할만 한다면? 이 경우 익명의 전자투표에 의해 더 많은 사람이 선택한 정책이 추진되었을 때 그 결과에 대한 책임은 누가 져야 할 것인가? 잘못된 정책으로 공동체 전체 혹은 특정한 계급 계층, 지역이 피해를 보았다고 할지라도 그에 대한 정치적 책임을 질 사람이 없다. 비밀선거이기 때문에 책임 소재를 분명히 따질 수 없을 뿐만 아니라 실제로 기명 투표를 했을지라도 그 정책을 선택한 수 백만 명의 일반 시민들에게 정치적·법적 책임을 물을 수도 없을 것이다. 이에 비해 대의정치 하에서는 대의원들에게 정치적·법적 책임을 청구할 수 있다. 국회의원은 재선에 성공할 수 없으며 여당이나 야당은 지지율 하락을 방지하기 위해 대통령이나 내각의 독선을 제어할 수 있을 것이다. 국민들의 의지에 의해 정치인들에 대한 법적 책임을 묻거나 탄핵 혹은 소환제도를 활용할 수도 있다. 그러므로 국민의 직접 참여에 의한 공동체의 의사결정은 다양한 제어장치 및 심의의 조건을 필수적인 요소로 한다.

3) 전자민주주의의 의의와 한계

첫째, 인터넷이 민주적 공론장으로서 온전하게 기능한다면, 시민들은 자신의 의견이 후보자나 정치적 의사결정에 영향을 미친다는 효능감을 통해 민주적 시민으로서 합리적인 사고와 정치적 판단 능력을 향상시킬 수 있다. 이에 기반하여 적극적인 정치적 참여의지를 고양시킬 수 있으며 이를 통해 정치공동체 구성원으로서 연대와 유대감을 강화할 수 있다. 전자민주주의를 통해 국민들의 의사를 정책에 직접 반영함으로써 국민주권의 실질화를 기할 수 있으며 국가기관의 책임성도 더욱 강화할 수 있다.

둘째, 선거장소와 시간 등의 물리적 제약으로부터 상대적으로 자유로운 인터넷 선거가 활성화된다면 대의민주주의의 정치적 무관심을 극복하고 유권자의 선거 참여를 획기적으로 높일 수 있다(이부하 2009). 특히, 인터넷 선거를 실시하게 되면, 젊은 유권자들의 투표율을 높일 수 있다. 미국의 연구결과에 의하면, 청소년 선거인들이 70%까지 성장했다는 통계도 나와 있다. 또한 인터넷 선거는 장애인 등 소외계층의 투표편의가 제공될 수 있고, 해외부재자와 재외국민의 투표가 용이해져 투표 참여율을 높일 수 있으며 종종 지나치게 낮은 투표율로 인해 제기되는 정치적 정당성 문제도 수월하게 해결할 수 있다. 아울러 인터넷 선거는 인력과 시간, 경비 등을 단축할 수 있는 경제적 효율성도 가지고 있다

이러한 전자민주주의의 한계는 첫째, 인터넷 접근 및 활용의 격차 문제가 공정한 정책 산출을 왜곡할 수 있다는 것이다. 소득수준이나 교육수준, 직업과 세대에 따라서 정보 획득 및 조직화 방식에 큰 차이가 있다면, 인터넷 접근 및 활용 능력이 높은 계층이나 집단에게 유리한 의사결정을 유도할 수 있다. 이는 또 다른 정치적 차별이자 온전한 대의를 왜곡시키는 결과를 초래할 것이다.

둘째, 전자민주주의의 상징으로 여겨지는 인터넷 토론도 익명이든 실명이든 네티즌들의 인신공격, 욕설, 야유, 비방, 선동, 지역주의 종교 등 다양한 편견에 매몰된 편가르기가 횡행할 위험성이 항존한다. 인터넷 선거와 전자투표 역시 이에 대한 정화 기능을 갖추지 못한다면 자의적·충동적·선동적·즉각적인 결정에 기반한 투표 가능성이 높아질 위험성도 있다. 더구나 만약 이런 전자투표가 정책결정을 좌우한다면, 그 피해는 고스란히 정치공동체 전체에 가해지는 것이며 근본적인 책임을 물을 대상도 명확하게 규정할 수 없을 것이다.

V. 맺음말: 한국적 함의

서구에서도 민주주의는 고대에서 현재에 이르기까지 하나의 사상으로서나 정치적 실체로서나 근본적으로 논쟁의 대상이다. 민주주의 개념과 역사를 둘러싸고 상반된 해석이 대립하고 있을 뿐만 아니라 민주주의의 고대적 개념과 근대적 개념이 무원칙적으로 혼합됨으로써 민주주의의 핵심 개념 및 용어들에 대한 혼란스러운 논의들이 산출되고 있다. 더구나 세계적으로 민주주의를 표방하는 많은 국가들에서 민주주의 '실제'는 현실적으로 심각한 위기와 도전에 직면해 있다. 예컨대, 시민의

정치적 무관심과 소외, 무능력이 일반화된 현실에 직면하여 서구의 민주주의 역시 그 이념에 충실하게 작동하고 있는지 회의에 부쳐지고 있다는 것이다.

이러한 일반적인 민주주의 위기로부터 한국 사회 역시 자유롭지 못하다는 것은 분명해 보인다. 특히, 개인의 지나친 경제적 이익 추구와 공동체 전체를 고려하는 공적 책임 의식의 부재, 대의정치 기구로의 과도한 권력 집중에서 비롯된 대중의 정치적 소외와 정치적 무관심, 심의 능력의 상실 등이 거론된다. 그러므로 보통선거권, 주기적인 선거, 정당 간의 경쟁을 통한 정부의 구성 등 민주적 경쟁의 규칙이 설정되었다고 해서 한국의 민주주의가 충분하다는 입장은 우리의 정치공동체가 더 좋고 정의로운 공동체로 발전하는 가능성을 차단시키는 효과를 야기할 수 있다. 예컨대, 민주주의를 '좋은' 정치엘리트 선출과 그들의 통치로 좁게 해석한다면, 인민은 사적 영역에만 매몰되면서 정치적으로 무관심하게 되고 소외감을 느끼게 되며 그 결과로서 공적인 의사결정 과정에 참여할 의지도 갖지 않게 되고 정치적 무능력도 심화될 것이다.

물론 현재의 대의정치 기제로서 민주정부, 의회정치, 정당정치는 민주주의가 실천되는 중요 공간이자 사회통합을 성취하는 중요한 매개체가 될 것이다. 그러나 '좋은' 민주주의 정치는 주체로서의 시민의 정치의 성숙과 민주적 능력 함양을 전제로 하지 않고는 불가능하다고 말할 수 있다. 민주주의가 단순히 좁은 의미의 정치 제도나 정부의 구성, 대의제를 넘어서 정치적 주체의 형성과 불가분의 관계를 가진다면 민주적 시민의 주체화에 기여할 수 있는 민주주의 원리 및 혁신방안을 모색하는 노력이 필요할 것이다. 대의정치의 혁신 방향은 정치의 활성화와 시민 및 대표자들의 민주적 품성과 심의 능력의 향상, 공동체의 유대와 연대를 위한 제도적 장치의 구성을 추진해야 하다. 특히, 행정부 및 의회, 정당의 정치적 대표성(representation), 민주적 책임성(accountability), 그리고 사회통합(integration)의 강화는 시민사회의 활성화와 맞물려 한국의 민주주의 수준을 업그레이드할 수 있을 것이다. 한국의 대의정치는 이제 시민들의 자발적이고 적극적인 정치참여의 기회와 영향력을 보장하면서 민주적 심의 능력을 가진 시민의 적극적인 역할을 활성화해야 한다. 보다 살기 좋고 정의로운 정치공동체와 민주주의 이상을 좌표로 삼고 정치 개혁을 진행하는 것이 우리의 과제이며 우리 역시 일상 속에서 민주적 시민으로서 덕성과 능력을 함양해야 한다. 이를 위해 우리는 앞으로도 민주주의의 근본적 원리와 현실적 유형, 한계와 대안 등을 심도 있게 이해하고 성찰하는 동시에 현 시대의 민주주의의 한계를 정확히 인식하고 더 좋은 민주주의의 실현 가능성을 적극적으로 모색해야 한다.

질문 및 토론 사항

1. 민주주의를 지지하는 이유는 무엇인가?

2. 추첨을 통해 대표를 뽑는 방식의 장·단점은 무엇인가?

3. 정치에 대한 우리들의 무관심이나 불신, 냉소의 원인은 무엇인가?

4. 선거에서 대통령이나 국회의원 등 대표자를 선택할 때 자신은 어떤 기준에 입각하고 있는가?

5. 인터넷 댓글의 장·단점은 무엇인가?

현대 정치과정의 원리와 동학

국민을 위한 국가, 한국정부의 미래

Ⅰ. 머리말

국가는 정치학의 핵심적인 단위이다. 국내정치와 국제정치를 가르는 기준이 되고, 다른 사회집단과도 구분되는 정치적 단위이다. 국가의 가장 중요한 부분이 정부이다. 정부는 행정부를 의미하기도 하지만, 국가를 남낭하는 부분을 총칭하기도 한다.

국가와 정부가 필요 없다는 무정부주의를 제외하면 대체로 그 역할과 기능의 범위에 있어서 차이가 있지만, 국가와 정부는 사회와 공동체를 유지하기 위해 꼭 필요한 것으로 이해하고 있다. 개인과 시장의 자유를 강조하는 입장에서는 최소범위 내에서 국가와 정부의 역할이 필요하다고 주장한다. 현대 복지국가의 흐름 속에서는 국가와 정부의 역할을 확대해야 한다는 주장이 제기되어 왔다. 최근 세계화 및 정보화의 물결과 더불어 사회가 다원화, 분절화되면서 초국가적 행위자의 등장,

시민사회 영역의 확대 등으로 국가 및 정부의 역할이 상대적으로 약화되고 있는 것도 사실이다. 그렇지만 여전히 국가와 정부는 정치의 중심이자 가장 중요한 행위자이다.

정부의 형태와 관련해서는 권력을 지역적으로 배분하는 방식과 기능적으로 배분하는 방식에 따라 나누어진다. 권력을 지역적으로 나누면, 단방제 국가, 연방제 국가, 국가연합제 국가가 있으며, 입법권과 집행권의 기능에 따라 권력을 나누는 방식은 대통령제, 의원내각제, 준대통령제 등으로 나누어진다. 단방제이자 대통령제 국가인 한국은 최근 다원적이고 이질적인 요인의 등장으로 정부형태의 개선에 대한 다양한 논의가 제기되고 있는 실정이다.

II. 국가의 기원과 특징

1. 국가란 무엇인가?

국가는 인류사의 일정한 발전단계에 출현하여 오늘날에 이르기까지 사회과정 전반을 통제하고 매개하는 사회의 가장 중요한 정치적 권력체로서 기능하고 있다. 현재 우리가 일반적으로 국가라고 부를 때, 중앙집권적 통치기관으로 자리잡은 근대 이후의 국가를 의미한다. 고대국가는 국왕과 일부 특권 귀족세력을 위한 통치기구였지만, 지방토족에게는 세력이 미치지 못하는 경우도 있었다. 대체로 중세봉건국가는 강한 지방의 토지호족들의 세력에 의해 지방분권화되어 있었다.

국가(state)라는 개념은 'status'에서 비롯되었는데 이는 중세시대에 지배자, 왕국, 또는 군주의 신분적 지위를 가리키는 개념이었다. 국가(state)라는 개념은 근대국가의 형태가 맹아적으로 출현한 르네상스 시기의 이탈리아에서 처음 사용되기 시작하여 19세기에 이르러 근대국가가 정착됨과 더불어 유럽 전역에서 광범하게 사용되기 시작한 개념이다.

국가의 개념과 본질에 관해서는 시대와 학자에 따라 보는 시각은 다양하였다.

고대의 아리스토텔레스는 국가를 '가족과 촌락의 연합체로서 행복하고 명예로운 생활을 목적으로 하는 것'이라고 했다. 근대 초기 절대주의 시대에 보댕(J.Bodin)은 국가를 '최고권력과 이성으로 지배하는 집단'이라고 정의하였다. 19세기 초 헤겔(Hegel)은 국가를 '최고의 윤리적 이념의 현실체'로 엥겔스(Engels)는 '국가는 계급투쟁의 결과로 발생하였으며 계급관계를 유지하고 경제적 유력계급이 정치적 지배계급이 되어 피압박계급을 착취하기 위한 지배수단'으로 정의하였다. 20세기 사회학자 매키버(R.M. MacIver)는 국가란 '일정한 영토 안에서 사회질서를 유지하기 위하여 인구 전체에 대한 물리적 강제력을 법을 통해 움직이는 기관'으로, 라스키(H. Laski)는 '행정을 목적으로 하는 정부에 불과'하다고 주장하였다.

일반적으로 국가를 '일정한 영토와 주민들을 기초로 하여 성립되는 특정한 사회체제의 구성원들에 대해 포괄적인 통제력을 행사하면서 그 사회체제의 유지와 재생산을 총괄하는 지속력을 지닌 강권적 권력체'라고 규정할 수 있다.

이러한 국가도 다른 모든 사회집단과 마찬가지로 인간의 집단이기는 하지만, 몇 가지 점에서 다른 사회집단과 구별된다. 국가는 특정 영토라는 지역성에 근거하며, 국가는 개인의 의지와는 관계없이 출생과 더불어 개인의 국적이 결정되고 국적 이탈이 쉽지 않다. 또한 국가는 국민전체의 권익을 목적으로 하는 데에 비해, 일반 집단은 집단만의 특수이익을 추구한다. 그리고 국가는 영구적 집단이므로 정부는 수시 교체되어도 국가는 존속하며, 물리적인 힘을 독점하고 있다.

국가의 구성요소로 일반적으로 영토, 국민, 주권을 거론한다. 첫째, 국가의 주권이 미치는 지리적 범위로서 영토(territory)이다. 국가는 수많은 소형국가를 포함하여 크든 작든 간에 일정한 영토를 가지고 있으며 영토의 보전과 통일에 국가 존립의 큰 의미를 둔다. 둘째, 국가가 지배하는 영토에 거주하는 외국인을 제외한 모든 주민을 의미하는 국민(nation)이다. 인구도 국가의 발전에 매우 중요한 요소이다. 인구의 수도 중요하지만, 질적인 측면도 고려해야 한다. 교육의 수준, 문화적 수준, 인종, 언어, 종교, 역사의 동질성과 이질성 등이 그것이다. 셋째, 국가는 주권(sovereignty)을 갖고 있다. 국가야말로 사회 내의 최고권을 소유하며, 국가의지에 반하는 개인이나 집단을 통제할 수 있는 보다 완전한 조직을 갖는다. 이러한 이유로 국가의 주권을 말하게 되고 국가를 주권자로 규정하게 되었던 것이다. 주권은 국가가 대내외적으로 가지는 아무런 제한을 받지 않는 절대적이고, 영속적이며, 나눌 수 없는 유일한 최고의 권력, 대내적 최고성과 대외적 독립성을 의미한다. 일반적으로 주권은 영구성(permanence), 포괄성(all-comprehensiveness), 유일성(exclusiveness), 절대성(absoluteness), 불가양성(inalienablity), 불구분성(indivisibility) 등의 특징을 가지고 있다.

결국 국가는 영토, 국민 및 주권을 갖고, 또한 물리적 규제력에 대한 독점적 권리를 갖고 있는 정부를 통해 그의 국민에 대한 권위를 행사하는 사회의 포괄적인 정치조직이라고 할 수 있다.

2. 국가의 기원과 필요성

국가의 기원을 이해하기 위해서는 국가는 어떻게 발생하였는가에 초점을 둔 역사적 기원설과 왜 인간은 국가가 필요하였는가에 초점을 둔 철학적 기원설로 나누어 볼 수 있다(김순규외 2000).

첫째, 역사적 기원설에는 실력설, 계급설, 가부장권설 등이 있다. 실력설(theory of force)은 정복설 또는 무력설로 불리기도 하는데, 국가의 발생을 집단과 집단 간의 투쟁의 결과 우세한 집단이 열세한 집단을 실력으로 정복하여 지배한 데서 찾는 주장이다. 계급설(theory of class)은 착취설로 불리기도 하는데 마르크스와 엥겔스에 의해 주장되었다. 혈연적인 원시공동체 속에서 분업으로 인하여 빈부의 차이가 생기고, 종족의 수장이나 전쟁지도자로 이루어진 귀족에 의한 정치가 성립하였으며, 이들 세습적 귀족이 지배계급이 하층계급을 억압, 착취하여 노예노동에 의한 잉여물자를 생산할 수 있는 일정한 경제적 관계에서 국가가 발생하였다는 견해이다. 가부장권설(patriarchal theory)은 국가를 가족과 부락의 결합으로 보고, 국가는 가족의 복수이고, 국가권력은 바로 가장권(家長權)이 확대된 것으로 본다.

둘째, 철학적 기원설에는 신권설, 사회계약설, 자연발생설이 있다. 신권설(divine theory)은 가장 오래된 학설로 국가는 신이 정하여 만들었다는 사상인데, 동양에서도 천자는 하늘의 아들이고 천자의 나라인 천하는 바로 하늘의 뜻에 의거하여 이루어졌다는 천명사상(天命思想)과 그 맥을 같이 한다. 사회계약설(social contract theory)은 인간이 의식적이고 자유의지로 국가권력에 복종하겠다는 사회계약을 맺음으로써 국가가 형성되었다는 주장이다. 사회계약론자들이 이에 속하는데, 국가성립 이전에는 홉스(Thomas Hobbes)의 주장처럼 인간은 원래 잔인하고 이기적이며, 비열하여 자연상태에서의 생활도 고독하고 서로 전쟁상태에 처한 이른바 '만인의 만인에 대한 투쟁'만이 있다고 한다. 이같은 비참한 상태에서 탈피하기 위해 인간이 자발적인 계약으로 그의 자연권을 모두 통치자들에게 위임함으로써 국가가 성립되었다는 주장이다. 자연발생설(natural theory)은 국가는 사회적 동물이자 공동생활을 희구하는 인간의 천성 때문에 그 정치적 자각으로 자연히 국가가 발생하였다고 주장한다. 신권설은 종교전쟁의 절정기에 민족국가 성립에 이바지하였듯이 계약설은 시민혁명의 와중에서 민주국가를 탄생시켜 근대입헌국가 창설에 유리한 이론적 무기를 제공하였다는 점에서 공헌이 있다.

국가의 보편적 개념은 16세기 초 마키아벨리(Machiavelli)에 의하여 확립되었다고 볼 수 있다. 그 후 절대군주의 횡포에 혐오를 느낀 나머지 18세기에는 국가를 악으로 보기도 하였지만, 19세기에는 개인의 자유를 보장하기 위하여 국가권력의 극소화를 주장하는 자유방임주의적 야경국가론이 대두되었으며, 19세기 말에 다시 영국과 서구제국은 현대적 복지국가의 모습을 보이기 시작하였다.

국가와 정부를 근본적으로 불필요한 악이라고 보아 비판하고 부정하는 19세기의 무정부주의(anarchism)는 국가와 정부의 필요성을 부정한다. 이 입장에서는 일상적으로 연상되듯이 혼란이나 무질서를 설파하는 것이 아니라 개인이나 집단 간의 경쟁보다 협동, 권력보다 자유, 그리고 강제보다는 자발적인 행위에 의하여 성취되는 질서를 추구한다. 하지만 이들은 국가와 정부가 전제정이든 입헌정이든 인간을 노예화하는 제도로 간주한다.

아담 스미스(Adam Smith) 등 고전적 자유주의자들은 야경국가론을 제창하였는데, 경제는 '보이지 않는 손' 내지 시장적 조절메커니즘에 의해 충분히 작동될 수 있기 때문에, 국가는 시장경제의 외적 조건만을 확보하는 일을 맡는 최소국가에 머물러야 한다고 하였다. 이들은 정부의 기능을 최대한 제한해야 한다고 주장하였다.

1930년대 세계대공황을 타개하기 위하여 등장한 케인즈주의는 시장의 실패를 막기 위해서 정부의 적극적인 역할이 필요하다고 주장하였다. 즉 재정정책과 통화정책을 통하여 가격안정화와 시장의 효율성 유지를 위한 정부의 거시경제적 개입을 정당화하였다.

나아가 현대의 사회민주주의는 시장의 결과를 사회정의 구현과 같은 규범적인 목표에 적응시켜야 하며, 분배문제가 국가정통성 확보에 중요하다는 입장에서 분배정의 내지는 분배적 평등을 실현하는데 있어 국가의 적극적인 역할을 강조하는 '재분배국가론' 혹은 '적극국가론'을 개진하였다.

한편으로 시장의 실패를 대신하여 국가가 공공재를 공급하는 역할을 담당해야 한다는 공공재이론이 있다. 공공재(public good)는 공동체 구성원 모두에게 혜택을 주는 것이지만, 누구도 사용하는 것을 막을 수 없다. 모든 공동체 구성원은 비용을 지불하든 안하든 간에 상관없이 공공재의 혜택을 누릴 수 있다. 즉 무임승차의 문제가 발생하는데, 정부는 이를 해결하기 위해 유인과 채찍을 사용한다. 대표적인 공공재가 군대와 안보이다. 누구도 군대를 위해 비용을 지불하려고 하지 않으면 군대는 유지될 수 없고 결국 모든 것은 실패로 끝나고 말 것이다. 그래서 국가는 징병제를 실시하거나, 국민들에게 세금을 내도록 강제하고 이 세금을 이용하여 대부분의 사람들이 원하는 공공재를 제공할 수 있다는 것이다.

반면 마르크시즘에서는 계급갈등의 전개와 관련하여 국가의 기능과 역할을 설명하는데, 대체로 국가활동을 경제환원론이나 계급환원론의 입장에서 논의하고 있다. 마르크스는 근대사회가 자본가 계급이 노동자 계급을 지배하는 구조로 구성되었으며, 노동자는 이러한 지배구조에서 비롯된 긴장 때문에 통제되어야 하고, 이를 위해 국가가 필요하다고 보았다. 이러한 도구주의적 국가론에 대해 신좌파에서는 국가의 상대적 자율성을 인정해야 한다고 주장하였다. 국가는 기본적으로 자본주의 체제를 유지하고 자본가 계급을 보호하면서도, 자본주의체제를 위협하는 일부 자본을 규제하는 능력을 보유하는 등 계급갈등에 있어서 상대적 자율성을 갖는다고 하였다.

결국 오늘날에는 국가를 선악으로 평가하는 것이 아니라 국민의 자유를 침범하지 않는 범위 내에서 어느 정도의 복지정책을 추진하느냐, 즉 개인영역에 대한 국가의 개입정도, 행정집행의 방법 등 국가의 정부형태가 더욱 중시되고 있는 것이다.

Ⅲ. 정부의 형태와 특징

정부는 국가의 핵심부분이다. 정부라고 번역되는 government는 국가의 질서를 유지하고 구성원의 공동목표를 실현하려는 통치기능을 가리키는 동시에 그러한 기능을 수행하는 제도로서의 정부를 의미한다. 정부는 광의로는 행정부, 입법부, 사법부를 포괄하는 것으로 이해되지만, 협의로는 행정부만을 의미하기도 한다.

정부는 그 필요성이 점증되어 왔지만, 작은정부, 큰정부 논쟁에서 보여지듯이 정부의 역할과 개입의 범위에는 다양한 의견이 있다. 이러한 정부를 이해하기 위해서는 정부의 집행력을 담보하는 권력을 어떻게 나누는가에 초점을 맞추어 볼 수 있다.

권력을 지역적으로 분배하는 문제는 연방제로 할 것인가 혹은 단일국가체제로 할 것이냐 하는 논의이다. 권력의 기능적 분배가 입법권과 집행권을 분리할 것인가 융합할 것인가 즉 의원내각제와 대통령제의 정부구조와 관련된 것이다. 이러한 정부형태는 개별국가마다 특성을 반영하는 경우에 국가들 수만큼 형태가 존재할 수 있지만, 다양한 특성에도 불구하고 '대통령제', '의원내각제', '이원집정부제' 등으로 대별될 수 있다. 즉 정부형태를 이해하기 위해서는 행정부와 의회와의 관계설정 및 중앙정부와 지방정부 사이의 권한 배분에 초점을 맞출 필요가 있다.

1. 권력의 지역적 배분과 정부형태

정부형태를 단방제, 연방제, 국가연합제 등으로 나누어 고찰할 수 있는데, 이러한 구분은 권력을 중앙정부와 지방정부 사이에서 어디에 더 많이 배분하는가와 관련된다. 연방국가란 분리된 복수의 정부가 한 영토 내에 동시에 존재하며 헌법에 부여된 각자의 독자적인 정책수행 영역이 있는 국가를 말한다. 대조적으로 단방국가란 중앙정부를 대신하여 정책을 수행하는 하부 기구가 존재하지만, 그럼에도 불구하고 중앙정부가 모든 정책영역에서 독점적인 권한을 행사하는 국가이다. 국가연합은 주권을 가진 국가들 간의 느슨한 연합체이다.

1) 단방제

단방제(unitary system)는 중앙정부가 배타적으로 주권을 갖고 있으며, 다양성보다는 단일성을 우선시하는 중앙집권적인 통제와 감독을 하는 정부를 가리킨다. 단방제의 경우에도 중앙정부가 지방에 광범위한 자치권을 부여하여 권력의 분산을 기할 수 있는데, 그런데 이 경우에도 지방자치단체가 행사할 수 있는 권한은 근본적으로 중앙정부의 재량에 의해 지방에 부여된 것이다.

단방제는 법적 · 경제적 통일성과 사회적 · 문화적 발전의 중앙집권적 관할을 보장하기 때문에, 전국적인 계획과 복지정책을 추진하려는 국가에게 적합한 제도이다. 단방제에서는 지방정부의 권위가 중앙정부의 위임에 의해 이루어진 것이며, 따라서 중앙정부는 지방정부에게 위임한 권력을 취소할 수 있다. 따라서 모든 영역의 정책에 대해 독점적인 권한을 행사하는 곳은 중앙정부이며, 지방이나 지역에 존재하는 정치기구들의 결정들을 중앙정부의 정책에 위배되는 경우에 취소할 수 있는 권한도 중앙정부에게 있다. 〈그림 1〉처럼 단방제에서는 중앙정부의 권한 행사는 항상 직접적으로 개개의 시민에게 미친다. 영국, 프랑스, 스칸디나비아국가들, 중국, 일본, 한국 등이 단방제의 형태를 가지고 있다.

■ 그림 1 ■ 단방제
출처: Hagopian(1984, 31)

2) 연방제

연방제(federal system)는 중앙정부 외에도 일정한 형태의 지방 통치기구들이 헌법에 의해 창설되고 법에 의해 보장되는 독점적 권한 행사를 통해 일정한 정치적 결정들을 내릴 수 있는 국가형태이다. 즉 연방제에서는 중앙정부와 구성단위 정부(constituent government)가[1] 관할사항에 관하여 독자적으로 결정을 내릴 수 있는 헌법적 권한을 갖고 있다. 연방의 구성단위가 되는 지방정부도 중앙정부와 같이 주권을 행사한다. 따라서 연방국가에서는 중앙정부의 통치력은 개개의 시민에게 직접적으로 행사될 수도 있고, 또한 동시에 구성단위 정부를 통하여 간접적으로 행사될 수도 있다(〈그림 2〉).

연방제의 목표는 국가적 단일성과 지역적 다양성 사이에 균형을 제도화하는데 있다. 이를 위해 연방제 헌법은 단일한 중앙정부와 복수의 지방정부 사이에 권력을 배분하고 있다. 연방의 중앙정부와 구성단위가 되는 정부 사이의 권력관계를 규정

---

[1] 대체로 구성단위의 정부는 state, province, land, canton, region 등으로 지칭된다.

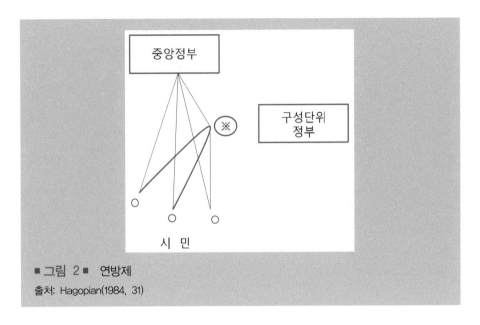

■ 그림 2 ■ 연방제

출처: Hagopian(1984, 31)

하는 방법으로 크게 두 가지가 있다. 첫째, 연방헌법이 중앙정부가 보유할 권한을 열거하고 나머지 권한을 구성단위 정부의 권한으로 선언하거나 간주하는 방법으로 스위스, 독일, 미국 등이 이에 해당한다. 둘째, 헌법이 구성단위 정부가 보유할 권리를 명시하고 나머지 권한을 중앙정부가 갖도록 하는 방법으로 캐나다, 인도, 베네수엘라 등이 해당한다.

일반적으로 국방, 외교, 경제, 전국적인 질서 등에 관한 책임은 중앙정부에 귀속되고, 지방적 질서, 복지, 교육, 보건 등의 책임은 지방정부에 귀속된다. 독일의 경우에는 랜더(Länder)라 불리는 지방정부는 교육, 방송에 관한 전적인 통제권을 갖는 반면, 중앙정부는 국방, 외교, 우편, 철도, 항공 그리고 저작권에 관한 전적인 통제권을 갖는다. 그리고 그 밖의 다른 모든 영역에 대해서는 연방정부와 랜더가 권한과 의무를 함께 갖는다.

또한 연방제 국가는 전체 국민을 대표하는 의회와 각 구성단위를 대표하는 또 하나의 의회의 존재가 필요하므로 필연적으로 양원제를 채택하게 된다. 또한 연방제는 복잡한 구성요소 간의 갈등을 해소하기 위해 주요 인종, 언어, 종교, 부족적 이해를 고려하여 지역적 분할을 배려한다.

이러한 연방제를 채택하는 이유는 연방제가 지역적 요구와 다양성에 부응하는 정도에 있어서 단방제보다는 훨씬 낫다는 점뿐만 아니라, 공공정책의 수립과 집행에 있어서 실험과 혁신을 용이하게 한다는 주장도 제기된다. 연방제도는 보통 여러 지역이 하나의 국가로 통일되는데 어려움이 있거나, 또는 이미 존재하는 국가가 너무 크거나 문화적으로 너무 다양하여 하나의 국가로서 지속되기가 힘들 경우에 채택된다.

그러나 연방제가 현대복지국가의 형평성 추구에 역행할 수 있다는 점에서 비판되기도 한다. 또한 연방제가 다양성 속의 통합을 가져온다는 주장도 있지만, 오히려 분열을 조장하여 왔다고 비판된다. 예를 들면 캐나다에서 프랑스어를 사용하는 사람들과 영어를 사용하는 사람들이 지역적으로 분리되어 거주하고, 상이한 지방정부 하에 있기 때문에, 통합보다는 분열이 조장되어 왔다고 지적된다. 또한 연방의 구성단위인 지방정부가 기득권을 가진 집단에 의하여 장악되고 그들에게 피난처를 제공하기도 한다고 비판된다.

세계적으로 연방제를 채택하고 있는 국가는 많지 않지만 대체로 대규모 국가이어서 인구나 영토 비중은 높은 편이다. 2011년 기준으로 보면, 총 21개국가가 연방제인 반면에 174개국은 단방국가이다. 전 국가수의 11%밖에 안 되는 비중이지만, 연방국가들의 인구는 전세계 인구의 39%, 연방국가의 영토는 50% 정도를 차지하고 있다(쉬블리 2013).

3) 국가연합제

국가연합제(confederation)는 주권을 보유한 구성단위들의 느슨한 결합이다. 이 국가연합제에서는 중앙에 '제한된 규칙제정권을 가진 공통의 장기적·정치적 기관'인 중앙정부를 수립하지만, 일반적으로 각 회원국의 대표들로 구성된 하나의 회의체에 불과하므로 초국가적인 국가와 민족을 만들지는 않는다. 중앙정부는 주권을 갖고 있지 않으며, 구성단위가 되는 정부는 연합으로부터 탈퇴할 수 있으나 중앙정부는 이와 같은 비순응적 행위에 대하여 물리적 강제력을 행사하기란 거의 불가능하다. 국가연합에서 중앙정부는 구성단위 정부를 통해서만 연합에 속하는 개인들에게 통치력을 행사한다(〈그림 3〉 참조). 현재 유럽연합(EU), 구소련 해체 이후의 독립국가연합(CIS) 등이 국가연합제에 해당한다.

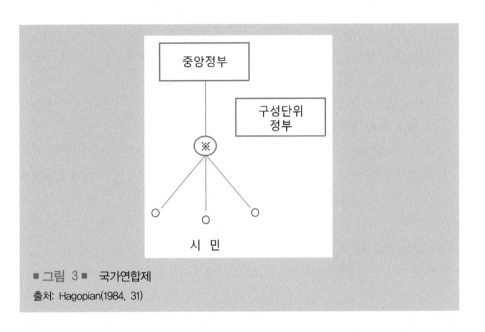

■ 그림 3 ■ 국가연합제
출처: Hagopian(1984, 31)

연방제와 국가연합제

2000년 남북정상이 만나 합의한 6·15공동선언 제2항에는 다음과 같은 표현이 들어있다. "남과 북은 나라의 통일을 위한 남측의 **연합제안**과 북측의 **낮은 단계의 연방제**안이 서로 공통성이 있다고 인정하고 앞으로 이 방향에서 통일을 지향시켜 나가기로 하였다." 여기에서 말한 한국의 연합제안과 북의 낮은 단계의 연방제안이 무엇일까? 한국의 연합제안은 국가연합제를 의미한다. 그동안 북한의 연방제안은 연방제를 의미하였다. 그러나 6.15공동선언에서 높은 단계와 낮은 단계의 연방제안을 구별하고, 낮은 단계의 연방제안과 남측의 연합제안이 공통성이 있다고 인정한 사실은 낮은 단계의 연방제안이 국가연합제와 근접하다는 것을 의미한다. 사실 북한은 낮은 단계의 연방제안을 군사권과 외교권이 지방정부에 있는 상태를 의미한다고 밝힌 바 있다. 즉 군사권과 외교권은 주권을 의미하므로, 주권이 지방정부에 있는 국가간 결합은 국가연합제를 의미한다고 해석될 수 있다. 그러한 점에서 공통성이 있다고 인정한 것이다.

2. 권력의 기능적 배분과 정부형태

권력을 기능적으로 배분한다는 것은 규칙을 제정하는 입법기능, 규칙을 집행하는 행정기능, 규칙을 심사하는 사법기능 사이에서 어떻게 권력을 나누는가 하는 문제이다. 특히 현대국가에서는 최종적으로 규칙을 심사하는 사법부보다는 법을 만들고 집행하는 입법부와 행정부의 관계에 초점을 두고 정부형태를 분류한다. 이에 따라 대통령제, 의회제 그리고 이의 중간형태로 준대통령제가 있다. 대통령제와 의회제의 근본적인 차이는 권력분립(separation of power)에 기반하고 있는가, 권력융합(fusion of power)에 근거하고 있는가이다. 대통령제는 행정권과 입법권의 분리에 기반한 정부형태이지만, 의회제는 입법권과 행정권이 융합되어 있는 정부형태이다. 대통령제의 행정부는 의회의 신임과 무관하게 존속되지만, 의회제의 행정부는 의회의 신임에 의존하여 존립한다.

1) 대통령제

대통령제는 정부와 의회가 모두 국민에 의해 별개의 권력을 위임받아 성립되며 양지는 국민에 대해 개별적으로 책임을 지는 형태를 말한다.

대통령제의 특징으로는 첫째, 대통령은 국민들에 의해 직접 선출되며, 대통령은 정부를 이끌고 정부 구성원을 임명한다. 대통령은 고정된 임기를 보장받기 때문에 안정적으로 정부를 운영할 수가 있다. 둘째, 대통령과 입법부 모두 정해진 임기 동안 선출되기 때문에, 행정부와 입법부는 분리되어 있으며, 두 기관은 각각에 대해 어느 정도의 자율성을 보장받는다. 국회는 일상적으로 대통령을 자리에서 끌어내릴 수 없으며, 대통령 또한 국회를 해산하고 새로운 선거를 실시할 수가 없다. 국회의원과 행정부의 장관은 상호 겸직이 금지된다. 이러한 권력분립은 행정부가 입법부

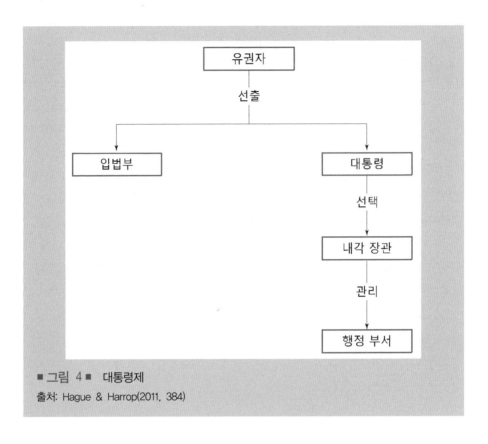

■그림 4■ 대통령제

출처: Hague & Harrop(2011, 384)

와 협상하도록 요구하고 있다. 셋째, 국가의 상징적인 권력과 정치적 권력이 융합되어 있어, 대통령은 국가원수와 정부수반의 이중역할을 수행한다.

순수한 대통령제는 입법부와 대통령의 독립이 가장 중요한 특징이다. 따라서 대통령제하에서는 의회와 집행부의 상호견제와 균형은 매우 중요한 문제이자, 여기서 발생하는 이중 민주적 정통성(dual legitimacy)의 문제가 중요한 제도적인 고민이다(린쯔 1995). 행정부와 입법부가 합의하지 못할 때 발생하는 교착상태(deadlock)에 대한 제도적인 해결책은 존재하지 않기 때문에, 대통령과 입법부의 다양한 노력이 필요하다.

의원내각제의 원형이 영국이라면, 대통령제의 원형은 미국이라고 할 수 있다.

미국에서 대통령제가 잘 기능하는 것은 미국의 독특한 정치문화와 정당정치의 배경에 따른 것이다. 즉 정치가 실용주의적이며 또 융통성이 있어야 하고 정당들이 약하면서 당내규율이 강하지 않아야 하며 정치가 지방중심으로 이루어졌다는 조건이 있었기 때문이다(사르토리 1995). 케네디 대통령이 언급하였듯이 "미국대통령은 엄청난 권한을 가진 사람이지만," "그가 이러한 권한을 엄청난 제약하에서 사용해야 한다는 것 또한 사실"이라는 점을 고려해야 한다. 즉 이러한 권력분립 상황에서 대통령은 설득을 통하여 권력을 행사하지 않을 수 없게 된다. 의원을 설득하든, 국민들에게 호소하든 대통령은 그를 통해 권력을 행사하는 것이다.

반면에 브라질의 대통령제는 미국과는 사뭇다르다. 비례대표제와 다당제라는 정치상황에서의 대통령은 막강한 권한을 가졌음에도 불구하고 권력을 행사하는데 많은 어려움이 있다. 예를 들면 2006년 선거에서 20개 정당이 하원에 진출하였고, 상원에서는 12개 정당이 의석을 차지하였다. 늘 그러하듯이 대통령이 속한 정당은 상하양원에서 모두 소수당의 위치를 차지하였다. 이렇게 파편화된 다당제에서 대통령은 의회를 설득하는데 매우 큰 어려움에 직면한다. 게다가 브라질의 정당규율은 예외적으로 약하며, 의원들은 회기 도중에도 자주 정당을 바꾼다. 이러한 정당의 파편화 현상에 대한 대응으로써 브라질 대통령은 정당 간 연합정치를 통해서 권력을 행사할 수밖에 없는 것이다.

대통령제는 제도적인 측면과 정치현실의 조건을 모두 고려해야 그 장·단점을 이해할 수 있다. 권력분립에 입각한 대통령제가 제대로 기능하기 위해서는 각 국의 정치현실에 맞는 제도와 관행을 찾는 것이 중요한 과제이다.

2) 의원내각제

의원내각제는 행정부의 존재가 입법부로부터 발생하며, 입법부와 연관되어 있고 입법부에 책임을 지는 형태를 말한다. 입법권과 행정권이 융합되어 있는 의회제에서 행정부는 의회에서 탄생하며 또한 의회에서의 불신임투표에 의해 무너질 수도 있다. 또한 거의 모든 의원내각제 국가에서 정부는 의회를 해산하고, 새로운 선거를 요구할 수 있다.

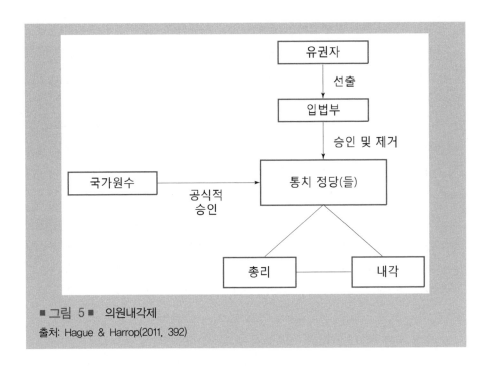

■ 그림 5 ■ 의원내각제

출처: Hague & Harrop(2011, 392)

의원내각제의 특징으로는 첫째, 행정부인 내각은 의회로부터 탄생하며, 또한 의회의 불신임투표에 의해 해임될 수 있다. 둘째, 내각은 의회의 임기가 만료되기 이전에도 의회를 해산할 권한을 갖는다. 셋째, 행정부는 합의제적이며, 내각의 형태를 띠고 있는데, 그 중 수상은 전통적으로 단지 '동등한 자들 중 첫번째 자(first among equals)'에 불과하며 의회에서 선출된다. 일반적으로 내각의 장관들은 의원에 한하며, 내각은 연대적으로 책임을 진다. 넷째, 의례적인 국가원수는 보통 정부수반인 수상과 분리되어 있다. 대체로 군주제를 제외하고는 의원내각제하에서 대부분의 국가원수는 선출되는데, 때로는 아일랜드처럼 국민에 의해 직접 선출되기도 하고, 이스라엘처럼 의회에서 선출되기도 하고, 독일처럼 국가의회와 지역 혹은 지방정부의 대표들로 구성된 특별한 선거인단을 구성하여 선출하기도 한다.

서구 민주주의 국가에서는 대부분의 나라가 의원내각제를 채택하고 있으며, 그 운용 방식도 다양하다. 의회제 정부도 다양하게 나누어지는데, 이를 수상제(premiership system), 효율적인 의회제(working parliamentarism), 의회정부(assembly government)[2] 등으로 유형화하기도 한다(Sartori 1994).

또한 정부구성에 따라 의원내각제는 과반수정부(영국모델)에 기반하거나 연립정부(핀란드) 혹은 소수정부(덴마크)에 기반하여 운영되기도 한다. 단일정당에 의한 과반수 정부라는 영국모델은 예외적이다. 영국의 경우, 단순다수제 선거제도는 보통 단일정당에게 하원 내 실질적인 과반수 지위를 부여한다. 하원에 대한 정부의 책임성은 견고하며, 정당규율이 강하기 때문에 의원들은 개인적인 견해보다는 자신이 속한 정당의 공적인 충성심을 더 중요하게 생각한다.

그러나 의원내각제를 사용하는 대부분의 국가들은 비례대표제를 통해 입법부 의원을 선출하며, 어떠한 정당도 과반수 의석을 차지하지 못하는 상황이 흔하게 발생한다. 그래서 다수 연립정부나 소수정부가 등장하게 된다. 다수연립정부는 과반수 이상의 의석을 차지하는 두 개 이상의 정당이 함께 내각에 참여하여 정부를 구성하는 경우이다. 소수정부는 연립이든 단일정당이든 과반수의석을 확보하지 못한 정당(들)이 정부를 구성하는 경우이다.

안정적인 의원내각제 모델로 일반적으로는 영국식 의원내각제나 독일식 의원내각제를 거론한다. 두 국가 모두 안정성과 효율성을 동시에 갖춘 의원내각제를 실시하고 있기 때문이다. 영국식 의원내각제가 성공하기 위해서는 단순 다수제 방식의 선거제도, 양당체계, 그리고 강한 규율의 정당정치가 요구된다(레이파트 1987). 영국보다는 다소 느슨한 수상제라고 할 수 있는 독일도 안정성과 효율성을 확보하기 위한 제도적 고려가 있다. 나찌당과 공산당 등 반체제 정당의 축출, 5%로 진입조항의 규정, 그리고 건설적인 불신임제도이다. 독일의 높은 진입장벽과 사법적인 반체제 정당의 규제는 군소정당의 난립을 막았다. 그리고 건설적인 불신임제도로 의회의 내각 불신임을 어렵게 만들었다. 독일의 건설적 불신임제도란 독일기본법 제67조에 의하면, 연방의회가 연방총리를 불신임하기 위해서는 재적 과반수에 의한 후임 총리를 선정한 이후에, 연방대통령에게 현직 총리의 해임을 요청함에 의해서만 가능

---

2 의회정부는 내각이 입법을 주도하지 않고, 권력이 분산 원자화되고, 책임성이 없으며, 정당규율도 실종되고 수상과 각료들의 리더십이 부재한 정부라고 할 수 있다.

	대통령제	의원내각제
장점	• 행정부의 정해진 임기로 인한 정치적 안정 • 선거시 정국을 이끌 주체에 대한 인지성이 높음 • 정치적 책임성의 소재가 분명함	• 임기중에 지도자에 대한 책임추궁과 변경이 가능함 • 야당의 그림자 내각은 건설적인 대안을 제시하거나 준비된 정권을 창출할 수 있는 개연성이 높음
단점	• 임기중 지도자의 책임을 추궁하는데 한계가 있음 • 행정부와 입법부의 교착상태를 해결할 제도 부재	• 내각에 정해진 임기가 없음으로 정치적 불안정성이 발생할 가능성이 높음

■ 표 1 ■ 대통령제와 의원내각제의 장·단점
출처: 진영재(2013, 160)에서 수정보완함

한 제도이다(린쯔 1995, 176). 이는 부정적인 다수(a negative majority)의 형성이 쉬운 반면에 적극적인 다수(a positive majority)는 쉽지 않다는 정치현실에서 내각의 안정성을 보장해주는 제도이다(Sartori 1994).

아래의 〈표 1〉은 대통령제와 의원내각제의 장·단점을 비교한 것이다.

대통령제와 의원내각제의 제도적 차이에 따른 우열논쟁을 평가하기도 어려울 뿐만 아니라 그럴 필요도 없는 것이다. 왜냐하면 제도상의 장·단점보다는 주어진 조건하에서 제도운영에 따른 격차가 훨씬 크기 때문이다. 따라서 다같이 민주주의 제도이기 때문에 어떠한 제도가 현실적 조건에 더 잘 부합되고 기능할 수 있느냐 하는 것이 더 중요한 문제일 것이다.

3) 준대통령제

준대통령제(semi-presidential government)는 프랑스나 포르투갈처럼 대통령은 국민들의 직접선거에 의해 선출되고, 총리는 의회에서 다수를 차지하는 정당의 지도자가 맡는 제도이다. 선출된 대통령과 의회에 책임지는 수상 및 내각이 결합되어 있어, 이를 이원집정부제로 불리기도 하는데 의원내각제와 대통령제의 혼합인 '중간형 대통령'을 일컫는다. 대통령제의 일원적 권위구조를 이원적 권위구조로 대체한 준대통령제는 권력공유의 기초 위에서 대통령과 수상이 권력을 나누어야 하며, 수상은 지속적인 의회의 지지가 요청된다. 이원적 권력구조라 함은 대통령이 국가원수이고, 수상이 정부의 수반인 양두정치(diarchy)를 일컫는다(Sartori 1994). 이 제도에서는 대통령이 수상을 임명하고 또한 의회를 해산할 수 있다. 일종의 양두체제로서 준대통령제는 행정부 자체 내에서 권력분립을 만들어낸다. 보통 대통령에 의해 임명되는 수상은 일상적인 국내문제를 책임지고 있지만, 대통령은 이에 대한 감시역할, 대외문제에 대한 책임을 갖고 있으며, 대개 긴급조치권도 사용할 수 있다.

준대통령제의 특징은 첫째, 대통령은 보통선거에 의해 선출되며, 상당한 권한

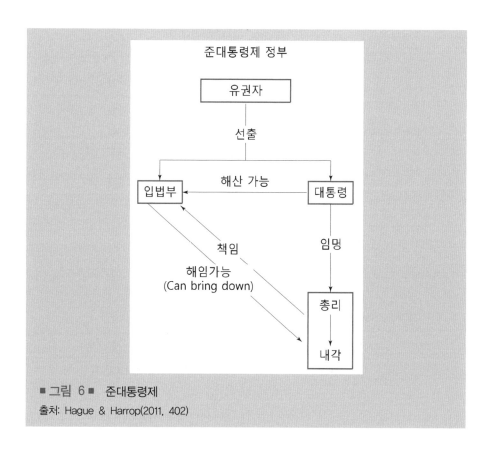

■ 그림 6 ■ 준대통령제

출처: Hague & Harrop(2011, 402)

을 소유하고 있다. 둘째, 수상 및 내각의 장관들은 행정권을 보유하고 있으며, 이들은 의회의 신임에 의존하여 유지된다.

사르토리에 의하면 준대통령제는 행정부를 장악하는 정당과 입법부를 장악하는 정당이 서로 다른 정당일 경우인 분점정부에서도 잘 대처할 수 있는 제도이다. 한편으로 대통령의 권한을 약화시켜 대통령의 다른 정당 소속인 총리와 권한을 나누어 갖게 만든다. 다른 한편으로 총리의 권한을 강화시키고 내각은 연립내각을 만들게 한다는 것이다. 그래서 뒤베르제는 준대통령제는 대통령의 정당과 의회다수당이 동일한 정당일 경우인 단점정부에서는 대통령제로 운영되고, 대통령의 정당과 의회의 다수당이 다른 경우인 분점정부하에서는 의원내각제로 운영된다고 주장하였다. 프랑스 제5공화국은 준대통령제로 운영된 것이 아니고 대부분의 기간 동안에 대통령제로 운영되었으며, 가끔씩만 내각제로 운영되었다고 한다. 프랑스에서 좌우가 동거한 1986-1988년(미테랑 좌파대통령과 우파출신 수상정부)에도 두 경쟁적인 정통성 사이에 충돌이 발생하지 않았다. 그 이유를 대통령이 실제로 통치하지 않은 데에서 찾는다. 대통령은 새로운 상황에 맞추어서 거기에 걸맞는 '권한'만을 행사했을 뿐이다. 즉 정책에 대한 결정권을 갖지 않았으며, 독자적인 입법을 발의할 수도 없었으며, 정부예산을 배정할 수도 없는 위치에 있었다. 이는 원내 다수정당의 지원없이는 대통령의 역할이 축소됨을 여실히 보여주었다. 이 시기에는 수상이 정부의 수반이며 그의 결정은 곧 최종적인 것으로 수상만이 정부각료들은 통제하였다. 따라서 프랑스식 준대통령제는 어떤 때에는 대통령제로 다른 때에는 내각제로 기능하도록 하는 제도적 장치를 통하여 두 개의 양립하는 정통성 사이의 충돌 및 위기를 회피하는 안전판을 갖고 있다는 것이다(사르토리 1995).

4) 합의제(collegial system) 정부형태

스위스는 의회내각제와 대통령제와는 다른 일종의 합의제를 채택하고 있다. 스위스의 집행부는 정무, 내무, 사법경찰, 국방, 재정관세, 경제, 교통체신 등 7부를 담당한 각료로 구성되며, 이를 연방협의회(federal council)라고 한다. 이들 7명의 각료는 연방의회에서 개별적으로 선출되는데, 한 캔톤에서 2명 이상은 선출될 수 없으며, 베른과 취리히 및 2개의 비독어사용 캔톤에서는 반드시 선출되어야 하는 것이 관례이다. 각료들은 4년의 임기를 가지며, 의회는 각료에 대한 불신임권을 갖고 있지 않다. 한편 의회는 7명의 각료 중에 한 사람을 윤번제로 연방협의회 수반으로 선출하는데, 이 수반이 다른 국가들의 대통령이나 수상에 해당된다.

Ⅳ. 맺음말: 한국의 정부형태와 개선방안

한국은 오랫동안 단방제와 대통령제의 정부형태를 유지하여 왔다. 그런데 한국의 대통령제는 내각제적 요소가 결합된 대통령제로 운영되어 왔다. 한국 대통령제의 내각제적인 요소로는 먼저 국회의 동의를 요하는 국무총리제도의 존재를 들 수 있다. 또한 대통령이 정당의 총재를 겸임하는 정치적 관행인데, 이는 대통령이 행정부의 수반인 동시에 특정정당의 총재라는 정당정부(party government)적 특징을 의미한다. 더불어 국회의원의 장관 겸직 허용도 중요한 내각제적인 요소이다. 장관은 의원직을 유지하며 의회 내 표결에도 참여한다. 순수대통령제하에서는 국회의원은 행정부를 견제하는 의회의 일원이기 때문에 그 직을 유지한 채 행정부에 참여할 수 없다. 당정협의의 존재도 그러한데, 행정부와 의회의 두 기구가 상호협의를 통해 정책을 추진하고 있다.

따라서 한국의 정부형태를 순수내각제와 순수대통령제를 양극단으로 하는 스펙트럼상에 놓았을 때 아래 〈그림 7〉과 같은 위상을 가지고 있다고 할 수 있다. 현재 한국의 대통령제는 순수대통령제에 비하여 내각제적 요소가 결합되어 있지만, 준대통령제보다는 순수대통령제에 가까운 권력구조이다.

한국의 정부형태는 대통령제에다 내각제 요소를 가미한 결과, 그 부작용으로 대통령의 독주와 국회의 유명무실화를 가져왔으며 의회정치의 대통령에 대한 종속을 가져왔다. 이러한 문제점을 개선하기 위해 정부형태를 개선하기 위한 다양한 의견들이 제시되어 왔다. 즉 현행 대통령제를 순수대통령제, 준대통령제, 의원내각제로 바꾸자는 논의들이다.

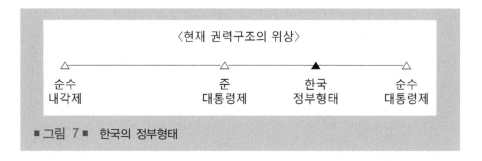
■ 그림 7 ■ 한국의 정부형태

　　순수한 대통령제로의 개헌을 통해 현재의 문제점을 개선하자고 많은 사람들은 단임대통령제에서 오는 제도적 폐해를 강조하여 집권중반기부터 발생하는 정권의 심각한 권력누수 현상이 국정의 단절과 비효율을 가져오고 있다고 한다. 그러한 입장에서 대통령의 연임제 또는 중임제로의 개정을 주장한다. 총리제도와 관련해서는 총리제도의 폐지 및 부통령의 신설을 주장한다. 또한 의원들의 정부직 겸직을 허용하지 않아 대통령제의 권력분립 원리를 충실하게 유지하고자 한다. 더불어 대통령의 대표성을 높이기 위해서 결선투표제를 도입하자는 주장도 제기된다. 그러나 이에 대한 비판도 만만치 않다. '제왕적' 대통령제의 폐해를 겪고 있는 우리나라에서 대통령의 권한을 더욱 강화시키는 순수대통령제로의 개헌이 바람직한 대안은 아니라고 할 수 있다. 현재 권력구조의 문제점은 의회와 정부의 교착, 이중정통성의 문제 등과 같은 것이라기보다는 대통령의 권한집중 및 남용과 그에 따른 부정부패이기 때문에, 권력구조의 개혁도 대통령의 권한을 분산시키고, 공정하고 투명한 정책결정 및 집행과정을 만드는 문제에 초점이 맞추어야 한다는 주장이다.

　　의원내각제로의 개헌을 주장하는 사람들은 그 당위성을 대체로 ① 권력분점에 의한 정치갈등 완화 ② 다양한 사회균열의 조정 및 합의지향의 필요성 ③ 승자독식의 대통령제보다는 합의제적 정치운영의 필요성 ④ 의회정치의 정상화 ⑤ 남북통일의 대비 등에서 찾고 있다. 그런데 의원내각제의 도입에 대해 우려하는 견해도 다수가 있다. 내각제의 실시를 위한 조건들, 즉 타협의 정치문화, 정당체계의 제도화 등이 갖추어지지 않은 상태에서, 내각제로의 권력구조 변경은 부정적인 측면을 드러내 줄 것이라는 지적이다. 대통령제에서 의회내각제로의 개헌에 대한 불신이 국민정서에 만연되어 있고, 현재의 대통령제가 많은 문제점이 있다고 하더라고 오랫동안 지속되어 정착된 제도를 급격하게 의원내각제로 바꾸는 데에 따르는 엄청난 정치적·사회적·경제적 비용이 들기 때문에 현행 제도의 보완과 이의 효율적 수행을 위한 제도정비가 더 현실적이고 경제적이라고 주장한다.

준대통령제를 선호하는 입장에서는 순수한 형태의 내각제보다는 현실정치의 역학관계 그리고 급속한 제도변경의 문제점들을 고려하여 준대통령제라는 중간형태의 권력구조 변경을 주장하기도 한다. 라틴아메리카나 우리나라처럼 대통령제가 바람직하게 작동하지 못하지만 대중정서상 대통령제의 관성이 큰 경우, 이 정부형태가 적절하다는 주장도 있다. 분권형 대통령제를 주장하는 입장은 국가원수와 정부수반을 분리하여 외정과 비상국정은 국가원수인 대통령에게, 평시 내정은 정부수반인 총리에게 맡기는 개헌을 제언하고 있다. 이원적 정통성의 문제를 해결하는 유연한 제도로서 준대통령제의 장점을 주장하기도 한다. 의회중심제가 대통령제보다는 우월하다고 하지만, 정당의 제도화가 선행되지 않으면 의회의 역할이 제대로 작동되지 않기 때문에 현재의 상황에서는 준대통령제가 보다 현실적이다는 견해도 있다.[3] 그러나 사회의 균열이 양분되어 있거나 타협의 정치문화가 발달되지 못한 나라에서는 각각 대통령과 총리 사이의 갈등이 지속되어 파국을 초래할 위험이 있다고 비판되기도 한다.

정부형태를 둘러싸고 다양한 개선안이 제기되지만 그래도 대체적으로 대통령의 권한을 분산하고 중앙권력을 분권화하자는 개혁의 방향에 의견이 수렴되고 있다. 첫째, 대통령의 권한분산과 의회권력의 강화라는 방향에서 권력구조의 개혁이 필요하다. 둘째, 중앙집권적 권력구조를 지방분권적 권력구조로 바꾸는 개혁이다. 여기에는 현행 지방자치를 강화하는 방향에서 중앙권력을 지방정부에 이양하는 분권화의 개혁, 지역대표성을 반영할 수 있는 양원제의 개혁, 연방제의 도입 등이 논의될 수 있다.

---

3 김형오 국회의장의 자문기구였던 〈헌법연구자문위원회〉가 2009년 8월 31일 최종 결과보고한 보고서도 제1안으로 이원정부제, 즉 준대통령제를 제안하였다. 이 보고서에는 건설적 불신임제도 등 수상권력이 더욱 강화된 이원집정부제안을 담았다. 제2안으로는 4년중임제로의 대통령제 개선을 제안하였다.

질문 및 토론 사항

1. 국가와 시장의 관계에 대해 설명하라.

2. 정부는 왜 필요한가?

3. 권력의 지역적 배분을 설명하라.

4. 대통령제와 의원내각제는 무엇이 다른가?

5. 한국의 정부형태는 무엇인 문제이고 어떻게 개선되어야 하는가?

06

법치주의와 정치과정의 사법화

I. 머리말

넓은 의미의 정치는 인간의 공동체 생활에 필요한 규칙을 만들고 유지·변경하는 행위를 말하는데 그 과정에서 사회의 희소자원 배분을 둘러싼 갈등을 해결하기 위해 강제력이 동원되며 강제 규범으로서의 법이 작용한다. 따라서 공동체 전체 활동에 관여하는 정치는 법보다 상위 개념이며 보다 포괄적이다. 그런데 근대 들어서 자유주의자들이 법의 지배를 통해 법을 보편적 권위를 갖는 중립적인 성격을 가진 것으로 만들었으며 법과 정치를 엄격하게 분리(권력분립)시키고 사법부를 정부와 정치의 영향을 받지 않는 외부에 둠으로써 보다 독립적인 영역으로 만들었다.

그리하여 정치학은 '정치와 법의 학문'으로 존재해왔다. 법을 통하여 정치공동체 내에서 규범의 일반화와 객관화를 시도한 서양의 정치사상적 전통은 모든 형태의 법에 반영되어 있다. 이러한 경향은 일찍이 홉스(Thomas Hobbes), 로크(John

Locke), 루소(Jean Jacques Rousseau) 등 자유주의자들부터 최근의 후쿠야마(Francis Fukuyama)에 이르기까지 면면히 이어져오고 있으며 이들의 관점은 법의 지배에 의한 정치가 자의적인 정부의 권력행사를 견제하고 개인의 자유를 증진시킨다는 점에서 보다 발전된 사회의 정치임을 주장하면서 일관성을 유지하고 있다. 특히 후쿠야마는 정치발전의 구성요소로서 국가건설(state building), 책임정치(accountability)와 함께 법의 지배(rule of law)를 꼽고 있다(Fukuyama 2011).

그간 학계에서 정치현상에 대한 연구가 정치경제학적 시각, 즉 정치와 경제 혹은 국가와 시장의 관계 규명에 치중해 왔다. 그러나 국내외적 시대의 변화로 법과 헌법에 대한 관심이 증대되었다. 국제적으로 탈냉전과 세계화 그리고 민주화의 확산으로 개발도상국에서 탈권위주의 헌법의 제정이 폭증하였고 국제기구의 역할증대와 미국 사법적극주의의 영향으로 정치영역에 대한 사법적 판단이 증가하였다. 국내적으로는 대통령 탄핵사태와 신행정수도 이전을 비롯해 헌법재판소의 결정을 둘러싼 일련의 사태가 정치의 사법화 혹은 사법의 정치화 논란을 불러오면서, 연구의 초점을 기존의 정치학과 경제학에서 법학 · 헌법학으로 확대시키고 국가와 시장의 관계에서 국가와 사회의 관계로 확장시켜야 할 필요성이 제기되었다. 법학 · 헌법학이 그동안 권위주의체제의 유지를 위한 규범으로서의 역할에만 충실하면서 현실정치의 문제해결을 무시해왔다면, 정치학은 헌법이 큰 틀에서 정치를 규정하는 국가 기본질서와 원칙을 담고 있음에도 불구하고 헌법에 대해 무관심하였다. 이제 법학 · 헌법학과 정치학의 소통과 연계를 통해 법과 헌법에 관한 논의를 정치학의 주요 연구대상으로 다시금 복원시켜야 한다는 주장이 설득력을 얻고 있다(김일영 2001; 박명림 2005).

II. 법치주의의 다양한 쟁점들

1. 법이란 무엇인가?

법은 다양한 수준에서 분류될 수 있다. 우선 법의 본질에 대해 대립되는 두 가지 관점은 자연법론과 법실증주의이다. 또한 법의 사고방식과 구성체계에 따라 합리주의와 성문법에 기반한 대륙법과 역사주의와 불문법을 특징으로 하는 영미법(보통법)으로 나눌 수 있다. 그리고 법의 존재형식에 따라 법제정에 의해 문서화된 성문법과 제정되지 않은 불문법으로 구분할 수 있는데 전자는 헌법, 법률, 명령, 조례, 규칙, 조약 등이 있고 후자는 관습법, 판례법, 조리 등이 있다. 실정법은 보통 성문법으로 존재하나 불문법도 포함된다.

정치공동체에 적용되는 공적이며 강제적인 규칙체계로서의 법은 도덕과 밀접한 관련을 갖는다. 법은 특정 정치공동체에서 '할 수 있는 것'과 '할 수 없는 것'을 규정하는 반면, 도덕은 '옳은 것'과 '옳지 않은 것'을 정의함으로써 '해야 하는 것'과 '해서는 안 될 것'을 규정하고 있다. 따라서 법의 발달에 있어서 사상적으로 도덕체계에 뿌리를 두고 있는 최초의 아이디어가 자연법사상이다. 자연법(natural law)은 실정법에 대비되는 법 개념으로서 법률을 초월하여 이를 바로잡을 수 있는 것으로서의 초실정법이다. 실정법과 달리 시공을 초월하여 인간·사회·자연·우주를 지배하는 영구불변의 보편타당성을 지니는 정의로운 것이 자연법의 특징이다. 그리스에서 법(Dike)과 정의(Dikaion)는 같은 어원을 가지고 있으며 정의의 여신을 디케(Dike)라 불렀다. 로마에서도 법(Jus)과 정의(Justitia)는 어원이 같으며 정의의 여신은 유스티치아(Justitia)였다. 오늘날 정의의 여신 유스티치아는 정의(Justice)의 어원이 되었으며 미국 법무부(Department of Justice)는 법(Law) 대신 정의(Justice)를 사용함으로써 법이 정의를 실현하는 중요한 수단임을 보여준다. 이처럼 법과 정의는 고대 자연법 이래 역사적으로 밀접한 관련을 가지고 있음을 알 수 있다.

그런데 자연법은 시대에 따라 다양한 형태로 존재해 왔다. 자연법사상은 법적

물음에는 실정법질서만으로는 충분히 해결할 수 없음을 보여주는 서구 인문정신의 산물로서 고대 그리스·로마에서 시작되어 중세를 거쳐 근대 입헌주의로 이어지고 있다. 근대에 들어서 자연법은 봉건질서를 천부의 인권에 대한 부당한 억압·침해로 간주하고 자유와 평등의 쟁취를 위한 투쟁 속에서 성립하였다. 근대 자연법사상은 자연권관념으로 발전하였는데 이 자연권이 법을 창조하는 인간의 주관적 권리로 여겨졌다. 근대 자연권사상은 1689년 영국(권리장전), 1776년 미국(독립선언), 1789년 프랑스(인권선언)에서 시민혁명의 사상적 지도이념이 되었으며 시민혁명의 성공으로 근대 입헌주의의 헌법상의 기본적 인권보장으로 성문화되고 확립되었다. 그 후 1945년 유엔헌장과 1948년 세계인권선언에서도 확인되어 자연권사상은 모든 입헌국가의 기본적 인권이라는 실정법적 권리로 보장하게 되었다.

실정법(positive law)은 특정 사회에서 입법절차를 거쳐 제정되거나 경험적 사실에 의거하여 형성된 법을 말한다. 영원하고 보편적인 성격을 지닌 자연법과 대립된 개념으로서, 시대와 공간에 따라 제약을 받는 가변성과 상대성을 지니며, 성문법과 불문법으로서의 관습법, 판례법 등이 모두 이에 속한다. 법의 본질에 있어서, 법을 법이게끔 하는 데에는 내용적인 제약이 따른다는 것이 자연법론의 입장이라면, 법이 법으로서 성립되는 데에는 어떠한 내용상의 제약도 없으며 입법에 의해 가능하다는 것이 법실증주의(legal positivism)의 주장이다. 17-18세기의 혁명적인 자연법론은 중세질서를 무너뜨리는 데 있어서는 유용했으나 자본주의의 안정기에는 불편한 이데올로기가 되었다. 그리하여 19세기에 들어서는 실정법의 정당성을 논하지 말고 단지 법을 설명하고 그 주석에만 관심을 기울일 것을 주문하는 법실증주의가 대세를 이루었다.

따라서 법실증주의 입장에서는 자연법과 자연권을 부정하며 모든 실정법은 반드시 준수되어야만 하는 사회의 준칙으로 인식하고 법을 법조문의 해석에 충실하여 경직된 형태로 해석하는 경향이 강하다. 따라서 자연법에서의 자연권적인 인권과 달리, 실정법에서는 헌법이 보장하는 인권규정의 근거는 헌법이 그러한 권리를 창설한 점에서만 찾을 수 있다. 법실증주의자들에 의해 자주 인용되는 "악법도 법이다"라는 말처럼 법실증주의는 악법과 좋은 법을 구별하지 않고 법조문대로 충실하게 적용한다.

독일과 프랑스를 중심으로 하는 유럽대륙에서 발달한 대륙법이 합리주의를 근본으로 법전중심의 성문법주의를 특징으로 한다면, 영국과 미국에서 발전된 보통법(common law) 혹은 영미법은 역사주의 관점을 중시하며 판례중심의 불문법주의가 특색으로서 그 핵심은 법의 생명은 논리가 아니라 경험이며 법은 수세기 동안 특정 국가가 발전해온 이야기를 담고 있다는 것이다. 따라서 보통법에서 중요한 것은 법조문이나 보편타당한 원리가 아니라 이전에 살아왔던 선조들의 판단과 더불어 현재 살고 있는 동시대인들의 판단이다. 보통법은 토론과 논쟁의 담론 과정에서 도출되는 보통사람들의 편의(convenience)를 중심으로 해석되기 때문에 유연한 생명력을 지닌다. 따라서 보통법의 입장을 주장하는 사람들은 법과 정치의 상호관계에서 정치적 지혜를 필요로 하는 (대)법관의 책임을 강조하고 있는데 이것은 사법부의 적극적이고 탄력성 있는 법의 해석을 통해 정치현실에 유연하게 개입함으로써 사회적 갈등해결을 위해 비용을 줄이는데 기여했으면 하는 희망을 반영하고 있다(김홍우 2012; 김대영 2003).

2. 법치주의

시대를 거슬러 올라갈수록 동·서양을 막론하고 법의 지배(rule of law)가 아닌 사람의 지배(rule of men)가 주된 관심사였다. 좋은 정치를 위해 정치담당자의 덕성이 강조되었는데 플라톤(Plato)의 철인왕(philosopher king)과 공자와 맹자가 내세우는 성인과 군자의 품성을 지닌 성군에 의한 덕치가 대표적이다. 그러나 철인과 성인에 의한 정치가 언제나 가능할 수 없었으므로 인치는 이상에 머물렀고 성공적일 수 없었다. 그러자 근대에 이르러 입헌주의의 정착과 함께 법치가 인치를 대체하는 안정적인 지배질서로 자리잡기 시작하였다.

법치주의는 지배자의 자의적 권력에 의한 지배에 반대되는 개념으로서 의회에서 제정된 법에 의해 국가가 통치되어야 한다는 원리이다. 법치주의의 의미는 세 가지로 나누어 볼 수 있다. 첫째, 법치는 자의적인 권력에 의한 지배(인치)에 반대되는 개념으로서, 인간에 의한 지배를 비인격적인 법에 의한 지배로 전환시킴을 의미한다. 둘째, 법치는 계급이나 계층, 신분에 상관없이 모든 사람들이 법 앞에 평등하다는 관념을 주지시킨다. 셋째, 법치는 최고의 상위법으로서의 헌법이 통상적인 법을 구속한다는 관념을 의미한다. 이를 위해 행정부와 입법부의 정치행위에 대해 최상위의 헌법에 의거한 사법부의 사법심사제도가 법치의 필수적인 요소로 간주된다.

법치주의는 형식적 법치주의와 실질적 법치주의로 구분할 수 있다. 형식적 법치주의는 의회가 적법한 절차를 거쳐 법을 제정하기만 하면 그 법의 목적이나 내용은 문제삼지 않는 형식적 통치원리로서 다수의 횡포로 전락하거나 혹은 대중선동에 의한 독재자의 전제정치의 도구로 악용될 위험이 있다. 나치독일의 등장과 유지를 위해 무기력하게 봉사한 것도 형식적 법치주의이다. 법에 의한 지배(rule by law)는 "악법도 법이다"에서처럼 법의 준법차원만을 강조하고 기본적인 법질서확보에 치중함으로써 법을 통치자의 의사를 실현하는 단순한 수단에 불과한 도구로 전락시킨다는 점에서 형식적 법치주의와 유사하다고 하겠다.

형식적 법치주의에 더하여 자연법, 정의의 원칙 그리고 이성과 기본적 인권에 반하지 않는 요소를 포함하는 것이 실질적 법치주의이다. 원래 법치주의는 인간(통치자)에 의한 지배에 대한 불신에서 비롯되었으므로 준법을 통한 최소한의 법률주의의 유지를 중요시한다. 그러나 공권력의 행사가 법률에 기초를 두고 있다고 하더라도 법률 그 자체의 내용이 인간의 존엄성을 바탕으로 기본권을 보장하며 실질적 평등을 추구하는 내용을 담고 있지 않다면, 이는 진정한 의미의 법치주의가 아니라고 하는 것이 실질적 법치주의의 입장이다. 형식적 법치주의가 절차상의 합법성에만 초점을 두는 데 비해, 실질적 법치주의는 합법성과 더불어 정당성을 중요시함으로써 '단순한' 법의 지배를 넘어 '정당한' 법의 지배를 지향하고 있다. 그런데 법치주의의 실현에 있어서 인간의 자의적 판단이 개입할 여지가 많을수록 법은 강자의 법이 될 가능성이 높다. 따라서 강자에게 유리한 법적용을 막기 위해서는 법치주의의 기계적 적용이 최선이다. 그러나 그러한 경우 빵을 훔친 죄로 부자와 가난뱅이를 똑같이 평등하게 처벌하지 않을 수 없다. 이러한 모순을 해결하는 것이 법치주의에 정의의 관점에서 인간의 판단이 개입할 수 있는 여지를 허용함으로써 법치주의가 융통성을 발휘할 수 있게 하는 것이다(김욱 2007).

역사적으로 권력에 대한 제한원리는 영·미에서는 법의 지배 혹은 법치주의로 전개되었고 독일 등 유럽대륙에서는 법치국가론(Rechtsstaat)으로 전개되었다. 영국에서 법의 지배는 왕권에 대한 법의 우위를 의미하여 따라서 입법권, 즉 의회우위론으로 나타났다. 대헌장(Magna Carta, 1215), 권리청원(Petition of Rights, 1628), 권리장전(Bill of Rights, 1689) 등은 국왕의 절대 권력을 의회에서 제정된 법률로 제한함으로써 시민의 자유를 보장하려고 하였다. 미국으로 건너간 법의 지배원리는 사법권의 우위로 전개되어 연방대법원에 의한 위헌법률심사권을 인정하기에 이른다. 독일에서는 법치주의사상이 법치국가론으로 전개되었다. 독일의 법치국가는 경찰국가나 관료국가에 대비되는 국가원리지만 19세기의 법실증주의사상과 결부되어 형식적 법치주의, 외형적 법치국가로 변질되어 마침내 역사적으로 히틀러에 의한 나치정권에 봉사하였다.

3. 법의식과 법문화

법에 관한 동·서양의 인식은 다르다. 동양의 유교권에서는 '법 없이도 살 사람이다'라는 말은 긍정적 의미를 지닌다. 비록 그 사회가 법이 없는 공동체이지만 관습적 사회규범이 작동됨으로써 일정한 질서를 유지할 수 있으며, 법이 없는 정치공동체에서도 도덕적 사회규범을 잘 지키는 훌륭한 시민이 존재한다는 것을 의미한다. 유교에서는 덕치주의, 예치주의를 근본으로 하고 법치주의를 부차적인 것으로 여겼다. 법가에 의한 법치주의를 배격하고 법을 도덕의 최소한으로 보고 도덕에 의한 통치를 주장하였다.

그러나 서구문명권에서는 법이 없는 사회는 문명사회 이전의 자연상태로서 홉스적인 '만인 대 만인의 투쟁'만이 존재하는 무법천지를 의미하여 그러한 상태에서의 인간은 안전, 자유, 권리 등을 담보할 수 없는 최악의 상황에 처하게 된다. 따라서 법이 없는 최악의 상태에 놓인 불안한 인간은 사회계약에 의해 국가를 세우고 법을 만듦으로써 생명과 재산의 안전 및 자유와 권리를 법에 의해 보장받는 사회상태로 나아간다는 것이다. 헌팅턴(Samuel P. Huntington)은 서구문명이 다른 문명과 구별되는 특징으로서 법치주의를 제시했다(Huntington 1996).

　　이처럼 법은 지리적 환경뿐 아니라 정치적·경제적·사회적·문화적 조건의 차이에 따라 다양하게 작동되며 서로 다른 결과를 낳는다. 법과 헌법이 입법자의 제정 취지에 맞게 작동되어 특정사회의 발전에 기여하려면 그 사회의 정치문화(political culture)에 조응해야 한다. 성공적인 법과 헌법은 정치문화의 창조자(독립변수)이며 동시에 결과물(종속변수)이다. 제2차 세계대전 이후 독립한 신생국가들에서 식민지 모국에 의해 제정되어 상속되거나 이식된 자유민주주의 법과 헌법이 제대로 작동하지 못하고 권위주의체제에 머문 수많은 개발도상국들의 사례는 법·정치제도와 정치문화 사이의 깊은 상관관계를 보여주는 것이다. 당시로서는 가장 자유주의적인 헌법이라고 평가받았던 바이마르헌법체제의 독일이 가장 전체주의적인 나치체제로 전환된 것도 법·정치제도와 특정 정치사회적 환경에서 형성되는 시민의식 사이에 높은 인과관계가 있음을 나타낸다.

　　'법 만능주의'도 곤란하지만 법치를 부정하고 법치 자체를 무시하는 '법 경시주의'와 사적 이해관계와 편의에 따른 법 개정과 개헌을 주장하는 '법 편의주의'와 '법 도구주의'도 경계해야 한다. 정치영역에서 협상과 합의문화가 빈약할 때, 정치·사회적으로 중요한 문제들이 민주적으로 소통하고 담론하는 공론의 장을 쉽게 떠나 법적·제도적 해결책을 찾아 나서는 경우가 많다. 그러므로 정치공동체의 문제해결을 위해 입헌주의 원리에 따르는 것 못지않게, 충분한 소통에 따른 민주적 합의과정이 필요하다. 그것은 공동체다수와 관련된 공적 사안들에서 성급한 법적 결정을 자제하고 토론을 보장하는 신중한 공적 논쟁이야말로 개인의 자유와 권리를 보호하는 입헌주의의 본래 취지에도 부합하기 때문이다(박은정 2010).

III. 입헌주의와 민주주의

1. 헌법

1950-60년대 정치학에서 정치제도와 정치기구에 관한 법적·제도적 연구는 진부한 것이었다. 당시 행태주의(behavioralism)에 의한 정치학연구 접근법이 주류적 분석이었기 때문이다. 그러나 1970년대 이후 선진국과 개발도상국에서 부분적 헌법개정이나 새로운 헌법의 채택을 통해 사회세력 간의 갈등을 해소하려는 시도가 빈번히 나타남으로써 헌법을 둘러싼 이슈가 현실정치의 중심이 되었다.

국가 최상위의 법인 헌법은 국가의 조직, 구조의 기본에 관한 근본원칙을 정한 것으로서 모든 국가에서 존재한다. 오늘날 입헌주의에 입각한 헌법은 정부기관의 의무·권한·기능을 확립하고 다양한 제도 사이의 관계를 조정하며 국가권력에 대한 규제를 위해 정부권력구조를 규정하고 국가·개인 사이의 관계를 정의하는 성문화 혹은 불문화된 규칙체계이다. 프랑스 인권선언이 "권리의 보장이 확보되지 않고 권력분립이 규정되어 있지 않은 사회는 헌법을 가진 것이라고 할 수 없다"고 규정한 것은 입헌주의와 헌법의 관계를 잘 보여주고 있다. 따라서 입헌주의는 단순히 헌법에 의한 정치를 의미하는 것이 아니라, 국민의 기본적 인권이 보장되고 권력분립제도가 확보된 헌법에 의한 정치원리를 말한다.

헌법은 권력의 획득경로와 입법절차를 명시하는 등 정부의 권력구조를 상술하는 일종의 권력지도(power map)이자 정치적 건축물이다. 헌법이 정치적으로 중요한 이유는 헌법이 정치체계에 필요한 거대규칙(meta rule)을 세움으로써 정부의 행동에 안정성·예측·질서를 부여하기 때문이다. 헌법은 대체로 다섯 가지 기능을 수행한다. 첫째, 헌법은 국가의 존재를 계획하고 독립적 권위에 관련되는 영역을 주장함으로써 국가에 권한을 부여하는 최고의 규범으로 기능한다. 둘째, 헌법은 민주주의, 평화, 자유, 복지 등 정치체제가 추구하는 포괄적인 정치적 가치, 이상, 목표를 제시한다. 이것은 주로 헌법전문에 표현되는데 헌법은 추구하는 시대정신과 이념이 반영됨으로써 가치중립적이 아니라 가치지향적 성격을 갖는다. 셋째, 헌법은 다양한 정부기관들에 의무·권한·기능을 할당·조정함으로써 정부에 안정을 제공한다. 넷째, 개인의 자유를 보호하기 위해 제한정부를 확립한다. 다섯째, 대내외적으로 정치체제의 정당성 확보에 기여한다(Heywood 2014).

헌법의 종류는 대체로 헌법형태(법전 구성여부)와 헌법 개정의 용이도에 따라 성문헌법과 불문헌법 그리고 경성헌법과 연성헌법으로 분류된다. 오늘날 대다수의 국가들이 성문화된 법전으로 구성된 헌법을 가지고 있다. 그러나 영국, 뉴질랜드, 이스라엘 등 민주주의국가들과 여러 비민주국가들(사우디아라비아, 오만, 부탄 등)에서 불문(관습)헌법을 가지고 있다. 그러나 영국과 뉴질랜드의 불문헌법에서도 관습과 전통에 근거하는 보통법과 관련 법령을 포함하고 있기 때문에 엄밀한 의미에서 전적으로 불문헌법인 것은 아니다. 성문헌법이 갖는 최대의 장점은 주요한 원칙과 핵심적 헌법규정들이 지켜지고 이들을 정부의 간섭으로부터 보호해준다는 사실이다. 그러나 헌법적 최고결정권을 공적으로 책임지는 정치가보다 비선출직 재판관에 귀속시킨 것과 불문헌법보다 변화에 덜 반응적인 것은 성문헌법의 약점이다. 경성헌법은 가중다수결제와 합의적 다수결제 등과 같은 보다 엄격한 개정절차에 의해 정치구조의 안정에 도움을 주며, 대부분의 국가에서 채택하고 있다. 이에 비해 연성헌법은 일반 법률의 처리절차와 동일한 방법으로 개정이 가능하게 함으로써 유연성의 장점을 가지며 영국과 뉴질랜드가 대표적 사례이다(Hague and Harrop 2011; Heywood 2014).

2. 입헌주의, 자유주의, 민주주의

입헌주의는 정치권력의 자의적 행사를 막고 국민의 자유와 권리를 보장하기 위하여 정치권력의 근거와 행사를 헌법에 규정함으로써 국가의 권력작용이 헌법에 구속되도록 하는 통치(정치)원리이다. 정치권력의 남용을 제한하려는 입헌주의적 발상은 근대 이전에는 고대 로마나 중세 영국의 보통법과 대헌장 등에 의해 국왕의 절대 권력을 제한함으로써 법의 지배원리가 확립되는 데 기여하였다. 그러나 오늘날 입헌주의의 주요 골격은 근대에 들어서 본격적으로 형성되었으며 그것은 자유주의의 등장과 궤를 같이한다. 근대 입헌주의는 국민대표로서의 의회에 의한 대의정치, 권력분립, 기본적 인권의 보장, 법의 지배(법치주의) 등을 주요 내용으로 하며 근대 시민사회와 야경국가에서 주로 유산 시민계급의 이익을 반영하였다. 이에 비해 현대 입헌주의에서는 보통선거제, 사회적 기본권, 사법심사제도 등이 추가됨으로써 대중사회에 들어서 적극적으로 모든 국민의 인간다운 생활을 보장하는 복지국가로 전환된 모습을 보여주었다.

근대의 산물인 자유주의의 핵심원리는 개인주의다. 프랑스 인권선언에 의해 개인은 태어날 때부터 천부의 인권을 가진 존재로 선언되었고 개인의 생명과 자유 그리고 재산까지 국가의 권력으로부터 간섭받지 않아야 할 권리를 가진 존엄한 존재로 간주되었다. 자유주의자들은 정부를 사회의 질서와 안정을 위해 필요한 보증으로 간주하지만 동시에 개인의 자유를 억압하는 폭군정이 될 수 있는 위험을 항상 경계하였다. 따라서 자유주의 관점에서는 국가권력의 행사는 가능한 한 제한되어야 하는 제한정부를 지지한다. 그리하여 개인의 자유를 위해 국가권력의 행사를 제한하는 제도적 장치가 필요하였는데 권력분산(삼권분립)을 통한 견제와 균형, 대의제 원리, 기본적 인권을 구체화하는 헌법 등 성문법의 확립(법의 지배) 등이 이러한 과정에서 나타난 것으로서 이들이 근대 입헌주의를 형성하며 그 결과 확립된 것이 자유적 입헌주의(liberal constitutionalism) 혹은 입헌적 자유주의(constitutional liberalism)이다.

영국은 절대군주정(군주주권)에서 권리장전(1689)을 통해 입헌군주정(의회주권)으로 전환됨으로써 입헌주의가 성립되었으며 이후 의회군주정(1835)으로의 정체변화를 겪었다. 18세기 말 미국과 프랑스에서는 혁명이라는 정치적 변혁을 통해 헌법이 제정됨으로써 입헌국가를 수립하였다. 이로부터 헌법은 통치권(19세기의 군주권, 20세기의 독재권력)의 제한이라는 소극적·방어적 의미에서 통치권(국가권력과 인민주권)의 원천이자 토대라는 적극적 의미를 획득하게 되었다. 서구에서 입헌주의 등장 이래 헌법은 정치의 중요한 요소로 부각되었으며 헌법이 정치공동체의 통일성과 대외적 독립성을 상징하는 역할을 맡게 되었다. 법에 의한 권력제한과 권리보장이 독립된 사법부(법원)에 의해 심판가능하게 됨으로써, 즉 국민대표(의회)의 동의에 의해 법이 제정되고 정부에 의한 법의 실행이 이후 독립된 기관(법원)에 의해 심판되는 기제가 구축됨으로써 형식적으로 입헌주의는 완성되었다.

그런데 입헌주의에서 특히 대의제의 경우 다수의 대표로 자임하는 소수의 법제정 집단(의회)이 자의적 결정을 내릴 위험에 항상 노출되어 있다. 이를 위해 도입된 것이 소수보다 상위의 전체 국민(인민)에게 주권이 있음을 확인하는 것이 필요하였는데 이것이 인민(국민)주권(popular sovereignty) 혹은 주권재민의 원리를 내세우는 민주주의이다. 실제로 인민주권을 확인하기 위한 절차가 필요하였는데 인민주권과 대의제를 연결시켜 주는 제도적 장치로서 선거가 도입되었고 그 결정원리는 다수결이다. 입헌적 자유주의는 정치에 대한 법의 우위를 확보하는 제도를 선호함으로써 민주주의와 일정한 긴장관계를 유지하려고 한다. 권력분립과 법의 지배에 입각하여 법의 해석기능을 담당한 사법부의 출현은 대의제와 다수의 지배에 근거한 의회와 인민의 대표성과 민주주의를 둘러싸고 또 다른 갈등을 가져왔다.

민주주의는 한 사람 혹은 소수의 생각보다는 여러 사람 혹은 다수의 생각이 더 낫다는 믿음에 기반하고 있다. 만장일치제가 이상적이나 현실적으로 결코 쉽지 않다. 민주주의를 '중우정치(mediocracy)'와 '다수의 전제' 혹은 '다수의 횡포'라고 비판하는 것은 합의를 이루지 못하는 민주주의의 부정적 모습을 지적하는 것이다. 합의를 이루지 못할 경우 잠정적으로 이를 대신하는 최선의 방법이 다수결원칙이다. 민주주의를 전체 인민의 지배(rule of people)가 아닌 다수의 지배(rule of majority)라고 하는 것은 현실적 편의에 따라 잠정적 방법으로 채택한 것이 다수결원칙이기 때문이다.

이상적인 인민의 지배와 현실적인 다수의 지배 사이의 딜레마를 극복하고 민주주의의 안전장치로서 고안된 정치제도들이 여러 가지 있는데 이러한 것들은 입헌주의원리에 입각한 것이다. 입헌주의는 개인의 자유와 권리를 보장하기 위하여 국가의 통치와 국민생활의 근거를 헌법에 둔다는 원칙이다. 따라서 헌법에 근거하여 법률과 각종 법령들이 뒤따른다는 법치주의와 권력분산(삼권분립)제도가 입헌주의와 연결된다. 역사가 흐르면서 권력분산제도는 여러 나라에서 의회와 정부에 치중된 권력을 견제하기 위한 장치로 사법심사제도를 도입하는 모습을 보여주고 있다. 오늘날 정당정치를 중심으로 이루어지는 의회가 민주주의의 상징이라면, 헌법을 통해 의회의 법률과 정부의 각종 정책적 결정행위들에 대한 사법심사권을 가진 법원(헌법재판소)이 입헌주의의 상징이라 할 수 있다(강경선 2005).

그러나 현실에서 입헌주의는 민주주의와 충돌하는 경우가 많다. 대의민주주의에서 국민의 대표자로서의 의회와 입헌주의에 근거한 사법부(헌법재판소)가 대립하는 사법심사의 경우가 대표적이다. 인민주권의 관점에서 보면 강화된 입헌주의로서의 법의 지배는 지나치게 경직되어 보일 수 있다. 따라서 입헌주의적 장치에 지나치게 의존하는 제도적·헌법공학적 해결책보다는 다수결에 의한 국민의 일반의지, 감시하는 여론, 경쟁적 정치토론 그리고 이러한 과정에서의 시민의 자발적 참여가 민주정치의 발전을 위해 바람직할 수 있다.

"나는 자유와 법을 열렬히 사랑하고 권리를 존중한다. 그러나 민주주의를 사랑하지 않는다"는 토크빌(Alexis de Tocqueville)의 이 말은 다수결의 원칙에 의한 의사결정의 정치적 폐해를 날카롭게 지적한 것이다. 토크빌은 다수가 언제나 옳다는 식의 다수 만능주의와 거기에서 초래되는 무비판적 획일주의로 말미암아 민주주의사회의 정치권력이 다수의 권위를 내세워 '다수의 폭정(tyranny of the majority)'으로 돌변할 가능성이 많음을 경고하였다. 입헌주의의 상징인 헌법은 민주주의에 대한 강한 불신을 갖고 있다. 입헌주의는 포퓰리즘적 성격을 내포한 민주주의가 언제든지 폭주할 가능성이 있음을 우려한다. 따라서 입헌주의는 이러한 민주주의가 다수의 이름으로 비민주적 결단을 내릴 위험성에 대비한 일종의 제어장치이다.

요약하면, 개인주의를 위한 제한정부의 수립이 자유주의의 핵심요소라면, 대의제, 권력분립, 법의 지배를 통해 자유주의원리들을 실현시키는 것이 입헌주의의 주요 관심이다. 그리고 민주주의는 인민의 지배(인민주권)라는 이념을 실현하기 위해 절차적 장치로써 다수결원리, 보통선거권, 정당제도를 통한 선거 등을 채택하고 있다.

3. 법치주의와 민주주의

민주주의는 법치주의를 통해서만 일정한 절차와 형식을 갖출 수 있으며 또한 안정적인 민주주의를 위해 법의 지배는 반드시 필요하다. 그러나 법의 지배와 민주주의는 상호 대립적 혹은 보완적 관계를 동시에 보여준다. 법치주의와 민주주의의 대립적 관계는 정치학자들과 법학자들의 관점에서 비롯된다. 정치학자들은 민주주의가 법치주의보다 상위의 개념이며 법치주의는 민주주의를 실현하기 위한 구체적인 원리로서 이해한다. 반면, 법학자들은 민주주의와 법치주의를 동일선상에 위치시키며 법치주의가 민주주의 실현의 중요한 요소라는 점을 강조한다. 즉, 민주주의에서 강조하는 자유, 평등, 국민주권의 원리가 입헌주의를 통해 비로소 실현될 수 있다는 점에서 법치주의는 민주주의를 위한 필수조건이라고 주장한다.

법치주의와 민주주의는 인간의 존엄성 실현이라는 동일한 가치이념을 목적으로 하며 구체적으로 기본권의 보장을 위해 작동함으로써 궁극적으로는 상호 보완적 기능을 한다. 법치주의는 법적 안정성에 중심을 둔 정적이며 현상유지적이고 소극적인 개념으로서 이성적인 성격이 강한 반면, 민주주의는 국민의 의사를 바탕으로 질서를 형성하고 그것을 구체적으로 실현하기 위한 동적이며 현실타파적이고 적극적인 개념으로서 감성적 성격이 강하다고 할 수 있다. 법치주의는 민주주의라는 제도적 틀을 전제로 하여 민주주의의 근본이념을 실현하기 위한 국가 법질서의 안정과 유지를 과제로 삼기 때문에 이런 관점에서 민주주의와는 상호보완적이라 할 수 있다. 민주주의의 실현을 위하여 법치주의가 필요하고 법치주의는 민주적 정당성을 요구하기 때문에 민주주의와 법치주의는 서로 밀접한 보완적 관련성을 갖는다.

법의 지배는 근대자유주의와 초기 민주주의의 성장에 기여했다. 그러나 오늘날 법의 지배는 민주주의를 보장하는 동시에 제약하기도 한다. 입헌주의로서의 법의 지배와 다수의 지배로 등치되는 민주주의 사이의 갈등은 각각 법과 투표라는 자신의 무기와 사법부와 입법부라는 자신의 대리인을 가지고 있다. 이들 중에서 누가 더 우위를 점하느냐는 그 사회의 정치사회적 환경에 달려있다. 따라서 개인의 자유와 권리가 공동체 속에서 발전할 수 있도록 법의 지배와 민주주의(다수지배)의 공존

가능성을 끊임없이 모색해야 할 것이다. 그러기 위해서 법과 헌법은 불변적 규범을 고집할 것이 아니라 공동체의 문제를 해결할 수 있도록 해석, 재해석하기 위하여 높은 수준의 적응성과 유연성을 유지해야 할 것이다. 정치영역 또한 법에 대한 정치의 우위를 당연시 할 것이 아니라, 민주주의 발전을 위해 법의 지배가 필요함을 인식하고 다수지배원리가 건강함을 상실할 때 언제든지 사법적 판단이 개입할 수 있음을 명심해야 한다.

IV. 정치의 사법화

1. 정치의 사법화(사법의 정치화)

민주주의와 법치주의의 충돌의 핵심은 선출된 국민의 대표의 결정을 선출되지 않은 소수의 법관이 좌절시킨다는 점이다. 법치주의 입장에서는 다수의 대표가 결정한 입법에 대한 사법심사제도(judicial review)가 다수에서 소외된 소수의 보호를 통하여 다수의 독재 방지의 기능을 수행함으로써 궁극적으로 자유민주주의를 완성하기 때문에 자유민주주의의 불가결한 요소라고 주장한다. 정치적 결정들이 사법심사의 대상이 되는 사례가 증대되면서 정치의 사법화(judicialization of politics) 혹은 사법의 정치화(politicization of jurisdiction) 현상이 제기되고 심지어 사법통치(juristocracy) 혹은 사법거버넌스(judicial governance)라는 신조어가 등장하고 사법입법(judicial legislation) 혹은 사법우위(judicial supremacy)를 거론하며 사법권의 확대가 가져올 정치사회적 결과에 주목해 왔다. 사법권의 확대현상은 복지국가의 등장과 함께 국가기능이 사회·경제영역으로 확대되면서 오늘날 세계적 추세가 되고 있다.

사법부의 정치사회적 역할에 대해 크게 두 가지 입장이 있는데 사법적극주의(judicial activism)와 사법소극주의(judicial passivism) 혹은 사법절제(judicial restraint)가 그것이다. 전자는 사법심사의 제도적 타당성을 판사의 능력과 판단에 의지하려는 자유주의적 입장에서 법(사법부)을 통해 정치권력(행정부, 입법부)을 제한하려는 경향을 나타내며 판사는 헌법의 수호자로 상정된다. 이에 비해 후자는 사법입법이 가져올 정치와의 긴장관계를 경계하는 공화주의적 지향성을 나타내며 권력분립의 원칙에 충실하여 입법영역의 정치행위에 대한 개입(사법적 해석)을 자제한다. 정치의 사법화는 사법적극주의의 현대적 표현이다.

스웨덴 등 스칸디나비아 국가들과 영국 등 전통적으로 의회주권이 최고권위를 갖는 국가들은 사법부의 자율성이 위축되어 사법소극주의 경향이 강하며 특히 일본은 입법에 대한 사법심사제도가 존재하지 않는다고 할 만큼 극단적 사법소극주의를 보여주고 있다. 이에 비해 미국, 캐나다 등은 사법적극주의가 활성화되어 있다. 2000년 민주당 후보인 부통령 고어(Albert Gore)와 공화당 후보인 부시(George W. Bush) 간의 미국 대통령선거 과정에서 연방대법원의 결정은 사법적극주의의 전형이자 사법의 정치화의 대표적 사례로 간주된다. 플로리다주 재검표를 둘러싼 부시 대 고어 소송에서 플로리다주 대법원의 수작업을 통한 재검표승인은 수정헌법 제14조에 규정된 "모든 국민이 법에 의해 동등하게 보호를 받는다"는 조항을 위반한다는 판단에 근거하여 미국사회의 정치적 불안정을 신속히 해소하기 위해 미국 연방대법원은 투표의 정확성을 판단하기 위한 플로리다주에서의 재검표를 저지하는 결정을 내린 것이다. 연방대법원의 판결은 개표절차상의 위헌성을 따지고 있었지만 결과적으로는 부시의 손을 들어준 정치적 결정을 한 것이다. 선출되지 않은 비민주주의적인 정치기구인 연방대법원이 미국의 민주주의를 지키는 보루역을 맡아 비정치적인 것처럼 보이는 사법적 판결을 통해, 말하자면 연방대법원이 미국 대통령을 선택한 사실상 가장 정치적인 결정을 내림으로써 사법적극주의의 모형을 보여주었다(Heywood 2014).

민주화 이후 한국에서 사법적극주의 경향성이 높은 것은 이전의 권위주의체제에서 인권침해에 대해 사법부가 보여준 소극적 자세에 대한 반성과 기본권 침해방지나 권리보장에 대한 적극적 역할에 대한 사회적 요청이 주요 배경으로 작용하였다고 할 수 있다. 헌법재판소의 판결은 헌법에 내재된 삼권분립의 정신에 비추어볼 때 사법부의 당연한 역할로 존중될 수밖에 없지만 이런 상황을 초래한 행정부와 국회의 정책결정과정에 심각한 제도적 결함이 있었다는 것이 지적되고 있다. 따라서 한편으로 사법부로서는 정치체제의 안위를 위협할 만한 사안이 아니라면 의회에서 이루어진 민주적 결정을 가능한 한 존중하는 방향으로 헌법을 해석해야 한다는 주장이 제기된다. 다른 한편으로는 정치의 영역에서 다뤄져야 할 사안을 사법의 영역으로 성급히 가져가는 관행을 시정해야 한다는 것이다. 정치의 사법화현상의 대두는 대의민주주의의 한계를 보여주는 것으로서 이를 위한 해결책으로서 정치공학에만 몰두하는 의회와 정당정치의 정상적 기능회복과 인민주권의 발현을 통해 심사숙고된 여론을 정책결정에 반영하는 심의민주주의(deliberative democracy)의 도입 등 '민주주의의 결손'을 보완하는 방안을 끊임없이 모색하게 한다.

2. 한국의 정치와 법

우리나라의 헌정사는 제헌헌법 이후 권위주의체제에서의 산업화 과정에서 법이 경제성장과 자본집중의 수단과 사회통제의 도구로 군림해왔음을 보여준다. 그러다가 1980년대 민주화과정을 거치면서 우리 사회가 법치주의로 인해 일정한 발전을 이룬 것은 귀중한 성과이나 아직도 법치주의가 안고 있는 문제는 많다. 졸속입법 관행, 권력에 의한 부당한 재판 개입과 자의적인 법집행, 유전무죄 무전유죄의식, 전관예우, 법원에 대한 낮은 신뢰도 등은 법치주의에 대한 국민들의 부정적 인식을 불러일으키기에 충분하다. 무엇보다 사법부에 대한 불신은 과거 권위주의정부의 통치로부터 사법부가 제대로 국민의 자유와 권리를 지켜주지 못했던 데에 기인한다.

제6공화국 헌법에서 부활되어 헌법 제111조에 명문화된 헌법재판제도는 정치를 법의 지배 아래 두려는 제도로서 법과 정치의 갈등을 법적 절차를 통해 법테두리에서 해결함으로써 법치주의를 확립하는 중요한 역할을 하였다. 민주주의 발전과 관련하여 현행 헌법의 가장 성공적인 성과는 평화적 정권교체와 함께 헌법재판의 활성화라고 할 수 있다. 건국 이래 도입되어 현재까지 존재하고 있는 헌법재판제도는 헌정사에서 한 번도 배제된 적이 없는 핵심적인 제도이다. 1988년 9월 1일 헌법재판소 개소 이후 2015년 5월 현재까지 헌법재판소에 접수된 사건은 위헌법률 866건, 탄핵 1건(기각), 정당해산 2건(1건 인용으로 통합진보당 해산), 권한쟁의 85건, 헌법

소원 26,666건(96.5%) 등 총 27,620건이다.

최근에 와서 정치권의 갈등적 이슈들과 중요한 국책사업들이 정치영역(민주적 정치공론화 과정)에서 합의를 보지 못하고 사법영역(법원과 헌법재판소)으로 넘어가 정쟁이 이월되는 양상(정치의 사법화)이 두드러지면서 사법부의 역할이 점차 확대되는 현상에 대해 서로 다르게 해석하고 있다. 즉, 한편에서는 헌법재판소의 결정을 민주화 이후 '민주주의 과잉'에 대한 법치주의의 승리로 치켜세우는가 하면, 다른 한편에서는 법치주의가 민주주의를 잠식시킨다고 주장하면서 민주주의 발전에 장애가 되는 '법치주의 과잉' 혹은 '사법과잉'에 대해 우려하고 있다.

국회의 대통령 탄핵소추와 이에 따른 헌법재판소의 기각결정 그리고 신행정수도특별법과 행정복합도시특별법에 대한 헌재의 위헌과 각하결정 등 일련의 사태는 정치의 사법화현상의 본격적 출현과 함께 우리 사회에서 정치와 법(헌법)이 얼마나 일상생활에 깊이 들어와 있는가를 보여준다. 동시에 민주화의 진전으로 사법부가 민주주의의 최후 보루자로 자리매김하는 모양새를 갖추면서 삼권분립에 의한 견제와 균형의 원칙이 원만히 작동되고 있음을 의미한다. 어떤 점에서는 정치영역과 사법영역 간의 문제 혹은 정치의 사법화나 권력분립의 문제라기보다는 정당의 쇠퇴나 정치문화 차원의 문제일 수도 있다. 의회의 신뢰상실과 정당정치의 후퇴로 말미암아 긴스버그(Benjamin Ginsberg)와 쉐프터(Martin Shefter)가 말하는 '다른 수단에 의한 정치(politics by other means)'의 출현으로 볼 수 있다(Ginsberg and Shefter 2002). 어쩌면 정치영역에서 대통령과 국회 그리고 여당과 야당이 대화와 타협을 통해 해결할 방법을 포기하고 손쉽게 사법적 탄핵제도를 정쟁의 도구로 이용하는, 말하자면 법치주의를 빙자하고 남용하여 마침내 법치주의와 민주주의를 동시에 위험에 빠뜨린 우를 범한 사례로 볼 수 있다(강정인 2008).

V. 맺음말

정치와 법은 사회 속에서 상호 밀접히 관련되어 있으나 본질적으로 서로 다른 기능적 차이점이 있다. 정치의 특징이 결정하는 것, 만드는 것, 정립하는 것, 구성하는 것이라면, 법의 특징은 결정된 것, 만들어진 것, 정립된 것, 구성된 것이다. 따라서 정치가 능동적·형성적·투쟁적·동적·유동적인 반면, 법은 수동적·확정적·평화적·정적·안정적인 것이라 할 수 있다. 정치와 법은 헌법을 실현하려는 목적에서 각각의 역할과 기능이 최대한 발휘될 수 있도록 관계 지워져야 한다. 그리하여 민주적 헌법을 매개로 하여 정치와 법은 민주정치와 민주적 법으로 되어 비로소 국민의 의사(인민주권)를 반영하는 기제로서 작동하게 될 것이다(이장희 2014).

정치는 법을 만드는 원천이며 헌법은 정치의 직접적인 결과물이다. 법은 권위주의체제이든 민주주의체제이든 정치체제의 유형에 관계없이 모든 국가 기제의 원만한 작동에 기여한다. 그러나 정치에 의해 일단 생성된 법은 정치공동체에서 규범으로서 역할을 하며 정치활동의 합법적 근거를 제공하기도 하지만, 정치가 법이 규정한 한계를 벗어나지 않도록 제한을 가하기도 한다. 민주사회에서 법이 정치현실과 맞지 않을 때 정치는 이를 변경할 수도 있지만 그러한 경우에도 이미 법이 정한 절차에 따르게 함으로써 변화와 안정 사이에 적절한 조화를 이루게 한다. 그러나 권위주의 사회에서는 정치가 법의 테두리를 벗어나 정치적 논리를 강요할 때 법이 대응할 수 있는 수단은 지극히 제한적이다. 따라서 현실정치에서 정치는 법에 선행하며 우월적이라 할 수 있다.

민주주의(다수지배)와 법의 지배 간의 갈등은 결국 투표와 법을 도구로 이용하는 행위자들 간의 갈등이다. 특정한 상황에서 입법부와 사법부 가운데 어느 쪽이 우위에 있는가 하는 것은 결국 정치적 문제다. 법의 지배는 정치적 행위자들이 동원할 수 있는 모든 자원을 이용해 갈등을 처리하는 상황이 만들어 낸 하나의 결과일 뿐이다. 법이 지배한다고 할 때 그것은 법이 정치적 행위에 선행하기 때문이 아니라 법은 정치로부터 분리될 수 없기 때문이다(Maravall and Przeworski 2008). 정치를 관용에 기초한 공공성이라는 입헌민주주의 관점에서 접근하는 롤스(John Rawls)는 정치공동체 내의 모든 세력들에게 관용을 통한 자유와 평등을 역설한다. 롤스에게 정치 영역은 공공성을 특징으로 하는 일종의 공동경비구역으로 간주된다. 이때 법치주의는 권력의 남용과 일탈을 제어할 뿐만 아니라 적대적인 진영들이 공존하는 정

치 영역을 지키기도 한다. 따라서 롤스에게 법치주의의 의의는 정치 영역의 공공성
을 확보하는 데에서 나아가 정치 영역을 적극적으로 구성하는 데에 있다. 그리하여
정치는 법의 뿌리이며 동시에 법의 열매이다(정태욱 2002).

질문 및 토론 사항

1. 자연법사상이 법치주의에 미친 영향은 무엇인가?

2. 법치주의 확립에 있어서 법의식과 법문화가 갖는 중요성은 무엇인가?

3. 헌법의 중요한 기능은 무엇인가?

4. 입헌주의확립에 있어서 자유주의가 미친 영향은 무엇인가?

5. 입헌주의(법치주의)와 민주주의의 관계는 어떤 모습인가?

6. 민주주의체제에서 정치의 사법화현상의 순기능과 역기능은 무엇인가?

7. 현재 우리 사회의 법치주의와 정치의 사법화현상의 모습은 어떠한가?

8. 정치의 영역과 법의 영역의 바람직한 관계는 어떤 것인가?

07

의회정치와 민주주의

I. 머리말: 의회의 탄생

의회(Congress, Parliament)는 법률을 제정(enact)하거나 개정(amend)하고 국가의 정책을 승인(authorize)하고 그러한 정책을 집행하는데 필요한 예산을 승인(appropriate)하는 역할을 수행하는 정부 기구이다. 이러한 역할을 고려하여 입법부(the legislature)라고도 불린다.[1]

의회와 유사한 형태의 의사 결정 기구는 11세기경부터 유럽에서 존재한 것으로 알려져 있지만, 시민계급이 성장하기 전까지 의회는 귀족 및 종교 지도자들이 모여 논의를 하는 모임으로서 오늘날의 대의제 민주주의 정치 제도하에서의 의회와는 다

[1] 의회는 나라별로 다양한 명칭으로 불린다. 이에 대해서는 신명순(2010) 제7장 참조. 프랑스에서 의회 (parliament)는 상원(Senate)과 하원(National Assembly)이 헌법을 개정하거나 대통령의 연설을 듣기 위해 베르사이유 궁(the Palace of Versailles)에 같이 모이는 경우를 일컫는 용어로 사용된다.

른 성격을 갖고 있었다. 오늘날과 같은 의회는 신흥 시민 계층의 성장과 함께 등장하였다. 예로 영국의 경우 일반 주(county)의 납세자들이나 자치시(borough)의 상공인들을 대표하는 의원들(Knights of the shire)로 구성된 의회가 13세기 말부터 존재해왔다. 프랑스의 경우 시민혁명으로 봉건 질서가 무너지고 작성된 1791년 헌법에 의회(Assemblée Nationale)가 처음으로 등장하였다. 하지만 이들은 오늘날의 의회와는 구분될 필요가 있다. 프랑스의 경우 당시 시민혁명을 이끄는 역할을 하던 곳이었고, 영국의 경우 하원의 많은 지역구들은 상원에 속한 귀족들의 직접적인 영향력하에 놓여 있었고 그로 인해 영국 하원은 19세기까지 실질적으로 상원의 통제를 받았기 때문이다.[2] 의회가 오늘날과 같이 일반 유권자들의 의견을 대변하는 기구로서 자리를 잡게 된 것은 투표권이 확산된 19세기에 들어와서이다.

오늘날 민주주의 정치제도를 갖고 있는 모든 국가에는 의회가 존재한다. 각 나라가 의원내각제나 대통령제 중 어느 제도를 가지고 있는가 하는 점과 양원제(bicameral system)와 단원제(unicameral system) 중 어느 것을 가지고 있는가에 따라 의회의 구성과 역할에 차이가 존재할 뿐이다.

의회가 오늘날 모든 민주주의 정치제도에서 공통된 요인이 되는 이유는 의회가 수행하는 기능인 지역구민의 의사를 국가 정책 결정 과정에서 대변하는 기능이 대의제 민주주의 정치제도의 가장 기본적인 기능이기 때문이다. 이와 같은 이유로 인해 의회는 국가로서의 주권을 갖고 있지 않는 주민자치단체에서 구성되기도 한다. 한국의 각 지역자치단체별로 존재하는 의회나 미국이라는 독립국가가 형성되기 전 북아메리카 동부 해안 지역에 형성되어 있던 13개의 영국 식민지 지역에서 각각 주민들의 의사를 대변하는 역할을 하던 의회 조직이 형성되었던 것이 예이다.

---

2 오늘날과 같이 영국 의회에서 하원이 주도적인 역할을 수행하게 된 것은 1911년 통과된 의회법(the Parliament Act 1911) 이후이다. 이 법안에 의해 상원은 하원을 통과한 조세 관련 법안을 반대할 수 없게 되었다. 그 이외의 법안은 최대 세 번의 회기(1949년에 두 번으로 축소되었다)까지만 연기시킬 수 있고, 그 이후에는 자동으로 법안이 되게 되었다. Kelly(2014) 참조.

Ⅱ. 의회의 구성

1. 양원제와 단원제

의회는 국가별로 다양한 형태로 구성되어 있다. 하나의 의회가 모든 입법 기능을 수행하기도 하고 이러한 기능이 두 개로 나눠진 의회에 의해 공동으로 수행되기도 한다. 형식상 두 개의 의회가 있지만 입법 기능은 실질적으로 그 중 하나에 의해 수행되는 경우도 있다.

단원제(unicameral legislature)와 양원제(bicameral legislature)를 갖고 있는 국가의 수는 현재 대략 반반 정도이다. 유럽에서는 역사의 전개와 함께 귀족과 새롭게 성장하는 시민계급의 의사를 대변하는 의회가 따로 형성됨으로 인해 자연스럽게 양원제가 형성되었다. 예를 들어 영국의 경우 세습 신분의 귀족들이 왕에 의해 소집되었던 상원(House of Lords)과 지역구(community)의 평민들(commons)을 대변하는 하원(House of Commons)으로 의회가 구성되어, 수백여 년을 거치면서 현재와 같은 양원제가 자리잡았다.[3]

단원제는 보통 신생국이나 민주정치의 역사가 길지 않은 국가에서 많이 채택되고 있다. 이들 나라에서는 귀족 및 신흥 시민 계급과 같이 서로 구분되는 이해관계를 갖는 계층이 형성되어 있지 않거나 독립 운동이나 근대화 과정을 거치며 와해되어 유권자들의 의사를 별도로 대변하는 구분된 의정 활동 기구를 갖는 양원제를 채택해야 하는 설득력 있는 이유가 존재하지 않기 때문이다. 일부 신생독립국가의 경우 양원제는 처음 정치제도를 구상한 정치지도자들에 의해 의도적으로 도입되기도 했다. 예를 들어 독립 당시 유럽에서 경제적 곤궁함과 사회적 불이익을 같이 경험한 사람들로 구성되어 사회 경제적으로 뚜렷하게 계층이 형성되어 있지 않았던 미국에서는 유럽 국가들과는 달리 양원제가 도입될 필요는 없었다. 이러한 미국에서 상원이 도입된 것은 품성과 자질을 갖춘 정치지도자의 필요성과 삼권분립하에서 의

---

3 Pollard(1920), pp. 107-8 참조.

회가 지나치게 강해질 가능성 등과 관련되어 당시 정치제도 구상에 주도적인 역할을 수행했던 정치지도자들이 공유했던 인식, 그리고 의회에서의 의석 수와 관련된 큰 주와 작은 주 간의 타협과 관련되어 있다.[4]

양원제에서 두 의회를 각각 상원(upper house)과 하원(lower house)으로 부르게 된 것은 영국의 경우와 같이 유럽 국가들의 역사적 경험에서 유래한 것으로 볼 수 있다. 하지만 오늘날 상원은 더 이상 하원 위에서 하원을 통제하고 입법 과정을 주도하는 역할을 하지 않는다. 상원과 하원이 모두 승인해야 법안이 될 수 있는 미국의 경우에서처럼 두 개의 동등한 입법기구로서의 역할을 수행하거나, 영국의 경우에서처럼 상원이 하원이 주도하는 입법안에 대해 충고와 수정을 하는 제한된 역할을 하는 경우도 있다. 미국, 호주, 유럽연합과 같이 연방제 정치제도를 갖고 있는 국가의 경우 대의제 민주주의의 핵심 정치기구로서 상원과 하원이 대표성의 측면에서 서로 차이를 보이기도 한다. 유권자들을 인구비례의 원칙에 따라 대변하는 하원과 달리 상원은 연방 구성 국가(주)들의 주권을 대변하는 성격을 갖는 것이다. 예로 미국의 경우 주별 인구 수에 비례하여 수가 결정되는 하원의원과 달리 상원의원은 출신 주 전체를 지역구로 하며, 주의 인구 수와 상관없이 모든 주가 2명의 상원의원을 갖고 상원에서 동등하게 투표권을 행사한다.

2. 리더십 구조

의회에서 공식적인 리더십을 행사하는 직위로는 의장과 각 상임위원회 및 소위원회 위원장이 있다. 의회의 수장인 의장을 비롯한 각 위원장들은 대개 다수당 소속 의원 중 선수(選數)가 높은 의원들이 맡지만, 위원장의 경우 의회 규칙이나 정당 간의 합의에 따라 정당별로 할당되는 경우도 있다.[5]

---

4 Rossiter(1961), no. 62; Jefferson(1977); 신유섭(2008) 참조.
5 그 예로 한국의 제19대 국회에서 국회운영위원장, 정무위원장, 기획재정위원장, 미래창조과학방송통신위원장, 외교통일위원장, 국방위원장, 안전행정위원장, 정보위원장, 예산결산특별위원장, 윤리특별위원장은 여당인 새누리당이 위원장을 정한다. 반면 법제사법위원장, 교육문화체육관광위원장, 농림축산식품해양수산위원장, 산업통상자원위원장, 보건복지위원장, 환경노동위원장, 국토교통위원장, 여성가족위원장은 야당인 새정치민주연합이 위원장을 정한다.

의장은 의회를 대표한다는 점에서 정당의 이해관계를 초월하여 리더십을 발휘할 것이 기대된다. 하지만 의장이 수행하는 역할의 성격은 나라별 정치제도 특성에 따라 소속 정당의 이해관계를 대변하는 성격을 가질 수도 있다.[6] 예를 들어 미국 하원의장의 경우 주요 법안에 대한 표결에는 참여하지 않지만, 원내 다수당의 실질적인 지도자로서 강력한 영향력을 행사한다. 의장의 의회 내 권한은 의회가 얼마나하나의 기구로서 정착되었는가에 따라 달라질 수도 있다. 의회 내에서의 업무가 의회 외적인 요인들에 의해 영향받는 정도가 강할수록 의회를 이끄는 공식적인 지도자로서 의장이 발휘할 수 있는 리더십의 여지는 줄어들게 되기 때문이다.

제도적으로 의장의 권한이 제한되도록 설정되는 경우도 있다. 예를 들어 미국상원의 경우 헌법에 의해 부통령이 상원의 의장직을 맡게 되어 있고 상원 의장으로서 상원의 의결 과정에 참여하여 한 표를 행사할 수 있지만, 그러한 권한은 찬성과 반대가 동수를 이룰 경우에만 의미를 가질 수 있다. 부통령이 상원의 의장으로서상원 본회의에서의 토론을 이끌어 가는 경우도 드물며 대부분 상원 다수당 의원들중 선수가 높은 의원이 본회의를 주관한다.

의장과 함께 각 상임위원회 및 소위원회의 위원장들도 의회 내에서 중요한 리더십을 발휘할 수 있는 위치에 있다. 의회에서는 매년 수천 건의 법안과 결의안들이 다루어지는데, 이러한 법안 모두를 의원들이 다루는 것은 불가능하며, 이로 인해법안의 성격별로 위원회들이 형성되고, 의원들은 자기가 소속한 위원회에서 관할권을 갖고 있는 법안들을 중심으로 의정활동을 수행하게 된다.[7] 이들 상임위원회 위원장들은 해당 위원회의 의원들 중 선수가 가장 높은 의원 중에서 나온다는 점에서

---

6 신명순(2010) 제7장 참조.
7 나라마다 위원회의 종류에는 차이가 있지만, 의회의 위원회는 상임위원회(standing committee)와 각 상임위원회에 속해 있는 소위원회(subcommittee) 이외에도 특정 안건을 다루기 위해 일시적으로 구성되는 특별위원회(select committee)로 구성되어 있다. 특별위원회의 경우 미국 상원과 하원의 정보특별위원회(Permanent Select Committee on Intelligence)처럼 상시 유지되는 특별위원회도 있다. 양제제의 경우 상원과 하원 결의안을 통해 구성되며 상원과 하원이 공동으로 운영하는 합동위원회(joint committee)도 있는데, 주로 감독이나 연구 보고와 같은 임무를 수행하며 법안을 심의할 권한은 갖지 않는다. 예를 들어미국 의회에는 정부인쇄국(Government Printing Office)을 비롯한 연방 정부 기구들의 인쇄 활동에 대한감독 기능을 수행하는 인쇄 합동위원회(Joint Committee on Printing), 조세 합동위원회(Joint Committee on Taxation), 의회 도서관을 관리하는 도서관 합동위원회(Joint Committee on the Library) 등의 합동위원회가 활동하고 있다.

위원회 소속 의원들에게 행사할 수 있는 정치적 영향력 역시 큰 경향이 있으며, 위원회에 배정된 법안을 어떤 소위원회가 다룰지를 결정하는 등 법안의 운명을 결정하는 중요한 영향력을 행사할 수 있다.

3. 기타 조직

의장이나 위원회와 같은 의회의 공식 조직 이외에도 의회 내에는 정당 또는 의원들이 독자적으로 구성하는 조직들이 존재한다. 이중 대표적인 것은 의원총회이다. 의원들은 의회 내에서 정당 단위로 활동하면서 정책을 결정하고 추진하는데, 이러한 의회정당 또는 원내정당(congressional party)은 주로 의원총회의 형태로 운영된다. 정당은 의원총회를 통해 의회의 지도부를 선출하고 의회 운영과 관련된 원칙을 마련한다. 또한 주요 정책과 관련된 당 차원의 입장이 논의되기도 한다.

의원총회의 역할과 권한은 국가별로 의회가 처해 있는 정치적 상황에 따라 달라진다. 정당의 규율이 강하고 정당 지도부의 권한이 강한 경우 의원총회 역시 중요한 역할을 수행할 수 있다. 정치 선진화가 이루어지지 않은 국가의 경우 의원총회가 정당 지도부의 영향력을 대변하고 정당화시켜 주는 역할을 수행하기도 한다. 반면 정당 소속 의원들의 자율성이 강해질수록 의원총회가 수행할 수 있는 역할은 제한되는 경향이 있다. 예를 들어 소속 정당의 도움이 아닌 지역구 사업이나 의정활동 등 의원 개개인의 노력을 통해 재선 여부가 결정되는 경향이 증가하고 그 결과 정당이 의원 개개인의 투표 결정에 영향력을 행사할 수 있는 여지가 감소하는 경우 의원총회의 역할과 권한은 줄어들 가능성이 있다.[8]

정당 소속 의원들의 모임이라는 성격상 의원총회 내에서도 리더십 구조가 형성된다. 각 정당의 대표와 원내총무단(whip system)이 그 예이다. 원내총무단은 지도부를 도와 소속 의원을 이끌고 지도부의 의사를 소속 의원에게 전달하고 그에 대한

---

8 미국의 경우 의원총회는 당 지도부를 도와 정책 관련 우선순위와 입장을 정리하고 의원들 간의 정책 차이를 조율하고 소속 의원들을 위원회에 배정하는 역할을 수행하며, 선거에서 자기 당 소속 후보를 지원하는 역할을 수행한다. 또한 결정된 정책 입장을 지역 지도자들이나 각종 외부 단체들, 하원의원총회 등에 전달하는 역할도 수행하도록 되어 있다. 미국정치연구회(2013) 제5장 참조.

지지를 이끌어 내며 소속 의원들의 의사를 지도부에 제공하는 등의 역할을 수행한다.

의회 내에는 정책 등과 관련된 특정 목표를 추구하는 비공식 조직들도 존재한다. 이러한 조직들은 정당별로 정책 대안이나 선거 전략을 짜기 위해 구성되거나 이해관계를 같이 하는 의원들에 의해 본회의에서 공동의 행동을 취하기 위해 구성되기도 한다. 동일 정당 내에 서로 성격을 달리하는 조직이 존재하기도 하며 양대 정당이 모두 참여하거나 상원과 하원 사이에 공동으로 구성되는 조직도 있다. 한국 국회의 경우 2013년 기준으로 국회통일외교안보포럼, 통일미래포럼, 국회시민정치포럼, 지방자치포럼 등이 조직되어 활동하였다. 이 중 지방자치포럼은 여야 의원들에 의해 공동으로 운영되었다.[9]

4. 보조 기관

의회의 의사 결정 과정에는 측면에서 의원들을 지원하는 조직들도 참여하게 된다. 의원들의 의정 활동을 보좌하는 보좌관(staff)과 의정 활동과 관련된 연구를 수행하는 기구들이 그 예이다.

보좌관들은 의원 개인을 보좌하는 경우와 각종 위원회에 소속된 경우로 구분된다. 개별 의원들의 보좌관들은 주로 행정업무나 의정활동과 관련된 업무, 언론 담당 업무, 그리고 지역구 봉사와 관련된 업무 등을 수행한다. 위원회에 소속된 보좌관들은 해당 위원회에서의 입법 활동과 관련된 업무를 수행한다.

의회는 국정감사를 수행하거나 정책을 마련하는 데 있어서 관련 자료를 행정부로부터 구할 수도 있지만, 행정부를 견제하고 행정부와 균형을 이루어야 하는 의회의 성격상 그러한 자료에 전적으로 의존하려고 하기보다는 의회를 위하여 연구활동을 수행하는 기구를 만들기도 한다. 한국 국회의 예산정책처와 입법조사처나 미국 의회의 Government Accountability Office(GAO), Congressional Research Service

---

9 미국 하원의 경우 양대 정당 소속 의원들의 모임인 민주당 연구 모임(Democratic Study Group)과 공화당 연구 위원회(Republican Study Committee), 그리고 초당파적으로 인종별 이해관계를 고려하는 히스패닉 의원총회(Congressional Hispanic Caucus), 흑인 의원총회(Congressional Black Caucus), 아시아 태평양계 의원총회(Congressional Asia Pacific American Caucus) 등이 있다. 미국정치연구회(2013) 제5장 참조.

(CRS), Congressional Budget Office(CBO) 등이 그 예이다.

Ⅲ. 의회의 권한

의회의 역할과 권한은 무엇보다도 의원내각제와 대통령제 중 어느 정치제도를 갖고 있는가에 따라 달라진다. 의원내각제에서는 의회와 행정부(내각)가 실질적으로 통합되어 있으며 법안이 의회 다수당을 중심으로 마련되고 다수당 출신의 수상을 비롯한 각 부처 장관들로 구성되는 내각에 의해 집행된다. 의회를 대신해서 행정권을 행사하는 내각은 의회의 직접적인 통제를 받으며 의회의 신임 여부에 따라 해산될 수 있다.[10]

대통령제는 의원내각제와는 달리 입법권, 행정권(그리고 사법권)이 분리된 가운데 각각의 권한을 담당하는 정부기구(입법부, 사법부, 행정부) 간에 견제와 균형이 이루어지는 것을 특징으로 한다. 행정부의 수장인 대통령은 의회 선거와 구분되는 별도의 선거를 통해 당선되고 의회의 승인을 필요로 하기는 하지만 정부 부처의 장관 역시 대통령에 의해 임명된다. 대통령제에도 의회가 탄핵이라는 절차를 통해서 대통령 및 행정부 고위 관료에 대해 신임을 물을 수 있고 국정 감사를 통해 행정부의 업무를 감독하고 통제할 수 있다. 하지만 이는 의원내각제의 경우에서처럼 의회가 행정부에 대해 일방적으로 행사하는 권한이 아닌 의회와 행정부 사이에 작용하는 양방향적인 관계 속에서 행사되는 권한이다. 대통령의 경우도 의회 다수가 원하는 법안에 대해 거부권을 행사할 수 있기 때문이다. 이러한 이유로 인해 의회의 권한은 일반적으로 대통령제에서보다 의원내각제에서 크다고 할 수 있다.

의회의 권한은 각 나라의 헌법으로 규정된다. 모든 의회가 갖는 가장 본질적인 권한은 입법부(the legislative branch)라는 명칭에서 관찰되듯이 법률을 제정할 권한이

---

10 의원내각제 국가에서 의회와 내각의 관계는 정당의 중요성 정도에 따라 차이를 보이기도 한다. 예를 들어 정당에 대한 고려가 강하게 작용하지 않는 아이슬란드나 노르웨이, 스웨덴 같은 경우 다수당을 중심으로 의회와 내각이 통합적으로 운영되는 경향은 약하다. 신명순(2013) 제7장 10절 참조.

다. 의원내각제의 경우 내각 역시 의회 다수당 출신 의원들로 구성된다는 점에서 법률제정권은 의회에 의해 독점된다고 할 수 있다. 하지만 대통령제의 경우 의회는 법률제정권을 행정부와 공유한다.[11] 예를 들어 대통령은 의회가 통과시킨 법안에 대해 거부권을 행사할 수 있고 의원만이 아니라 행정부 역시 의회에 법률안을 제출할 수 있다. 비록 대통령의 거부권은 법률안을 만들 수 있는 권한이 아닌 법률안이 되는 것을 막을 수 있는 소극적인 권한이지만, 대통령의 거부권을 무효화시키기 위해서는 미국이나 한국의 경우처럼 단순한 과반수가 아닌 3분의 2 이상의 의원의 동의가 필요한 만큼 법률제정과 관련되어서 대통령은 의원 개개인보다 더 강력한 권한을 갖고 있다고 할 수 있다.

입법부로서 의회가 갖는 고유한 권한은 제안된 법률안을 심의하고 의결하는 권한이다. 의회는 제안된 법률안을 논의할지 여부를 결정하고 논의 과정에서 원래의 내용을 수정할 수 있으며, 본회의에서 통과 여부를 결정하게 된다. 대통령은 의회에 의해 확정된 법률안에 대해서 가부의 의사만 표현할 수 있으며, 법률안을 심의하고 수정하는 등 법률안을 제정하는 과정을 주도하는 권한은 의회에게만 주어진다.

의회는 외국과 체결하는 조약에 대해서 인준할 권한도 갖는다. 외국과 체결하는 조약의 경우 국내법과 동일한 효력을 갖는다는 점에서 입법권을 갖고 있는 의회의 동의를 구하는 것은 당연할 절차라고 볼 수 있다. 또한 행정부 및 사법부 주요 직위에 대통령이 특정인을 임명할 때에도 의회의 동의를 받아야 한다. 이러한 의회의 권한은 특히 입법부와 행정부 간의 견제와 균형이라는 원칙에 기초하고 있는 대통령제 국가에서 더 큰 의미를 갖는다. 의원내각제를 갖고 있는 나라의 경우 조약이나 임명과 관련된 수상이 내각의 결정은 대부분 이미 의회 다수당에 의해서도 지지받는 결정일 것이기 때문이다.

의회는 각종 법률 및 행정부가 수행하고자 하는 프로그램을 인가하는(authorization) 권한과 함께, 그러한 결정을 집행하는 등 국가를 운영해 가는 데 들어가는 예산을 검토하고 승인하는(appropriation) 권한도 갖는다. 대통령제에서 예산승인권은

---

11 이러한 이유로 대통령제의 특징을 보다 정확하게 표현하면 삼권분립이 아닌 '정부 부처의 구분과 그들 간의 권한의 공유(separated institutions sharing power)'라고 볼 수도 있다. Neustadt(1990) 참조.

의회가 이미 허용한 행정부 사업에 대해 원래 승인된 취지와 목적에 맞게 집행되도록 지속적인 통제와 영향력을 행사하는 수단으로 사용되기도 한다.

대통령제하에서 의회는 행정부의 업무 수행과 관련하여 국정감사와 조사를 수행할 권한도 갖는다. 이와 함께 범죄 행위와 관련하여 대통령 및 다른 공직자들을 탄핵(impeachment)할 권한을 갖는다.[12]

IV. 법안 작성 과정

법안은 의원 또는 행정부(내각)에 의해 상정된다. 양원제면서 상원과 하원이 동일한 역할을 수행하는 미국 같은 경우 성격이 같은 법안이 하원과 상원에서 거의 동시에 상정되기도 한다. 상정된 법안은 관할권을 갖는 상임위원회에 배정된다. 상임위원회는 해당 법안을 본회의에 상정할지 여부를 논의하고 경우에 따라서는 해당 법안의 내용을 수정(mark up)하기도 한다. 많은 경우 법안은 하나의 상임위원회에 배정되지만 미국의 경우와 같이 나라에 따라 법안의 성격상 필요하면 둘 이상의 위원회에 배정되도록 허용하는 경우도 있다. 이 경우 각 위원회를 통과한 법안이 서로 차이를 보이면 해당 위원회들의 위원장들과 보좌관들이 모여서 차이점 조정을 위해 협상을 하게 된다.

상임위원회를 통과한 법안은 본회의에 상정된다. 법안의 최종 통과 여부는 본회의에서 표결을 통해 결정된다. 보통 과반수의 의원이 참석하여 출석 과반수의 지지를 얻으면 통과되게 된다. 대통령제 국가의 경우 본회의를 통과한 법안은 대통령의 비준을 통해 공식적인 법안이 되게 된다. 이때 대통령이 거부권(veto)을 행사하게 되면 다시 의회로 보내지게 된다. 대통령과 의회 사이의 견제와 균형을 살리는

---

12 미국의 경우 공직자를 탄핵하기 위해 기소하는 결정은 하원에 의해서 이루어지지만 실제로 탄핵할지 여부 판정은 상원에서 이루어진다. 이제까지 하원에 의해 탄핵 기소된 공직자들은 총 17명이 있고 이 중 상원에서 탄핵 판결을 받아 파면된 공직자는 7명이 있는데, 이들은 모두 연방 판사들이었다. 대통령 중에는 1868년의 잭슨(Andrew jackson)과 1998년의 클린턴 2명이 있지만 2명 모두 상원에서 탄핵안이 부결되었다. 1974년 닉슨(Richard Nixon)의 경우 워터게이트 사건으로 인해 실제로 탄핵될 위험에 처하자 사임하였다.

차원에서 재의 과정은 일반적인 법안 통과 과정보다 더 높은 지지를 요구한다. 보통 단순 과반수가 아닌 의원 3분의 2가 해당 법안을 지지하는 경우 대통령의 거부권은 무효가 되고 해당 법안은 발효되게 된다.[13]

양원제를 채택하고 있는 경우 법률안의 제정 과정은 보다 복잡해진다. 영국의 경우처럼 상원이 하원이 주도하는 입법안에 대해 충고와 수정을 하는 역할을 하는 경우는 양원제가 단원제에서의 법률제정 과정과 실질적으로 큰 차이를 보이지 않지만, 미국과 같이 상원과 하원이 동등하게 법률제정 과정에 참여하는 경우 하나의 법률안이 의회를 통과하기 위해서는 동일한 과정을 두 번 거쳐야 하기 때문이다. 동일한 법안이라도 하원과 상원을 통과하는 과정에서 서로 다른 수정안이 붙거나 관련 위원회에서 논의되는 과정에서 내용이 조정되면서 다른 내용을 포함하게 될 수 있다. 동일한 성격의 법안이지만 상원과 하원이 처음부터 동일하지 않은 내용의 법안을 갖고 논의를 시작하는 경우도 있다. 이러한 경우 이러한 차이를 조율하는 과정이 추가로 요구되게 된다. 예를 들어 미국에서는 상원과 하원을 통과한 법안이 서로 다른 내용을 담고 있는 경우 상원과 하원 대표들로 구성된 협의위원회(conference committee)가 구성되어 상원안과 하원안에 존재하는 차이를 조정하는 과정을 거친 후 조정된 법률안에 대해 상원과 하원이 다시 지지 여부를 결정하는 투표를 실시해야 한다.[14]

V. 의회 정치와 관련된 논점

의회는 신분이 세습되는 소수 특권층에 의해서 모든 문제가 결정되던 봉건 군주 정치제도를 끝내면서 고안된 대의제 민주주의 정치제도의 가장 중요한 기구로

---

13 미국의 경우 대통령에게 송부된 지 10일 이내 한국의 경우 15일 이내에 대통령은 거부권 행사 여부를 결정해야 한다. 대통령은 이러한 규정을 활용하여 의회 회기가 규정된 기일 이내에 끝나게 될 경우 실제로 법안을 거부하지 않고 있음으로 인해 법안이 발효되지 못하게 만들 수 있다. 이러한 방식으로 거부권을 행사하는 것을 pocket veto라고 부른다.

14 협의위원회(conference committee)에서는 하원과 상원이 각각 1표씩을 행사하여서 양측이 동의하는 경우에만 최종적인 결론이 이루어지게 되며, 이 최종안에 대해 상원과 하원은 수정 없이 찬반 결정만 내릴 수 있다. 미국정치연구회(2013) 제5장 참조.

서, 한 나라가 나아갈 방향을 결정하는 기능을 담당하는 정부기구이다. 하지만 의회가 원래 의도된 역할을 제대로 수행하는가 하는 점이나 바람직한 의회의 역할은 무엇인가 하는 점과 관련되어서는 계속 논쟁이 이루어져 왔다. 이는 의회와 다른 정부 기구들 간의 관계와 관련된 문제이기도 하고 의원들이 수행하는 바람직한 역할과 관련된 문제이기도 하다.

한국과 같은 대통령제 국가의 정치제도를 특징짓는 가장 대표적인 원칙은 삼권분립과 정부 부처 간의 견제와 균형이다. 의회는 행정부가 하는 일에 대해 승인하고 예산을 배정하고 감사(oversight)를 실시한다. 의회는 사법부와도 권한을 공유하고 있다. 대법원 판사의 임명에는 의회의 동의가 필요하며, 의회는 대통령을 비롯한 행정부 고위관료 및 판사들을 탄핵할 수 있다. 행정부 수장인 대통령은 의회가 승인한 법안에 대해 거부권을 행사할 수 있다. 대법원은 의회에서 통과된 법률이 헌법에 위배되는지 여부를 판단하여 효력을 상실하게 만들 수 있다.

대통령제 국가를 이끌어 가는 과정에서 견제와 균형이라는 원칙은 행정부와 의회 사이에서 보다 빈번하게 적용된다. 사법부의 경우 의회와 행정부에 의해 이루어진 결정이나 행위에 대해서만 판단을 내릴 수 있기 때문이다. 그런데 제도적으로 고안된 입법부와 행정부 간의 견제와 균형 관계는 정치적인 갈등 관계로 변질될 수 있다. 경쟁 관계에 있는 두 정당이 대통령을 수장으로 하는 행정부와 의회를 각각 장악하게 될 경우 행정부와 의회 사이에 설정된 견제와 균형은 두 정당의 정치적 이해관계에 대한 계산이 반영된 전략의 일환으로 이루어질 가능성이 있기 때문이다. 한 정당이 행정부와 입법부를 모두 통제하고 있는 여대야소 정부의 경우보다 두 정당이 행정부와 입법부를 나누어 통제하고 있는 여소야대 정부에서 법안이 마련되는 과정에서 교착상태(gridlock)가 보다 빈번하게 관찰되는 경향이 있다는 점은 행정부와 입법부 간에 순수한 견제와 균형보다는 정치적 고려가 반영된 견제와 균형이 이루어지고 있음을 보여주는 것이라고 할 수 있다.

대의제 민주주의 제도하에서 의원들의 바람직한 역할은 무엇인가 하는 점은 의회 정치의 본질적 성격과 관련된 쉽게 결론이 날 수 없는 논쟁이라고 할 수 있다. 의원들은 순수하게 지역구 의견을 대변하는 대리인(delegate)의 역할을 수행하여야 하는가 아니면 스스로의 판단에 기초하여 지역구의 범위를 넘어서는 공적 이해를 고려하는 가운데 지역구를 대표하는 수탁인(trustee)의 역할을 수행하여야 하는가 하는 논쟁은 보는 관점에 따라 입장이 달라질 수 있는 문제이기 때문이다. 지역구민 다수의 의견에 대한 신뢰 및 의원들이 자신과 정당의 정치적 이해관계를 고려할 가능성 등에 기초하여 판단할 경우 대리인의 기능을 충실하게 수행하는 가운데 의회에서 다수의 의원이 선호하는 방향으로 결정이 내려지는 것이 바람직하다고 할 수 있을 것이다. 하지만 지역구민들의 지역 이기주의(NIMBY)나 의원들이 개별 안건에 대해 보다 정확하게 다양한 요인들을 포괄적으로 고려할 능력을 갖춘 전문가라는 점을 고려할 경우 지역구민의 의견을 단순히 있는 그대로 반영하기보다는 의원들의 평가와 판단이 반영되는 결정을 내리는 것이 바람직하다고 할 수 있다.[15]

　　의회정치와 관련된 또 하나의 본질적 문제는 결정이 기본적으로 수에 기초하여 내려진다는 점이다. 이는 민주주의 사회에서 당연한 것이라고도 할 수 있지만, 단순히 수의 많고 적음에 따라 이루어지는 선택이 항상 나은 선택이라고 가정하는 것은 옳지 않을 수도 있다. 경우에 따라서는 소수의 의견이 더 현명하고 도덕적인 선택일 수도 있지만, 수의 논리에만 따르게 될 경우 이러한 선택을 놓치게 될 수도 있기 때문이다. 단순히 더 좋은 선택을 놓치게 될 가능성이 있는 것만이 아니라, 다수의 의견을 따르는 것이 자칫 소수의 권익을 무시하거나 침해하는 상황으로까지 이어질 가능성도 있다. 일반적으로 '다수의 횡포(tyranny of the majority)'라고 불리는 이러한 가능성에 대한 우려는 소수의 횡포가 이루어지던 중세 봉건 질서가 민주주의 제도와 의회정치로 전환되기 시작한 200여 년 전부터 제기되기 시작했다.[16] 의회의 의사 결정 과정에서 이러한 문제점을 피해가기 위해서는 무엇보다도 단순한 수의 논리로 모든 문제를 해결하려는 자세를 지양하고 토의를 통해 보다 이성적이고 합리적인 다수의 의견을 형성해 가려는 노력이 필요할 것이다.[17]

15 수탁인으로서의 의원의 역할을 강조한 최초의 문서로는 Burk(1774) 참조. 제퍼슨이 지도자로서의 덕목을 가지고 태어난 사람들을 선출할 필요성에 대해 고민한 것도 이와 관련되어 있다고 볼 수 있다. Jefferson(1977) 참조.
16 Rossiter(1961) no. 10; Tocqueville(1969) 참조.
17 이 점에 대해서는 이극찬(1999) 제7장 3절 참조.

VI. 맺음말: 한국의 의회

1. 한국 의회의 특징

1) 조직과 구성

한국에서 의회는 국회(National Assembly)로 불린다. 한국에서는 1948년 제정된 대한민국 최초의 헌법에서 민의원과 참의원으로 구성되는 양원제가 규정되었지만, 이 중 참의원의 구성은 제2공화국에 와서야 이루어졌다. 그 후 1961년 5·16 군사 정변부터 1963년 제3공화국이 들어서기까지 해산되었다가 제3공화국에 들어서 단원제로 다시 구성되어 현재까지 단원제 의회를 유지해 오고 있다.

국회의장은 제1당의 최다선 국회의원 중에서 선출되며 국회 본회의에서 무기명 투표로 최종 결정된다. 최다선 국회의원이 다른 공직선거에 출마한다거나 다른 직을 겸직하고 있을 때는 다음으로 선수(選數)가 높은 국회의원 중에서 선출한다. 대부분의 의회에서처럼 국회의장은 정당을 떠난 중립적인 입장에서 임무를 수행한다. 한국의 경우 국회의장 선출 후 탈당하여 무소속이 되어야 한다는 점이 규정화되어 있다는 점에서 보다 엄하게 적용된다고 할 수 있다.

하지만 국회의장과 관련된 이러한 규정은 장점만이 아니라 단점도 갖고 있다. 제1당의 정치지도자로서의 위치를 활용할 수 없게 한다는 점에서 의장의 국회 내 리더십 발휘를 오히려 약화시키는 요인으로 작용할 수도 있기 때문이다. 미국 하원의 경우 의장(Speaker)은 투표에 참여하지 않는 등 공적인 지도자로서의 입장을 유지하지만, 동시에 하원 제1당의 최고 지도자로서 소속 의원들에게 강력한 영향력을 행사하는 것과는 차이가 있다.[18]

---

18 이러한 점에서 미국 하원의 다수당 지도자(majority leader)는 실질적으로 다수당의 지도자 서열 두 번째에 해당하게 된다. 반면 소수당 지도자(minority leader)는 실질적으로 의회 소수당을 대표하는 사람이라고 할 수 있다.

2) 입법 과정

한국 의회의 입법 과정은 앞에서 설명한 일반적인 입법 과정과 동일하다. 미국이나 영국 등의 의회와 비교할 때 차이점은 휴가 기간을 제외하고 1년 내내 의정활동이 이루어지지 않고 정기회의와 임시회의로 나뉘어 정해진 기간 동안만 의정활동이 이루어진다는 점이다. 현행 헌법 제47조에 의하면 정기회의 회기는 100일을, 대통령 또는 국회 재적의원 4분의 1 이상의 요구에 의하여 열리는 임시회의 회기는 30일을 초과할 수 없다. 미국 하원의 경우 첫 1년을 제1회기(1st session) 다음 1년을 제2회기(2nd session)로 나누어 2년의 임기 전체 동안 필요할 경우 상시 본회의, 위원회 모임, 그리고 청문회 등을 개최하는 것과 차이가 있다.

법률안의 제안은 국무회의를 거쳐 정부에 의해 이루어지거나 국회의원 10인 이상의 동의를 거쳐 의원에 의해 이루어진다. 제안된 법률안은 국회의장에 의해 소관 상임위원회에 회부되고 그 심사를 거쳐 본회의에 보내지게 된다. 만약 위원회의 결정이 본회의에 보고된 날부터 폐회 또는 휴회 중의 기간을 제외한 7일 이내에 의원 30명 이상의 요구가 있지 않으면 해당 법률안은 폐기된다. 본회의에서 재적의원 과반수가 출석하여 출석 의원 과반수가 찬성하면 해당 법률안은 의회를 통과한 것으로 간주된다.[19]

국회를 통과한 법률안은 대통령에게 보내지며, 대통령은 15일 이내에 서명·공포할지를 결정해야 한다. 특별한 규정이 없는 한 공포한 날부터 20일이 경과되면 그 효력이 발생한다. 이송된 법률안에 이의가 있을 때에는 대통령은 이의서를 첨부하여 국회에 환부하여 재의를 요구할 수 있다. 재의 결과 재적의원 과반수가 출석하여 출석의원 3분의 2 이상이 찬성하면 해당 법률안은 법률로서 확정되고, 그렇지 못하면 폐기된다.[20]

---

[19] 헌법개정안의 경우는 국회 재적의원 3분의 2 이상의 찬성이 요구되며, 국회를 통과한 후 30일 이내에 국민투표에 부쳐야 한다.

[20] 미국과 마찬가지로 대통령은 법률안의 일부 내용에 대해서만 선별적 거부권(line-item veto)을 행사할 수는 없다.

3) 권한

　대한민국 국회는 다른 나라의 의회가 갖는 권한을 대부분 다 갖고 있다. 단원제이기 때문에 미국과 같은 양원제 국가에서 상원이 수행하는 대통령이 임명하는 고위 공직자 및 외국과의 조약을 승인할 권한도 국회가 행사한다. 이외에 국가의 재정과 관련하여 국가의 세입 및 세출, 조세의 종목과 세율, 정부 편성 예산안, 정부의 예비비, 정부가 모집하는 국채를 비롯하여 국가에 부담이 될 계약 체결을 검토하고 승인할 권한을 가진다. 이와 함께 국회는 정부 세입·세출과 관련하여 감사원이 제출하는 결산을 심사한다.

　우리와 같은 대통령제를 실시하고 있는 미국의 경우와 비교하여 차이가 관찰되는 점도 있다. 예를 들어 전쟁선포권은 의회의 권한인 미국과 달리 한국의 경우 대통령의 권한으로 헌법에 규정되어 있다. 삼권분립하에서의 의회의 역할을 고려한다면 외국과 전쟁을 수행할지 여부를 결정하는 것은 의회의 권한이 되는 것이 맞다고 할 수 있다. 대통령은 국군 통수권자로서 다른 행정 분야에서와 마찬가지로 그러한 결정이 내려진 후 전쟁을 승리로 이끌 권한과 책임이 있다고 할 수 있다. 하지만 한국의 경우 국회는 대통령이 내리는 선전포고와 국군해외파견에 대한 결정에 동의할 권한만을 가진다.[21]

2. 한국 의회의 문제점과 발전 방안

　앞에서 언급된 의회 정치 일반과 관련된 문제점들은 한국의 국회 및 의원들에 대해서도 적용된다고 할 수 있다. 이러한 점들에 더하여 한국 국회와 관련되어 특별히 관찰되는 문제점들은 의원들의 행태 및 의회의 제도적인 측면과 관련되어 생각해 볼 수 있다. 첫째, 한국의 국회의원들은 일반적으로 전문성에 대한 인식이 높지 않은 것으로 관찰된다. 이러한 점은 무엇보다도 전문성이 중요한 의미를 갖는

---

21 미국의 경우 대통령이 의회의 결정 없이 해외에 파병하는 경우 48시간 이내에 의회에 보고해야 하고 의회가 동의하지 않으면 60일 이내에 미군을 철수해야 한다(War Powers Resolution of 1973).

위원회 활동을 통해 관찰된다. 한국 국회의원들의 평균 위원회 활동은 1년 반 정도에 불과한 것으로 관찰되기 때문이다.[22] 이는 위원회를 중심으로 의정 활동이 이루어지고, 자신이 선택한 위원회에서 평생 동안 의정활동을 수행하는 경향이 있는 미국의 경우와는 대조된다.[23]

의원들이 한 위원회에 오래 머무르지 않는 것이 위원회 관할 분야와 관련된 이해를 추구하는 개인 및 단체와 의원들 사이에 부적절한 관계가 형성되는 것을 막아주는 역할을 할 수도 있다. 하지만 이러한 부적절한 관계의 형성을 막는 것은 본질적으로 관련 제도를 보완하는 것과 국민의 의식 개혁 및 의원 개개인의 양심을 통해 이루어져야 할 일이다. 의원들이 위원회를 빈번하게 옮기는 것은 특정 이익을 추구하는 개인 및 단체와 의원 사이의 부적절한 관계의 형성을 방지함으로써 얻는 것보다 의원들의 전문성을 떨어뜨려 적합한 투표 결정을 내리기 어렵게 만듦으로써 잃게 되는 것이 더 커지는 부작용을 가져올 가능성이 있다.

둘째, 한국 의원들의 경우 투표 결정에서 자율성이 높지 않은 것으로 간주되고 있다. 정당별로 투표 결정이 정확하게 나뉘는 현상이 지역구의 요구에 따르거나 의원들 스스로의 판단에 따른 것이 아니라고 보는 관점이 일반적인 것이다.[24] 이러한 투표 결정에서의 자율성이 낮은 현상은 의원들의 전문성에 대한 인식과도 관련되어 있다. 전문성을 중요하게 간주하지 않는 만큼 또는 실제로 전문성이 떨어지는 만큼 정당 지도부나 이익집단 등 외부로부터의 영향에 의해 투표 결정을 내리게 될 가능성은 높아질 수 있기 때문이다. 의원의 투표 결정에서 자율성의 부족은 정당 지도부가 강력한 영향력을 행사하는 한국의 정치 현실과도 관련될 수 있다. 특히 공천 과정에서 당 지도부가 강력하게 영향력을 행사하는 경우 의원들은 투표 결정 등에서 당 지도부의 입장을 심각하게 고려하지 않을 수 없게 된다.

---

22 신유섭(2001) 참조.
23 신유섭(2001) 참조.
24 정당별로 투표가 정확하게 나뉘는 현상이 반드시 부정적인 것이라고 보는 것은 적합하지 않다. 그러한 현상이 정당 지도부의 지나친 영향력을 반영한 것이 아니라 의원들의 스스로의 판단이나 지역구 의견을 대변하는 가운데 관찰되는 이상 크게 문제될 것이 없기 때문이다. 영국 하원에서 보수당과 노동당 의원 간에 투표 결정이 분명하게 나뉘는 경향이 있지만 그러한 결정이 지역구 의견을 대변하는 것이라는 점에서 정치의 후진성과 관련되어 비판받지 않는 점이 그 예이다.

셋째, 한국 국회의 보다 본질적인 문제는 의원들의 의정 활동이 그와 관련하여 일관된 설명이 가능한 정도로 제도화(institutionalization)되어 있지 않다는 점이다. 의원들의 의정 활동이 제도화되어 있는 정도는 관련 규범(norm)이 얼마나 정착되어 있는가에 의해 평가될 수 있다. 그럴수록 의원들의 의정활동을 일관되게 이해하고 설명할 수 있는 정도가 증가할 것이고 그렇지 않을수록 의정활동은 그때그때의 상황에 따라 즉흥적으로 이루어지는 성격이 강해지게 될 것이다. 이러한 측면에서 한국 국회의 제도화 정도는 아직 낮은 수준에 머물러 있다고 할 수 있다. 의장 선출에서 다수당 의원 중 선수(選數)가 고려되는 정도가 의회 내에서 이루어지는 의정활동에 적용되는 규범이라고 할 수 있을 뿐이다.

미국 하원의 경우에는 의원들의 행동을 통제하는 규범들이 정착되어 있고, 이를 통해서 의회 내에서 이루어지는 일들을 상당한 정도로 일관되게 이해하고 설명할 수 있다. 예들 들어 의원 상호간에 우호적인 관계를 유지하는 것이 중요하다는 것과 법안 작성과 관련된 주요한 작업은 관할권을 갖는 위원회 내에서 이루어져야 한다는 것,[25] 그리고 법안을 다루는데 있어서 서로 상대방이 전문성이 있고 주된 관심을 가지고 있는 분야에서 상대방의 입장을 존중해 주는 식으로 호혜적인 관계를 유지해야 한다는 것이나 동료 의원을 개인적으로 비판하지 않는다는 것, 그리고 의원들의 위원회 배정 과정이나 위원회 내에서 지도적 역할을 수행하는 의원을 정하는 데 있어서 선임자 우선제(seniority system)를 적용한다는 것 등이 규범으로 자리잡고 있다.[26] 이러한 규범들은 규칙(rule)으로 정해지기에는 적합하지 않은 것이라고 할 수 있다. 하지만 그러한 점에서 형성되기도 어렵지만 한번 형성되면 일시적인 판단에 의해 바뀌기도 어려운 것이고, 그로 인해 의원들의 의정 활동을 외부의 영향으로부터 자유로울 수 있게 해 주는 요인으로 작용할 수 있다.

넷째, 공천 과정에서의 정당 지도부의 지나친 영향력 행사는 한국 의회 정치에서 고질적인 문제점으로 지적되어 왔다. 이로 인한 문제점을 해결하기 위해서 한국

---

25 영국 의회의 경우 전통적으로 위원회보다는 본회의에서의 입법활동을 강조해 왔다. 진영재(2010) 제4장 참조.
26 이러한 규범들에 대한 설명은 Asher(1985); Sinclair(1989) 참조.

에서도 공천 과정을 민주화하려는 시도가 이루어져 왔다. 하지만 공천 과정의 민주화 역시 바람직한 결과만 가져오는 것은 아니다. 미국의 경우에서와 같이 공천 과정이 지나치게 민주화될 경우 의원 입장에서 자신의 정치적 성공은 스스로의 노력에 의해 이루어지는 성격이 강해질 것이고,[27] 그런 만큼 정당의 규율이 약해지고 의원들의 자율적인 투표 경향이 지나치게 강해지는 부작용이 있을 수도 있기 때문이다. 공적인 이해관계를 고려하면서 국민의 의사를 집약하여 표출하는 기능을 하는 정당의 순기능적인 측면을 고려하는 경우, 의원이 단순히 지역구 의견만을 반영하는 것이 아니라 소속 정당이 공동으로 추구하는 정책과 이념도 고려하여 투표하는 것이 바람직하다고 할 수 있고, 따라서 의원들이 정당 노선으로부터 지나칠 정도로 자유롭게 투표하는 것은 바람직하지 않은 현상일 수도 있다.

---

27 Cain et al.(1987) 참조.

질문 및 토론 사항

1. 양원제는 어떤 이유로 도입되게 되었는가?

2. 양원제에서 상원의 역할과 구성은 어떤 특징을 갖고 있는가?

3. 의원내각제와 대통령제에서 의회의 권한에는 어떤 차이가 있는가?

4. 의원들은 대리인과 수탁인의 역할 중 어떤 역할을 수행해야 하는가?

5. 한국의 의회는 어느 정도 제도화되어 있다고 평가할 수 있는가?

08

정당정치의 과거와 현재, 미래

Ⅰ. 머리말

　현대 사회에서 정치에 대한 부정적이고 회의적인 시각이 적지 않으며, 특히 정당정치에 대해서는 더욱 그러하다. 우리 사회 역시 여기서 크게 벗어나지 않는다. 정치하면 떠오르는 것이 무엇인가라는 질문에 많은 이들이 당리당략, 기득권, 싸움, 부정부패 등이라고 답할 것이며, 정치에 대한 이러한 부정적 인상은 사실 정당정치로부터 기인하는 바가 크다. 중앙선거관리위원회에 따르면 2013년을 기준으로 우리나라 정당의 당원은 520여 만 명으로 인구수 대비 10.1%, 선거인수 대비 12.6%에 불과하며, 이마저도 공식적인 통계에 불과할 뿐 실질적으로 활동하는 당원은 이에 훨씬 미치지 못한다.

　그렇다면 대부분 부정적인 측면밖에 떠오르지 않는 정당은 필요한 것일까? 정당이 민주주의에 필수불가결하다는 일부 학자들의 주장은 현실을 도외시한 이상적인 주장에 불과한 것은 아닐까? 우리가 알고 있는 정당이 정당의 본질적인 모습일까? 민주주의의 전통이 강한 서구의 정당은 우리 정당과 어떻게 다를까? 정당개혁이 필요하다는 목소리가 지속적으로 도처에서 흘러나오는데 정당개혁의 목표와 내용은 어떤 것이어야 할까?

여기에서는 정당정치와 관련하여 제기되는 이와 같은 다양한 질문에 대한 답을 찾아본다. 물론 여기에서 질문에 대한 답변이 곧바로 주어지는 경우도 있겠지만, 어떤 질문들은 스스로 답을 찾으려 노력해야만 하는 경우도 있다. 본 장은 다음과 같이 구성된다. 먼저 정당이 무엇인지, 그리고 정당이 대의제 민주주의에서 어떤 의미를 갖는지에 대한 질문에서 출발한다. 다음으로 근대적 의미의 정당이 어떤 과정을 통해 형성되었으며, 사회적 환경의 변화에 따라 어떻게 변화·발전했는지에 대해 살펴본다. 이어서, 정당이 어떻게 조직되고 운영되는지를 검토해 보고, 정당체제를 왜 이해해야 하는지, 서구 유럽과 우리의 정당체제는 어떻게 구조화되어 있는지 살펴본다. 마지막으로 정당정치와 미래와 관련한 간단한 첨언으로 마무리한다.

Ⅱ. 정당의 개념과 의미

1. 정당이란 무엇인가?

정당하면 우리는 먼저 새누리당이나 한나라당 혹은 새정치민주연합이나 민주당 등을 떠올린다. 혹은 외국의 정당으로 미국의 민주당이나 공화당, 영국의 보수당이나 노동당, 독일의 기독교 민주연합이나 사회민주당 등을 떠올릴 수도 있다. 대부분의 정당이 ○○당으로 칭해지는 것으로 미루어 정당은 그 이름에 '당'이라는 용어를 포함하는 것이라고 생각할 수 있지만, ○○연합 등도 정당이라고 칭하고 있어 이름만으로 정당인가 아닌가를 구분하기는 어렵다.

그렇다면 정당과 정당이 아닌 것을 무엇을 기준으로 구분할 수 있을까? 많은 학자들은 정당이 가지는 본질적인 혹은 겉으로 드러난 외양적인 특징을 중심으로 정당을 정의한다. 예컨대 버크(Edmund Burke)는 정당을 '어떤 특정한 주의에 동의하는 사람들이 공동의 노력을 통해 국가 이익을 증진시킬 목적으로 그 주의에 따라 결합한 조직체'로, 벤틀리(A. F. Bentley)와 트루먼(David B. Truman)은 '특수한 이익을 추구하는 집단'으로 정의하고 있다. 국가 이익이냐 특수 이익이냐에 차이가 있지만, 이들의 논의에 따르면 정당은 이익을 추구하는 조직체 혹은 집단이다. 이들의 정의, 특히 후자에 따르면 '경실련'이나 '참여연대' 혹은 '녹색연합' 등을 정당으로 구분할 수 있지 않을까?

이와 달리 하고피언(Mark N. Hagopian)은 정당을 "직접적으로 권력을 행사하거나 선거에 참여함으로써 어떤 이념의 실현 또는 이익추구에 유리하도록 공공정책의 내용과 집행에 영향을 미치고자 형성된 결사체"로 규정한다. 또한 라스웰(Harold D. Lasswell)은 '포괄적으로 문제를 만들어내는 동시에 선거에서 후보자를 내세우는 집단'으로, 사르토리(Giovanni Sartori)는 '선거에 후보자를 내세우고 선거를 통하여 후보자를 앉힐 수 있는 모든 정치집단'으로 최소한으로 정당을 정의한다. 선거에 후보자를 내세우는 정치집단이라는 이들의 개념정의에 기초하면 우리가 일상적으로 경험하는 단체나 조직이 정당인가 아닌가를 판단하는데 별반 어려움이 없다. 예컨대 '경실련'이나 '참여연대' 혹은 '녹색연합' 등과 같은 단체가 선거에 후보자를 내세우지 않는 한 이들 단체는 분명 정당이 아니기 때문이다.

그러나 여기에도 문제는 있다. 예컨대 일제 치하의 독립운동 단체인 조선독립당이나 조선민족혁명당, 혹은 해방 직후 활동했던 남조선노동당 등은 정당일까? 아닐까? 선거에 후보자를 내세운다는 것을 기준으로 한다면 이들 단체는 분명 정당이 아니다. 그러나 그들 스스로 정당을 표방하지 않았는가? 그렇다면 조선시대 동인, 서인이나 남인, 북인, 노론, 소론 등은 어떠한가? 조선시대 당파 역시 정당이라고 볼 수 있지는 않을까? 사회주의나 공산주의 체제의 정당은 정당일까? 답하기가 쉽지만은 않다.

문제는 결국 정당을 어떻게 정의하느냐이다. 그러나 모두가 동의하고 만족할 수 있도록 정당의 개념을 정의하기는 쉽지 않다. 이에 따라 많은 학자들은 정당의 개념을 정의하기보다 정당의 중요한 특성을 열거하는 것으로 개념정의를 대신하기도 한다. 물론 학자들에 따라 언급되는 특성은 다소 차이가 있지만, 일반적으로 다음과 같은 세 가지 특성을 언급한다. 즉 정당은 첫째, 일정 수준의 체계성과 안정성을 갖는, 즉 조직화된 집단이며, 둘째, 공통의 정치적 이해와 세계관 혹은 이념 등을 가지며, 셋째, 정치권력의 획득을 목표로 한다는 것이다. 물론 그렇다고 이것이 조직화되지 않은 정당이나 공통된 이념이나 이해관계가 없는 정당, 그리고 정치권력의 획득이 아니라 정치적 영향력의 행사를 목표로 하는 정당의 존재를 부인하는 것은 아니다.

한편 우리나라 현행 정당법에서는 정당을 '국민의 이익을 위하여 책임 있는 정치적 주장이나 정책을 추진하고 공직선거의 후보자를 추천 또는 지지함으로써 국민의 정치적 의사형성에 참여함을 목적으로 하는 국민의 자발적 조직'(정당법 제2조)으로 개념규정하고 있다는 점도 참고해 둘 필요가 있다.

2. 정당과 대의제 민주주의

정당이 대의제 민주주의에서 필수불가결하다는 점은 수많은 학자들이 강조해 왔다. 이미 오래 전에 프리세(Friese 1856)는 민주주의의 핵심적인 제도적 장치가 정당이라고 이야기 한 바 있으며, 고전적 민주주의 이론가로 유명한 버크(Burke 1861) 역시 '조직된 정당 활동만이 효과적'이라고 설파했다. 뿐만 아니라 켈젠(Kelsen 1929)은 "민주주의가 정당 없이 가능하다는 주장은 환상이거나 위선이다"라고 했으며, 샤츠슈나이더(Schattschneider 1942)도 "민주주의를 만드는 것은 정당이며, 정당을 빼놓은 현대 민주주의는 생각할 수 없다"고 강조한다. 한국 민주주의의 민주화를 논하면서 "좋은 정당, 좋은 정당체제 없이 민주주의는 없다"는 최장집 등(2013)의 주장 역시 마찬가지이다.

이들과 같은 많은 학자들의 주장처럼 정말 정당은 대의제 민주주의에 필수불가결한 것일까? 오히려 이는 잘못되거나 낡은 주장에 불과한 것은 아닐까? 정당에 대한 불신과 불만이 가득한 현실을 고려할 때 이러한 의문은 당연할 수 있다. 그러나 대의제 민주주의가 정당과 역사를 함께 해 왔다는 사실 역시 부인하기는 어렵다. 정당이 있는 비민주주의 국가는 있어도 정당이 없는 민주주의 국가는 없는 것이 오늘날의 현실이다. 특히 민주주의가 공고화된 서구 유럽국가 가운데 정당이 없는 국가가 없다는 것은 명백하다. 대한민국은 민주공화국이고, 주권은 국민에게 있으며, 모든 권력은 국민으로부터 나온다는 우리나라 역시 헌법 제8조에서 정당 설립의 자유, 정당 조직의 자유, 정당 활동의 자유 등을 포괄하는 정당의 자유를 보장하여 정당이 우리나라 민주주의의 주요 근간임을 분명히 하고 있다.

이처럼 대의제 민주주의에서 정당이 필수적인 이유는 무엇일까? 우리나라 헌법 제8조 제2항과 정당법 제2조는 국민의 정치적 의사 형성이라는 정당의 역할을 강조하고 있다. 대의제 민주주의에서 '공공선'은 주어져 있는 것이 아니라, 경쟁적인 선거를 통해 만들어진다. 그러나 고대 그리스의 직접민주주의와 달리 대의제 민주주의에서 시민으로서 개개인은 자신의 정치적 의사를 개별적으로 관철시키기 어렵다. 이에 따라 대의제 민주주의에서 정당은 시민 개개인의 정치적 의사를 집약하고, 대표한다. 즉 다운스(Downs)의 지적처럼 권력을 장악하기 위해 선거에 후보자를 내세우는 정당은 경쟁적인 선거에서 승리하기 위해 국민 개개인이나 집단의 이익을 집약하여 정책, 즉 공약을 내세우고 국민의 선택을 받는다. 또한 선거 이후 정당은 선거에서 선출된 대표자를 통해 대의제 민주주의의 핵심 기제인 의회활동을 구조화하고, 정부를 조직하여 선거에서 만들어진 '공공선'을 실현한다. 이처럼 대의제 민주주의에서 정당은 "사회와 정부를 연결하는 핵심적 매개 구조"(Sartori 1976)로 기능한다.

결국 국민이 대표자를 통해 권력을 행사한다는 대의제 민주주의의 이념은 정당을 통해 실현된다고 할 수 있다. 고대 그리스에서는 모든 시민의 직접적 참여를 통해, 그리고 중세에는 신이나 절대 권력을 통해 정치적 지배의 정당성이 확보되었다면, 오늘날 대의제 민주주의의 정당성은 정당을 통해 확보된다. 즉 대의제 민주주의가 정당성을 가질 수 있는 것은 정당을 통한 정치적 의사형성이라는 정치적 과정과 절차 때문이다. 이러한 의미에서 대의제 민주주의는 정당민주주의나 정당국가 등으로 칭해지기도 한다. 선거를 통해 단순히 대표자를 선출하는 것이 아니라, 서로 다른 정치적 노선과 정책을 두고 경쟁하는 정당 가운데 하나를 선택한다는 의미에서 바로 '정당'민주주의라는 것이다.

물론 대의제 민주주의에 정당이 항상 긍정적인 것만은 아니었다. 역사적으로 정당은 정치적 의사 형성의 기반이기도 했지만, 다른 한편으로는 '기성 정치엘리트의 사원 동원 수단'이나 '권력투쟁의 수단'이기도 했다. 정당은 때로는 사저이익만을 추구하고, 국가를 분열시켰으며, 이 때문에 민주주의에 매우 부정적인 것으로 인식되기도 했다. 또한 민주주의 이론에서 이야기하는 것과 달리 현실의 유권자들은 정당이 내세우는 정책을 잘 알지도 못한다. 선거는 엘리트 지배의 또 다른 변형일 뿐이며, 정당민주주의는 '활동가와 정당관료의 통치'라는 마넹(B. Manin)의 주장이 더욱 현실적 적실성을 갖는 부분도 있다. 게다가 과거와 달리 오늘날에는 민주주의의 정치적 정당성이 전적으로 정당에 의존하고 있지만은 않다. 예컨대 현대 사회의 사회적 분화에 상응하여 특정 집단의 이익을 대표하고, 정치적 의사결정과정에 영향력을 행사하는 이익단체나 시민단체의 역할이 날로 증대하고 있다. 뿐만 아니라 대중매체는 의제설정과정이나 이익의 표출과정 등 전통적으로 정당이 수행했던 역할을 대체하고 있다. 비록 이익단체나 대중매체가 정당과 본질적으로 상이하다고 하지만, 현대 사회에서 정당의 역할과 기능은 이들에 의해 크게 위협받고 있는 것도 틀림없는 사실이다.

III. 근대 정당의 형성과 발전

1. 근대 정당의 형성

영어에서 정당(party)이라는 용어는 '부분(pars)'을 나타내는 라틴어에서 유래했다. 전체가 아닌 부분, 즉 특정 이익을 정치적으로 내세우는 집단이라는 의미에서 정당은 대의제 민주주의 이전부터 존재했다. 고대 로마에서는 파트리키언(patricians)이 귀족을, 플레비언(plebeians)이 부유한 상인과 중산층을 정치적으로 대표한 바 있다. 또한 비잔틴 제국에서는 전차경주에서 유래한 청색당(blue)과 녹색당(green)이 각각 귀족과 대지주, 그리고 상인과 중간 계층을 동원하여 그들의 정치적 영향력을 행사한 바 있다. 우리에게도 사색당파라고 불리는 정치집단이 정치적으로 강력한 영향력을 발휘했던 시기가 있었다. 서로 상이한 이해를 갖는 개개인이 자신의 이익을 관철하기 위해 개인적 유대관계 등을 통해 집단을 형성하는 것은 시대와 장소에 관계없이 공통된 현상이었다.

파벌(faction)이나 도당 등으로 칭해지는 이러한 근대 이전의 정치집단은 일반적으로 근대적 의미의 정당과는 구분된다. 대의제 민주주의와 밀접한 관계를 맺는 오늘날의 정당은 근대의 산물이다. 이러한 의미에서 듀베르제(Duverger 1967)는 "1850년에는 세계 어느 나라도 근대적 의미의 정당을 알지 못했다"고 지적한다. 보다 구체적으로 근대적 의미를 갖는 정당은 역사적으로 19세기 초 영국을 비롯한 프랑스, 미국 등 서구 유럽에서 등장했다. 일반적으로 17세기 후반 찰스(Charles) 2세의 복귀를 둘러싼 대립과정에서 형성된 영국의 휘그당과 토리당을 근대 정당의 기원으로 이해한다. 당시 토리당은 토지에 기초한 전통적 지배계층의 이해를 대변하면서 가톨릭을 지지하며 왕권강화를 꾀한 반면, 휘그는 새롭게 등장하는 신흥 상공인의 입장에서 종교의 자유와 자유무역, 그리고 왕권제한과 의회주권의 강화를 주창하였다. 그러나 초기 토리와 휘그는 정치적 입장이나 이해관계를 같이하거나 혹은 지역적 연고에 따라 의원들이 느슨한 형태로 결합한 의회 내 의원집단에 불과했다. 그러나 산업혁명을 경과하면서 보다 광범위한 사회계층의 정치참여 요구는 상황의 급변을 가져왔다. 즉 점증하는 참여요구에 직면한 지배층은 의회를 통한 수차례의 선거법 개정을 통해 이를 수용해 나갔다. 이러한 선거법의 개정, 즉 보통선거제의 확대는 의원들이 광범위한 유권자를 동원하려는 조직적 필요성을 증대시켰으며, 이것이 영국 근대 정당의 출발점이 된 것이다.

영국의 사례에서 살펴볼 수 있는 것처럼 서구 유럽에서 정당의 태동은 1차적으로 의회제도의 확립과 이를 기반으로 한 의원집단의 형성, 그리고 이어지는 선거권의 확대 등을 배경으로 한다. 서구 유럽의 정당형성과정을 분석한 듀베르제(Duverger 1967)는 의회 내 의원집단이 선거권의 확대와 함께 유권자들을 조직하면서 만들어진 이러한 정당을 '내부 창조형 정당(internally created parties)'으로 유형화한다. 듀베르제에 따르면 내부 창조형 정당과 달리 '외부 창조형 정당(externally created parties)'은 노동조합이나 농민단체, 교회 및 종파, 상공인 단체 등이 의회의 지배집단에 도전하기 위해 중앙정당조직과 지방선거위원회를 조직하여 선거에 후보자를 내세우고, 이후 원내 집단을 구성하는 방식으로 정당이 형성되었다. 19세기 밀 이전에 등장한 영국의 보수당이나 미국의 공화당이 '내부 창조형 정당'의 대표적 사례라면, 19세기 후반에서 20세기 초반에 새롭게 등장한 사회민주당이나 공산당, 그리고 기독교 정당 등이 '외부 창조형 정당(externally created parties)'의 대표적 사례라 할 수 있다.

물론 모든 학자들이 근대 정당의 형성을 의회제와 보통선거제와 같은 정치제도를 중심으로 설명하는 것에 동의하는 것은 아니다. 특히 의회제와 보통선거제를 중심으로 서구 유럽 이외 국가에서 정당이 어떻게 형성되었는지 설명하기는 더욱 어렵다. 이러한 관점에서 라파롬바라와 웨이너(LaPalombara and Weiner, 1966)는 정치체제가 전통적인 형태에서 발전해 나가면서 정통성의 위기(legitimacy crisis), 참여의 위기(participation crisis), 통합의 위기(integration crisis) 등과 같은 위기를 겪게 되는데, 바로 이러한 역사적 위기가 정당이 출현하는 상황을 제공하고 정당의 발전경로를 결정하는데 중요한 영향을 주었다고 주장한다. 비록 서구 유럽에 한정되지만 립셋과 로칸(Lipset and Rokkan)도 사회적 균열구조(cleavage structure)로 정당의 형성과정을 설명하기도 한다. 즉 서구 유럽에는 중앙과 주변, 국가와 교회, 농업과 산업, 그리고 자본과 노동 등 네 가지 사회적 균열이 있었으며, 정당은 이러한 사회적 균열이 정치적으로 동원되는 과정에서 형성되었다는 것이다.

2. 산업사회 발전과 정당의 변화

오늘날 지구상에는 헤아릴 수 없는 많은 정당이 존재한다. 또한 역사적으로 셀 수 없는 정당이 생성·소멸해 왔다. 따라서 특정 개별 정당을 중심으로 정당의 역사적 변화를 살펴보기는 어렵다. 이 때문에 많은 학자들은 근대 이후 서구 유럽의 정당을 특성에 따라 유형화하고 정당의 역사적 변화를 설명하였다. 듀베르제(Duverge)의 간부정당(cadre party)과 대중정당(mass party), 키르히하이머(Kirchheimer, 1966)의 포괄정당(catch-all party), 그리고 자신들의 카르텔정당(cartel party) 등으로 정당의 유형 변화를 설명한 카츠와 메이어(Katz and Mair 1995)가 대표적이다.

19세기 근대 정당의 형성 초기 단계에 가장 지배적인 정당조직 형태가 간부정당이다. 간부정당은 문자 그대로 간부 중심의 정당으로, 간부는 소수의 귀족이나 명망가 같은 엘리트를 지칭한다. 간부정당은 보통선거제가 도입되기 이전, 즉 선거권이 없는 일반 대중은 정치적 의미가 없었던 시기의 정당유형이다. 이러한 간부정당은 원내 활동을 상호 협력하던 의원들의 사적 모임에서 출발해, 정당 형태로 발전하였다. 따라서 간부정당은 정당의 규율과 중앙집권화의 정도가 매우 약하고, 대신 의원 개개인의 독립성과 자율성이 매우 강하다는 특성을 보인다.

19세기 말에서 20세기 초까지 지배적인 정당유형인 대중정당은 사회경제적으로 동질적 성격을 갖는 대규모 대중적 당원 중심의 정당이다. 보통선거권이 확립되면서 당원의 수가 곧 선거에서 중요한 의미를 갖게 되었고, 이에 따라 대규모 당원을 동원할 수 있는 정당이 정치적으로 성공할 수 있었기 때문이다. 즉 대중정당은 당원이 납부하는 당비와 당원의 선거운동에 크게 의존하였다. 이에 따라 대중정당은 특정 정당의 당원들이 공통의 사회경제적 배경을 갖기 때문에 정당이 사회조직과 연계되고, 이념적 성격도 강했다. 또한 대중정당은 지부조직(branch)을 기반으로 관료적이며 계서적인(hierarchical), 즉 체계화된 조직과 엄격한 규율에 의해 통제되었다.

포괄정당은 2차 대전 이후 정당유형이다. 산업사회의 변화로 일반 대중들의 이질성이 커지고 정당에 대한 충성심이 약화되면서 등장한 정당유형이다. 이제 정당이 선거에서 승리하기 위해서는 개별화된 유권자가 중요해졌다. 이에 따라 포괄정당은 대중정당처럼 특정한 이데올로기나 특정 계급 또는 사회집단의 이익을 강조하는 것이 아니라, 광범위한 계급과 계층에 지지를 호소하고, 대단히 모호하고 일반적인 선거공약을 제시한다. 조직적으로도 포괄정당은 당원이나 정당 지지자로부터 상대적으로 자율성을 갖는 강력한 정당지도부를 중심으로 한다.

캐츠와 메이어는 1970년대 이후 정당을 카르텔 정당으로 유형화한다. 이들에 따르면 현대 정당은 선거운동에 소요되는 높은 비용문제에 직면하여 국가자원인 국고보조금에 크게 의존함과 동시에 신생정당은 배분과정에서 제외시킴으로써 자신의 기득권을 유지하려는 정치적 담합을 꾀하는 카르텔 현상을 보이고 있다는 것이다. 한편 파네비앙코(Panebianco 1988)는 2차 대진 이후 정당을 '선거전문가정당(electoral-professional party)'으로 유형화한다. 그는 매스미디어가 발전하고, 이에 따라 미디어 중심으로 선거운동방식이 변화하면서 정당관료가 아닌 전문가의 정당 내 역할 증대에 주목한다.

IV. 정당의 조직과 운영

1. 현대 정당의 조직구조

정당이 다양한 만큼 정당의 조직구조도 다양할 수밖에 없다. 따라서 정당의 조직구조 역시 기본적으로 유형화를 통해 이해할 수 있다. 듀베르제는 정당의 기본조직을 '간부조직(caucus)', '지부조직(branch)', '세포조직(cell)', '전투대 조직(militia)'으로 구분한다. 간부조직은 간부정당의 조직 형태로 소수의 정치엘리트로 구성되며, 지부조직은 당원 중심인 대중정당의 기초조직이다. 세포조직 역시 당원이 중심이지만 당원의 수보다 질이 중요한 공산당과 같은 정당의 전형적인 기초조직이며, 전투대 조직은 사적 수준의 군대와 유사한 기초조직 형태로 파시스트 정당의 기초 조직 형태이다. 듀베르제에 따르면 지부조직을 기반으로 한 사회당의 조직구조가 가장 우월한 형태의 조직구조이며, 이에 따라 현대 정당에서 가장 지배적인 조직구조이다.

실제 세계 각국의 많은 정당은 지부조직을 기반으로 하고 있다. 우리나라의 많은 정당들도 마찬가지이다. 지부조직은 정당의 지역단위 최하위 조직으로 당원이 가입하고 실제로 활동하는 조직이다. 우리나라의 지구당 혹은 정당의 구·시·군 단위 조직이 이에 해당한다. 지부조직은 우리나라 시·도당처럼 여러 지부조직을 포괄하는 상위의 광역단위로, 다시 광역단위의 조직은 전국 단위의 중앙당으로 조직된다. 통상 지부조직의 당원들이 선출한 대의원들이 광역단위의 대의원 대회를, 그리고 광역단위 대의원 대회에서 선출한 대의원들이 전당대회를 구성하며, 일반적으로 전당대회가 정당의 최고의결기구이다.

정당은 일반적으로 위와 같은 지역적인 수직적 조직구조와 함께 기능적 분화를 위한 수평적 조직구조를 갖추고 있다. 즉 각 단위 조직마다 특정한 업무와 역할을 수행하기 위한 조직을 두고 있다. 예컨대 지부조직은 청년위원회나 여성위원회 등과 같은 각종 위원회, 그리고 지부조직을 대표하는 위원장을 포함한 지부조직의 지도부 등을 두고 있으며, 광역단위의 조직이나 중앙당도 마찬가지이다. 정당은 기본적으로 자율성을 갖는 조직이기 때문에 정당의 기능적 조직 분화는 정당마다 상이하다. 그럼에도 정당의 규모가 클수록 당의 기능적 조직 역시 방대하고 세분화되어 있으며, 특히 중앙당이 그러하다. 결국 정당의 규모에 따라 다르겠지만, 중앙당의 경우 먼저 여성이나 청년, 혹은 장애인 등 특정 집단과 관련한 업무를 위한 위원회, 재정, 윤리 등과 같은 정당의 조직·운영 업무와 관련한 위원회, 그리고 특정 정책 분야를 위한 위원회 등 각종 위원회가 설치되어 있다. 또한 중앙당은 의사결정기구로 전당대회와 함께 전당대회가 위임한 사안을 의결할 수 있는 중앙위원회나 전국위원회 같은 조직을 두고 있다. 중앙당에서 특히 중요한 의미를 갖는 조직은 정당지도부이다. 당의 대표자는 정당이 1인 지도체제를 갖추고 있느냐 혹은 집단지도체제를 갖추고 있느냐에 따라 차이가 있다. 당의 대표자와 함께 정당의 당무를 집행하는 사무총장 역시 정당의 중요한 정당지도부 구성원 가운데 하나이다. 지부조직이 당원과 유권자와 직접 접촉하는 정당조직이라면(party on the ground), 정당지도부는 정당업무수행을 위한 핵심조직이다(party central office). 한편 국가와 사회를 매개하는 기능을 수행하는 정당은 소속 정당의 의원들로 구성된 의원총회와 이를 대표하는 원내총무 혹은 원내대표와 같은 조직(party in public office)을 구성하고 있다.

과거 우리나라 주요 정당의 경우 조직은 체계적으로 구성되어 있고 방대했다. 그러나 실질적으로는 지부조직이나 광역조직의 역할은 매우 미미한 반면, 과도하게 비대한 중앙당을 중심으로 정당이 운영되었다. 특히 제5공화국까지는 당 총재 1인에 의해 정당이 좌지우지되는 경향을 보여 왔다. 이에 따라 1987년 민주화 이후 정당조직의 문제를 해결하기 위한 다양한 정당개혁이 수행되었지만, 여전히 남아 있는 문제도 적지 않다.

정당의 조직과 운영은 일반적으로 당규로 명문화되며, 민주주의 국가에서는 이를 공개하도록 하고 있다. 당규와 함께 정당에서 규범적 의미를 갖는 것이 강령이다. 정당의 정치적 목표를 명문화한 것이 강령인데, 강령은 통상 기본강령과 선거공약으로 칭해지는 행동강령으로 구분할 수 있다. 기본강령이 정당의 장기적인 정치적 목표를 제시하는 것이라면, 행동강령은 단기적인 정책적 방향을 정리한 것이다. 정당의 강령은 개별 당원과 당내 각 분파 그룹을 통합하고자 하는 정당 내적 기능과 함께 가능한 많은 유권자의 지지를 이끌어 내고자 하는 외적 기능을 수행한다. 통상 기본강령이 내적 기능에 충실하고, 선거공약인 행동강령은 외적 기능 수행에 보다 집중된다.

2. 정당과 당내 민주주의

당내 민주주의는 민주적 원칙에 입각해 정당의 의사결정과 운영이 이루어지는 것을 의미한다. 원론적인 의미에서 보면 정당은 자율적인 조직이기 때문에 정당의 당내 민주주의 문제는 대의제 민주주의와 별개의 문제이다. 즉 대의제 민주주의는 정당의 자유로운 경쟁이 핵심이지, 정당의 내부 문제는 이와 다소 거리가 있다. 그럼에도 국가와 사회의 매개자의 기능을 수행한다는 점에서 정당의 당내 민주주의는 매우 중요한 의미를 갖는다. 이러한 의미에서 독일의 경우처럼 우리의 헌법에 해당하는 기본법에 정당의 기본 의무로 당내 민주주의를 명문화하고 있는 국가도 있다. 또한 민주주의 국가의 정당들은 모두가 당내 민주주의의 원칙을 받아들이고 있다.

그럼에도 당내 민주주의가 어떠한 형식으로 이루어져야 하는지에 대해서는 일반적인 원칙이 명확하지 않다. 미국을 포함한 서구 유럽 민주주의 국가의 당내 민주주의는 당원 중심 모델과 유권자 중심 모델 등 두 가지 형태로 구분할 수 있다.

먼저 정당정치가 발전한 독일을 포함한 서구 유럽 국가 정당의 경우 당원 중심의 당내 민주주의가 발전해 있다. 당원 중심 모델에서는 정당의 의사결정이 당원에서 출발한다. 즉 당원이 활동하는 지부조직에서 당원들이 대의원을 선출하고, 이들 대의원이 모인 광역단위 대의원대회에서 전국대의원을 선출하며, 전국대의원이 모인 전당대회 혹은 전국대의원대회가 정당의 최고의사결정기구가 되어 정당의 공직자 후보 선출이나 정당의 정치적 의사를 결정하는 방식이다. 물론 전당대회가 자주 개최되는 것은 아니고, 전당대회의 의사결정도 형식적인 의례인 경우가 빈번해 당원, 보다 정확히 대의원 중심의 당내 민주주의에 한계가 있다는 지적도 적지 않다. 이에 따라 최근에는 당대표와 같은 당직자 선출이나 공직후보추천에 전 당원투표제도가 도입하는 정당들도 생기고 있으며, 일부 정당들은 당원에게만 주어졌던 권한 일부를 당원이 아닌 일반 유권자들에게 부여하여 당원 중심 모델에 유권자 중심 모델을 접목하는 경우도 나타나기 시작했다.

이와 달리 정당이 상대적으로 덜 발전한 미국과 같은 경우 유권자 중심의 정당 민주주의가 자리를 잡아 왔다. 유권자 중심 모델에서는 당원이나 대의원이 아니라 유권자가 의사결정의 중심이며, 당내 민주주의는 주로 공직후보자 선출과정과 관련되어 있다. 소위 완전국민경선제 혹은 국민참여경선제 등으로 알려진 예비선거(open primary)가 바로 그것으로 정당의 공직후보추천을 위한 선거에 당원 여부와 관계없이 유권자 누구나가 참여하는 방식이다. 당원이 아닌 일반 유권자가 정당의 공직후보추천에 관여하는 것이 타당한가에 대한 지적이 있지만, 이것이 의사결정과정의 민주성을 부인하는 것은 아니다. 물론 유권자 중심 모델은 선거비용의 증대를 가져오고, 이에 따라 정치인들이 많은 정치자금을 후원하는 후원자에게 상대적으로 더 의존할 수밖에 없다는 문제가 있다.

물론 현실적으로 당원 중심이든 유권자 중심이든 당내 민주주의가 모든 정당에서, 그리고 철저하게 관철되고 있지는 않다. 과거 우리의 주요 정당들도 당내 민주주의와 거리가 멀었으며, 여전히 그렇지 못한 부분도 많다. 게다가 미헬스(Michels)는 "조직의 발전은 필연적으로 과두제를 초래한다"는 '과두제의 철칙(iron law of oligarchy)'을 언급하면서 조직으로서 정당과 민주주의는 양립이 불가능하다고 강조한 바 있다.

실제로 당내 민주주의의 핵심으로 여겨지는 정당의 공직후보 선출과정은 정당마다 상이하다. 정당의 공직후보 선출권이 당수 1인에게 주어져 있는 경우도 있고, 소수로 구성된 공천심사위원회와 같은 비선출직 당 기구에 위임되어 있는 경우도 있으며, 대의원이 모인 전당대회나 전 당원의 투표를 통해 공직후보를 선출하는 정당도 있으며, 모든 유권자에게 공직후보 선출권이 개방된 정당도 있다. 또한 분권화의 정도도 첫째, 후보추천을 중앙당이 완전히 통제하는 방식, 둘째, 지방당 조직이 후보자를 추천하고 중앙당이 최종적으로 확정하는 방식, 셋째, 중앙당이 추천하고 지방당 조직이 최종 확정하는 방식, 넷째, 지방당 조직이 결정하고 중앙당이 승인하는 방식, 다섯째, 후보추천을 지방당 조직이 완전히 통제하는 방식 등 정당마다 다양하다.

3. 정당과 정치자금

정당은 조직을 운영하고 관리하기 위해서뿐만 아니라, 선거에 승리하기 위한 선거운동을 위해서도 자금을 필요로 한다. 일반적으로 정당의 수입은 당원이 납부하는 당비, 의원이나 당직자 등이 납부하는 특별당비, 기타 수입금 등과 같은 자체 수입과 유권자 개개인이나 기업, 노조 등의 이익단체가 기부하는 후원금과 국가가 직·간접적으로 지원해 주는 국가 보조금 등의 외부 수입 두 가지로 구분할 수 있다.

서구 유럽 정당의 경우 정당은 당원의 당비에 크게 의존하는 것으로 알려져 있지만, 실제로 당비의 비중은 그리 크지 않으며 최근에는 이마저도 줄어드는 경향을 보이고 있다. 예컨대 영국 보수당의 경우 정치자금의 대부분을 민간의 후원금에 의존하는 반면, 영국 노동당이나 덴마크 사회민주당의 경우 노동조합이 정치자금의 주된 공급자이다. 이와 달리 독일의 기독교 민주당이나 사회민주당의 경우 국고보조금이 정치자금의 상당부분을 차지하고 있다.

국조보조금 제도 역시 국가마다 상이하다. 예컨대 미국의 경우 일반적인 형태의 국고보조금은 없다. 다만 대통령선거에서 후보자의 선거자금을 지원해 주는 선거보조금과 전국정당대회를 지원해 주는 전국정당대회 지원금이라는 두 가지 형태의 국고보조금 정도가 존재한다. 이와 달리 독일이나 일본의 경우 국고보조금 제도를 두고 있다. 특히 독일의 경우 매우 체계적으로 국고보조금 제도가 마련되어 있다. 독일은 일상적인 정당 활동을 위한 경상보조금과 선거보조금을 포괄하는 정당보조금과 함께 정당의 정책 활동을 위한 정당재단을 별도로 직접 지원하고 있으며, 기타 후원금 면세 등의 간접적 보조 제도를 마련해 두고 있다. 독일의 국고보조금 제도에서 흥미로운 점은 정당이 자체적으로 모금한 정치자금의 총액을 넘어서는 안 된다는 상대적 상한선의 원칙을 두고 있다는 점이다. 우리나라 역시 독일과 유사하게 경상보조금과 선거보조금 등의 국고보조금 제도를 두고 있다. 그러나 우리나라의 국고보조금은 정당의 자체 수입과 관계없고, 원내교섭단체를 구성한 정당을 중심으로 분배되어 논란이 되고 있다.

일반적으로 독일과 같은 정당 중심적 국가의 경우 정치자금의 조달과 지출이 정당이 중심이 되며, 이에 따라 정당의 영향력이 다른 국가에 비해 강하다. 이와 달리 미국과 같이 정치자금이 의원이나 후보자를 중심으로 조달되고 지출되는 경우 의원의 자율성과 권한이 강한 반면 정당의 영향력은 대단히 미미하다. 이처럼 대통령제의 경우 정치자금의 조달과 지출이 후보자 중심적이라고 할 수 있지만, 의원내각제의 경우 정당 중심적 형태를 취하고 있다.

한편 정치자금의 불법적이고 음성적인 거래는 오랫동안 중요한 정치적 문제였으며, 이에 따라 각국은 정치자금의 투명성을 위해 정치자금을 여러 가지 방식으로 통제하고 있다. 정당의 정치자금을 통제하는 방법은 기본적으로 수입을 통제하거나 지출을 통제하는 두 가지 방법이 있다. 예컨대 미국의 경우 노동조합이 정당이나 후보자에게 후원금을 지급하는 것을 엄격히 제한하는 것처럼 수입을 통제하고 있는 반면, 영국의 경우 특정 지출을 금지하는 방식을 통해 지출을 통제하고 있다. 우리나라의 경우 현재 수입과 지출 모두를 통제하는 방식을 취하고 있다.

V. 정당체제와 정치발전

민주주의가 발전한 국가에는 정당이 하나가 아니라 다수가 존재하여 상호 경쟁한다. 다수 정당의 관계를 유형화한 것이 바로 정당체제(party system)이나. 우리가 정당들의 관계를 유형화한 정당체제에 관심을 갖는 것은 정당체제에 따라 국가의 정치적 안정성이나 효율성, 그리고 궁극적으로는 정치적 발전과 변화가 상이하기 때문이다. 기본적으로 정당체제는 복수의 정당을 전제하지만, 단일정당만 존재하는 경우도 정당체제의 한 유형으로 분류하는 학자들도 있다. 단일 정당만 존재하더라도 단일 정당의 당내 경쟁 양상이나 정당과 정당을 둘러싼 환경이 국가마다 다를 수 있으며, 이 역시 정치적으로 중요한 의미를 갖는다고 생각하기 때문이다.

정당체제를 유형화하는 방법 가운데 가장 쉽고 간단한 방법은 정당의 수를 세는 방식이다. 예컨대 듀베르제(Duverger 1963)는 정당의 수에 따라 정당체제를 일당체제(single party system), 양당체제(two party system), 다당체제(multi party system) 등으로 유형화 한 바 있다. 그러나 100석을 가진 정당과 1석을 가진 정당의 정치적 영향이 다름에도 단순히 정당의 수를 세는 경우 한계가 있다. 이에 따라 정당의 상대적 크기를 고려하여 정당체제를 유형화하기도 한다. 블론델(Blondel 1968)은 유사한 크기의 양대 정당이 경쟁하는 2당 체제, 양대 정당과 중간 크기 정당 하나가 경쟁하는 2와 1/2 정당체제, 하나의 대정당과 중간 크기 정당 여럿이 경쟁하는 우월 다당체제, 그리고 중간 크기 정당 여럿이 경쟁하는 다당체제 등으로 정당체제를 구분한 바 있다. 또한 락소와 타게페라(Laakso & Taagepera 1979)는 좀 더 계량화된 방법으로 정당의 힘의 크기를 고려한 정당수를 셀 수 있도록 다음과 같이 계산할 수 있는 '유효정당 수(effective number of parties)'를 제안했다.

$$N(\text{유효정당 수}) = \frac{1}{\sum P_i^2} \quad (P_i = \text{각 정당의 의석률이나 득표율})$$

물론 정당체제를 정당의 수만으로 유형화하지는 않는다. 예컨대 이념이 유사한

체제의 경쟁성	이데올로기적 분극성	유형
비경쟁체제	일극체제 (unipolar system)	일당체제(one party system) 패권정당체제(hegemonic system)
경쟁체제	양극체제 (bipolar system)	일당우위체제(predominant party system) 양당체제(two party system) 온건다당체제(moderate multiparty system)
	다극체제 (multipolar system)	분극적 다당체제(extreme multiparty system) 원자화체제(atomized system)

■ 표 1 ■ 사르토리의 정당체제 분류

정당이 경쟁하는 경우와 이념적으로 양극단에 위치하는 정당이 경쟁하는 경우가 다를 수밖에 없기 때문이다. 이에 따라 달(Dahl 1966)은 영국과 같이 양대 정당이 선거와 의회에서 매우 엄격한 경쟁을 하는 엄격한 경쟁체제와 미국과 같이 양대 정당이 선거에서는 경쟁적이지만 의회에서는 경쟁과 협조가 이루어지는 협조적·경쟁적 양당체제로 정당체제를 구분하였다. 특히 사르토리(Sartori 1976)는 정당의 수, 정당의 경쟁성, 그리고 정당 간 이데올로기적 거리 등을 기준으로 정당체제를 구분하였다 (〈표 1〉 참조).

정당체제의 유형에 따라 정치적 결과는 어떻게 달라질까? 듀베르제는 영국이나 미국과 같은 양당체제는 정치적 안정성과 책임성을 강화하는 반면, 다당체제는 정치적으로 불안정하고 비효율적이라고 지적한다. 다당체제에서는 지지기반이 협소한 정당 간에 극단적인 이념적 대결이 정치적 불안정을 가져올 수 있기 때문이라는 것이다. 사르토리 역시 양당체제는 일반적으로 단일 정당에 의해 정부가 구성되기 때문에 정치적 안정성이 높지만, 두 개의 정당이 사회적 이익을 고루 대표하기는 어렵다는 한계를 안고 있다고 본다. 또한 사르토리는 다당체제도 정당경쟁이 구심적이냐 원심적이냐에 따라, 즉 온건 다당체제냐 분극적 다당체제냐에 따라 정치적 안정성이나 효율성이 상이하다고 본다. 예컨대 통일 이전 독일이나 오스트리아, 네덜란드, 스위스 등의 경우처럼 단일 정당이 정치권력을 장악하기 어려운 다당체제에서도 정당 간의 이데올로기적 거리가 짧아 합의를 통해 정부를 구성하려는 건설적 공존을 통해 안정적이고 효율적인 정치와 함께 합의의 정치문화가 발전한 바 있다. 이와 달리 이데올로기적 극단성을 보이는 분극적 다당체제에서는 사실상 정당 간의 건설적 공존이 불가능하기 때문에 정치적으로 극심한 불안정을 겪을 수밖에 없다.

그렇다면 한 국가의 정당체제 유형을 규정하는 요인은 무엇일까? 즉 정당의 수나 정당 간의 이념적 거리, 그리고 정당 간 경쟁도 등에 영향을 주는 것은 무엇일까? 먼저 듀베르제는 정당체제란 다양한 요인이 빚어낸 결과물이란 점을 지적하면서도 선거제도에 주목한다. 즉 듀베르제에 따르면 비례대표제는 독립된 다당체제를, 결선투표제는 연립 다당체제를, 소선거구 단순다수제는 양당체제를 촉진하는 경향이 있다고 주장한다.

물론 한 국가의 정당체제는 사르토리의 지적처럼 선거제도뿐만 아니라 그 사회의 역사적 발전과정과 사회구조에 크게 영향을 받는다. 특히 립셋과 로칸(Lipset & Rokkan 1967)에 따르면 서구 유럽의 정당체제는 시민사회의 사회적 갈등이 정치적으로 동원된 정치적 균열구조(cleavage structures)를 반영하고 있다. 즉 이들에 따르면 유럽 사회에서 정당의 형성과정과 변화는 16세기 국가혁명에서 20세기 초 사회주의 혁명 사이에 나타난 주요 균열축인 중앙-지방의 균열, 국가-교회의 균열, 농업-산업의 균열, 그리고 자본과 노동의 균열 등에 기초하고 있다. 여기에 잉글하트(Inglehart 1977)는 전후 유럽사회가 경제적 안정과 풍요를 구가하면서 경제적 이해관계보다 환경, 삶의 질, 정치참여, 반전반핵, 인권보장 등과 같은 새로운 탈물질주의적 가치관을 갖는 사람들이 늘어나 물질주의적 가치와 탈물질주의적 가치의 균열이 새롭게 등장하는 '조용한 혁명(silent revolution)'이 일어나고, 정당체제 역시 이를 반영하는 방향으로 변화하였다고 주장한다.

한편 우리의 정당체제는 민주화 이전까지는 권위주의와 민주주의의 균열축을 중심으로 정당경쟁이 이루어져 온 반면, 민주화 이후에는 지역균열에 기반한 다당체제적 경향을 보여 왔다. 민주화 이후 지속되어온 '노동 없는 정당체제'를 극복하는 것이 한국 정당정치의 제도화와 민주주의 공고화의 핵심과제라는 주장도 있다. 즉 서구 유럽 국가의 정당체제는 사회 계급과 계층의 이익을 중심으로 경쟁하고 있지만, 우리의 경우 그렇지 못하며 이것이 우리 정당과 민주주의의 걸림돌이라는 것이다.

VI. 맺음말

　역사적으로 정당은 대의제 민주주의의 한 축을 담당했지만, 현대 사회에서 정당의 역할은 점차 축소되고 있다. 사회적 분화에 따라 많은 이익단체가 활성화되고, 시민단체들도 등장하고 있다. 뿐만 아니라 정치적 의제 설정과 이익의 표출 등 정당이 고유하게 수행해왔던 역할의 상당 부분을 대중 매체가 대체하고 있다. 여기에다 정책보다 미디어를 통한 이미지 정치가 선거를 좌지우지한다. 민주주의에 정당성을 부여한다는 정당과 선거의 의미가 크게 훼손되고 있다. 정당은 정치인들이 권력을 잡기 위한 수단에 불과하며, 당원이나 유권자는 동원 대상이나 구경꾼으로 전락하고 있다. 이러한 의미에서 현대 정당은 위기에 직면해 있다고 볼 수 있다.

　실제 정당의 당원은 감소하고, 투표율이 저하하고 있으며, 정당에 대한 유권자의 충성도도 크게 약화되고 있다는 자료도 적지 않다. 물론 이러한 정당의 위기는 다른 무엇보다 탈산업사회화에 따른 사회구조나 가치의 변동에서 기인한다. 즉 개인주의화와 세속화, 교육수준의 향상, 언론의 영향력 확대 등 정당을 둘러싼 다양한 환경적 변화가 정당의 위기를 가져온 것이다. 그러나 현대 정당의 위기가 환경적 요인에 의한 것만은 아니다. 즉 정당 내적 요인도 무시할 수 없다. 위기에 직면한 현대 정당이 과거처럼 변화를 통해 새로운 환경에 적응하면서 생명력을 유지할 수 있을지 아직 단언하기는 어렵다. 물론 정당위기론은 과장된 것이라는 주장도 있다. 아무튼 정당의 미래가 정당 스스로에 달려 있는 것은 분명하다.

질문 및 토론 사항

1. 현대 민주주의에서 정당은 필요한가? 직접민주주의를 확대하고, 정치에서 정당의 영향력을 축소하는 것이 바람직하지는 않는가?

2. 한국 정당의 조직과 운영은 과거에 어떠했으며, 현재는 어떠한가?

3. 한국의 정당은 서구 유럽의 정당과 무엇이 어떻게 다른가?

4. 한국의 정당정치를 제도화하기 위해서는 무엇이 필요한가?

5. 한국 정당체제의 한계는 무엇이며, 이를 극복할 수 있는 방법은 무엇인가?

09

민주주의의 꽃, 선거와 투표

I. 머리말

이 장에서는 선거제도와 유권자 투표행태에 대해 알아본다. 선거는 대의 민주주의에서 매우 중요한 기능을 수행한다. 첫째, 정치엘리트를 선택하고 통제하는 역할을 한다. 민주주의 체제에서 정치엘리트들은 선거에서 경쟁을 통해서 국민의 선택을 받는다. 그리고 일정 기간 동안 주권을 위임받아 통치하고 다음 선거에서 그 통치행위에 대해서 평가를 받는다. 이와 같이 선거를 통해서 유권자들은 정치엘리트들을 통제할 수 있는 것이다.

둘째, 선거는 국가의 권위를 유지시켜 준다. 선거를 통해 국민들을 정치 과정에 참여시킴으로써 그들이 지지 의사를 표현할 수 있게 해준다. 그리고 이러한 과정을 통해 국민들은 정치 체제를 받아들이게 된다. 즉 국민들의 충성심을 강화해 국가가 대중적 지지 기반과 권위를 유지하게 해주는 것이다.

그러나 국가마다 서로 다른 형태의 선거제도를 운용하고 있다. 이번 장에서는 선거 제도의 대표적 유형과 각각의 장·단점에 대해 알아보도록 하겠다. 특히 다수제와 비례대표제로 나누어 설명할 것이다. 다음으로 유권자의 투표 행태에 관한 내용을 설명할 것이다. 선거에서 유권자들은 여러 요인에 영향을 받아 투표한다. 정치학에서는 유권자의 투표행태에 영향을 주는 요인이 무엇인지에 대해 많은 연구를 해왔다. 그 중에서 여기서는 가장 대표적 요인인 집단, 정당일체감, 그리고 쟁점이 유권자 선택에 어떻게 영향을 미치는지를 알아보도록 한다. 그리고 여론은 어떻게 형성되며, 유권자의 결정에는 어떤 영향을 미치는지도 살펴보도록 한다.

Ⅱ. 선거제도

민주주의 국가들은 다양한 형태의 선거제도를 운영하고 있다. 어떤 선거제도를 운용하는가에 따라 선거 결과가 달라지며, 유권자의 투표 행태도 바뀔 수 있다. 나아가 정당체제나 정부형태에도 많은 영향을 미친다. 선거제도는 크게 세 가지 유형이다. 다수대표제와 비례대표제, 그리고 이러한 두 가지 형태를 혼합해 운용하는 혼합형 선거제도가 그것이다.

1. 다수대표제

다수대표제는 보통 한 선거구에서 1명의 대표를 선출하는 소선거구제와 결합된 형태이다. 다수대표제는 당선 결정 방식에 따라 다시 두 가지 소유형으로 분류할 수 있다. '단순다수제'와 '절대다수제'가 그것이다. 먼저 첫째, 단순다수제는 보통 상대다수제로도 불린다. 이 제도에서는 가장 많은 표를 얻은 후보가 당선자로 결정된다. 다른 후보보다 1표라도 더 많이 얻으면 되며 득표율이 50%를 넘길 필요는 없다. 미국과 영국, 인도 등이 이 제도를 채택하고 있는 대표적인 국가이다.

그러나 이 제도의 대표적인 단점은 선출된 당선자의 대표성이 낮을 가능성이 있다는 점이다. 예를 들어 20-30%를 득표하더라도 당선되는 경우가 있다. 이 경우 그 선거구 다수 유권자가 당선자를 지지하지 않는 상황이다. 이러한 단점을 보완하기 위한 또 다른 다수대표제의 형태가 절대다수제다.

둘째, 절대다수제에서 당선되기 위해서는 유효투표수의 50%+1표 이상 득표해야 된다. 이러한 조건을 달성하기 위한 절대다수제의 방식은 다시 두 가지로 분류된다. '결선투표제'와 '선호투표제'가 그것이다. 먼저 결선투표제는 두 번에 걸쳐 선거를 치르는 방식이다. 1차 투표에서 한 후보가 50%+1표 이상을 득표하면 당선이 결정된다. 그러나 그런 후보가 없을 경우 일정 기간 경과 후 1차 투표 1, 2위 후보들을 대상으로 2차 투표를 치른다.

단순다수제와 결선투표제의 당선자 결정

■ 소선거구 단순다수제의 가상적 사례

후보	득표율	당선 여부
A	30	당선
B	25	
C	20	
D	15	
E	10	

위 표는 의원 선거를 소선거구 단순다수제 방식으로 치른 한 지역구의 가상적 사례이다. 이 경우 다른 후보보다 1표라도 더 획득한 A후보가 당선자로 결정된다. 그러나 그를 지지하지 않은 후보가 투표자의 70%에 이른다는 점에서 그가 선거구를 대표하는 대표인지에 대한 의문이 제기될 수 있다. 이러한 단점에 대한 해답은 당선되기 위해서는 과반수 득표를 해야 한다는 규칙을 만드는 것이다. 이것이 절대다수제이다. 위 사례에 절대다수제 방식을 적용하면 당선자는 없다. 따라서 다시 선거를 치러야 한다. 절대다수제 중 결선투표제를 적용하면 위 사례에서 1, 2위 후보인 A와 B를 대상으로 다시 선거를 치른다. 최종 당선자는 A후보가 될 수도 있고, B후보가 될 수도 있다. 1차 투표에서 C, D, E후보를 지지했던 유권자들과, 1차 투표에서는 참여하지 않았지만 2차 투표에 참여하는 유권자들이 A, B후보 중

누구를 지지하느냐에 따라 결과가 달라질 수 있다. 누가 당선자가 되던 두 명을 대상으로 투표하기 때문에 한 명은 반드시 과반수 득표를 하게 되므로 당선자의 대표성은 높아지게 된다.

선호투표제에서 유권자는 후보 전체를 대상으로 선호 순위를 적게 된다. 개표 과정은 다음과 같이 진행된다. 먼저 투표 용지에서 1선호로 표기된 후보들에게 표를 나눠준다. 1선호 표 집계 결과 50%+1표를 넘긴 후보가 있으면 그가 당선자로 결정된다. 그러나 그런 후보가 없을 경우 다음 단계를 진행한다. 1선호 표를 가장 적게 얻은 후보를 '제거'하면서 그의 표는 2선호로 표기된 후보들에게 각각 배분한다. 이렇게 배분받은 표로 50%+1표를 넘기는 후보가 나타나면 그가 당선된다. 그렇지 않을 경우 1선호 표를 두 번째로 적게 얻은 후보를 제거하면서 동일한 배분 과정을 거친다. 이러한 제거와 배분 과정은 과반수 득표를 한 후보가 나타날 때까지 지속된다.

선호투표제의 당선자 결정

■ 선호투표제의 가상적 사례

후보	A	B	C	D	E	유권자수
선호표기	1	4	2	3	5	30
	5	1	3	2	5	25
	5	2	1	3	4	20
	3	2	5	1	4	15
	2	3	5	4	1	10

위 표는 가상적 선거구의 유권자 100명을 선호 표기대로 분류한 것이다. 예를 들어 유권자 30명이 투표용지에 A후보를 1선호, B후보를 4선호, C후보를 2선호, D후보를 3선호, E후보를 5선호로 표기했다는 의미이다. 선호투표제에서는 먼저 1선호로 표기된 투표용지를 그 후보에게 나눠준다. 그 결과, A 30표, B 25표, C 20표, D 15표, E 10표로 집계된다. 위

가상적 사례의 결과와 같다. 선호투표제는 절대다수제이기에 과반수 득표를 한 후보를 당선자로 확정한다. 따라서 A가 30표로 가장 많은 표를 얻었지만 당선자는 아니다. 따라서 다음 단계에서는 1선호 표를 가장 적게 얻은 E를 제거한다. 그리고 그 표에 2선호라고 쓴 후보 A에게 10표를 넘겨주고 A는 40표가 된다. 여전히 과반수득표자가 없다. 그 다음 15표를 얻은 D를 제거한다. 그 표에는 B가 2선호로 되어 있다. 15표를 받은 B는 40표이다. 당선자가 확정되지 않는다. 다음은 C를 제거하면서 그 표들에 2선호로 표시된 후보에게 20표를 넘겨준다. 그 후보는 B이며 이 표들을 넘겨받은 B는 60표가 되어 당선이 확정된다.

선호투표제의 장점은 결선투표제와 같이 두 번 선거를 치룰 필요가 없다는 점이다. 결선투표제를 운용하는 대표적 국가는 프랑스이며, 선호투표제는 호주 하원 선거에서 활용되고 있다.

이러한 다수대표제는 장점과 단점이 있다. 장점으로는 첫째, 선호투표제를 제외하면 투표나 개표절차가 매우 간단하다는 점이다. 유권자는 가장 선호하는 후보 1인에게 투표하면 되며 당선자 결정도 단순하다. 둘째, 전국을 여러 개의 선거구로 분할해 한 선거구 당 1인의 대표를 선출하기 때문에 각 선거구 유권자는 자신의 대표가 누구인지 명확히 알 수 있다는 장점이 있다.

단점으로는 첫째, 사표가 다수 발생할 수 있다는 점이다. 이는 당선자의 대표성이 낮을 수 있다는 사실과도 관련된다. 특히 단순다수제의 경우 당선자를 지지하지 않은 유권자가 다수 있을 수 있다. 이러한 단순다수제의 문제는 절대다수제로의 변경으로 해결될 수 있으나, 결선투표제의 경우 선거 관리 비용이 증가할 수 있다는 문제점이 있다. 또한 선호투표제의 경우 출마한 모든 후보들의 선호 순위를 기재해야 한다는 점에서 유권자들로서는 번거로운 일이 될 수도 있다.

둘째, 대정당이 유리하며, 군소정당은 불리하다. 선거구별로 1명만을 선출하기 때문에 군소정당 후보들은 당선될 가능성이 거의 없다. 물론 특정 지역에서 강한 지지를 얻는 군소정당은 의석을 획득할 가능성이 있으나 대부분의 경우 그렇지 않다. 그 결과 대정당은 득표율보다 더 많은 의석을 차지하게 되면서 '과대대표'가 되고, 반면 군소정당은 득표율보다 적은 의석을 차지함으로써 '과소대표'가 되는 경향이 있다.

셋째, 정당 약화를 초래할 수 있다는 점을 들 수 있다. 확실히 다수대표제는 후보 중심적 성격을 갖는다. 각 선거구에서 1인만이 당선되기 때문에 그로 인해 후보 간 경쟁은 매우 치열해지며, 선거 운동은 정당이 아닌 후보 중심으로 진행된다.

마지막으로 '게리맨더링(gerrymandering)'의 가능성이 있다. 이는 자신들의 정당에 유리하면서 동시에 상대 정당에게는 불리하게 선거구를 획정하는 것을 의미한다. 지역별로 지지정당이나 후보가 다를 때 선거구 경계를 어떻게 하는가에 따라 선거 결과가 달라질 수 있다.

2. 비례대표제

비례대표제 역시 두 가지 소유형이 있다. '정당명부식 비례대표제'와 '단기이양식 비례대표제'가 그것이다. 비례대표제의 기본적 성격은 정당이 득표한 만큼 의석을 갖게 하자는 것이다.

그 결과 앞서 설명한 다수대표제인 단순다수제나 절대다수제와는 다른 결과를 가져온다. 소선거구 단순다수제의 예를 들어보자. 이를 위해 5개의 선거구(갑~무)로 이루어진 의회가 있다고 가정해 보자. 〈표 1〉은 5개 선거구의 가상적 선거 결과이다.

위 사례에서 A정당 소속 당선자는 3명, B정당은 2명이다. C, D 정당은 한석도

선거구	갑	을	병	정	무	득표평균(%)
A정당 후보	40	30	40	20	40	34.0
B정당 후보	30	40	20	40	30	32.0
C정당 후보	20	10	30	10	20	18.0
D정당 후보	10	20	10	30	10	16.0

■ 표 1 ■ 소선거구 단순다수제의 가상적 사례

얻지 못했다. 그 결과 A정당은 평균 34%를 득표했으나 60%의 의석을 차지했고, B 정당도 32% 득표를 했으나, 40%의 의석을 차지했다. 반면 C, D정당은 각각 18, 16%를 득표했으나 의석 점유율은 0%이다. 그러나 비례대표제의 경우 득표율과 의석률을 근접하도록 하는 당선 결정 방식을 갖는다. 완전한 형태의 비례대표제라고 가정한다면 A정당과 B정당은 3석씩, C정당과 D정당은 각각 2석씩을 얻게 될 것이다(위 사례에서 소수점 이하를 반올림했을 경우).

먼저 정당명부식 비례대표제를 살펴보자. 대부분의 유럽국가, 그리고 라틴아메리카 국가들의 의회선거에서 사용하는 제도이다. 이 제도에서 정당은 후보들의 순위가 적힌 명부를 작성해 제출한다. 유권자들은 후보가 아닌 정당에 투표한다. 그리고 정당은 그 득표율에 따라 의석을 배분받는다.

다수제와의 또 다른 차이점은 한 선거구에서 선출하는 대표수가 2명 이상 — 중대선거구 — 이라는 점이다. 많은 경우는 전국을 몇 개의 선거구로 나누어 한 선거구에서 여러 명의 의원을 선출한다. 그러나 이스라엘과 같이 전국을 한 개의 선거구로 해 의원 전원을 선출하는 경우도 있다.

각 정당은 득표율에 따라 의석을 배분받는다. 그리고 정당은 배분받은 의석수만큼 명부의 순위대로 당선자를 결정한다. 정당명부식 비례대표제도는 국가별로 다양한 형태를 가지고 있다. 그 차이점은 다음과 같다.

첫째, 의석 배분을 위해 사용하는 공식에서 차이가 있다. '최대잔여제'와 '최고평균제'가 대표적이다.

둘째, 정당명부식 비례대표제는 명부 작성 방식과 유권자 투표 방식에 따라 차이가 있다. ① '폐쇄형' 정당명부식 비례대표제이다. 이 형태에서는 정당이 정한 후보 순위의 변동은 없으며, 유권자는 정당에만 투표할 수 있다. ② '개방형' 정당명부식 비례대표제이다. 이 제도에서 정당은 후보 순위를 정한 명부를 작성한다. 그러나 유권자는 선호하는 정당에 투표 — 정당선호투표 — 할 수도 있으나 만약 명부에서 선호하는 후보가 있다면 정당이 아닌 후보에게 한 표 — 개인선호투표 — 를 던진다. 이 표는 정당 득표로 합산되며, 만약 어떤 후보가 개인선호투표를 많이 받았다면 정당명부에서 순위가 올라갈 수도 있다.

셋째, 대부분의 정당명부식 비례대표제 국가들은 극단적 정당의 의회 진출을 막기 위해 이른바 '봉쇄조항'을 두고 있다. 예를 들어 의석 배분을 받기 위해서는 일정 정도의 득표를 해야 한다는 규정이다. 이 같은 봉쇄조항은 국가별로 차이가 있다.

정당명부식 비례대표제 의석배분방식

'최대잔여제'는 의석 배분 기준수(qouta)를 사용한다. 국가별로 다른 기준수를 사용하는데 헤어기준수가 대표적이다. 그 공식은 다음과 같다.

$$헤어기준수 = \frac{총유효투표수}{총의석수}$$

가상적 예를 들어 보자. 의석수가 10석이고 총유효투표수가 1,000표이면 기준수는 100이다. A정당이 340표, B정당이 320표, C정당이 230표, D정당이 110표를 획득했다고 가정하자. 따라서 A~D 정당은 각각 3석, 3석, 2석, 1석을 얻는다. 그리고 1차 배분 후 남는 의석(잔여 의석)은 기준수 배수를 뺀 잔여표가 가장 많은 정당 순으로 차례로 1석씩 배분한다. 이 사례에서 잔여 의석은 1석이고, 잔여표는 A정당의 40표가 가장 많기 때문에 A정당이 1석을 더 배분받는다. 따라서 최종 결과는 4석, 3석, 2석, 1석이 된다.

'최고평균제'는 제수(divisor)를 사용한다. 대표적 방식은 동트식으로 득표수를 1, 2, 3 …으로 나눈다. 위의 가상적 사례를 들어 그 방법을 알아보자. 단 이 경우 계산의 단순화를 위해 총의석을 5석으로 가정한다.

정당	득표수	득표수/1	득표수/2	득표수/3	의석수
A	340	340(1)	170(4)	113.3(7)	3
B	320	320(2)	160(5)	106.7(9)	3
C	230	230(3)	115(6)	76.7	2
D	110	110(8)	105(10)	36.7	2

※ ( )안의 숫자는 제수로 나눈 몫이 큰 숫자순으로 의석을 1석씩 배분한 순서임.

위 가상적 사례에서 흥미로운 사실은 위의 최대잔여제와 다른 결과를 가져왔다는 점이다. 이 밖에도 또 다른 제수 방식은 수정 생라게식으로 제수가 1.4, 3, 5, 7 …이다.

다음은 두 번째 비례대표제 유형인 단기이양식 비례대표제에 대해 알아보자. 아일랜드에서 운용하고 있는 제도로서 앞서 설명한 다수대표제의 일종인 선호투표제와 유사하다. 유권자들은 선거구에 출마한 후보들의 선호 순위를 적는다는 점에서 그렇다. 그러나 선호투표제는 한 선거구에서 1명을 선출하는 소선거구제와 결합되어 있는 반면, 단기이양식은 2명 이상을 선출하는 중대선거구제와 함께 운영된다는 점에서 차이가 있다. 예를 들어 아일랜드는 한 선거구에서 3명-5명을 선출한다.

당선자 결정 방식을 간단히 설명하면 다음과 같다. 우선 유권자의 투표 용지를 그에 표시된 1선호에 따라 후보들에게 각각 배분한다. 그리고 '당선기준수'를 구한다. 단기이양식에서의 당선기준수로는 드룹기준수(Droop Quota)를 사용한다. 그 공식은 다음과 같다.

$$\text{드룹기준수} = \frac{\text{총유효투표수}}{\text{의석수}+1} + 1$$

만약 1선호에 따라 배분한 표수가 당선기준수를 넘는 후보가 있다면 그는 당선이 확정된다. 만약 당선기준수를 넘긴 후보수가 그 선거구에서 선출할 의석수에 비해 적다면 다음 단계로 넘어간다. 이 단계에서는 당선이 확정된 후보의 표 중에서 기준수 만큼의 표수를 제외한 잉여표를 2선호 표기에 따라 다른 후보에게 이양한다. 이양받은 표를 합산해 당선기준수를 넘긴 후보가 있으면 그가 당선된다. 이 단계에서도 모든 당선자를 확정짓지 못하면, 최소득표 후보를 제거하면서 그의 표에 2선호로 표기된 후보에게 '이양'한다. 이때 다른 후보에게 넘겨받은 표는 3선호 혹은 4선호 등 표기된 후보에게 이양한다. 이러한 과정은 한 선거구에서 선출할 의원 수만큼 당선자를 모두 확정할 때까지 반복된다.

지금까지 살펴 본 비례대표제도 역시 장점과 단점이 있다. 먼저 장점을 살펴보면 다음과 같다. 첫째, 다수대표제에 비해 군소정당에게 유리하다. 둘째, 사표가 적게 발생한다. 군소정당을 지지하는 유권자 입장에서는 자신들의 표가 사표가 되지 않고 그 의사가 투표결과에 반영될 수 있다. 셋째, 다수대표제에 비해 '비례성'이 높다. 비례성은 득표율과 의석률의 차이를 의미하는 것으로, 그 차이가 적다면 비례성이 높은 선거제도라 할 수 있다. 군소정당에 유리하고 사표가 적게 발생한다는 점을 고려하면 비례대표제가 비례성이 높은 선거제도라는 것은 당연한 결과이다. 이러한 이유로 사회의 다양한 이념 집단과 이익이 대표기관인 의회에 반영될 수 있다.

넷째, 정치적 소수자나 약자에 대해 배려할 수 있다. 이는 특히 정당명부식의 경우에 해당한다. 예를 들어 정당의 지도부가 여성이나 정치신인들을 정당명부에서 당선 가능 순위 내에 배치할 수 있다. 또한 적지 않은 국가들에서 여성을 홀수나 짝수로 번갈아 배치하는 지퍼 규칙(zipper rule)을 채택해 이들의 정치적 대표성을 높여주는 효과를 낳는다. 마지막으로 정당명부식 비례대표제의 경우 후보 중심이 아니라 정당 중심의 성격을 강하게 갖는다. 따라서 정당 조직과 규율이 강하게 되고 정당 엘리트들의 권한이 강해지는 결과를 가져올 수 있다.

단점은 다음과 같다. 첫째, 선거구민과 대표 간의 관계가 명확하지 않을 수 있다. 비례대표제와 다수대표제의 대표적 차이점은 한 선거구에서 선출하는 대표 수이다. 비례대표제는 한 선거구에서 여러 명의 대표를 선출하기 때문에 유권자와 대표 간 관계가 불분명해질 수 있다. 누가 나의 대표인지가 모호하다는 것이다. 둘째, 유권자가 후보 선택에 미칠 수 있는 영향력이 거의 없다. 이는 특히 폐쇄형 정당명부식 비례대표제에 해당하는 것으로 정당명부에 어떤 후보가 오르고, 또 상위에 배치되는지에 대해 유권자가 영향력을 행사할 여지가 거의 없다.

3. 혼합형 선거제도

선거제도의 주요 유형 세 가지 중 마지막은 혼합형 선거제도이다. 혼합형 선거제도는 앞서 설명했던 두 가지 선거제도 유형 중 두 가지를 혼합해 운용하는 것을 의미한다. 대개 소선거구 단순다수제와 정당명부식 비례대표제를 결합해 의원을 선출하는 방식이 일반적이다. 즉 의회 의원의 일부는 전자로, 그리고 나머지는 후자의 방식을 선출하는 것이다. 이때 유권자는 1인 2표를 행사한다. 선거구에 출마한 후보에게 1표를 던지고, 나머지 1표는 선호하는 정당에 투표한다.

이러한 혼합형 선거제도를 사용하는 대표적 국가는 독일이며, 그 밖에 한국을 비롯한 다수 국가가 이 제도를 운용하고 있다. 그러나 문제는 혼합형 역시 저마다 서로 다른 유형을 채택하고 있어 일반적 특성을 설명하기가 어렵다는 점이다. 여러 혼합형 선거제도의 중요한 차이점을 열거하면 다음과 같다.

첫째, 단순다수제로 선출하는 의원과 비례대표제로 선출하는 의원들이 전체 의석에서 차지하는 비율이 각기 다르다. 예를 들어 독일의 경우는 50%씩을 선출하지만 한국의 경우 비례대표제로 선출하는 의원 비율은 그보다 훨씬 적다. 둘째, 혼합된 두 가지 선거제도가 서로 관련없이 독립적으로 운용되는지, 아니면 상호 연동되어 운용되는지에 따라 차이가 난다. 예를 들어 군소정당 후보의 경우 단순다수제로 선출하는 선거에서는 일정 정도의 득표를 하더라도 당선되기가 힘들다. 이때 정당 명부식 비례대표제는 그러한 단순다수제에서의 군소정당의 불리함을 보상해주는 장치로 사용될 수 있다. 이런 경우 두 가지 제도가 연동되어 있는 것이다. 독일의 경우가 대표적이다. 그러나 두 개의 선거에서 당선자 결정이 독립적으로 이루어지는 경우도 많다.

독일식 혼합형 선거제도

독일식 혼합형 선거제도를 가상의 사례를 들어 설명하면 다음과 같다. 총의석수가 100석이라고 가정해 보자. 전국을 권역별로 10개의 광역 선거구 — 독일의 경우 주(Land) — 로 나누고 광역 선거구별로 10명의 의석을 배정한다. 한 광역 선거구에서는 5명의 지역구 대표를 소선거구 단순다수제로 선출한다. 따라서 각 광역 선거구는 1명의 지역구 대표를 선출하는 5개의 소선거구로 나뉜다. 각 정당은 각 광역 선거구에서 정당명부를 작성해 제출하고 동시에 지역구 선거에 출마할 후보도 공천한다. 이때 한 광역 선거구에서 A정당 후보들이 단순다수제로 치러지는 5군데 지역구 선거에서 3명 당선되고, 그 광역 선거구에서 A정당이 정당투표에서 40%를 획득했다고 가정해 보자. 그리고 광역 선거구별로 배정된 10명은 정당 득표율에 따라 각 정당에 배분되고 A정당은 4석을 배정받았다고 가정해 보자. 이 경우 A정당은 4석에서 지역구 당선자 수인 3을 뺀 1석의 비례대표를 배분받는다. 결국 광역 선거구에서 정당 득표로 배분받는 의석수는 그 정당이 그 선거구에서 차지할 수 있는 최대 의석수인 것이다. 독일형에서 독특한 점은 지역구 당선자수보다 정당득표로 배분받는 수가 적은 경우가 발생한다는 것이다. 예를 들어 지역구 대표 당선자가 3명인데 정당득표로 배분받는 의석수가 2명이라면 3명 모두 당선이 확정된다. 1명이 초과한 것이다. 이를 '초과의석'이라고 한다. 이러한 제도로 인해 독일의 경우 의회 총의석수가 늘어날 수도 있다.

4. 선거제도의 정치적 영향

어떤 선거제도를 운용하는가에 따라 그 정치체제의 작동에 큰 영향을 미치며, 그 효과는 다양하게 나타날 수 있다. 첫째, 정당체제에 영향을 줄 수 있다. 듀베르제의 법칙(Duverger's law)에 의하면 소선거구 단순다수제는 양당체제, 정당명부식 비례대표제는 다당제를 정착시킬 가능성이 높다(Duverger 1954). 전자의 경우 군소정당에 매우 불리하기 때문이며, 후자의 경우 상대적으로 군소정당이 의회에 대표될 가능성이 높기 때문이다. 듀베르제는 이를 두 가지 측면에서 설명하고 있다. 먼저 '기제적 효과'로서 제도 자체에 내재된 당선 결정 방식 때문이다. 즉 소선거구 단순다수제는 상대적으로 가장 많은 득표를 한 1인만을 당선시키는 제도이다. 반면 비례대표제는 의석배분 방식에서 군소정당을 덜 차별한다. 다음으로는 '심리적 효과'에 의한 '전략적 투표' 가능성을 들 수 있다. 단순다수제하에서 유권자는 투표 선택에 있어 당선가능성을 고려한다. 특히 당선가능성이 낮은 군소정당 후보를 지지하는 유권자는 그 후보에게 표를 던질 경우 자신의 표가 사표가 될 것이라는 것을 알게 된다. 따라서 그런 선택보다는 당선 가능성이 높은 차선호 후보에게 투표한다. 이러한 유권자의 전략적 투표로 인해 단순다수제하에서 군소정당은 더욱 불리해질 수밖에 없다. 그러나 비례대표제하에서는 자신의 표가 정당 의석 획득에 기여한다는 사실을 알기에 전략적 투표의 가능성이 줄어들고, 따라서 군소정당도 불이익을 덜 받는다.

두 번째 선거제도의 정치적 영향으로 지적할 수 있는 점은 정부 구성 형태에 관한 것이다. 단순다수대표제의 경우 양당제를 정착시킬 가능성이 높기 때문에 한 정당이 과반수 의석을 차지해 '단일 정당 정부'를 구성하게 될 개연성이 높다. 이 경우 한 정당이 일정 기간 동안 책임을 지고 통치하게 된다. 반면 비례대표제의 경우 상대적으로 여러 정당이 의회에 진출하게 되며, 그 결과 1개 정당이 과반수 의석을 획득하기 어렵다. 따라서 많은 여러 정당이 연합해 정부를 구성하는 '연립정부'의 형태가 자주 발생할 수 있다. 이러한 연립정부는 정당 간 연합에 문제가 생길 경우 붕괴할 수 있어 단일 정당 정부에 비해 정치적으로 불안정할 수 있다. 그러나 정당명부식 비례대표제를 운용해 연립정부 구성이 일상적으로 발생하는 유럽 국가 사례를 보면 안정적인 경우도 다수 있어 반드시 선거제도가 정치적 불안정의 원인이 아닌 것을 알 수 있다.

5. 한국의 선거제도와 개혁 논의

한국의 경우도 혼합형 선거제도를 운용하고 있다. 2015년 현재 국회의원 총수는 300명이며, 지역구 대표는 246명, 비례대표는 54명이다. 전자의 경우 전국을 246개의 선거구로 나눠 각 선거구별로 1명씩 단순다수제로 선출한다. 후자는 전국을 하나의 선거구로 해서 폐쇄형 정당명부식 비례대표제로 선출한다. 유권자는 지역구 후보에 1표, 정당에 1표를 행사하는 1인 2표제이다. 두 가지 제도는 연동되어 있지 않고 독립적으로 운용된다.

비례대표 의석 배분방식은 다음과 같다. 먼저 봉쇄조항 ― 정당득표율 3%, 혹은 지역구 선거 5석 이상 ― 에 의거해 그 기준을 충족한 '의석할당정당'을 정한다. 다음으로는 모든 의석할당정당의 득표율 합으로 각 의석할당정당의 득표율을 나눈 값을 의원정수로 곱한다. 그리고 결과 값의 정수만큼 각 정당에 의석을 배분하고, 잔여석이 있으면 그 결과 값의 소수점 이하가 큰 순서부터 1석씩 배분한다(『공직선거법』 제189조). 이를 수식으로 표현하면 다음과 같다.

$$A정당의 \ 비례대표의석수 = \frac{A정당 \ 득표율}{모든 \ 의석할당정당득표율의 \ 합} \times 비례대표의원총수$$

예를 들어 A정당이 45%, B정당이 40%, C정당이 13%, D정당이 2% 정당득표를 했다고 가정해 보자. D정당은 지역구에서도 당선자를 내지 못하고 봉쇄조항인 정당득표율 3%도 넘기지 못했다. 따라서 의석할당정당은 A, B, C정당이다. 이들의 득표율 합은 98%이다. 이 수치로 의석할당정당의 득표를 나누면, 각각 45.9, 40.8, 13.3이다. 이를 의원 정수 54와 곱하면 각각 24.8, 22.0, 7.2이다. A정당은 정수인 24, B정당은 22, C정당은 7석을 배분받는다. 그 결과 1석이 남으며, 이는 소수점이 가장 큰 A정당에게 돌아간다. 최종결과는 A정당 25, B정당 22, C정당 7석이 된다.

　　현재 한국에서는 선거제도를 바꿔야 한다는 주장이 제기되고 있다. 그 이유로는 먼저 지역주의 극복을 들 수 있다. 현재 영남이나 호남과 같이 특정 지역에서는 한 정당이 소선거구 단순다수제로 운용되는 지역구 선거에서 거의 모두 승리하는 지역주의 현상이 나타나고 있다. 따라서 권역별로 비례대표를 선출하는 형태를 도입해 다른 정당도 해당 지역에서 의석을 얻을 수 있도록 하자는 것이다. 또한 단순다수제의 단점인 소수 정당의 과소대표 현상을 극복해야 한다는 점이 제기되고 있다. 이를 해결하기 위해서는 의원 전체를 권역별 비례대표제로 선출하거나 비례대표 의원 숫자를 늘려 독일형과 같은 방식으로 비례대표 의석 배분을 지역대표 당선자 수와 연동시켜야 한다는 것이다.

Ⅲ. 투표행태

　　지금까지 민주주의 국가에서 선거를 치르기 위해 어떤 '제도'를 운용하고 있는가에 대해 알아보았다. 그리고 여러 유형의 제도는 서로 다른 결과를 낳는다는 점도 살펴보았다. 다음에서는 유권자들이 선거에서 어떻게 선택하는가를 다루고자 한다. 즉 유권자의 '행위'에 관한 것이다. 그렇다면 선거에서 유권자들은 어떻게 투표할까? 여기서는 두 가지 질문이 제기될 수 있다. 하나는 유권자들이 어떤 기준으로 후보나 정당을 선택하는가이다. 다른 하나는 유권자들이 왜 선거에 참여해 투표하는지 혹은 왜 기권하는지 여부이다. 이에 대해 차례로 살펴보자.

1. 유권자들의 선택: 소속집단, 정당일체감, 쟁점

유권자들은 다양한 기준에 의거해 후보나 정당을 선택해 투표한다. 가장 중요한 기준은 세 가지이다. 소속집단, 정당일체감, 그리고 쟁점이 그것이다.

1) 소속집단

첫째, 유권자가 어떤 사회적 집단에 소속되어 있는가는 그의 투표행태에 많은 영향을 미친다. 유사한 집단에 속한 사람들은 정치적 선택에서도 유사한 결정을 내릴 가능성이 높다. 이러한 사회적 집단은 경제적 계층, 거주 지역, 연령, 성(性), 직업, 종교, 인종 등이 대표적이다.

우리나라의 2012년 대통령 선거 사례에서도 볼 수 있듯이 유권자 선택에서 집단이 중요하다는 사실을 알 수 있다. 〈그림 1〉은 출구조사 결과로 '연령별' 집단의 지지 후보가 확연히 다르다는 것을 알 수 있다. 50-60대는 박근혜 후보, 20~30대

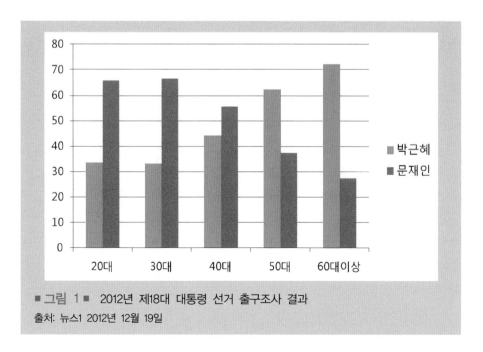

■ 그림 1 ■ 2012년 제18대 대통령 선거 출구조사 결과
출처: 뉴스1 2012년 12월 19일

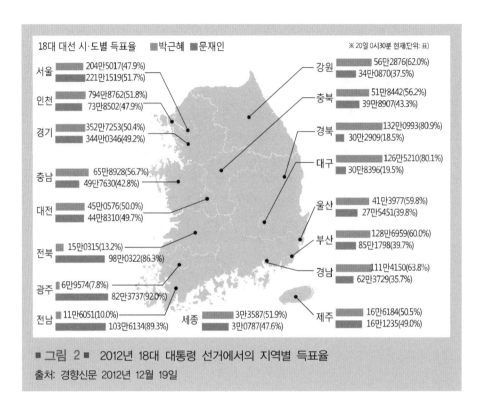

■ 그림 2 ■ 2012년 18대 대통령 선거에서의 지역별 득표율
출처: 경향신문 2012년 12월 19일

는 문재인 후보를 지지한 경향이 두드러지게 나타났다.

　〈그림 2〉는 2012년 18대 대통령 선거에서 박근혜, 문재인 후보가 지역별로 얼마나 득표했는지를 보여준다. 박근혜 후보는 영남권에서 자신의 전국 평균 득표율을 상회하는 높은 지지를 얻었다. 대구 80.1%, 그리고 경북에서 80.9%를 얻었다. 자신의 전국 평균 득표율보다 약 30% 높은 수치인 것이다. 다른 영남권 지역인 부산은 60%, 울산 59.8%, 경남 63.8%였다. 반면 문재인 후보는 광주와 전남·북에서 압도적인 득표를 했다. 광주 92%, 전남 89.3%, 전북 86.3%였다. 전국 평균 득표율보다 2배 가까이 높은 수치이다. 지역이라는 집단 요인이 유권자 선택에 많은 영향을 주었던 것이다.

　이와 같이 한국 사례에서 보듯이 연령이 낮은 유권자들은 대체로 진보적인 태도를 가지고 있으며, 높은 유권자들은 보수적인 태도를 가지고 있다. 지역적으로는 영남 지역 거주자들과 호남 지역 거주자들은 다른 선호를 보이고 있다. 왜 그럴까?

소속집단이 왜 유권자들의 선택에 중요한 영향을 미치는지를 설명하기 위해서 몇 가지 개념에 대한 이해가 필요하다. 첫째는 '정치사회화'이다. 정치사회화는 유권자가 성장하면서 정치적 가치나 태도에 대해 배워가는 과정을 의미한다. 이러한 과정을 통해 성년에 이를 쯤에는 일반적으로 일정한 정치적 선호를 갖게 된다.

둘째는 '정치적 사회화 기구'이다. 이는 정치사회화 과정에서 정치적 가치나 태도에 관해 사람들을 교육시키는 주체라고 할 수 있다. 대표적인 사회화 기구로는 가족, 동료, 학교, 직장, 대중매체, 정부 등을 들 수 있다. 사람들은 이러한 기구를 통해 정치적 사안에 관한 가치와 관점을 형성하고 내면화하게 되는 것이다. 특히 가족의 영향력은 지대하다고 할 수 있다. 누구나 출생과 동시에 가족의 구성원이 되며, 성년이 되기 전까지 가장 많은 접촉과 대화를 하게 되기 때문이다.

마지막으로 소속집단이 유권자 선택에 왜 중요한지를 설명하는 개념은 '정치적 결정의 사회적 전달'이다. 이 과정은 대체로 세 가지 과정으로 이루어진다. 첫째, '전달'이다. 정치사회화 과정에서 특정 집단 구성원들은 자신들의 정치적 가치와 태도를 다음 세대에게 전달한다. 특히 가족은 중요한 전달 매체이다. 둘째, '접촉'이다. 사람들은 일상생활에서 다른 집단에 소속된 사람들보다는 같은 집단의 구성원들과 더 빈번한 접촉을 하게 된다. 이 과정을 통해 같은 집단 구성원들은 유사한 생각을 갖게 된다. 마지막으로, '차별화'이다. 같은 집단의 구성원과는 지속적 접촉을 통해 유사한 생각을 갖는 반면, 다른 집단 구성원과는 접촉의 기회가 적으며, 따라서 다른 가치와 태도를 형성하게 된다. 이와 같은 과정을 거쳐 소속 집단은 그 구성원인 유권자 개인의 투표 선택에 많은 영향을 미치게 되는 것이다. 그리고 한 개인의 소속 집단은 쉽게 변하지 않기 때문에 개인의 가치와 태도도 변하지 않고 안정적이게 된다.

2) 정당일체감

유권자 투표 선택에 영향을 미치는 두 번째 요인은 '정당일체감'(party identification)이다. 정당일체감은 개인이 '특정 정당에 갖는 심리적 애착심'으로 정의할 수 있다. 이 같은 정당일체감 역시 개인이 성장하면서 갖게 된다. 정당일체감은 앞서 설명한 바와 같이 유권자 개인이 속한 사회 집단, 그리고 가족 등의 영향을 받아 형성된다.

정당일체감은 일종의 '인식의 선별 기제' 혹은 '인지의 지름길'로 작동하게 된다. 즉 외부로부터 전달되는 정치적 사건이나 쟁점, 정책, 그리고 후보에 대한 정보를 정당일체감을 통해 해석하고 평가한다. 예를 들어 A정당에 대해 일체감을 가지고 있는 유권자는 논란이 되고 있는 정책에 대한 세세한 정보를 알고 있지 못하더라도 A정당이 그 정책을 찬성한다면 그 또한 그에 대해 긍정적 평가를 할 가능성이 높다. 동시에 해당 정책에 대한 부정적 정보는 걸러내고 받아들이지 않을 것이다. 또한 선거에서 A정당이 공천한 후보에 대해서도 다른 정당 후보보다 선호할 것이다. 그 후보에 대한 부정적 정보 또한 거부할 가능성이 높다. 정당일체감이 정보를 선별해 받아들이게 하는 기제로 작동하기 때문이다. 이러한 정당일체감의 형성과 역할은 〈그림 3〉으로 요약될 수 있다.

한 번 형성된 정당일체감은 비교적 안정적이기 때문에 한 유권자가 지지하는 정당을 바꾸는 것은 흔하지 않은 일이다. 그러나 어떤 사건이나 계기가 있다면 약

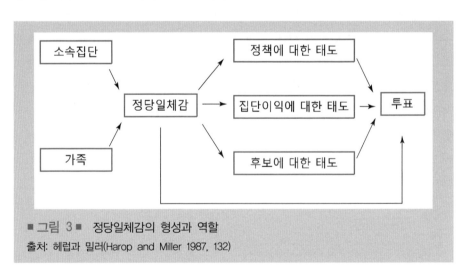

■ 그림 3 ■ 정당일체감의 형성과 역할
출처: 헤럽과 밀러(Harop and Miller 1987, 132)

화되기도 한다. 이 경우 그 유권자는 지지정당을 일시적으로 변경할 수도 있다.

3) 쟁점 투표

마지막으로 '쟁점(issue)'을 들 수 있다. 유권자들은 때로 합리적 선택을 하는 존재이다. 자신의 선택이 가져올 결과에 대해 비용과 혜택을 계산하고 그에 근거해 결정한다는 것이다. 즉 어떤 정책이 채택되거나, 특정 후보가 당선될 경우 자신에게 가져다 줄 혜택이 더 클 경우에 한해서 그 정책이나 후보를 선택한다.

이러한 합리적 선택을 설명하는 가장 대표적 이론은 '공간 투표 이론(spatial theory of voting)'이다. 다운스(Downs 1957)에 의하면 유권자는 정책에 관한 입장이나 태도에 따라 후보들을 이념 스펙트럼에 위치시키고 그 다음 자신의 입장과 가장 가까운 후보를 선택하는 합리적 결정을 한다고 주장한다.

〈그림 4〉에서 보는 바와 같이, 유권자 A는 선거에 출마한 후보자 갑, 을, 병 그리고 자신의 특정 정책에 대한 입장을 일종의 스펙트럼상에 위치시킨다. 이 경우 거리상 자신과 가장 가까운 병 후보에게 투표한다.

유권자들은 때로 '회고적 투표(retrospective voting)'와 '전망적 투표(prospective voting)'를 통해 합리적 선택을 한다. 먼저 회고적 투표는 다음과 같이 설명할 수 있다. 유권자는 먼저 현직자의 업적을 평가한다. 만약 현직자가 그동안 유권자 자신의 이익에 부합하는 정책을 펴왔다면 선거에서 그 현직자를 신임하는 차원에서 지지한다. 그러나 그렇지 않다면 야당 후보를 선택한다.

반면 전망적 투표는 과거에 대한 평가가 아니라 미래에 대한 전망이 선택의 기

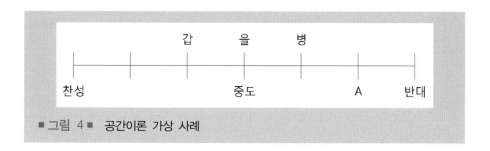

■ 그림 4 ■ 공간이론 가상 사례

준이 된다. 현직자가 재선되어 자신의 이익이 미래에 증진될 것이라고 판단하면 그 현직후보자를, 반면 다른 후보가 더 잘할 것 같다면 그 후보를 선택한다는 것이다.

물론 앞서 설명했듯이, 유권자들은 대부분의 경우 자신이 속한 집단이 가지고 있는 가치나 태도에 의해 영향을 받거나, 정당일체감에 근거해 투표한다. 그러나 적지 않은 경우 쟁점에 기초해 투표한다. 그렇다면 어떤 상황에서 쟁점 투표가 일어날까? 첫째, 쟁점을 둘러싸고 각 정당 간, 후보 간 입장차가 명확할 때이다. 둘째, 쟁점이 자신의 이익과 직접적으로 관련이 있을 때이다. 셋째, 그 사회에서 오랫동안 논의되어 온 쟁점보다는 새로운 쟁점이 부각되었을 때 유권자들을 그 쟁점에 관심을 갖고 투표할 가능성이 높다. 넷째, 이해하기 어려운 쟁점보다는 알기 쉬운 쟁점, 특히 과학 기술과 관련된 쟁점보다는 도덕적이고 상징적 쟁점이 등장했을 때이다.

2. 투표 참여와 기권

지금까지 유권자가 후보를 선택할 때 어떤 요인이 영향을 미치는가를 설명하였다. 다음은 두 번째 질문, 즉 유권자는 왜 투표에 참여하거나 기권하는가와 관련된 것이다. 유권자의 기권 행위는 앞서의 세 가지 요소에 근거해서 설명할 수 있을 것이다.

첫째, '소속 집단'의 관점이다. 개인의 행태는 소속 집단에 의해 영향을 받는다는 점은 이미 설명하였다. 그런데 만약 한 개인이 기존 집단에서 다른 집단으로 소속이 바뀌었다고 가정해 보자. 예를 들어 소득이 다른 계층 구성원과 결혼을 하였다거나, 거주지를 이전하였다던가, 직업을 변경하였다던가 하는 사례가 이에 해당할 것이다. 그렇다면 그는 이전에 가지고 있던 것과는 다른 정치적 가치와 태도를 접하게 될 것이고, 결국 혼란에 빠지게 될 것이다. 이를 '교차 압력'이라고 한다. 이러한 교차 압력이 강할 경우 그 개인은 어떠한 선택을 하지 못하고 결국 투표 참여를 포기하게 될 것이다.

이 밖에도 집단으로 참여를 설명하는 경우는 많이 있다. 예를 들어 교육수준이 높은 경우 정치에 대한 관심이 많아 투표에 참여할 가능성이 높으며, 정치에 대한 무관심 정도가 높은 젊은 세대보다는 연령이 높은 세대가 투표에 참여할 가능성이 높다. 물론 이러한 설명은 나라마다 적실성 정도가 달라질 수 있을 것이다.

둘째, 정당 일체감의 관점에서도 투표 기권행위를 설명할 수 있다. 정당일체감은 일종의 심리적 상태이다. 이는 얼마든지 변할 수 있거나, 약해질 수 있다는 것을 의미한다. 만일 어떠한 정치적 사건으로 인해 한 개인이 가지고 있던 특정 정당에 대한 일체감이 급격히 약화되고, 다른 대안을 찾지 못할 경우 그는 투표를 기권하게 될 것이다. 정치에 대한 불신 또한 정당일체감을 약화시켜 기권하게 할 수 있다. 물론 앞서 설명했듯이 정당일체감은 안정적이지만, 그 변화는 얼마든지 일어날 수 있는 개연성이 있는 것이다.

마지막으로 유권자가 합리적으로 포기하는 경우이다. 이를 공식으로 표현하면 다음과 같다.

$$R = PB - C$$

이 공식에서 R(reward)은 투표를 함으로써 유권자가 받는 보상이다. P(probability)는 유권자 개인의 한 표가 혜택을 가져올 확률, B(benefit)는 지지한 후보가 당선된 후 공약을 이행할 경우 유권자에게 돌아올 혜택, 그리고 C(cost)는 투표에 참여하는데 들어가는 비용이다. 이 경우 R>PB-C라면 투표에 참여하며, 그렇지 않다면 투표에 기권할 것이다.

그러나 여기서 의문이 제기된다. 이 공식에서 P는 거의 0에 가깝다. 왜냐하면 거의 모든 유권자는 자신이 던진 한 표가 선거 결과에 영향을 미칠 가능성은 거의 없다고 인식하기 때문이다. 따라서 PB는 거의 항상 0, 그 결과 R은 항상 마이너스 값을 가질 것이고 따라서 합리적 유권자는 투표에 참여할 이유가 없다.

그럼에도 불구하고 유권자들은 왜 투표하는가? 유권자의 합리적 선택을 강조하는 학자들은 위 공식을 수정함으로써 해답을 구하고자 했다. 그 공식은 다음과 같다.

$$R = PB - C + D$$

여기서 D(civic duty)는 일종의 의무감으로써, 민주 시민으로서 선거에서의 투표할 권리를 수행해야 한다는 의무감, 혹은 그러한 권리를 이행하는 데서 오는 만족감으로 이해할 수 있다. 따라서 이러한 D로 인해 전체적으로 R은 0보다 커지게 되고, 그 결과 투표에 참여한다는 것이다.

3. 여론과 선거

여론(public opinion)은 선거에서 중요한 역할을 한다. 선거시 형성되는 여론은 유권자의 투표 선택에 영향을 미칠 수 있기 때문이다. 넓은 의미에서 여론은 '현재 사회에서 논의되고 있는 쟁점이나 사건에 대한 시민들의 반응'이라고 정의할 수 있다. 선거와 관련해 좁은 의미로 재정의한다면, '선거에서의 쟁점이나 후보에 대한 유권자들의 반응과 견해'라고 할 수 있을 것이다.

여론은 대체로 세 가지 특징을 갖는다. 첫째, 여론은 쟁점이나 후보에 대한 '선호', 즉 찬성과 반대의 표현이다. 둘째, 여론은 일종의 '강도'를 가지고 있다. 강한 강도를 가진 소수 여론이 무관심한 다수 여론을 압도하는 경우가 있다. 셋째, 여론은 유동적(volatile)이다. 새로운 쟁점이나 사건의 등장으로 쉽게 변할 수 있다.

그렇다면 여론은 어떤 과정을 거쳐 형성될까? 이 과정을 이해하기 위해서는 대중을 세 가지 유형으로 분류해 생각해보는 것이 유용하다. 왜냐하면 정치적 관심이나 동기에 따라 여론 형성과정에서의 역할이 다르기 때문이다. 정치학자 알몬드(G. Almond 1950)는 대중을 세 유형으로 분류한 바 있다. 첫째, 일반대중(general public)으로, 자신들의 직접적 이해와 관련된 이외의 것은 잘 알지 못하거나 관심이 없는 층이다. 둘째, 관심대중(attentive public)이다. 이들은 교육수준이 높고, 사회적 현안에 대해 구체적이지 않지만 관심을 가지고 있다. 마지막으로 의견 엘리트(opinion elite)를 들 수 있다. 사회에서 소수로서 일종의 여론 선도층이다. 특정 현안에 대한 견해나 정책 대안을 제시하고 일반 대중에게 '전파'하는 역할을 한다. 정치인, 언론인 등 사회 지도층이 이에 해당한다.

그리고 여론 형성에서 '정치적 커뮤니케이션'의 역할이 중요하다. 이는 말, 글,

수치, 몸짓과 표정 등 비언어적 상징을 사용해 메시지를 전달하는 것으로 특정 정치인이나 단체가 어떤 쟁점이나 사건에 대한 자신들의 견해를 알리기 위한 과정이다. 이와 같이 볼 때, 선거에서의 여론 형성 시발점은 정당이나 후보와 같은 의견 엘리트들이라고 할 수 있다. 선거에서 공약이나 후보 자격 등을 알려 유리한 여론을 조정함으로써 유권자 선택과 선거 결과에 영향을 미치려 하기 때문이다.

이들이 청중인 유권자들이 자신들의 메시지를 받아들이도록 하기 위해서는 다양한 매체를 활용한다. 개인적인 대화, 거리 연설, 홍보물 등이 사용되기도 하지만 가장 대표적인 것은 TV, 라디오, 신문, 인터넷과 같은 대중매체(mass media)이다.

정당이나 정치인들이 여론을 형성하는 과정을 이해하기 위해서는 카츠와 라자스펠드(Katz and Lazarsfeld 1955)의 설명이 도움이 된다. 그들은 '2단계 흐름(two-step flow)'을 통해 여론이 만들어진다고 한 바 있다. 그들에 의하면, 알몬드가 유형화했던 대중 중에서 의견 엘리트들 — 선거시에는 정당과 후보, 그리고 언론인 등 — 이 자신들의 메시지를 대중 매체를 통해 청중들에게 전달하고자 한다. 1단계로 대중 매체를 통한 메시지나 정보는 각 지역이나 단체의 의견 지도자(opinion leader) 혹은 관심 대중(attentive public)에게 전달된다. 2단계로 이들은 이러한 정보나 메시지를 다시 지역이나 단체 구성원들, 즉 일반대중(general public)에 전파해 여론을 형성하게 된다.

이 과정에서 전달 매체인 대중매체, 특히 TV는 강한 영향력을 행사하기도 한다. TV는 시간 제약이라는 특성상 공약이나 쟁점에 대한 심층적 보도보다는 후보 개인에 대한 보도를 하는 경향이 강하다. 따라서 특정 후보에 대한 긍정적 보도나 부정적 보도는 그에 대한 여론이 어떤 방향으로 형성될 것인지를 결정하기도 한다. 또한 특정 후보 — 특히 현직자 — 에 대한 편중된 보도는 그의 인지도를 상승시켜 선거 결과에 영향을 미치기도 한다. 그리고 선거 전 후보들의 지지도에 관한 여론 조사 결과를 발표함으로써 누가 당선 가능성이 높은지를 유권자들에게 알려주기도 한다. 이는 1위를 달리고 있는 후보에게 유리한 환경을 조성하기도 한다. 일종의 밴드웨건 효과(bandwagon effect)라고 할 수 있다.

그렇다면 정당이나 후보들이 대중매체를 통해 선거에서 유리한 여론을 형성하고자 하는 정치적 커뮤니케이션의 노력은 얼마나 효과적일까? 그 결과는 특수한 경우를 제외하고는 매우 제한적이라고 할 수 있다. 일반적으로 정치적 커뮤니케이션의 효과는 두 가지로 나눌 수 있다. 사고의 전환(conversion)과 재확신(reinformation)이다. 전자는 유권자가 대중매체에서 접한 정보나 메시지로 인해 이전에 가지고 있던 생각을 바꾸거나 지지후보 혹은 지지정당을 변경하는 것을 의미한다. 후자는 이전에 가지고 있던 생각, 혹은 특정 후보나 정당을 지지하는 생각이나 태도가 더 강화되는 것이다.

많은 학자들은 주로 사고의 전환보다는 재확신 현상이 더 많이 일어난다고 주장한다. 왜냐하면 일반 유권자들은 이미 자신이 속한 집단, 이념적 성향, 그리고 '정당일체감' 등에 의해서 지지하는 후보나 정당이 정해져 있기 때문이다. 이때 대중매체로 전해지는 메시지 중 자신의 생각과 다른 것은 받아들이지 않고, 일치하는 것만 받아들임으로써 기존의 생각을 더 강화하는 경향이 있다는 것이다. 정당이나 후보들이 선거시 노력하는 우호적 여론 조성 노력은 주로 자신들의 지지층을 강화하거나 특정 정당을 지지하지 않는 무당파층을 동원하는 효과만을 가진다고 할 수 있다.

정당일체감과 여론

현재 한국 사회는 '국회선진화법'에 대한 여론이 갈리고 있다. 쟁점법안에 대해서는 여야가 합의해야 의결될 수 있도록 한 법안에 대해 찬성과 반대가 팽팽히 맞선 것이다. 그런데 위 〈그림 5〉에서 보는 바와 같이 무당파층의 경우 찬·반의견 비율이 비슷하게 갈리고 있다. 그러나 특정 정당을 지지하는 사람들의 경우 지지정당에 따라 '국회선진화법'에 대한 의견이 나뉘고 있다. 새누리당 지지층은 반대 의견이 높은 반면, 새정치민주연합 지지층의 경우는 찬성 비율이 높게 나타나고 있다. 앞서 〈그림 3〉에서 정당일체감의 역할을 보았듯이, 쟁점에 대한 태도와 여론 형성에 정당일체감이 영향을 주고 있는 것이다.

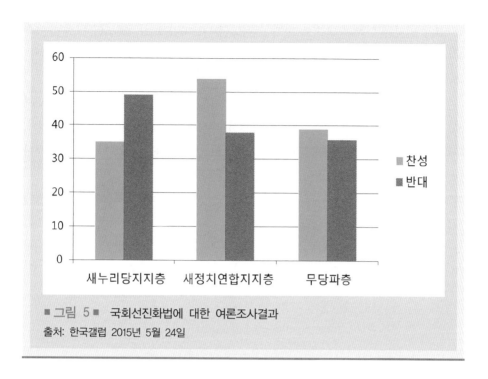

■ 그림 5 ■ 국회선진화법에 대한 여론조사결과
출처: 한국갤럽 2015년 5월 24일

Ⅳ. 맺음말

지금까지 선거제도와 유권자의 투표행태를 알아보았다. 민주주의 국가에서 선거제도는 민주주의를 실현하고 유지시켜 주는 핵심적 장치이다. 흥미로운 사실은 나라마다 상이한 선거제도를 운영하고 있다는 점이다. 그 나라의 역사적·사회적·정치적, 그리고 문화적 환경에 영향을 받은 바가 크다. 그리고 선거에 참여하는 유권자들도 다양한 요인에 영향을 받아 투표 선택을 한다. 이 역시 그 나라의 역사와 정치 문화와 상황, 그리고 유권자 개인의 특성에 따라 다르게 나타난다고 할 수 있다. 이와 같이 서로 다른 선거제도에 따라, 그리고 투표 선택에 미치는 상이한 요인에 따라 선거에서의 승자와 패자가 갈리게 된다. 나아가 정당체제, 정부 형태 등 더 큰 정치 영역을 다른 모습으로 바꿔 놓기도 한다. 따라서 선거제도의 다양한 유형과 유권자 투표행태를 결정하는 요인을 이해하는 것은 해당 국가의 정치를 이해하기 위한 첫걸음이기도 하다.

특히 우리나라의 경우 선거제도 개혁 논의가 계속되고 있다. 한국 정치의 병폐로 지적되어온 지역주의를 극복하기 위해서는 선거제도를 바꿔야 한다는 것이다. 그리고 그 대안으로 여러 제도가 후보로 제시되고 있다. 물론 지금의 선거제도보다 더 나은 형태가 있을 것이다. 그러나 어떤 제도가 민주주의적 가치를 실현하는데 가장 가까운지에 대해서는 갑론을박이 있을 수 있다. 지금까지 보아왔듯이, 각각의 제도는 장점과 단점을 가지고 있기 때문이다. 따라서 우리나라 정치와 민주주의를 발전시키기 위해 가장 적합한 선거제도를 선택하기 위해서는 다양한 제도에 대한 폭넓은 이해가 먼저일 것이다.

1. 민주주의 정치체제에서 어떤 선거제도가 가장 이상적일까?

2. 한국의 선거제도를 개혁한다면 어떤 형태가 가장 바람직할까?

3. 한국 유권자의 투표 선택에 어떤 요인이 가장 많은 영향을 미칠까?

4. 유권자들의 투표 참여 혹은 기권 결정에 어떤 요인이 가장 많은 영향을 미칠까?

현대정치의 주요 쟁점

10

시민사회의 발전과 정치의 미래

I. 머리말

이 장에서는 시민사회의 정의와 기능, 그리고 그것의 구성 요소와 발전과정을 살펴볼 것이다. 사회가 인류의 생성과 더불어 생겨난 역사적인 개념이라면 시민사회는 시민혁명을 통해 보편화된 근대적인 개념이다. 역사학이나 사회학과 달리 정치학의 영역에서는 사회보다는 시민사회 개념을 주로 사용한다. 그 이유는 시민사회라는 개념이 정치학의 본질적 연구 대상인 국가와 시장의 관계 속에서만 존립할수 있으며 민주주의와 긴밀한 연관이 있는 사회과학적 개념이기 때문이다.

시민사회가 '근대적 주체인 시민'으로 구성된 사회라고 한다면, 먼저 시민이 무엇인지를 정확하게 파악하는 것이 필요하다. 시민의 실체를 확인하기 위해서는 고대 아테네 민주주의로의 여행이 도움이 된다. 왜냐하면 거기에는 도시라는 공간, 재산이라는 자격, 권리의 주체라는 시민의 뿌리가 고스란히 담겨 있기 때문이다. 먼저, 아테네의 시민은 독립적이고 평등한 주체로서 공동체의 결정에 적극 참여하는 능동적 존재였다. 동시에 그들은 재산과 교양을 갖춘 자산 계급이었다. 자산 보유자로서 시민의 이미지는 그 어원에서도 확인될 수 있다. 시민을 지칭하는 독어의 Burger, 불어의 bourgeois, 영어의 burgher는 중세 이후 도시주민으로서 상공업자를 가리키던 같은 뜻의 단어들이다(조혜인 2009, 64). 끝으로, 市民은 동서고금을 막론하고 市의 民이다. 도시는 뒤에 설명할 시민의 두 가지 얼굴, 즉 자율적으로 참여하는 공적 시민(Citoyen)과 자산 계급(bourgeois)의 성립을 가능하게 만든 필요조건이었다. 정보와 지식, 교통과 산업, 정치와 행정, 문화와 교육의 중심지로서 도시는 사람들에게 교양을 쌓고 부의 축적을 가능하게 만들었던 기회의 땅이었다.

국가와 시장으로부터 상대적으로 독립적이고 자율적인 영역인 시민사회는 민주주의와 불가분의 관계에 있다. 왜냐하면, 개인과 가족을 국가와 정치의 공적 영역과 매개하는 시민사회는 정치사회적 참여를 촉진시키고 공익과 집단이익을 대변하며, 사회서비스를 제공하기 때문이다.

시민사회의 중요한 구성요소인 이익집단과 국가의 관계는 다원주의와 조합주의의 두 가지 유형으로 대별될 수 있다. 다원주의 모델이 미국식 자유민주주의를 반영한다면, 조합주의 모델은 북유럽의 복지국가와 친화성이 있다(〈표 1〉 참조).

후기산업화에 이르러 시민사회는 도전과 전환의 기로에 서 있다. 위기는 다층적인데, 그중 하나는 정치사회적 참여와 신뢰의 하락에 따른 사회자본의 약화이고,

	다원주의	조합주의
주요행위자	수많은 이익집단	조직화된 소수의 거대 집단
행위자들 관계	자유 경쟁	제도적 조정
활동방식	압력정치	협약정치
제도	로비(lobby system)	노사정위원회(tripartite system)
정부의 성격	공정한 중재자로서 중립적 역할	협상 당사자로서 적극적 역할
문제점	조직화된 이익의 과잉대표와 권력의 불균형	

■ 표 1 ■ 다원주의와 조합주의의 비교

다른 하나는 자본과 권력의 비대화에 따른 공론장의 침체(식민화)이다. 동시에 후기 산업화는 탈물질주의 가치의 확산에 따른 시민행동주의라는 새로운 물결을 일으키고 있다. 정부와 정당이 이러한 새로운 현상을 어떻게 수렴할 것인가? 즉 국가와 시민사회가 새로운 사회계약을 어떻게 체결할 것인가에 따라 향후 민주주의의 진로가 결정될 것이다.

II. 시민사회의 정의 및 쟁점

1. 시민사회의 정의

1) 일반적 정의

정치학의 영역에서 20세기가 국가의 시대였다면 21세기는 시민사회의 시대이다. 이론적 영역에서 시민사회의 일반적 정의는 국가와 시장으로부터 독립된 자율적 영역(realm)·장(arena)·공간(range)으로서, 그것의 일차적 기능과 역할은 개인과 가족을 국가와 정치 등 공적 영역과 제도에 연결시켜 주는 매개 활동이다(Cohen & Rogers 1995, 24).

1792년 독일의 철학자 가르베(Christian Garve)는 시민 개념이 정치공동체 안에서 평등한 권리를 갖는 모든 구성원을 뜻하는 시민(citoyen)의 의미를 가지면서 또한 부상하는 자본주의 경제의 지배계급을 가리키는 부르주아(bourgeosie)의 의미를 동시에 포함하는 이중성을 내장하고 있다고 지적하였다(신진욱 2008, 88). 본 장에서는 시민사회에 대한 이해에 있어 '자율적 영역으로서의 적극적 시민사회'와 '경제적 영역으로서의 계급적 시민사회'로 나누어 접근하고자 한다.

2) 자율적 영역으로서의 적극적 시민사회

자연 상태와 구분되는 시민사회라는 개념의 등장은 근대 계몽주의의 발전을 가능하게 만든 일대 사건이었다. 특히 자유롭고 평등하지만 정념으로 가득 찬 자연

상태의 인간이 사회계약을 통해 시민사회를 구성하게 된다는 홉스의 사고는 자유주의 정치이론의 형성 계기가 되었다. 또한 로크에 의해 정부의 정당성은 평등하고 합리적인 시민의 자발적 동의에서 비롯된다는 사고가 가다듬어졌다. 홉스와 로크를 거치면서 시민사회는 아리스토텔레스처럼 자연적으로 만들어진 것이 아니라 공공선을 규정하는 인간의 능력과 의지에 의해 만들어진 인공적인 산물이라는 생각이 확산되었다.

이러한 입장은 아테네 민주주의에서 발본하여 아리스토텔레스, 마키아벨리, 루소와 같은 철학자들을 거치면서 공화주의, 특히 시민적 공화주의로 발전하였다. 왜냐하면, 공화주의는 공공선에 대한 헌신, 공적 결정에 대한 적극적인 참여와 모든 시민이 공동체로부터 배제되지 않고 권리와 혜택을 누리는 시민권의 원리, 시민적 덕에 대한 강조를 핵심 내용으로 하고 있기 때문이다. 즉 그것은 적극적 시민으로서 정치에 대한 참여와 선출된 공직자의 시민에 대한 사회적·도덕적 책임성의 윤리를 함축하고 있다.

현대정치에 이르러 시민사회의 이론 정립에 크게 기여한 인물이 그람시이다. 그람시는 국가를 '경제 및 생산에 대중들을 복종시키고 동원하려는 억압기구'로 규정하고, 시민사회를 '자발적인 결사체를 통해 행사되는 헤게모니의 영역'으로 구분하였다. 시민사회는 경제적 필요와 대립되는 영역이고 국가의 통제로부터 해방된 자유와 동의의 영역이었다. 이처럼 그람시의 시민사회는 국가의 통제에서 벗어난 공적 영역으로써 시민들 사이의 자유로운 소통과 자발적 참여가 일어나는 공간이다.

하지만 시민사회의 가장 표준적인 견해는 시민들의 자발성을 고무하고 정치교육을 제공하는 시민단체를 찬양하였던 자유 다원주의자(liberal pluralist)에게서 발견된다. 주지하다시피 토크빌은 미국, 특히 뉴잉글랜드의 타운제도와 자치기구의 작동을 주목하면서, '접근 가능한 작은 영역 내에서의 시민들의 다스리는 기술'에 대해 경이로움을 감추지 않았다. 토크빌의 다원주의적 시민사회이론은 훗날 사회자본론의 등장에 지대한 영향을 미치게 된다. 시민의 자발적 참여를 강조하는 이러한 입장은 직접민주주의와 참여민주주의의 범주에 포괄될 수 있는 무수히 많은 사상적 지류들을 만들어 냈다.

3) 경제적 영역으로서의 계급적 시민사회

시민사회에 계급적 외피와 장식을 입히는데 결정적으로 기여한 것은 헤겔이었다. 헤겔은 근대 자연법 사상가들이 국가와 시민사회를 구별하지 못했다고 비판하면서, 헌법, 행정, 군사제도 등으로 구성된 국가의 정치적 영역과 욕구와 계약, 결사체로 구성된 시민사회의 사적 영역을 구별하였다. 그에 따르면, 근대 산업혁명과 시민혁명을 통해 출현하게 된 시민사회는 노동을 통해 욕구를 충족시키고 자기이익을 추구하며, 보편적인 자유와 권리가 보장되는 경제사회 또는 경제적 영역으로서의 시민사회를 의미했다.

헤겔과 마찬가지로 마르크스는 근대의 시민사회가 유럽에서 자본주의의 성장과 더불어 나타났다고 파악하였다. 마르크스에게 있어 시민사회의 토대는 자본주의의 기본원리인 사적 소유권에 근거한 개인의 자유와 노동이며, 개인의 이기심이 지배하는 경제 활동의 영역이었다. 그는 헤겔이 사적 시민이라 호명하였던 부르주아 계급이 국가의 간섭 없이 생산수단을 소유하고 상공업을 통해 자유롭게 사적 이익을 추구하는 영역을 시민사회이자 자본주의 사회로 이해했다.

2. 시민사회의 구성과 역할

1) 참여와 대표

시민사회를 구성하는 대표적인 행위자는 경제적 이익집단, 공익적 시민단체(NGO), 조직화된 사회운동, 그리고 학연·혈연·지연 등을 매개로 한 각종 연고단체라 할 수 있다. 현대사회에서 대부분의 참여는 정당을 필두로 한 정치사회와 더불어 시민사회를 통해 실현된다. 시민들은 다양한 시민사회 조직을 통한 자발적 참여를 통해 대의 민주주의 체제의 수동적 유권자에서 능동적 시민으로 전환된다. 그렇지만 어떤 성격과 유형에 대한 참여가 가장 바람직한 결과를 낳는가에 대해서는 다소 이견이 존재한다.

토크빌은 소규모 지역 결사체를 통한 시민참여가 민주주의, 특히 시민덕성을 배양하는 데 가장 긍정적인 효과를 낳는다고 보았다. 그에 의하면 교회, 노동조합, 자치센터, 사친회 등에의 가입과 활동은 사회적 고립을 방지하고 사람들로 하여금 협력하고 공동 이익을 발견하게 만드는 자유의 학교이다. 퍼트남의 사회자본론 또한 민주주의의 핵심 지표로써 결사체, 특히 지역 결사체 활동의 역동성에 주목하고 있다. 즉, 시민적 자발성에 기초하여 지역에 근거를 둔 다양한 협력적 네트워크가 공동체에 대한 관심과 신뢰, 사회적 연대와 유대를 형성해 민주주의와 경제발전에 기여할 것이라고 전망하였다.

이익집단을 통한 참여 역시 민주주의를 풍성하고 건강하게 만든다는 것이 다원주의 이론의 핵심 교리라고 할 수 있다. 다원주의에서 시민사회의 핵심 구성요소인 이익집단은 자유로운 결사체의 정당한 산물이기에 부당한 간섭이나 정부의 규제로부터 보호되어야 한다. 나아가 이익집단을 포함한 결사체들은 시민이 주도하는 아래로부터의 정치과정이자, 시민들이 스스로를 지배하게 되는 자발적이자 정당한 정치과정으로 정당화된다.

이처럼, 시민사회를 통한 정치사회 참여가 현대 민주주의에 미치는 효과에 대해서는 일부 논쟁이 있지만 긍정론이 다수이다. 예를 들어 버바 등은 정치나 공공정책과 상관없는 비정치적 제도와 기구에의 참여는 조직적, 의사소통상의 기술을 발전시킴으로써 정치적 활동을 촉진한다고 주장하였다(Verba et al, 2002, 18-19).

시민사회의 또 다른 기능은 대표 기능이다. 이익집단과 연고집단은 명백하게 규정된 회원만의 이익을 대표한다. 반면 시민단체와 사회운동의 중요한 기능 중 하나는 다수 시민을 대표하는 것과 아울러 사회적 약자와 소수자의 권익을 증진시킴으로써 더욱 평등한 사회를 건설하는 일이다. 사회적 약자 또는 소수자란 통계학이나 인구학적으로 소수이면서 동시에 상대적으로 낮은 지위 때문에 차별과 배제를 당하는 하위집단을 지칭한다. 특히, NGO의 이러한 사회적 소수자의 대표 기능은 '다수주의의 횡포를 방지하고 소수자의 인권을 개선함으로써 민주주의의 장기적인 발전에 필요조건'으로 이해되고 있다.

2) 사회서비스

현대에 이르러 시민사회의 구성 요소 중 하나인 NGO가 수행하는 가장 두드러진 역할 중 하나가 일반 시민에 대한 사회서비스의 제공이다. 시민사회가 왜 정부의 고유 기능을 대신하게 되었는지에 대해서는 세 가지의 설명이 존재한다. 첫 번째 설명은 '정부실패' 이론이다. 이 이론은 정부가 제공해야 할 공공재의 질과 범주, 이를 조달하기 위한 재원 결정을 함에 있어 정부는 중위 투표자(median vote) 혹은 지배적인 정치동맹의 선호를 따른다고 전제한다. 그렇지만 현대사회에서 시민들은 다양한 선호를 갖고 있기 때문에 정부의 획일적인 공공재 제공에 전혀 만족하지 못하게 된다. 이를 해결하기 위해서는 다양한 개인적·시장적 방식들이 존재하지만 이러한 선택은 적지 않은 비용을 지불해야 하기 때문에 결국 최상의 대안은 신뢰할 만한 서비스를 제공하는 NGO라는 것이다. 두 번째 설명은 생산자와 소비자 사이의 정보 비대칭을 주목하고 있는 '계약실패' 이론이다. NGO는 이윤을 추구하는 기업과 달리 이익을 주주나 회원들 사이에서 배분할 유인이 없으며, 민주적이고 투명한 내부의 지배구조로 인해 소비자들을 기만할 하등의 이유가 없다.

마지막 설명은 NGO의 서비스 제공 기능이 정부와의 기능적 분화에 근거하고 있다는 제3자 정부 이론이다. 이 모델에서 NGO는 공공재 전달을 돕는 정부의 파트너 혹은 계약자로서 사회서비스 제공의 주체가 되며, 정부는 재원을 조달한다. 최근에 대부분의 선진국에서 복지 재원과 관련된 정부의 역할은 확장되어 왔다. 그러나 시비스 전달자로서 중앙 정부의 역할은 다른 기관, 즉 주·시·대학·병원·은행·산업체 등등으로 분산되어 왔다. 그 결과, 정부와 NGO가 사회서비스를 공유하는 제3자 정부가 출현하게 되었다(정상호 2006, 187-188).

NGO와 NPO

NGO와 NPO를 완전히 다른 개념으로 이해하기보다는 국가와 시장으로부터 독립된 자율적 실체로 인식하는 것이 옳다. 단 강조의 차이는 있다. NGO는 권력에 대한 감시 및 비판

등 주창활동과 국제지원활동에 주력하기 때문에 비정부적 성격을 좀 더 강조하며, 우리나라와 남미 등 민주주의 이행 및 공고화 단계의 국가들에서 보다 일반적이다. 한편 NPO는 비영리적 성격을 강조하며 미국과 일본에서 널리 사용되고 있다. 다음의 5가지 요건을 충족한다면 NGO 또는 NPO라고 정의할 수 있다. ① 공식적(formal): 어느 정도 제도화된, 즉 제도화된 실체를 지닌 조직이다. ② 사적(private): 제도적으로 정부와 구분되는, 즉 기본 구조에 있어서 사적인 민간기구이다. ③ 비영리 분배적(non-profit distributing): 발생한 이윤을 소유자와 대표자에게 돌려주지 않는다. ④ 자치적(self-governing): 자율적 통제와 내부 절차가 활동을 규제한다. ⑤ 자발적(voluntary): 조직 활동과 운영에 있어 상당 정도의 자발적 참여가 수반된다(Salamon & Anheier 1997).

3. 현대 시민사회의 위기: 사회자본의 쇠퇴와 공론장의 식민화

사회자본론의 기본 가정은 협동적인 사회적 상호작용과 신뢰가 집합적 문제들을 풀어가는 데 가장 중요한 역할을 하며, 사려 깊은 공공정책, 건강한 경제 성장, 효과적인 공공 행정이 모두 이로부터 비롯된다고 주장한다. 이제는 고전이 된 퍼트남의 *Bowling Alone*(2000)이 출간된 이래 미국의 시민사회 나아가 현대 민주주의가 위기에 빠져 있다는 주장이 확산되었다. 이들에 따르면, 다수 시민들의 정치참여와 사회참여의 감소로 시민사회의 역동성이 약화되고 시민능력이 잠식되고 있으며 적지 않은 이들이 그 근거로 투표율의 하락과 정부신뢰와 대인신뢰의 퇴조, 결사체 참여와 기부의 감소를 들고 있다.

현대 시민사회가 위기에 빠져 있다는 또 다른 논거는 하버마스에 의해 제기되었다. 의사소통이론을 체계화한 하버마스는 근대사회를 두 영역, 즉 공적 결정과 집행이 이루어지는 국가영역과 생산과 교환이 이루어지는 사회영역으로 구분하였다. 공론장은 이러한 두 영역 사이에 있는 자율적인 공간으로서 자발적 결사체들로 구성되었으며, '의사소통적 상호작용'이 이루어지는 사회적 삶의 영역이라는 점에서 현대적 의미의 시민사회에 해당된다고 설명한다(유홍림 2003, 180).

한때 자본주의 초기의 공론장은 모든 주장과 담론의 타당성을 평가하는 심판의

장이자, 법치주의와 합리적 여론을 창출하는 긍정적 기능을 수행했다. 또한 공론장은 권력의 자의적 행사를 방지함으로써 입헌주의의 발전(17-19세기)에 지대한 공헌을 남겼다. 하지만 자본주의의 발전이 고도화되면서 공론장의 성격과 기능은 구조적 변화를 거치게 된다. 무엇보다도 근대 부르주아 계급이 선도하였던 공론장은 과학기술의 확장과 자본의 논리의 범람에 의해 비판적 기능이 약화되었다. 자본주의 국가의 형식적 절차와 규정이 강조되면서 정당성이 도외시되었고, 정책과 관행은 기득세력의 이해관계에 의해 좌우되었다. 결국, 시장논리와 도구적 합리성의 기준이 전 사회영역으로 침윤되어 문화 영역조차 상품화되었다. 또한 행정국가에 의한 사회통제의 심화는 의사소통구조와 구성원들의 의사소통능력을 제약하였다. 하버마스는 이러한 상황을 '공론장의 재봉건화' 또는 '의사소통적 생활세계의 식민화'로 요약하였다.

III. 이익집단과 국가의 관계

1. 이익집단과 다원주의(pluralism)

1) 다원주의의 원리

다원주의 이론의 사상적 기원은 메디슨적 민주주의(Madisonian democracy)라고 할 수 있다. 메디슨은 "파벌을 통제하기 위해 자유를 억압하는 것은 질병보다 더 해로운 결과를 낳는다"(Federalist 10)라고 주장하면서, 인간 본성에 근거한 파벌을 제한하기보다는 견제와 균형을 통해 파벌의 영향력을 조정해야 한다고 제안하였다. 이러한 메디슨의 사유는 초기 다원주의 집단 이론가들에게 큰 영향을 주었다. 벤틀리와 트루만은 사회적 분화과정은 기능의 분화를 이끌고, 점점 더 많은 사람들의 특화된 역할과 경제활동에의 참여를 가져옴으로써 다양한 집단을 발생시킨다고 설명하였다. 벤틀리와 트루만이 공통적으로 이익집단을 긍정하였던 이유는 회원의 중복 현상이 특정집단의 과도한 요구를 억제해 주며, 특수이익과 대립하는 잠재집단의 존재와 활성화를 확신하였기 때문이었다.

　달은 철저한 경험적 사례 연구에 기반하여 다원주의 이론의 정립에 공헌하였다. 달은 권력구조를 해명하기 위해 뉴헤이번 시(New Haven city)의 세 가지 공공정책 결정과정, 즉 공직후보지명, 도시재개발, 교육을 사례 영역으로 선정하였다. 달의 발견은 다음과 같다. 첫째, 미국사회의 권력구조는 소수의 엘리트에 의해 전일적으로 지배되는 과두제(oligarchy)가 아니라 다른 정치적 자원을 갖는 다양한 지도자에 의해 통치되는 다두제(polyarchy)라는 것이다. 달은 사례 연구를 통해 공직 후보지명과정에서는 정당 지도자가, 도시재개발에서는 시장 등 공공 관료가, 교육에서는 교육 당국 및 교원단체와 학부모회가 각각 가장 영향력이 큰 행위자임을 밝혀냈다. 둘째, 각 영역에서의 지도자 그룹들과 일반 시민의 관계는 일방적인 것이 아니라 상호작용의 관계라는 것이다. 달은 1950년대 이후에는 시장과 같은 정치적 지도자가 정책과정을 지배했지만 동시에 이들의 행동은 이익집단 또는 유권자들의 요구에 민감하게 영향을 받고 있음을 보여주었다. 셋째, 미국의 다두제하에서 권력의 불평등은 경제적 부가 자동적으로 교육·문화·정치 등 다른 영역에서도 우월적 지위를 보장하였던 귀족정치 시대의 그것과 달리 누적이 아니라 분산된 불평등이라는 것이 그의 결론이었다.

2) 다원주의의 제도: 로비와 정치활동위원회(Political Action Committee: PACs)

　원래 로비(lobby)는 "자신을 대표하는 시민적 행동이 아니라 영향력 행사의 의도로 정부의 정책 결정자를 대상으로 한 커뮤니케이션의 전달과 압력"이라는 정의에서 알 수 있듯이 의원과 이익집단 사이의 개별 대면 접촉을 강조하였다. 하지만 최근에는 입법, 행정, 사법, 언론, 여론 등을 포함하여 정부의 정책결정에 영향을 끼치려는 다양한 집단 활동으로 개념이 확대되고 있다(Baumgartner and Leech 1998, 35). 따라서 오늘날 로비의 법적인 적용 대상은 의회와 행정부, 그리고 사법부를 대상으로 제3자를 위해서 구두, 서면, 혹은 인터넷 등의 전자적 교신 수단을 통해 접촉을 하는 행위를 말하며, 로비스트란 그러한 행위를 통해 제3자로부터 재정적 혹은 이에 상응하는 다른 보상을 받는 사람들을 말한다. 로비를 보다 깊게 이해하기 위해서는 로비를 접촉채널과 전략으로 구분하여 살펴보는 것이 유용하다.

첫째, 접촉채널은 로비의 목표 또는 대상이 누구인지를 기준으로 한 분류이다. 로비 연구자들이 밝혀낸 공통된 사실 중 하나는 적어도 미국의 경우 의회가 로비스트와 이익집단의 가장 중요한 일차적 대상이라는 점이다. 특히 1970년대 이후 소위원회와 청문회가 활성화되면서 의회를 대상으로 한 이익집단의 영향력 행사를 활성화시켰고, 거꾸로 의회는 관련 정보 수집, 전문성의 축적, 정치적 지지에 있어서 로비스트의 영향력에 의존하게 되었다. 로비가 행정부와 사법부로 다변화되어 왔지만 여전히 의회는 영향력 행사(Lobbying for influence)와 구매(Buying influence)가 이루어지는 직접적인 무대이다. 반면, 행정부와 사법부는 많은 경우 의회를 매개로 한 간접적 로비가 일어나며, 사법부를 대상으로 한 소송(Suing)은 비싸고, 복잡하며, 적지 않은 시간이 소요되기 때문에 마지막 수단으로 활용되고 있다(Spiller and Liao 2006).

둘째, 로비 전략은 원하는 목표를 얻기 위해 행사되는 방식을 기준으로 한 분류로써 인사이드 전략과 아웃사이드 전략이 있다. 인사이드 전략은 단체들의 입장을 담은 의견서·건의서·정보 제공을 위한 공식 접촉과 사적 형태의 비공식 접촉이 대표적이다. 또한, 정부나 의회가 주최하는 각종 공청회, 설명회, 자문위원회의 참여가 포함된다. 아웃사이드 전략은 언론을 대상으로 한 기자회견, 성명서 및 보도자료 배포, 언론인 접촉이 대표적이다. 단체의 입장을 개진하고 특정 이슈에 대한 공론화를 위한 캠페인·세미나·토론회 개최 등이 이에 해당된다. 아울러, 시위·집회·서명 등 집단행동 등도 아웃사이드 전략의 중요한 방식이다. 로비와 관련된 연구들은 공통적으로 로비스트들이 관료나 의원들과의 공식·비공식적 접촉을 가장 선호하며, 항의 시위 등 집단행동을 기피한다는 점을 밝혀냈다.

미국에서 이익집단과 시민단체, 그리고 정당의 정책 연계를 이해하기 위해서는 정치활동위원회(PACs)에 대한 이해가 필수적이다. 기업뿐만 아니라 노조, 시민단체와 지방정부 모두 정치활동위원회를 설립하여 해당 회원이나 지지 시민들의 기부금을 모아 후원 정당과 입후보자들에게 별다른 제약조건 없이 정치자금을 제공할 수 있게 되었다. 〈표 2〉는 단체 유형별로 설립된 정치활동위원회의 수와 모금 및 지원 규모를 정리한 것이다.

유형	수(개)	총 모금액($)	총 지원액($)
기업(corporate)	1,765	235,938,257	213,948,269
노동(labor)	288	181,625,814	138,413,967
무역(trade)	713	93,583,603	79,643,681
회원(Membership)	244	94,001,941	67,886,313
협동조합(cooperative)	40	5,642,816	4,695,481
비상장기업(corporations without stock)	109	12,325,501	11,414,437
독립위원회(non-connected committees)	3,866	509,508,935	435,489,033
계	7,025	1,132,626,867	951,491,181

■ 표 2 ■ PAC 활동 요약(2013. 1. 1-2014. 3. 31)
출처: FEC Record March 2013/http: //www.fec.gov/pdf/record/2013/march2013

가장 눈에 띄는 것은 시민단체이다. 먼저, 시민단체(NGO)가 대부분을 차지하고 있는 독립정치활동위원회(non-connected PACs)의 증가 속도가 전 기간(1995-2013)에 걸쳐 가장 두드러지게 나타났다. 독립정치활동위원회의 비중은 1977년에는 전체 중에서 네 번째를 차지하였지만, 2005년에는 기업에 이어 두 번째를 기록하였고, 2013년에는 1위를 차지하였다. 정치 모금액에 있어서도 시민단체의 활약은 눈부시다. 1993년도에는 3,050만 4,769달러를 모금하여 거의 최하위를 기록하였지만 2013년에는 무려 약 5억 달러를 모금하여 2억 3천만 달러를 모금한 기업을 큰 차이로 앞섰다.

〈표 3〉에서 1위는 무려 약 2천 458만 7,369달러를 모집한 여성의 정치참여를 독려하고 여성후보를 지원하고 있는 에밀리 리스트(Emily's List)가 차지하였고, 의료보험 개혁을 지지하는 노동조합의 최대 정치조직인 SEIU COPE가 2위, 우리에게도 많이 알려진 전미총기규제협의가 3위를 차지하였다. 흥미로운 것은 반부시·친오바마를 위한 열정적 캠페인으로 유명한 정치단체 무브온(MOVEON.ORG Political Action)이 384만 6,043달러로 18위에 그친 반면 공화당의 열렬한 지방 하부조직인 티파티(TEA PARTY)가 8위로 약진하였다는 점이다.

순위	위원회	모금액($)
1	EMILY'S LIST	24,587,369
2	SEIU COPE	22,788,207
3	NATIONAL RIFLE ASSOCIATION OF AMERICA POLITICAL VICTORY FUND	14,880,163
4	AMERICAN FEDERATION OF STATE COUNTY & MUNICIPAL EMPLOYEES	10,814,880
5	SENATE CONSERVATIVES FUND	10,326,993
6	1199 SERVICE EMPLOYEES INT'L UNION FEDERAL POLITICAL ACTION FUND	10,042,286
7	D.R.I.V.E. DEMOCRAT, REPUBLICAN, INDEPENDENT VOTER EDUCATION	9,083,896
8	OUR COUNTRY DESERVES BETTER PAC-TEAPARTYEXPRESS.ORG	8,001,948
9	UAW-V-CAP(UAW VOLUNTARY COMMUNITY ACTION PROGRAM)	7,696,346
10	AMERICAN FEDERATION OF TEACHERS	7,389,922
18	MOVEON.ORG POLITICAL ACTION	3,846,043

■ 표 3 ■ 모금액 기준 상위 10개의 PACs
출처: FEC Record(2013)

2. 이익집단과 민주주의

앞서 설명한 것처럼 달(Dahl)은 초기 저작을 통해 이익집단을 비롯한 다양한 집단의 경쟁이 정치적 안정성과 균형을 가져오고, 공공선을 실현하는 데 기여한다는 메디슨의 교리가 미국사회에서 전반적으로 실현되고 있음을 입증한 바 있다. 하지만 이에 대한 비판도 만만치 않았는데, 대표적으로 샤트슈나이더(Schattschneider)는 기업 지배 가설의 강력한 주창자이다. 그는 1946-1949년의 로비 지표를 분석하여

1,247개 가운데 825개가 기업을 대표하고 있음을 밝혀냈다. 여기서 도출된 그의 결론은 "압력 시스템은 명백히 기업 혹은 상위 계층 편향을 갖고 있다"는 것이다 (Schattschneider 1960, 31). 그의 비판은 기업과 전문직 등 잘 조직화된 특수 이익은 공공 이익이 부각되는 것을 막기 위하여 정치적 갈등의 맥락을 동원·조작할 수 있다는 주장으로 발전된다. 이 시기에 주목해야 할 또 한 사람은 로위(Lowi)의 주장이다. 그는 1930년대 이후 미국에서 공공정책의 원칙으로 확립된 이념을 이익집단 자유주의(interest group liberalism)로 규정하였다. 이익집단 자유주의에서 정부 역할은 기껏해야 효과적으로 조직화된 이익집단에 대한 접근의 통로를 확보해 주고, 경합하는 이익집단 간에 협의된 결과를 조정하여 인준하여 주는 것으로 제한되었다. 로위는 특히 로비의 폐해로 정부에 대한 시민통제의 약화와 특권세력의 급성장, 그리고 정부의 통치능력의 지속적 감퇴를 지목하였다(Lowi 1970, 314-325). 로비 제도에 내재된 불평등을 경험적 연구를 통해 입증한 또 한 사람은 린드블럼(Lindblom)이었다. 린드블럼은 무엇보다도 자본은 경제성장을 결정하는 투자자로서의 특권적 기능 때문에 어디에서나 구조적 권력을 향유한다는 권력 가설을 정립하였다. 그가 집중적으로 비판한 것은 기업 집단과 같은 특수 이익의 로비 때문에 미국의 민주주의가 심각한 위기에 빠져 있다는 것이다(Lindblom 1993, 73).

　　그렇지만 1970년대에 들어 미국의 이익정치가 권력 불평등을 구조화시킨다는 이러한 비판에 대해 강력한 반론들이 제기되었다. 이들은 환경 및 인권과 같은 시민운동의 대두로 이익 시스템의 전반적 균형이 회복되고 있다고 보았다. 특히 공익적 시민단체의 견제력을 통하여 미국의 편향된 이익정치가 오히려 기득 세력의 권력 우위를 감소시키거나 중립화하는 방향으로 발전하고 있음을 주목하였다. 이들의 공통점은 인권·환경·소비자·여성 등 급속도로 성장하였던 시민단체의 등장과 이들이 고안하였던 풀뿌리 로비가 편향된 이익정치를 바로잡을 균형 추 역할을 한다는 데 있었다(Judis 2001, 13).

　　그렇지만 시민단체의 등장과 풀뿌리 로비의 대두로 배타적이고 폐쇄적인 정책 결정과정을 지칭하는 하위정부나 관료-의회-로비스트로 이루어진 '철의 삼각형'이라는 개념이 더 이상 적절하지 않다는 낙관적 주장에 대해서는 적지 않은 반론이

제기되었다. 이러한 입장을 가장 강력하게 피력하고 있는 연구자는 시민단체의 성장은 이익 정치의 질적 변화가 아닌 양적 증가일 따름이라고 본 슐로즈만과 티에니이다(Schlozman and Tierney 1986). 이들은 워싱턴에서 대표되는 조직의 45% 이상은 기업 조직이며, 그 조직의 4분의 3 이상은 기업이나 전문 이익을 대변하고, 시민단체·인권단체·사회복지·이념 조직은 전체의 20%를 놓고 경합할 뿐이라고 평가절하하고 있다. 샐리즈베리 역시 이러한 기업 지배 가설이 여전히 유효하다고 보고 있다. 샐리즈베리는 워싱턴 이익정치에서 발생한 중요한 변화 중 하나는 노동의 대표 조직이 30년 동안 지속적으로 하락했던 반면 기업의 동원은 큰 폭으로 증대되어 왔다는 점을 꼽고 있다(Salisbury 1992).

누가 지배하는가? (who governs?)

최근 한 연구는 1,779개에 달하는 정책 사례를 경험적으로 분석하여 기업 이익을 대변하는 경제 엘리트와 조직화된 집단이 미국의 정부정책에 독립적인 영향력을 미치는 반면 일반 시민과 대중에 기초한 이익집단들은 실질적인 영향력을 전혀 또는 거의 미치지 못한다는 사실을 밝혀냈다. 그 결과는 정책결정에 있어 중위유권자를 강조하는 다수 선거 민주주의(Majoritarian Electoral Democracy)나 일반 시민의 이해와 요구가 반영된다는 다수 다원주의(Majoritarian Pluralism)보다는 소득과 부 등 경제자원을 지닌 엘리트가 지배한다는 경제-엘리트 지배(Economic-Elite Domination)나 기업과 전문가 집단을 강조하는 편향된 다원주의(Biased Pluralism) 이론이 보다 현실에 부합하다는 것을 함의하는 것이다(Gilens and Page 2014, 564-575).

3. 이익집단과 조합주의

1) 조합주의의 정의와 유형

다원주의가 자유경제 원리를 따라 집단의 자유로운 활동을 보장하는 미국식 정책결정 모델이라면 조합주의는 조절된 시장경제(coordinated market economies) 원리에 따라 정부가 노사와 같은 주요 집단의 이익을 적극 중재하는 북유럽식 정책결정

모델이다. 전자의 제도적 특징이 자율적 노사협상과 로비라면 후자는 노사정위원회와 사회협약을 들 수 있다.

조합주의는 크게 두 가지 차원에서 정의될 수 있다. 첫째는 국가의 노동과 자본에 대한 이익 조직화 방식을 말한다. 이는 슈미터(Philippe. C. Schmitter)가 다원주의에 대한 대항 개념으로 사용한 조합주의이다. 이때 조합주의의 구성 요소는 독점적 대표체계, 대표체계 간의 위계적 조절, 기능적 분화, 공식적 및 준공공적 위상, 반강제적 가입 및 전국적 지도부 선출 등이다. 또 다른 정의는 조합주의를 단순히 이익대표 체계가 아니라 조직화된 사회집단이 정책과정에 참여해 국가와 이견을 조율하고 논의하는 정책형성의 패턴으로 보는 것이다. 렘부르크(G. Lehmbruch)의 조합주의는 기본적으로 합의적 정책결정으로 정기적인 상호교류, 의회과정에 앞선 자문, 정책수행의 책임성 이양과 공유 등으로 특징된다. 정책결정의 협의와 공유를 강

슈미터	렘부르크	
1. 오스트리아 2. 노르웨이 3. 스웨덴	강한 조합주의	오스트리아, 스웨덴, 노르웨이, 네덜란드
4. 덴마크 5. 핀란드 6. 네덜란드	중간 조합주의	아일랜드, 벨기에, 독일, 덴마크, 핀란드, 스위스
7. 벨기에 8. 독일 9. 스위스	약한 조합주의	영국, 이탈리아
10. 미국 11. 캐나다 12. 아일랜드	노동 없는 조합주의	일본, 프랑스
13. 프랑스 14. 영국 15. 이탈리아	다원주의	미국, 캐나다, 호주, 뉴질랜드

■ 표 4 ■ 조합주의의 분류

조한다는 점에서 근본적으로 사회협약과 동일하다고 할 수 있다.

한편 조합주의는 시대 및 정부와의 관계에 따라 국가 조합주의와 사회 조합주의의 두 가지 유형으로 분류할 수 있다. 사회 조합주의 또는 민주적 조합주의는 그 발전 과정이 시민사회, 즉 아래로부터 출발하여 참여 집단들의 자발적 합의를 통해 구축된 북유럽의 선진국 유형에 해당된다. 반대로 국가 조합주의는 위로부터 권위주의적 방식으로 추동되었다는 것을 의미하며 남미와 아시아 등 후발산업화를 추진하였던 권위주의적 발전국가에서 빈번히 나타났다.

2) 조합주의와 민주주의

1980년대 복지국가의 축소와 탈규제를 앞세운 신자유주의 모델의 등장에 따라 사회 조합주의 모델은 심각한 도전에 직면하였다. 조합주의의 장점으로 거론되었던 사회협약 장치들은 시장경제의 유연성을 가로막는 장애물로 지적되었고, 합의적 정책결정은 경직성의 덫에 걸려 급변하는 경제 환경에 신속하게 적응할 수 없게 되었다. 또한, 다양한 사회이익을 고려하지 못하는 중앙집중식 협약은 관료적이고 획일적인 것으로 비판받았다.

조합주의에 대한 비판은 크게 다음과 같이 정리될 수 있다. 첫째는 정책에 대한 과부하와 빈번한 정치 경색의 유발이다. 조합주의에서는 정부의 참여자 집단에 대한 의존도가 심화되고 관련 집단의 공공정책에의 관여가 확대되지만 정책결정의 지연, 공모와 담합의 만성화 등 제도적 경색이 초래될 수 있다. 이러한 상황하에서 참여자들은 서로를 '고집불통'의 노동조합, '신뢰할 수 없는' 정부, '무임승차하는' 경영자, '비판만 일삼는 시민단체'로 서로 책임을 전가하며 비난을 회피한다. 둘째는 책임성(accountability)의 확보가 어렵다는 점이다. 왜냐하면 전통적 대의정치나 행정 지배에서 책임성은 위임받은 대리인의 책임감이기 때문에 상대적으로 명료하고 제도적으로 분할되어 있다. 하지만 노사 및 시민단체 등 비공식적(unofficial) 행위자의 공동 결정을 전제로 하는 조합주의는 누가 어떤 절차를 걸쳐 시민의 주권을 위임하였는지에 대한 설명이 부족하다. 끝으로 조합주의는 노동과 기업 등 조직화된 거대이익에 특권적 접근과 과잉대표를 허용하는 불평등한 대표 체계라고 할 수 있다.

현대의 조합주의는 이러한 비판에 당면하여 두 가지 방향으로의 변신을 꾀하고 있다. 하나는 유연성을 수렴한 경쟁적 조합주의(competitive corporatism)로의 전환이다. 가장 대표적인 것이 아일랜드에서 1996년 성사된 사회협약(Partnership 2000)이다. 이 협약은 고용안정과 소득분배를 강조하였던 기존의 협약과는 달리, 시장의 효율성을 인정하면서 시장의 기능강화와 고용안정을 결합시켰다. 협약은 국제 경쟁력을 강조하는 동시에 시간제 근로자의 보호, 장기실업 대책 및 불공정 해고 제한 등 노동시장의 열패자에 대한 규제를 강화했다.

다른 하나는 조합주의의 개방성과 책임성을 제고함으로써 사회협약의 민주성을 강화하는 것이다. 이는 협의되고 있는 의제가 과거의 임금·고용·소득 등 노사 간의 즉각적 이해관계의 교환에서 새로운 사회문제들에 대한 대안적 해결책을 찾는 쪽으로 변화하고 있는데서 확인될 수 있다. 이제 사회협약의 의제는 임금과 고용에 제한되지 않고, 보육·연금·사회적 빈곤·교통·보건·지역발전·주택 등 공공정책의 전반적 영역으로 확장되고 있다. 더불어 참여자의 변화 역시 새로운 현상이다. 오늘날의 사회협약 체결과정에서는 전통적 당사자라고 할 수 있는 기업연합과 노조연합뿐만 아니라 실직자 연합, 농민 연합, 시민단체 등을 비롯한 다양한 사회집단들이 사회협약에 참여하고 있다. 이들의 참여는 기득세력의 배타적 이익추구 경향과 비용을 외부로 돌리려는 담합과 공모의 가능성을 낮추고 공익이나 외부인의 권익을 옹호함으로써 협약의 질과 정당성을 제고한다. 그런 점에서 최근의 사회협약은 폐쇄적인 담합구조와 관료적 부패라는 기존의 한계를 극복한 '유연한 사회적 합의모델'로 지칭되기도 한다.

Ⅳ. 사회운동과 민주주의의 미래

1. 사회운동

고전적 의미에서의 사회운동은 두 가지 점에서 정당과 차이가 있다. 하나는 정치권력의 획득을 목표로 하는 정당과 달리 사회운동은 자신들이 추구하는 명분이나 공공의 가치를 함양하기 위한 영향력 확대에 주력한다는 것이다. 다른 하나는 선거라는 제도정치의 밖에서 항의와 시위 등 비관례적(unconventional) 방식을 즐겨 사용한다는 점이다.

농민이든 노동이든 민족이든 모든 사회운동은 급진적 저항운동으로 출발 → 제도권 내 흡수 → 체제 내 포섭 → 운동의 본질을 잃고 궁극적으로 소멸한다는 생애주기(life cycle)를 갖고 있다. 사회운동과 정당의 관계는 다섯 가지로 구분할 수 있다. 이를 순서대로 정리하면 사회운동이 정당의 강령과 정책적 입장을 둘러싸고 조직화되는 표명(articulation), 사회운동이 지지 확보와 세 확장을 위해 정당 안으로 들어가 활동하는 침투(permeation), 전반적 자율성을 보유한 가운데 이루어지는 밀접한 협력(alliance), 운동의 대중적 기반을 매개로 하는 독립적 형태의 압력활동(independence), 사회운동이 독자적인 대안 정당으로 나서는 경쟁(competition)이 그것이다 (Hanagen 1998, 5-7).

어쨌든 사회운동이 제도화되어 정당으로 발전할 것인지 아니면 독립성을 갖춘 자율적 운동으로 나아갈 지를 결정한 것은 국가의 성격(개방성과 폐쇄성)과 지배연합의 동맹 가능성, 선거제도(다수대표제 또는 비례제) 등 정치적 기회구조에 달려 있다고 할 수 있다.

2. 신사회운동과 시민행동주의

1968년 프랑스 파리에서 시작된 68혁명은 미국과 유럽에서 새로운 가치와 문화로 무장한 세대와 신사회운동을 가져왔다. 68혁명 이전의 모든 사회운동의 일차적 목표는 물질적 풍요나 계급해방과 같은 분배적 정의에 있었고, 정당과 선거를 통한 권력 장악이라는 거시 이데올로기적 기획을 지향하였다. 68혁명에 이르러 비로소 여성·소비·환경·인권과 같은 탈물질적 가치 중심의 신사회운동이 부각되었고 자율화·분권화·다원성을 강조하는 차이의 정치와 삶의 현장과 밀착된 생활정치가 중시되었다.

	(구)사회운동	신사회운동
사회성격	전기산업사회	후기산업사회
정치	제도화된 정치	비제도화된 정치
이데올로기	경제적·물질적	정치적 자유와 삶의 질
행위자	노동자	탈(초) 계급적
조직원리	위계적/집중	평등적/분산
핵심조직	노동조합	환경, 여성, 평화운동단체
이론	마르크스주의	포스트 마르크스주의/ 포스트 모더니즘

■ 표 5 ■ 신·구 사회운동의 비교

출처: 손혁재(2003, 60)

잉글하트와 웰젤(2007)은 탈물질주의 가치를 낳은 후기산업화의 독특한 효과를 다음과 같이 정리하였다. 후기산업화는 첫째, 금전과 권력, 생존과 같은 물질주의적 가치에서 행복과 삶의 질 등 탈물질주의적(post-material) 가치로 삶의 목표의 전환을 가져왔다. 그런데 이러한 변화는 정치는 물론 사회 전반에 소리 없이 커다란 혁명적 변화를 초래하는 것으로서, 잉글하트는 이를 '조용한 혁명(silent revolution)'이라고 불렀다. 그들의 최근 연구에 따르면, 지난 30년 동안 1인당 소득이 15,000달러(2000년 기준) 이상 23개 고소득 국가 중 19개국은 탈물질주의적 가치가 확대되는 방향으로 이동했지만(83%) 15,000달러 이하 19개 사회 중 14개는 반대 방향으로 이동했다(74%). 결론적으로 부유한 국가와 가난한 국가들 사이의 세계관 차이는 감소하기보다는 증가했다. 둘째, 후기산업화는 대부분의 선진국들에서 시민들의 자기 표현 가치(self-expressive values)를 증진시킨다. 획일화와 표준화를 강조하였던 산업화와 달리 후기산업화는 높은 수준의 복지국가를 통하여 시민들로 하여금 즉각적인 생존을 넘어서는 공동체주의적인 목표에 관심을 갖게 만든다. 또한 사회서비스의 증대와 고등교육의 증가로 인지 기술이 확대되고 시민들의 자율성이 증진된다.

끝으로, 후기산업화는 정치적 결과, 즉 시민행동주의에 대한 강조이다. 그들은

	산업화	후기산업화
영향	관료화, 세속화, 합리화, 중앙집중화	자율성과 자기표현 가치
권위의 정향	권위의 세속화	권위로부터의 해방
목표	기아감소와 수명연장을 위해 물질적 산출의 극대화	좋은 생활과 경험의 질을 중시
균열	사회계급에 기반을 둔 정치균열	문화적 이슈와 삶의 질에 기반
핵심 이슈	성장	환경보호
위험	체험적 · 즉각적 위험	인지적 성찰을 요하는 추상적 · 장기적 위험

■ 표 6 ■ 산업화와 후기산업화의 차이

후기산업화가 산업사회의 제도적인 많은 부분들을 잠식하여 권위주의적 사회에는 민주화를 가져오고 이미 민주화된 사회에는 보다 엘리트에 도전적이고, 이슈 지향적이며, 그리고 직접적인 형태의 민주주의를 가져온다는 사실을 광범위한 경험적 자료를 통해 입증하였다. 그들에 따르면, 후기산업사회에서의 강조점은 투표보다 일시적이고, 쟁점 이슈와 연관된, 그리고 집회나 시위 등 엘리트에 도전적인 형태의 시민행동으로 이동하고 있다. 요약하자면, 후기산업사회의 정치참여 방식은 엘리트가 이끄는 선거 캠페인과 정당정치에서 대중의 자기표현이라는 자율적인 형태로 확장되고 있다.

68혁명

파리 낭테르 대학이 학생들과의 대립으로 학교를 일시 폐쇄하자 이에 항의하여 소르본 대학의 학생들이 5월 3일 광장으로 나온 것을 기점으로 시작된, 파리에서의 학생, 노동자의 시위와 파업은 6월 들어 베를린과 로마로 퍼져나갔다. 아시아에서는 일본에서 혁명의 물결이 넘쳤다. 도쿄와 오사카 등 주요대학에서 점거투쟁이 벌어졌고 미군기지도 습격을 당했다. 미국에서는 베트남전 참전 반대에 더해 인종차별에 저항하는 시민운동으로 확대되었다. 저항자들에게 1968년 5월 혁명은 실패였으나, 사회적으로 엄청나게 큰 영향을 미쳤다. 프랑스를 비롯한 유럽에서는 종교, 애국주의, 권위에 대한 복종 등의 보수적인 가치들을 대체하는 평등, 성해방, 인권, 공동체주의, 생태 등의 진보적인 이념들과 이를 앞세운 신좌파를 출현시켰다.

V. 맺음말

시민사회의 이론 및 현실은 오늘의 한국사회를 바라보는데 있어 매우 유용한 지침을 제공해 줄 수 있다. 1987년 민주화 이후 한국의 시민사회는 얼마나 발전하여 왔는가? 그것의 해답은 우리의 시민사회가 국가와 시장으로부터 어느 정도의 자율성과 독립성을 확보하였는지에 달려 있다. 이에 대해서는 비판적 평가와 긍정적 평가가 교차하고 있다.

먼저, 비판적 입장에서는 민주화 이후 한국의 정당정치가 시민사회의 이해와 요구를 정확히 반영하고 있지 못하고 있다고 비판한다. 특히 노동과 일자리, 복지 등등 사회경제적 의제들이 정당과 의회에서 제대로 표출되지 않고 있음을 주목하고 있다. 또한, 최근 여야 정당과 공무원 노조, 그리고 시민단체가 참여한 '국민대타협기구'에서 합의되었던 공무원연금개혁안이 정부에 의해 거부되어 재협상 과정을 거친 데서 알 수 있듯이 다원주의와 조합주의 중 어떤 이익대표 체계를 지향하고 있는지 역시 불투명하다.

한편, 낙관적 입장에서는 '광장의 정치'와 '촛불집회'로 상징되는 적극적 시민들의 자발적 참여 특히 강력한 시민행동주의를 한국 민주주의를 한 단계 전진시킬 동력이자 자산으로 평가하고 있다. 또한, 결사체 폭발이라 할 정도로 급증한 공익적 시민단체(NGO)의 분출과 태안기름유출사건(2007)에서 보여준 123만 시민들의 자원봉사 행렬 역시 한국 시민사회의 역동성을 입증하는 것이다.

결국 건강한 시민사회를 위한 해법은 정당과 시민사회의 연계 및 협력을 강화함으로써 비관론의 우려를 불식시키고, 관객민주주의의 한계를 극복하기 위해 참여

민주주의와 직접민주주의 요소를 도입하자는 긍정론의 처방을 적극 수용하는 것이
다. 민주적이고 능력 있는 정부와 공정한 시장경제, 그리고 활성화된 시민사회를 갖
춘 공동체는 지금 여기서 우리가 꿈꿀 수 있는 실현가능한 유토피아일 것이다.

질문 및 토론 사항

1. 시민사회의 정의 및 시민사회를 바라보는 두 가지 이해 방식은 무엇인가?

2. 이익집단이 민주주의에 미치는 긍정적 효과와 부정적 효과는 무엇인가?

3. 우리나라는 날로 심각해지고 있는 노사문제를 해결하기 위해 미국식 다원주의와 유럽식 조합주의 중 무엇을 선택하는 것이 바람직할까?

4. 정당과 사회운동, 이익집단과 시민단체(NGO)는 어떤 공통점과 차이점을 갖고 있는가?

5. 후기산업화 단계의 시민행동주의의 관점에서 우리나라의 촛불집회와 '거리의 정치'는 어떻게 설명될 수 있는가?

11

정치문화와 정치사회화

I. 머리말

대학기부금 입학 제도는 미국에서는 당연시되는 반면 우리나라에서는 왜 시행되지 못할까? 다른 민주주의 국가에서는 정치인들이 약간의 부패로도 정치적 생명을 잃어버리는데 왜 우리나라에서는 부패 정치인이 다시 정치권에 복귀하는 일이 비일비재할까? 흔히 우리는 이런 차이를 '정치문화가 달라서' 또는 '정치문화가 아직 성숙하지 못해서'라는 말로 설명하고자 한다.

유사한 민주주의 정치제도와 정치구조를 가지고 있는 나라들도 각각 서로 다른 정책이나 정치적 양태가 나타날 수 있다. 어떤 나라에서는 너무나 당연한 듯이 보이는 현상도 다른 나라에서는 심각한 정치적 갈등 요소가 될 수 있다. 우리가 한 나라의 정치현상을 이해하기 위해서는 그 나라의 정치제도나 정치구조, 또는 정치 주체들의 행위를 살펴보는 것만으로는 부족하다. 정치에 대한 시민들의 감정이나 신넘 및 가치관과 같은 요인들이 정치적인 사고방식이나 행동양식을 규정하는 경향이 있기 때문이다. 동일한 정치제도라도 이 제도를 서로 다른 사회에 도입할 경우 그 사회 구성원들의 감정, 인식, 신념, 가치관 등에 따라 정치제도가 운용되는 방식과 결과는 달리 나타난다.

국가들은 저마다 고유의 문화를 가지고 있어 가치나 의식, 생활양식 등이 서로 다른 것처럼 정치에 대한 신념, 태도, 가치 등에서도 나름의 특징적인 집단적 속성을 보인다. 우리는 정치과정에서 나타나는 이러한 집단적 속성을 흔히 정치문화라고 일컫는다. 정치문화는 정치문화의 학습 과정이라고 할 수 있는 정치사회화를 통해 사회 구성원들에게 습득되고 유지되고 변화해 간다. 본 장에서는 정치현상과 정치가 운용되는 방식에 큰 영향을 미치는 정치문화와 정치사회화에 대해 보다 구체적으로 살펴보면서 그 의미와 역할을 파악해 보도록 하자.

II. 정치문화의 의미와 역할

1. 정치문화의 의미

1) 정치문화란 무엇인가

정치현상을 설명하는 데 있어서 이념적인 요소나 감정, 또는 가치체계 등을 고려하려는 시도는 오랫동안 있어 왔다. 그러나 이러한 심리적인 요소들이 '정치문화'라는 용어로 정치학에 도입되어 분석 요인으로 정착된 것은 1956년 알몬드(Gabriel Almond)에 의해서였다. 알몬드는 정치에 대한 감정이나 가치관 등 사고방식이 정치제도나 사회구조, 또는 정치구조의 영향을 받아 정해지는 것이 아니라 그 자체로서 정치체계에 영향을 미치는 독립적인 힘을 가진다고 주장한다(Almond 1993).

정치문화란?

각 나라마다 세대에서 세대로 전수되는 독특한 생활양식이 있는 것처럼, 정치적 영역에서도 각 나라의 국민들은 정부, 정당, 헌법, 국가 등 정치적 대상과 여러 가지 정치현상에 대해 자신들만의 가치체계를 바탕으로 고유한 정치적 태도와 정향을 지닌다. 이러한 국민들의 집합적인 심리적 정치정향을 정치문화라고 한다. 특정 정치현상에 대한 즉각적인 반응이 아니라 오랜 세월동안 세대를 거쳐 형성된 가치에 바탕하고 있으며 정치사회화 과정을 통해 다음 세대로 전수되거나 변화의 과정을 겪는다.

정치문화에 대한 연구는 1960년대에 특히 활발히 전개되었는데, 이 시기에 특히 정치에서의 심리적 요인에 관심을 더 가지게 되었던 이유는 무엇일까? 무엇보다도 이 시기에는 제1차 세계대전과 제2차 세계대전 사이에 대의정부의 몰락을 경험한 이탈리아, 독일, 그리고 1945년 이후에 탄생한 신생독립국가들의 민주주의 실패를 바라보면서 각 사회가 정치제도나 구조로 설명할 수 없는 문화적 특성을 가지고 있다는 점에 주목하게 되었다는 점을 지적할 수 있다(헤이우드 2011). 또한 사회조사 연구 기법이 발전하여 개인의 정치행태에 영향을 미치는 요인을 실증적으로 연구하는 접근법이 발달하게 된 점도 정치문화 연구가 활발해진 이유가 되었다. 이와 더불어, 제2차 세계대전 당시 유럽으로부터 미국으로 건너온 사회심리학자들의 영향 또한 정치문화에 대한 관심과 연구를 촉진하게 된 배경으로 작용하였다(신명순 2008).

정치문화에 대한 관심이 커지면서 정치문화가 구체적으로 무엇을 의미하며 또 무엇으로 구성되는지에 대한 논의가 활발하게 이루어졌다. 알몬드는 정치문화를 정치현상에 대해 사회가 공유하고 있는 인지적·감정적·평가적 정향이라고 정의하였다(Almond 1956). 인지적 정향은 사람들이 국가, 정부 또는 정치체계의 구성과 유지에 대해 얼마나 알고 있으며 어떻게 이해하고 있는지와 관련된다. 감정적 정향은 정치적 대상에 대한 정서적 집착, 충성심, 무관심, 혐오 등의 감정을 의미한다. 또한 평가적 정향은 정치가 추구해야 할 공적인 목표와 정치에 의해 실현되어야 할 개인의 이익에 관한 신념과 관련된다.

이후 알몬드와 버바(Sidney Verba)는 정치행위자가 정치체계, 투입, 산출, 자신(self) 등의 정치대상에 대하여 가지는 태도(의 총합)를 정치문화라고 정의하였다(Almond and Verba 1965). 이때 정치행위자가 정치대상에 대하여 갖게 되는 태도는 다음과 같다. 정치체계에 대한 태도는 정치체계 일반(역사, 영토, 헌법제도, 정치체제 등)에 대한 개인의 지식, 소속감, 정체성 등을 의미한다. 투입에 대한 태도는 엘리트, 정당, 압력단체, 대중운동, 매스컴 등의 정책에 대한 요구와 지지를 의미하며, 산출에 대한 태도는 정책집행과 이와 관련된 구조들에 대한 태도로서 정책에 대한 평가를 의미한다. 마지막으로 자신에 대한 태도는 정치체계의 구성원으로서 자신의 권리, 의무, 역할 등에 대해 가지는 태도를 의미한다.

한편 파이(Lucian Pye)는 정치문화를 정치과정에 질서와 의미를 부여하고 정치적 행위에 대한 기본적인 전제와 규칙을 제공하는 태도, 신념 및 감정의 총합으로 보았다(Pye 1968). 요컨대, 정치문화란 정치적인 모든 실체와 현상에 대해 사회가 공유하는 인식이나 신념 또는 가치 체계로서, 정치적인 것에 의미를 부여하고 행동양식을 규정하는 태도의 경향을 의미한다 할 수 있겠다.

2) 정치문화 접근법에 대한 비판

각국의 정치적 차이를 정치문화를 중심으로 설명하는 접근법은 정치제도나 구조에 초점을 맞추는 접근법과는 달리 정치과정에서 개인의 태도와 인식, 그리고 가치의 중요성을 강조한다. 정치에서 차지하는 인지적 · 심리적 측면에 주목하고 이에 따라 각국의 정치를 객관적 자료에 바탕하여 비교할 수 있게 되었다는 점에서 정치문화 연구는 비교정치학 발전에 크게 공헌하였다. 그러나 정치문화를 중심으로 하는 접근법은 다음과 같은 비판에 직면하기도 하였다(Hague and Harrop 2011).

무엇보다도 정치문화라는 개념이 정치현상을 설명하는 데 적절한가 하는 지적이 있다. 정치문화에 대한 연구는 주로 개인의 태도를 조사하여 그 평균값을 사회의 총체적 정향이라고 가정하는데 이러한 방법은 계급, 세대 또는 기타 영역별로 정치에 대해 인식이나 감정이 다르다는 점을 고려하지 않고 사회 전체가 공통적인 가치관이나 감정을 가지고 있다고 전제한다. 이 때문에 한편에서는 정치문화 개념이 사회의 하위 단위 집단들의 특수성을 고려하지 않은 채 지배계층 또는 주류계층의 인식과 감정을 중심으로 지배를 합리화하는 수단으로 사용되고 있다고 비판한다. 이에 대해서는 정치문화와 정치발전의 관계를 다루는 절에서 다시 논의하기로 한다.

다른 한편에서 정치문화에 대한 비판자들은 정치문화라는 개념이 고정적이고 정태적이기 때문에 사회의 변화와 정치적 역동성을 제대로 반영하지 못하고 있다고 지적한다. 정치문화를 정치제도나 구조로부터 독립되어 작용하는 것으로 가정함에 따라 정치의 역동성에 의해 변화하는 것이 아니라 고정적이고 변화가 없이 지속되는 가치관, 신념, 감정 등으로 인식되는 경향이 있다. 이 때문에 비판자들은 정치문화의 개념이 국민성이라는 개념과 거의 다르지 않게 사용되고 있다고 비판한다. 이러한 비판은 이후 정치문화에 대한 연구가 정치정향의 변화에 초점을 맞추게 된 계기를 제공하였다.

3) 정치문화는 변화하는가?

1960년대 활발했던 정치문화에 대한 관심은 1970년대와 1980년대에는 거의 퇴색되었으나 냉전이 끝난 후 1990년대에 다시 활발해지기 시작하였다. 구공산권 국가들은 새로운 정치체제 건설 과정에서 민주적 정치문화에 관심을 가지게 되었으며, 미국 등 서구 민주주의 국가들은 사회적 신뢰와 연대감이 약화되어 가는 현상에 주목하여 징치문화에 보다 많은 관심을 갖게 되었다(헤이우드 2011).

1960년대 정치문화 연구가 정치체계 및 구성요소들, 정책수립과정, 정치행위자 등에 대한 태도가 각 나라마다 어떻게 다르게 나타나는지에 관심을 가졌다면, 최근의 정치문화 연구는 서구 민주주의 국가에서 나타나고 있는 정치적·사회적 신뢰의 약화에 초점을 두면서 진행되었다. 이 시기 정치문화 연구자들은 알몬드와 버바가 참여형 시민문화로 분류한 미국과 영국 등 서구 민주주의 국가들에서 대의민주주의 제도의 운용에 대한 시민들의 불신과 비판이 오히려 커지고 있음에 주목하였다. 노리스(Pipa Norris)는 17개국을 대상으로 시행한 조사에서 정부기구에 대한 시민들의 신뢰가 약화되었음을 보여주고 있으며(Norris 1999), 퍼트남(Robert Putnam)은 미국 사회에서 신뢰, 연대와 같은 사회자본이 쇠퇴하고 있음을 지적하였다(Putnam 2000). 반면, 1950년대 알몬드의 연구에서 정부와 정치제도에 자부심을 가진다고 응답한 사람들이 7%에 불과했던 독일의 경우, 1988년에는 51%의 사람들이 자국 정치제도에 대해 만족하는 것으로 나타났다. 이러한 사례들은 정치환경의 변화에 따라 정치적 정향이 어떻게 달라지는지를 보여준다.

또한 일부 학자들은 정치세대 분석을 통해 정치문화의 변화를 논의한다. 이들은 나이가 들어감에 따라 세대가 가지고 있는 가치가 달라지면서 점점 보수적이 되는 경향인 연령효과에 주목하기도 하고, 특정 세대가 젊은 시절 공유한 경험에 의해 정치적 태도가 달라진다는 세대효과를 주장하기도 한다. 예컨대 전쟁을 경험한 세대와 경험하지 않은 세대, 민주화를 이룬 세대와 그렇지 않은 세대 간에는 정치적 태도와 정향에 큰 차이가 있다는 것이다.

정치세대 연구자들의 일부는 세계대전 등 전쟁을 경험하지 않고 상대적 풍요를 경험하고 있는 '탈물질주의' 세대에 관심을 가진다. 이전의 세대들은 질서, 안보, 종교, 성윤리 등 물질주의적 가치에 방점을 두었던 반면, 탈물질주의 세대는 보편적·이념적·국가중심적 가치보다는 평등, 환경, 성수수자, 반핵, 여성, 인권 등 탈이념적 단일 이슈나 개인의 삶의 질과 관련된 가치에 관심을 더 가지는 경향이 있다. 예를 들어, 2008년 한국에서 대규모 촛불시위를 이끌었던 미국산 쇠고기 수입 반대 이슈는 일상생활에서 삶의 질과 관련되어 제기된 생활정치적 이슈라는 점에서 대표적인 탈물질주의적 이슈였다. 잉글하트(Ronald Inglehart)의 연속 연구들은 경제가 풍요로워질수록 탈물질주의의 비율이 커지는 경향을 보여주고 있는데, 잉글하트가 탈물질주의 연구를 시작했던 1970년대에 비해 1990년대 후반에 이르면 탈물질주의자들의 수가 급격히 증가한 것을 알 수 있다(Inglehart 1971; 1997). 탈물질주의 연구자들은 과거 세대가 나이가 들어가고 사회는 상대적으로 풍요와 안정의 상태로 변화함에도 진보적 정치문화가 유지되는 이유를 이러한 탈물질주의자들의 증대를 통해 설명하기도 한다.

한편, 공산주의체제의 경험은 정치문화의 변화가 쉽지 않다는 사실 또한 보여준다. 공산주의 국가 지도자들은 국가기관과 대중매체의 독점을 통해 정치문화를 바꾸기 위한 체계적인 노력을 기울였다. 그러나 민주주의적 전통을 가지고 있었던 동유럽 국가뿐 아니라 소련에서도 시민들의 정치의식이나 가치관에 근본적인 변화가 일어나지는 않았던 것으로 알려져 있다. 이를 통해 알몬드는 정치문화가 쉽게 조작되지 않으며 변화하기 어렵다는 것을 확인할 수 있다고 주장한다(Almond 1983).

2. 정치문화의 유형

1) 알몬드와 버바의 고전적 분류

알몬드와 버바는 정치문화의 네 가지 구성요소들에 대한 태도가 어떻게 나타나는지에 따라 지방형, 신민형, 참가형의 세 가지 정치문화 유형으로 분류하였다. 〈표 1〉에 나타나듯이, 지방형 정치문화는 네 가지 정치적 대상에 대한 정치의식이 매우 낮고 정치적 태도도 거의 가지지 않는 정치문화로서 아프리카 부족사회와 같이 정치적 전문화 수준이 매우 낮은 전통적 정치체계에서 나타난다.

신민형 정치문화는 전통사회에서 근대사회로 이전하는 과도기적 사회에서 흔히 나타나는 정치문화이다. 신민형 정치문화를 가진 시민들은 제도, 관료기구, 구조 등 정치체계 일반에 대해 상당한 지식과 태도를 가지고 있고 산출되는 정책에도 관심

정치문화 유형	정치체계 일반	투입	산출	자신
지방형 (parochial)	0	0	0	0
신민형 (subject)	1	0	1	0
참여형 (participant)	1	1	1	1

■ 표 1 ■ 알몬드와 버바의 정치문화 유형 분류
출처: Almond and Verba(1965, 16)
1은 정치적 정향(의식과 태도)이 높음을 의미하고, 0은 정치적 정향이 낮음을 의미함

을 가지고 있다. 그러나 정치의 투입과정에 대해서는 그다지 관심이 없으며 정치참 여에도 소극적인 수동적 정치행태를 보인다. 즉, 위로부터의 정치과정에 대해서는 비교적 높은 정향성을 가지고 있는 반면, 아래로부터의 정치정향은 낮은 편이라고 할 수 있는 정치문화로서, 주로 권위주의적 체제에서 많이 나타난다.

참여형 정치문화는 네 가지 대상 모두에 대해 적극적이고 명확한 정향을 갖는 정치문화로서 알몬드와 버바는 이를 '시민문화'라고 표현하였다. 시민들은 정치체계 의 구조와 기능에 대한 명확한 지식을 가지고 적극적으로 평가하며 정치과정에 참 여한다. 알몬드와 버바에 의하면 민주적 산업사회에서 이러한 정치문화가 많이 나 타나며, 특히 영국의 정치문화에서 시민문화 모델이 발견된다고 보았다.

이 세 가지 정치문화 유형은 현실정치에서는 혼합적으로 나타나는 것이 보통이 다. 예컨대, 산업화된 민주주의 사회에서는 참여형이 신민형이나 지방형보다 많이 나타나고, 전근대적인 민주주의 사회에서는 지방형과 신민형이 참여형보다 더 크게 나타나는 경향이 있다. 권위주의 체제하에서도 산업사회에서는 신민형이 매우 큰 비율로 나타나는 반면, 전통적인 사회에서는 신민형과 함께 지방형 정치문화도 상 당 부분 보여진다.

2) 엘리트 정치문화

알몬드와 버바는 대중의 정치적 태도에 바탕한 정치문화에 주목하였다. 그러나 정치적 결정에 직접적인 영향을 미치는 정치엘리트들의 신념과 태도, 가치관 또한 정치과정에서 중요한 역할을 담당한다. 버바에 의하면 엘리트의 정치적 정향은 대 중의 그것에 비해 명확하고 체계적이다(Verba 1987). 예를 들어, 서구 민주주의 국가 의 정치엘리트들은 대중들이 감정적으로 판단하는 사회적 이슈에 대해서 보다 확고 한 자유주의적 입장을 견지하는 경향이 있다. 예컨대 매카시즘[1]이 부각되었던 1950 년대 미국사회에서 공산주의자들에게 표현의 자유를 부여해야 하는가에 대한 논쟁

1 공화당 상원의원 조셉 매카시의 이름에서 나온 말로서 1950년대 미국을 휩쓴 극단적 반공주의를 일컫는 다. 1950년 2월 "국무성 안에는 205명의 공산주의자가 있다"는 매카시의 폭탄적 연설이 발단이 되어 수 년에 걸쳐 공산주의자로 지목된 공무원 수천 명이 자리를 떠나야 했다. 냉전, 중국의 공산화, 6·25전쟁 등 공산세력의 급격한 팽창에 위협을 느낀 미국 국민들로부터 광범한 지지를 받았다.

이 활발했을 때 대중들은 이에 대한 강한 반대를 표명했지만 정치엘리트들은 표현의 자유를 부여해야 한다는 확고한 신념을 보였다(Hague and Harrop 2011).

그러나 정치 엘리트의 이러한 확고한 신념과 태도는 권위주의 체제에서는 다소 부정적인 정치적 결과를 낳기도 한다. 권위주의 국가에서 정치엘리트는 흔히 자신들의 판단이 우월하다는 믿음으로 대중의 여론을 무시하는 경향을 보인다. 그런데 권위주의 체제에서 이렇게 엘리트 집단이 자신들의 권위에 대한 강한 믿음을 가지고 스스로를 정당화할 수 있는 경우 역설적으로 정치는 안정적으로 유지되는 경향이 있다. 공산주의 국가의 정치엘리트들이 계획경제의 정당성에 대해 의문을 가지게 되면서 공산주의 정권이 붕괴되었다는 점이 엘리트들의 확신과 자기 정당화가 체제 안정에 얼마나 중요한지 잘 보여주는 예이다(Hague and Harrop 2011).

한편, 정치엘리트의 정치적 정향은 대중의 정치적 태도와 정향에 큰 영향을 미친다. 엘리트가 합의적 정치문화를 형성할 경우, 대중도 사회의 주요 문제 및 해결방법에 대해 대체로 공통된 의견을 가지게 된다. 반면, 정치엘리트가 갈등적 정치정향을 보일 때, 대중들 또한 이슈와 해결방법에 대해 대립적 견해를 보이며 분열되는 경향이 있다. 최근 한국 사회의 이념적 양극화 경향은 정치엘리트의 강한 갈등적 정향이 대중 영역까지 확대된 예라고 볼 수 있다.

정치적으로 안정된 사회인지 아닌지를 결정하는 요소에는 정치엘리트의 정치문화가 합의적인지 갈등적인지가 중요하게 작용한다. 다양한 정치적 분파세력으로 사회가 나뉘어 있을 때와 정치적 갈등 상황에서도 엘리트 차원의 정치문화가 합의적이면 정치엘리트 간에 적질한 조정이 이루어진다. 예를 들어, 오스트리아, 벨기에, 네덜란드 등 유럽국가들에서는 종교적·이념적으로 분리된 각 분파세력들이 엘리트 간 타협을 통해 사회적 자원을 적절히 배분하는 방식으로 정치과정이 운용된다.

3) 자유지향형 정치문화와 평등지향형 정치문화

각 나라마다 독특한 정치문화를 가지고 있는 만큼 정치문화는 다양한 유형으로 분류될 수 있다. 특히 현대 민주주의 사회에서 정책 갈등의 주요 이슈는 자유지향적 태도와 평등지향적 태도 간의 갈등이라고 할 수 있다. 자유와 평등이라는 가치는 민주주의가 작동하기 위한 전제 조건이지만, 현실의 정책결정과 집행과정에서는 이 두 가지 가치가 충돌하는 일이 종종 발생한다. 자유지향적 정치문화를 가진 사회와 평등지향적 정치문화를 가진 사회는 정책적 지향점과 결과가 다르게 나타난다. 일반적으로 자유지향적 정치문화는 미국과 같이 고전적 자유주의의 영향이 크게 남아 있는 사회에서 주로 나타난다. 개인의 자유에 초점을 맞추어 시장중심의 기업 활동과 정부 개입이 최소화된 작은 정부를 지향한다. 반면 평등지향적 정치문화는 정부가 적극적 개입을 통해 자유에 제한이 될 수 있는 요소들을 제거함으로써 개인의 자유를 보장해야 된다는 믿음을 가진 사회에서 나타나는 정치문화로서 유럽 사회에서 주로 나타난다.

이들 정치문화의 차이는 기업에 대한 규제와 조세 및 복지 등 핵심적인 정책들의 차이로 나타난다. 예를 들어, 자유지향적 정치문화에서는 개인의 자유를 위해 국가 역할이 작을수록 좋다고 생각하기 때문에 국가 주도의 복지에 반대하는 경향이 있다. 이러한 경향은 미국에서 국가가 주도하는 의료보험의 실현이 어려운 한 이유가 되고 있다. 반면, 평등지향적인 유럽 국가들에서는 모든 시민을 대상으로 사회복지제도가 상설적으로 운영된다. 이러한 사회에서는 국가의 역할이 강조되고 사회 구성원 대부분이 복지 혜택을 누리기 때문에 복지의 수혜자와 비수혜자의 구분이 무의미하다(미국정치연구회 편 2014). 미국과 유럽의 산업화된 민주주의 국가들은 모두 참여형 시민문화로 분류할 수 있지만, 이와 같이 또 다른 기준에서는 이렇게 다른 정치문화를 바탕으로 전혀 다른 정치제도와 정책을 산출해 내고 있음을 알 수 있다.

3. 정치문화와 정치발전

1) 시민적 정치문화와 정치발전

알몬드와 버바는 정치문화를 세 가지 유형으로 분류하고 전통형-신민형-참여형 정치문화가 단선적 발전의 형태를 가진다고 보았다. 따라서 산업화된 서구 민주주의에서 많이 나타나는 참여형 정치문화를 가장 바람직한 정치문화로 인식하고 있다. 이러한 관점에서는 참여형 정치문화로의 변화가 정치발전의 필요충분조건이 된다. 즉, 정치발전이란 서구적 민주주의 정치체제로 이전하는 것을 의미하는 것이다. 특히 이러한 관점은 정치구조의 분화와 전문성, 합의를 통한 정책결정 등 정치적 안정을 중요시하며, 민주주의 정치제도가 안정적으로 정착하지 못한 모든 사회를 저발전국으로 치부함으로써 우월한 정치문화와 열등한 정치문화라는 이분법을 선택하는 경향이 있다.

그러나 이렇게 서구 민주주의를 비서구 국가들이 모방해야 하는 발전의 모델로 간주하는 시각은 많은 비판에 직면하였다. 비판의 핵심은 서구의 가치와 제도를 이식한 비서구 국가들에서 서구와 같은 정치문화를 형성하지도, 서구와 같은 정치적 발전을 이루어 내지도 못했다는 사실에 있었다. 특히, 1970년대 남미를 중심으로 한 종속이론 학자들은 제3세계 국가들이 발전을 이루지 못한 것은 정치구조의 미분화나 정치문화의 미성숙과 같은 국가 내부의 문제가 아니라 세계자본주의 구조 때문인 것으로 파악하였다. 세계자본주의체제 내에서 중심부에 있는 서구 선진자본주의 국가들이 다국적기업 등을 통해 주변부에 있는 제3세계 국가들의 자원과 노동을 착취함으로써 중심부는 발전하고 주변부는 끊임없이 저발전에 처해 있다는 것이다. 이러한 관점에서는 서구적 시민문화는 저발전국들의 정치발전과 연관성이 없다.

정치문화에 대한 서구-비서구라는 이분법적 접근은 한 사회의 다양한 하위 단위에 대한 고려 없이 정치문화를 사회 전체에(서) 동질적인 것으로 보는 시각과도 연관되어 있다. 이 때문에 정치문화에 대한 알몬드와 버바의 접근방식은 사회 내 계급을 중요시하는 마르크스주의자들의 강한 비판에 직면한다. 마르크스주의에 의하면 문화는 본질적으로 계급적 성격을 가지고 있다. 같은 계급의 구성원들은 보통 유사한 경험을 공유하기 때문에 이념, 가치, 믿음도 유사한 반면 다른 계급의 구성원들은 서로 다른 이념과 가치 및 믿음을 지니게 된다. 따라서 프롤레타리아 계급의 문화는 부르주아 계급의 문화와 다를 수밖에 없다. 마르크스주의적 시각에서 시민문화는 안정을 강조함으로써 피지배계급에게 허위의식을 부여하는 지배계급의 이념이며 부르주아 이데올로기에 불과하다. 마르크스주의는 하부구조의 변화가 상부구조의 발전을 이끌 때 정치발전이 이루어지는 것[2]으로 인식하며, 따라서 지배계급

2 하부구조는 사회의 물질적 토대를 이루는 생산양식 또는 경제체제를 의미한다. 생산양식은 노예제, 봉건

이념으로서의 정치문화는 정치발전과 전혀 관계가 없다고 본다.

2) 정치문화, 보편성과 특수성

앞서 살펴보았듯이, 서구의 정치문화가 비서구의 정치문화보다 우월하다는 관점은 서구의 제도와 가치를 받아들였던 비서구 국가들의 실패를 통해 그 설득력이 약화된 것이 사실이다. 그러나 서구적 정치문화를 구성하고 있는 요소들이 현대 세계의 보편적 가치를 형성하고 있는 점 또한 부인하기 힘들다. 사회적 신뢰, 정치과정에 영향력을 행사할 수 있다는 믿음, 국가와의 일체감, 국가 권력의 정당성에 대한 믿음, 시민의 참여 등 시민적 정치문화를 구성하는 요인들은 더 이상 서구만의 가치라고 볼 수 없을 만큼 보편적인 가치로 작용하고 있다. 이러한 가치에 의거하여 볼 때, 성숙한 정치문화는 흔히 참여형 정치문화의 비율이 신민형 및 지방형에 비해 높은 정치문화를 의미한다. 이 서구적 정치문화는 서구형 자유민주주의를 수용한 국가들에서 정치발전의 보편적 기준을 형성하고 있다.

그러나 다른 한편에서는 비서구적이거나 또는 반서구적이라고 할 수 있는 정치적 이념과 가치가 한 국가의 정체성을 형성하고 있는 경우도 있다. 특히 이러한 경향은 이슬람 문화권에서 강하게 나타나고 있다. 헌팅턴(Samuel Huntington)은 서구와 이슬람 문화권 간의 긴장 관계를 '문명의 충돌'이라는 말로 표현하면서, 정치문화의 개념이 국가의 경계를 넘어 보편적 가치로 확대되고 있지만 문명의 경계를 벗어나 이 문명에서 저 문명으로 이전되기는 매우 힘들다고 보았다(Huntington 1996). 헌팅턴의 주장은 많은 비판에 직면하였지만,[3] 서구적 정치문화 또는 서구적 정체성이 이와는 전혀 다른 문명권에 그대로 적용되기는 힘들다는 사실은 적어도 잘 보여주고 있다고 하겠다. 이슬람 국가 이외에도 헌팅턴은 세계를 총 8개 문명권으로 나누어 한 문명의 가치와 이념을 타문명의 가치로 전환하려는 노력에 크게 회의를 표

제, 자본주의 등으로 나타나며, 생산력과 생산관계(계급관계)로 이루어진다. 상부구조는 정치, 국가, 법, 권력, 문화 등 비물질적 영역을 의미하며, 하부구조에 의해 결정된다.
3 헌팅턴의 주장은 다양한 하위문화 영역을 가지는 이슬람 국가들을 하나의 단일한 문화권 또는 문명권으로 인식하고 있으며, 역사적으로 서구 문화권과 이슬람 문화권이 맺어 온 관계의 다양성에 대한 고려를 하지 않고 갈등적·충돌적 관계에서만 파악하고 있다는 점에서 많은 비판에 직면하였다.

명한다.

전 세계적인 보편성에 대한 거부는 최근 '인정의 정치(politics of recognition)'라는 정치학적 이슈로 부각하였다. 각 문화가 가지는 정체성이 공식적으로 인정되어야 한다는 것이다. 지방성 또는 특수성에 대한 강조는 국제 이주의 중대로 다문화사회가 도래함에 따라 더욱 주목받고 있다. 이러한 시점에서 한 나라의 정치문화의 성숙도에 대한 평가는 어떠한 기준에서 이루어질 수 있으며 또 정치문화가 지향할 방향은 어디일까? 현재로서는 서구적 민주주의로의 발전을 추구하는 나라들에서는 적어도 전통적 또는 권위주의적 정치문화를 벗어나 참여적 시민문화로의 변화를 추구하는 것이 보편적 지향점임은 부인할 수 없을 것 같다. 그러나 한 사회의 정치적 정향을 보다 구체적으로 알기 위해서는 각 하위단위가 가지는 정치적 태도와 정향에 주목해야 하는 것처럼 서구적 민주주의를 지향하는 나라들에 있어서도 시민문화라는 보편적 가치를 넘어서는 고유의 가치에 대한 고려가 있어야 함은 물론이다.

III. 정치사회화의 역할과 문제점

1. 정치사회화의 의미와 과정

1) 정치문화와 정치사회화

모든 사회는 그 사회가 공유하는 공통의 정치적 가치, 신념, 감정 및 행위 등의 기준들이 존재한다. 우리는 앞에서 이를 정치문화라고 일컬었다. 사회의 구성원들은 이것들을 지속적으로 습득해 가는데 이 습득의 과정이 정치사회화이다. 이 과정을 통해 정치문화는 한 세대에 머무르지 않고 다음 세대로 이전된다. 다시 말해서, 정치사회화는 사회 구성원들을 정치문화로 유도하는 과정이라 할 수 있다(Almond 1971). 우리는 정치사회화를 통해 사회가 공유하는 정치적 정향을 배우게 되고, 그것을 기준으로 정치적 대상과 자신의 역할에 대한 태도를 가지고 정치적 행위를 하게 된다.

이렇게 정치사회화가 정치문화를 학습하고 사회 공통의 인식과 태도를 배워나가는 과정이라면 정치사회화는 사회의 안정과 체제유지를 위한 중요한 도구라고 할 수 있을 것이다. 사회의 안정과 체제유지의 중요성에 무게를 두는 관점에서는 정치사회화를 사회 구성원들이 기존의 정치체제와 정치문화를 자각하고 습득함으로써 국민적 합의가 이루어지게 하는 긍정적 과정으로 인식한다. 반면, 체제의 변화를 중요시하는 시각에서는 지배계급이 통치를 정당화하여 체제를 안정적으로 유지하기 위해 정치사회화라는 수단을 이용하는 것으로 평가하는 경향이 있다.

그러나 사실상 정치사회화는 전적으로 체제 안정에만 기여하고 있는 과정은 아니며, 정치사회화를 사회발전을 위한 변화에도 기여하는 정치적 과정이라고 이해하는 것이 적절할 것이다. 정치사회화는 어린 시절에는 가족을 통해서 잠재적으로 이루어지지만 점점 자라면서 학교, 친구, 미디어, 직장 동료나 소속집단과 같은 공식적·비공식적 매개체를 통해 정치사회화가 이루어진다. 이렇게 다양한 정치사회화 매개체들의 영향은 사회 구성원이 가정이나 학교에서 배우는 정치문화를 그대로 습득하기보다는 정치세계에 대한 자기 자신의 관점을 구성하고 기존의 정치문화를 변화시키거나 창조할 수 있는 역량을 가질 수 있도록 한다. 하지만 정치사회화 매개체들이 그 역할을 제대로 해내지 못하고 지배의 옹호 수단으로만 작용할 때 사회구성원들의 정치사회화 과정은 왜곡될 수 있으며, 그 결과 정치사회화는 기존 체제의 옹호와 정당화를 통한 안정의 유지 이상의 역할을 할 수 없게 된다. 이는 권위주의 체제하에서 흔히 목격할 수 있는 정치사회화의 모습이다.

2) 정치사회화 과정

정치사회화 과정은 크게 아동기, 청년기, 성인기로 나누어 설명할 수 있다. 먼저, 유아기부터 초등학교 시절까지의 아동기 정치사회화는 주로 가정에서 이루어진다. 이 시기에는 정치적 지식이 없이 성인들의 가치나 태도를 무비판적으로 받아들이기 때문에 부모의 정치적 가치와 이념, 태도의 영향이 매우 크게 작용한다고 볼 수 있다. 10세 이전의 아동들은 정치사회화를 통해 국가에 대한 일체감, 국기나 국가에 대한 느낌, 대통령이나 기본적인 정치체계에 대한 느낌 등을 가지게 되며, 이러한 느낌은 인지적(지식)이라기보다는 좋다/싫다라는 감정적 측면이 강하다. 10세 정도가 되면 정치적 대상에 대한 감정적 정향이 인지적 정향으로 바뀌기 시작하고 대통령이나 정당, 의회 등 정치적 대상들의 역할도 이해하게 된다(서울대학교 정치학과 2002).

다음으로 청년기 정치사회화는 대체로 13-18세에 이르는 시기의 정치사회화를 의미한다. 성인이 되기 위해 준비하는 시기로서 정치적 행위와 판단에 대한 가치 기준을 형성하고 참여적 기능을 발전시킨다. 부모의 영향으로부터 벗어나 친구집단의 영향력이 커지는 시기이며, 동시에 학교에서의 정치사회화 또한 중요하게 작용하는 시기이다. 이 시기에는 정치적 지식의 양이 늘어나고 그 질도 높아짐에 따라 느낌이나 감정을 넘어 정치적 대상에 대한 보다 추상적이고 개념적인 이해를 하게 된다. 또한 학교 교육이나 친구집단과의 교감을 통해 자신이 아동기에 습득했던 감정이나 지식을 분화시키고 수정하는 계기를 맞이하기도 한다. 그러나 아직까지는 부모로부터 습득한 정치적 정향과 태도에서 큰 변화를 보이지는 않는다. 특히 한국의 경우에는 교육과정의 특성상 학교나 친구집단이 정치적 대상과 현상에 무관심한 경향을 보이면서 정치적 정향을 형성하는 데 많은 영향을 미치지 못하고 있으므로 청년기까지도 가정(부모)의 영향이 절대적이라고 할 수 있을 것이다.

마지막으로, 정치사회화는 성인기에도 지속된다. 성인기의 정치사회화에 특히 영향을 많이 미치는 것은 동료집단, 소속 사회단체, 미디어 등의 매개체이며 현실정치 자체도 영향을 크게 미치는 요인이다. 성인기는 아동기와 청년기 정치사회화를 거치면서 형성된 정치적 정향과 태도를 강화하는 시기이다. 또한 새로운 집단들과의 접촉 및 현실정치의 전개와 미디어 등의 영향으로 재사회화를 거치는 시기이기도 하다. 특히 그간의 정치사회화 과정을 통해 특정 정치적 정향을 강하게 가진 경우에도 전쟁, 체제의 전복, 대규모 반정부 운동, 경제공황 등 사회적으로 획을 긋는 큰 사건을 경험한 경우에는 정치적 태도에 급격한 변화가 일어나기도 한다.

2. 정치사회화의 매개체

1) 가정(부모)

가정은 정치사회화가 이루어지는 최초의 매개체이다. 아동기의 정치사회화 과정에서 부모로부터 영향을 받아 이루어진 정치적 정향과 태도는 일생을 통해 정치적 자아의 가장 주요한 부분으로 남는다. 즉 가정의 영향은 다른 정치사회화 매개체의 영향에 비해 압도적으로 크다고 할 수 있겠다. 특히 한국의 경우는 가족과의 유대가 강하고 자녀가 부모로부터 상대적으로 늦게 독립하기 때문에 정치적 태도를 형성하는 데 부모의 영향이 매우 크다. 부모가 정치적 대상에 대해 긍정적인가 부정적인가, 적극적인가 수동적인가에 따라 자녀의 정치적 태도가 결정되는 경향이 강하다.

흔히 연령이 높아질수록 점점 보수적으로 되어감에 따라 부모에 의한 정치사회화는 때로는 현재의 정치체제나 권위주의적 정치문화를 정당화하는 역할을 한다. 그러나 부모 세대가 젊은 시절 기존 체제에 대한 강한 반대나 민주주의에 대한 강한 신념을 표출했던 경험이 있는 경우 후속세대에 대한 정치사회화의 방향은 달라질 수 있다. 이러한 점에서 흔히 민주화 세대라고 불리는 한국의 486세대의 영향을 받은 후속세대들이 어떠한 정치적 정향을 가지는지 관심을 가져 볼 만하다.

2) 학교

공식적이고 체계적인 정치사회화는 주로 학교에서 이루어진다. 도덕이나 윤리 과목 등은 사회화를 목적으로 하는 공식화된 교육과정이다. 학교 교육은 정치적 대상에 대한 체계적인 지식을 보급하고, 정치사회에서의 게임의 규칙을 가르친다. 나아가 개인의 정치적 역할에 대한 개념을 확립시키고, 사회가 일반적으로 공유하고 있는 정치적 정향과 태도를 습득시킨다.

이러한 과정을 통하여 학교 교육은 개인의 정치적 태도와 정향의 변화를 유도하기보다는 기존의 정치적 태도나 행동양식 또는 국가가 의도하는 정치정향을 강화시키는 경향이 있다. 국가와 시민이 연대와 일체감을 형성하고 있는 민주주의 국가들에서는 학교 교육이 의도하는 체제 안정성이 곧 가정이나 사회의 정치사회화 과정이 목적하는 바와 동일하기 때문에 학교에서의 정치사회화는 사회 구성원의 신뢰를 바탕으로 진행될 수 있다. 반면, 시민의 상당수가 체제 비판적 입장에 있는 권위주의 체제하에서 학교 교육은 정치체계가 의도하는 특정 정치적 정향이나 태도에 대한 주입을 충실히 수행하는 정치사회화 기관이 된다. 예컨대, 권위주의 정부가 체제에 대한 옹호와 지지의 확보를 통해 국가통합을 의도하는 경우, 학교는 공식적인 교과 과정뿐 아니라 다양한 특별활동을 통해서도 이러한 의도된 과제를 수행할 수 있다. 이 경우 가정이나 사회의 기타 집단을 통해 이루어지는 정치사회화의 내용과 학교에서 이루어지는 정치사회화의 내용은 차이가 날 수밖에 없으며, 이로 인해 사회 구성원들의 정치적 가치에 혼란이 야기될 수 있다.

3) 동료집단 및 사회조직

가정과 학교 이외에도 친구, 직장 동료, 같은 조직의 구성원들 또한 정치적 태도를 형성하는 데 중요한 역할을 한다. 특히 가정의 정치사회화 과정을 통해서 형성된 정치적 태도가 동료집단을 통해 수정을 거치게 되는 경우가 많은데 이는 각 집단마다 그 집단이 추구하는 가치들이 다르기 때문에 나타나는 결과라 할 수 있다. 예컨대, 아주 보수적인 가정에서 보수적 정치정향을 습득한 사람이 대학에 진학하여 진보적인 친구집단에 속했을 때 자신의 정치정향에 의문을 제기하면서 정치적 태도를 수정해 가는 것은 흔히 목격할 수 있는 일이다. 성인이 되어서는 아동기나 청년기에 비해 자신의 정치적 태도를 쉽게 바꾸기는 힘들지만, 자신이 속한 종교단체, 노동조합, 사회단체 등의 영향으로 기존의 정치정향을 바꾸어 나가는 경우는 종종 있는 일이다. 특히 사회조직의 일원으로 정치적 행위에 직접 참여하는 경험은 정치적 태도의 강화나 수정에 큰 영향을 미친다.

4) 미디어

미디어는 초기 정치사회화부터 성년기 재사회화까지 강한 영향력을 가지는 정치사회화 매개체이다. 미디어는 정보 전달의 역할을 넘어서 교육, 조작, 설득 등의 기능을 통해 정치세계를 인지하도록 만들고 정치적 대상에 대한 평가의 기준을 제 공함으로써 일정한 정치적 태도를 가지도록 유도한다. 신문, 텔레비전, 라디오, 잡지 등 일방적으로 정보를 전달하던 기존의 매스미디어의 영역이 인터넷과 SNS라는 상호작용을 기반으로 하는 미디어로까지 확대되면서 이제 미디어는 일반대중이 정치과정에 접근할 수 있는 가장 주된 창구 역할을 하고 있다.

그러나 정치사회화의 주요 매개체로서의 미디어는 크게 두 가지 차원에서 문제점이 제기되고 있다. 첫째, 정부나 대자본 등 특정 영역의 미디어 통제이다. 미디어의 종류가 매우 다양해지고 그 영향력이 커진 사회에서 미디어가 국가 권력이나 특정 영역에 의해 통제되는 경우, 특정 정치적 정향을 강화하는 효과가 크게 나타난다. 둘째, 미디어의 종류가 다양해지면서 사람들은 미디어를 선택해서 접근하는데, 그 경우에 다양한 시각에 노출되기보다는 특정 미디어의 시각에만 노출되는 경향이 있다. 특히 미디어마다 이념적 성격이 뚜렷한 사회에서 대중은 주로 자신의 이념과 부합하는 미디어만을 선택하기 때문에, 결국 미디어는 정치사회화 과정을 통해 기존 정치정향을 강화시키는 역할만을 하게 된다는 비판에 직면한다(이소영 2014).

5) 정치적 경험

실제 정치과정에 참여하거나 정책이나 정치적 행위가 자신의 삶에 직접적인 영향을 미치는 경험을 한 경우에 그 경험은 중요한 정치사회화의 역할을 한다. 예를 들어, 고등학교 시절 미국산 쇠고기 수입에 반대하는 촛불시위에 참여한 경험이 있다든가, 대학시절 민주화 운동에 참여한 경험 등은 성인이 된 이후 다소 진보적인 정치정향을 가지게 되는 계기가 된다. 반대로 젊은 시절 전쟁의 경험 혹은 국가의 안보 위기 등의 경험은 보수적 정치정향의 원인으로 작용한다. 또 정치적 요구에 대한 정부의 합리적 대응은 정치체계에 대한 믿음과 충성심을 형성하며, 반대로 정치권력에 의한 가치의 박탈 경험은 반체제적 정향을 형성하는 데 일조한다.

3. 정치사회화의 정치적 결과

정치사회화는 정치체계 전반에 대한 정향과 태도를 형성함으로써 개인의 정치적 참여도와 선택에 영향을 미친다. 한국 대학생들의 정치사회화 과정을 조사한 한 연구에 의하면 가정 내 정치사회화 과정이 활발할수록, 즉 가정 내에서 정치적 대화가 활발할수록 투표에 참여할 가능성이 높아지는 것으로 조사되었다. 이 연구는 진보적인 방향으로 정치사회화가 일어날 경우에는 진보정당 및 진보적 후보에 투표할 확률이 높고, 반대로 보수적인 방향으로 정치사회화가 일어날 경우에는 보수정당 및 보수적 후보에 투표할 확률이 높게 나타나 정치적 선택에 있어서도 정치사회화의 영향이 크다는 것을 증명하고 있다(홍재우 2012).

한편, 정치사회화 과정을 통해 개인은 어떤 특정한 가치가 다른 가치보다 우월하다는 생각을 하게 되면서 가치판단의 기준을 형성하게 된다. 이러한 기준은 흔히 보수와 진보의 이념적 가치로 나타나는데, 이 때문에 사회화의 과정은 때로는 사회적 균열을 유도하거나 강화하게 되는 결과를 낳게 된다. 이념적으로 강한 균열을 보이지 않는 사회 또는 합의의 정치문화를 가진 사회에서 정치사회화는 서로 다른 분파에 대한 혐오를 유도하지 않는다. 반면 사회적 균열의 정도가 강한 사회에서 정치사회화는 분파적 혐오를 증대시키고 이 균열을 더욱 강화시키는 경향이 있다. 그런데 이러한 균열은 정치사회화의 주요 매개체와 대상 간에, 즉 부모와 자녀세대 간에도 강하게 나타난다. 가정에서의 정치사회화가 성인이 된 이후의 정치적 태도에까지 영향을 강하게 미치는 요인임에도 불구하고 세대 간 경험의 차이와 가정 밖에서의 정치사회화의 영향 등으로 정치적 태도에 있어서 세대 간 균열을 보이게 되는 것이다. 이러한 사실은 정치문화가 다음 세대로 이전하는 과정에서 분화하고 수정되어 가는 과정을 경험적으로 보여주는 것이다.

Ⅳ. 한국의 정치문화와 정치사회화

1. 한국의 정치문화

한국은 길지 않은 기간 동안의 복합적 정치 경험으로 인해 가치체계에서 상당한 혼란을 경험하고 있으며, 정치문화 또한 복합적인 성격을 나타내고 있다. 한편으로는 권위주의적 정치체제의 경험으로 인해 비민주적이고 권위적인 엘리트 정치문화와 함께 대중들의 소극적이며 수용적인 정치정향이 나타난다. 반면 민주주의 정치제도 시행 초기였던 1960년에 이미 시민의 힘으로 독재 정권을 무너뜨렸고, 이후 26년간의 반독재 민주화 운동과 1987년 시민의 힘으로 민주주의 체제를 마침내 확립한 경험은 한국인들로 하여금 민주주의에 대한 강한 신념을 가지게 만들었고 한국인의 정치문화에 저항성을 부여하였다.

요컨대, 한국인은 민주주의에 대한 신념을 가지고 있으면서 동시에 권위주의적 정치문화를 함께 가지고 있다. 민주적 정치과정을 원하면서도 권위에 대한 복종과 순응성을 나타내며, 정치에 무관심하고 권력에 무비판적으로 동원이 되기도 한다. 이와 함께 신분적 사회계층, 혈연 및 지연 등을 중시하는 경향을 보이기도 한다(신명순 2008). 그러나 한국인들은 대체로 정치적 권위에 순응하는 경향을 보이면서도 엘리트 위주의 정치과정으로 인해 국가와의 일체감은 매우 약하며, 따라서 정치체계에 대한 신뢰정도가 매우 낮다. 이 때문에 사회가 분화되고 민주주의에 대한 열망이 높아짐에 따라 권위에 도전하는 다양한 하위집단이 형성되어 왔으며, 이들 하위집단들은 서로 다른 정치문화를 보이고 있다. 예를 들어, 정치적 경험이 다른 세대 간에 서로 다른 정치정향을 보이고 있는데, 20-30대의 경우는 민주적 가치에 대한 긍정적 정향이 큰 반면, 50대 이상은 권위주의적 정향이 크게 나타난다. 또한 전통적으로 농민층은 정치에 무관심하고 정부에 복종적인 정향을 보여온 반면, 노동계층은 정치적 관심이 높고 정치적 참여와 저항성이 강한 정향을 보여 왔다. 하지만 사회적 · 경제적 · 정치적 환경의 변화에 따라 농민층의 정치적 관심과 참여가 증대하는 등 하위집단들의 정치정향 또한 변화해 오고 있다.

요약하자면, 한국인은 복합적인 정치적 경험을 바탕으로 복합적 정치문화를 가지고 있으며, 급격히 변화하는 사회적·경제적·정치적 환경의 영향으로 정치문화에 있어서 변화를 겪어오고 있다. 최근에는 엘리트 차원의 강한 양극화가 대중 차원의 이념적 양극화를 유도하고 있어 갈등적인 정치문화가 강하게 형성되고 있다.

2. 한국 정치사회화 과정에서의 교육과 미디어

한국인의 정치적 태도를 형성하고 분화시키며 변화를 이끄는 매개체 중 공식적인 정치사회화 기관인 학교와 광범위한 정치정보 및 가치의 전달자인 미디어는 가장 핵심적인 정치교육의 매개체이다. 그러나 이들은 성숙한 정치문화를 형성하기 위한 교육 기제로서는 많은 문제점을 안고 있는 것으로 평가받고 있다.

먼저 한국 학교는 정치세계에 대한 지식과 정치공동체 내에서의 개인의 역할에 대한 적절한 교육을 수행하지 못하고 있다는 문제점이 있다. 공교육 과정에서 공동체적 삶과 정치적 관계에 대한 교육이 제대로 이루어지지 않고 있으며, 학생들은 소극적 참여의 수업을 통해 정치적 주체로서의 자신의 역할을 학습할 기회를 가지기가 힘들다. 더구나 정치체제와 제도, 정치적 게임의 규칙, 그리고 정치적 관계 및 갈등의 해결방법을 가르칠 교과 과정의 부재로 학생들은 학교 교육을 통해 정치세계에 대한 지식과 가치를 습득할 기회를 갖기가 힘들다. 결과적으로 한국 교육과정에서는 정치교육이 제대로 이루어지지 않고 있으며, 따라서 학교는 정치사회화의 기능을 제대로 수행하지 못하고 있다고 평가된다.

한국의 정치사회화 과정에서 미디어 또한 정치사회화 매개체로서 상당한 문제점을 가지고 있다는 비판을 받고 있다. 학교가 정치 교육의 부재로 인해 정치사회화의 역할을 제대로 수행하지 못하고 있다면, 한국의 미디어는 왜곡된 정치사회화를 수행함으로써 정치문화의 성숙도를 높이는 데 실패하고 있다고 말할 수 있다. 무엇보다도 한국의 미디어는 강한 이념적·정파적 성격을 띠고 있고 대중은 자신과 관점을 같이 하는 미디어에만 접근하는 경향이 있어 미디어가 수행하여야 할 정치사회화의 기능이 제대로 작동하기는 매우 힘든 상황이다. 미디어의 강한 이념적·정파적 성격과 미디어 사용자들의 정파적 미디어 선택 현상으로 인해 미디어에 노출되면 될수록 자신의 기존 정향이 강화되는 경향이 나타나고 있다(이소영 2014).

이러한 경향은 사실상 한국만의 문제라기보다는 미디어의 종류가 크게 늘어난 현대의 많은 사회에서 목격되는 현상이다. 한국의 미디어 환경이 가지는 보다 독특한 성격은 신문, TV 등 전통적인 미디어를 기반으로 하는 대형 언론사들이 보수적인 정치정향을 유도하는 반면 인터넷이나 SNS 등 뉴미디어는 진보적인 가치를 보급하는 방식으로 분리되는 경향이 있다는 점이다. 이러한 경향은 전통적인 미디어에 주로 노출되는 중장년층과 뉴미디어에 노출되는 젊은 세대 간 정치적 정향의 차이를 더욱 강화시키고 있어서 가치의 혼란과 분파성을 더욱 가중시키는 역할을 하고 있다.

V. 맺음말

우리는 시민들의 정치적 인식, 감정, 가치관, 태도 등 정치문화를 통해서 한 국가의 정치가 운용되는 모든 방식과 정치현상을 다 설명할 수는 없지만, 정치제도나 구조만으로 충분한 설명이 되지 않는 많은 부분을 설명할 수 있다. 특히 유사한 제도와 구조를 가지고도 전혀 다른 정치적 행위와 결과를 보여주는 나라들을 비교할 때에는 그 사회 구성원들의 집합적인 정치적 정향과 태도가 어떠한지를 비교해 보는 것은 매우 유용한 방법이다. 그런데 선진 민주주의 국가들에서는 보통 대중과 정치엘리트가 동일한 정치적 정향을 가지지만, 국가와 시민 간의 일체감이 떨어지는 사회의 경우, 전체 사회가 집합적이고 동일한 정치문화를 가지기보다는 사회의 각 하위집단들이 이질적인 정치적 태도와 정향을 가지고 있는 경향이 있다.

한국의 경우도 엘리트 정치문화와 대중의 정치문화, 그리고 사회의 주요 하위집단의 정치문화가 각각 다른 경향을 보인다. 이러한 차이는 한국 사회 갈등의 결과이기도 하고 원인이 되기도 한다. 이러한 환경에서 정치문화를 교육하는 정치사회화 매개체들은 합의된 정보와 가치 및 태도에 바탕하여 정치사회화를 진행하지 못하고 있고, 시민들은 각기 다른 정보와 가치 및 태도에 노출되어 이들을 습득하는 모습을 보이고 있다. 이러한 정치사회화는 가치의 혼란과 분파성을 증대시켜 한국 사회의 갈등을 더욱 증폭시키는 결과를 낳을 수 있다.

정치체계에 대한 신뢰감을 회복하고 합의의 정치라는 보다 성숙한 정치문화의 정립을 위해서는 무엇보다도 적절한 정치 교육, 즉 수준 높은 정치사회화가 이루어질 필요가 있다. 물론 이러한 정치사회화는 일반 대중만을 대상으로 하는 것은 아닐 것이다. 한국 사회에서 가장 전통적이고 권위주의적인 정치정향을 가지고 있는 정치엘리트에 대한 재사회화는 한국 정치문화의 성숙과 정치발전을 위해 필수적인 요소가 될 것이다. 이와 더불어, 정치교육 과정에 대한 전면적인 수정, 미디어의 역할 회복, 성인에 대한 정치적 재사회화 또한 성숙한 정치문화의 전제조건이라 할 수 있다.

질문 및 토론 사항

1. 정치현상을 설명하는 데 정치문화를 중심으로 설명하는 접근법의 장·단점은 무엇일까?

2. 참여형 시민문화는 정치발전의 필요충분조건인가?

3. 정치권력이 정당성을 유지하는 데 정치사회화는 어떠한 역할을 하는가?

4. 한국의 정치문화와 정치사회화 과정은 어떠한 특징을 가지는가?

5. 한국의 정치발전을 위해 어떠한 정치문화가 필요하며 정치사회화는 어떻게 이루어져야 할까?

12

정치변동과 민주주의 공고화

Ⅰ. 머리말: 정치체제와 정치변동

정치체제(political regime)란 국가를 구성하는 정치적인 구조물들의 집합체를 지칭하는 용어이다. 다시 말해서 정치체제란 정치제도와 정치조직의 총체를 지칭하는 것이다. 정치권력은 정치체제를 통해서 사회 내로부터 광범위한 복종을 확보함으로써 안정된 지배질서를 지속해나간다. 아리스토텔레스는 정치체제를 지배하는 사람들의 수(數)와 그 체제의 선악에 따라서 여섯 가지 형태로 분류했다. 1인, 소수 및 다수의 지배가 잘 이루어지는 좋은 정치체제와 그렇지 못한 나쁜 정치체제로 구분하였다. 예를 들어, 다수의 지배 정치체제로서 좋은 의미의 '데모크라시(democracy)'와 나쁜 정치체제로서 '데모고그(domogogue)'를 구분했다. 좁은 의미로 정치체제는 정부의 일반적 형태를 의미하며, 헌법 및 정부규칙 등이 이에 포함된다. 일반적으로 정치체제는 한 개인 혹은 공직자의 임기보다도 오래 존속한다. 한국은 1987년 대통령 직접 선거를 도입하여 민주주의로 이행했고, 같은 기간 동안 수많은 대통령과 의회 의원들이 존재했었다. 반면 한국이라는 국가는 권위주의에서 민주주의 정치체제로 이행했듯이 개별적인 정치체제보다 더 오래 지속한다.

정치변동이란 한 형태의 정치체제가 다른 형태의 정치체제로 변화하는 것을 의미한다. 정치변동에 따른 정치체제의 변화는 2부에서 살펴본 바와 같이 기존 정치제도가 정상적으로 기능할 때 발생하는 것이 아니다. 정치변동은 정치가 일상적으로 운용되고 작용하는 궤도에서 벗어나서 권력관계의 이동과 지배관계에 변화를 가져다 주는 것을 의미한다. 새로운 정치적 상황의 등장이라 할 수 있다. 따라서 혁명, 내란, 전쟁, 정권교체 등의 상황이 정치변동의 범주에 속한다고 할 수 있다. 예를 들어 군주가 지배하는 국가가 민주주의로 이행했거나, 민주주의 국가가 군사쿠데타로 권위주의 국가로 변화한 경우 모두 정체체제의 변동이 발생했다고 할 수 있다. 또한 한 개의 정당이 지배하는 일당지배의 국가가 다당제를 도입하는 경우 역시 정치체제의 변동이 발생한 사례로 이해할 수 있을 것이다.

정치체제의 변동이 발생하는 이유는 무엇일까? 왜 현대의 많은 국가들이 공통적으로 민주주의화(democratization)를 경험하는가? 혹은 민주주의로 이행했던 국가들은 왜 다시 권위주의 체제로 돌아가는가? 본 장에서는 정치변동과 관련된 이와 같은 질문에 대한 답을 구하고자 한다. 우선 정치체제의 변동을 이해하려 했던 포괄적인 개념으로서 근대화 및 정치발전에 대하여 간략히 소개하고자 한다. 나아가 정치변동이 발생하는 원인으로 제시되었던 설명들을 검토해 보고자 한다. 현대의 정치학자들은 민주주의 체제와 권위주의 체제가 성립하고 붕괴되는 조건들에 주의를 기울여 왔다. 자본주의의 발전과 함께 경제적인 부가 전 세계적으로 확대되었고, 이러한 사실은 제3의 물결과 같이 민주주의의 확산과 공고화(consolidation)와 같은 세계사적인 결과로 이행되었다. 그러나 흔히 알려진 바와 같이 자본주의 발전 혹은 경제적인 풍요가 민주주의 체제로의 이행을 촉진하기는 하지만 항상 그러한 것은 아니라는 점을 명심할 필요가 있다. 여러 국가들과의 비교 검토가 제시하는 확실한 결론은 자본주의 발전 혹은 경제적인 풍요가 민주주의 체제의 공고화에는 기여를 하는 것으로 밝혀졌다. 또한 민주주의가 권위주의 체제보다는 국민들 삶의 질을 풍요롭게 해왔다는 연구 결과를 확인할 수 있다.

Ⅱ. 정치변동을 이해하려는 개념들

정치변동에 대한 최초의 학문적인 관심은 고대 그리스의 아리스토텔레스라 할 수 있다. 그의 스승 플라톤이 정의라는 개념에서 출발하여 완성된 국가로서 철인정치에 관심을 둔 반면, 아리스토텔레스는 그의 저서 『정치학』에서 국가의 형성과 해체를 연구과제로 삼고 있기 때문이다. 그는 혁명이나 정치변혁을 주요한 연구주제로 삼았고, 그러한 변동이 주는 정치적인 결과에 관심을 기울였다. 많은 사상가들이 정치변동에 주의를 기울였지만, 정치변동에 대한 학문적인 관심이 근대의 과학으로 자리매김한 것은 1960-70년대에 들어서였다. 제2차 세계대전 이후 독립한 많은 신생국가들은 정치체제의 정립에 어려움을 겪었다. 미국은 미국식 민주주의를 전파하면서 근대화의 주제를 정치학의 영역으로 받아들였고, 신생국들의 정치변동 현상을 파악하고자 하였다. 근대화와 정치발전의 개념은 포괄적인 주제이며, 그 자체가 정치변동에 대한 연구 주제는 아니었다. 그러나 이 개념들은 20세기 중후반 많은 사람들에게 신생국들의 정치변동을 이해하려는 주된 패러다임을 제공했고, 이후의 연구에 영향을 미쳤다.

1. 근대화(modernization)

근대화란 전통사회 혹은 전근대사회가 근대적인 정치, 경제, 사회, 문화를 받아들여서 비교적 안정되고 발전된 사회로 전환되는 것을 의미한다. 물론 근대화가 전개되는 과정은 안정적이거나 조화로운 것만은 아니며, 심각한 갈등과 충돌을 수반하기도 하여 때로는 사회적 위기가 조성되기도 한다. 따라서 근대화란 사회의 전 영역에 걸쳐서 거의 동시적으로 전개되는 대단히 복잡하고 총체적인 변화를 의미한다. 산업화, 도시화, 관료화 등은 이러한 사회 변화를 구성하는 요소들이라 할 수 있다.

그런데 근대화란 용어에는 일정한 가치가 내포되어 있다. 다시 말해서 보다 바람직하고 나은 것을 지향한다는 개념으로서 근대성(modernity)이라는 것이 전제된다. 앞서서 근대화를 성취했던 서구사회를 근대화된 사회로 그리고 비서구사회를 전통사회로 구분하게 된다. 따라서 근대화란 '앞서가는 서구사회를 모방하는 비서구사회의 변화'라는 가치프레임이 설정된다. 근대화는 곧 정치, 경제, 인간관계, 문화영역에서 전반적인 변화를 일으켜 근대화된 서구사회와 유사한 방향으로 나아가는 것을 의미한다. 근대화로 나아가는 과정에서의 정치변동이 곧 민주화이다. 비서구사회의 정치는 일반적으로 권위주의적이기 때문에 지배세력의 일부가 권력을 독점하는 형태이다. 따라서 정치적 근대화란 개인 혹은 일부세력에 의해서 독점되어 있는 권력이 대중들에게 분점되는 것을 의미한다. 시민들의 정치적 자유와 참여가 확대되어 정책 결정에 참여하게 되는 것을 뜻한다. 제도적인 측면에서 근대 민주주의제도인 의회, 선거, 정당 등이 발전하고, 행위적인 측면에서 민주적 시민의식의 함양이 이루어지는 것을 의미한다.

정치적 근대화는 정부의 공적인 기능을 확대시키고, 국가의 법적·행정적 및 정치적 기구들의 권한을 확대시킨다. 또한 정치적 근대화는 정치권력의 잠재적인 권한을 사회의 다양하고 많은 부문들로 확대시킴을 의미한다. 이것은 사회의 많은 집단들과 시민들의 광범위한 참여와 동의를 요구하게 된다. 정치적 근대화는 민주적이고 다원적인 사회 내에서 기능하는 여러 가지 요건들을 성숙시키게 된다. 종래에 이루어지던 정치적인 충성심과 지지의 원천을 점차 자신의 이익을 기반으로 하는 합리적이고 성취적인 기준으로 대체시키게 된다. 정치권력에 대한 자연발생적이고, 당연하며, 무조건적인 충성과 지지가 점차 나에게 돌아오는 이익을 기반으로 이루어지는 정치과정이 발생하게 되는 것이다.

전통사회와 근대사회

근대화를 이해하기 위해서 전통사회와 근대사회를 구분해보는 것이 도움이 된다. 학자들은 전통사회에서 사람들의 가치와 행동양식을 지배했던 것으로 신분, 공동체(Gemeinschaft), 전통적 권위 등을 드는 반면, 근대사회에서 사람들의 가치와 행동양식을 지배하는 것으로는 계약, 이익사회(Gesellschaft), 법적·합리적 권위 등을 든다. 전통사회에서 사람들은 감정적 요소에 영향을 받기 쉽고, 집단적 및 귀속적인 특징을 지니는데 반하여, 근대사회에서 사람들은 감정중립적이고 개인적이며, 업적중심적인 특징을 가지고 있다고 한다.

근대화가 진행됨에 따라서 정치변동이 발생하지만, 근대화의 진행 과정과 속도에 따라서 상이한 경로의 정치변동이 발생하였다. 서구의 경우에 근대화가 비교적 오랜 세월에 걸쳐서 완만하게 진행되었기에 사회세력들은 이 변화에 적응할 수 있는 시간적 여유를 가졌다. 따라서 정치변동은 사회세력들이 타협으로 지배권을 정당화하는 방향으로 진행되었다. 군주제나 귀족제의 정치체제는 근대화 이후에도 존속되는 경향이 있었다. 영국은 군주제가 존속된 대표적인 국가이다. 프랑스는 오늘날 군주제가 폐지되었지만 프랑스혁명 이후 약 1세기 동안 군주제의 폐지문제를 두고 논쟁을 벌였다. 다른 한편 절대왕조시대의 관료, 군대, 가톨릭교회 등의 조직들은 오늘날에도 프랑스 정치제체에서 지속적으로 영향력을 행사하고 있다. 또한 일본은 천황제를 유지하고 있지만, 러시아는 급격한 볼세비키 혁명으로 짜르제도가 폐지된 국가이다. 급격한 근대화를 경험한 한국, 중국, 터키, 이집트 등은 귀족제도나 군주제가 모두 폐지된 국가의 사례들이다.

제3세계의 국가들은 스스로 자본주의 발전을 채 성취하기도 전에 외부로부터 자본주의 발전이 이식되는 과정을 밟았다. 더욱이 먼저 근대화를 이룩한 선진국들과 경제적·기술적 격차를 안은 채로 근대화를 진행해야 했기에 세계 무역과 금융체제에 편입되는 과정에서 상당한 손실을 감수해야 했다. 막대한 부채, 낙후한 기술과 경영기법 등 불리한 상황을 극복하기 위해서 일부 국가들은 국가의 권력을 강화하여 강력한 정책을 추진하는 강성국가의 특징을 갖게 되었다. 자본축적과 투자의 효율성을 증대시키고, 정책결정을 중앙집권화한 국가들은 권위주의 정치체제가 발전하게 되었다.

이와 같이 국가들의 근대화 경로는 서로 상이할 수 있으며, 서구국가들의 일반적인 경험을 일반화하여 적용할 수는 없다. 다음에 살펴볼 정치발전 역시 그러한데, 정치발전은 근대화의 정치적인 측면을 보다 구체화하여 제시된 개념이다.

2. 정치발전(political development)

정치발전이라는 개념에는 정치변동의 결과에 대한 가치 판단이 내포되어 있다. 즉 정치변동의 결과로서 일정한 조건들을 충족할 때 정치발전이라고 평가한다. 정치발전에 대한 가치 판단은 봉건적 절대주의 국가에서 산업혁명을 통해서 민주주의 국가로 이행했던 서구사회의 선행적인 역사적 경험을 표준으로 삼은 것이다. 예를 들어 한 국가가 중세에서 근대로 넘어오는 과정에서 강력한 중앙집권적인 관료제의 성격이 강했는지 혹은 봉건제도의 영향력이 남아 있었는지는 이후의 정치제도 형성에 중요한 영향을 미쳤다. 봉건제도에 따라 지방영주들의 영향력과 지역적 봉건성의 잔존은 근대국가 체제를 정비하는 과정에서 상당한 저해요인이 되었다. 정치변동의 과정에서 이러한 특질을 극복하기 위해서 각 지역을 중심으로 하는 다당제도와 상하 양원제도를 채택하였다. 또한 경우에 따라서 연방제도를 통해 지역의 특수성을 인정한 채 근대 민족국가로 발전할 수 있었다. 반면 강력한 중앙집권적인 관료제를 시행했던 국가들은 단원제와 단일국가 등 정치제도의 단일구조를 확립할 수 있었다.

그러나 정치발전의 개념은 서구사회의 경험을 기반으로 일반화되었지만 검토해 볼 만한 가치는 있다. 사실, 정치발전의 개념은 다양하게 사용되어 왔다. 첫째, 정치발전은 경제발전을 위한 필수적 조건으로서 정부가 정책을 합리적으로 추구할 수 있는 능력으로 이해되었다. 헌팅턴(S.P. Huntington)은 정치발전을 곧 제도화과정(institutionalization)이라고 정의하였다. 정치발전은 정치조직과 절차가 안정성과 가치를 확립해가는 제도화과정이고, 이것을 통해서 사회의 안정을 도모해 가는 주요 지표로 삼았다. 둘째, 정치발전의 개념은 다른 한편으로 시민의 참여와 충성심, 귀속감 등을 중심으로 보는 견해도 받아들여지고 있다. 확대된 시민의 참여를 기초로 투표 권이 확대되고 국민의 의견을 정치과정에서 반영하는 과정이 심화되는 것이다. 셋째, 결국 정치발전을 민주주의의 확립으로 보는 관점이다. 민주주의의 확립이란 민주적 제도 및 관행의 확립을 의미한다. 정치발전은 또한 민주적 선거 게임으로 정착함에 따라서 폭력을 수반하지 않는 안정적인 질서가 수립됨을 의미한다. 이러한 정치적 안정이 성취됨에 따라, 정치체계가 특정한 기능을 수행하거나 자원을 동원할 수 있는 능력이 점차 향상될 수 있다. 위와 같은 정치발전의 개념으로부터 발전도상국들은 다음과 같은 정치발전의 과제를 가질 수 있다. 민주주의의 확립, 시민의 정치참여 제도화, 정치적 안정(폭력이나 혁명을 수반하지 않는)을 통한 국가적 과제 성취, 경제성장과 함께 빈곤을 퇴치하고 불평등을 해소할 수 있는 체제 능력 증대, 정치권력의 정당성 확보 등의 문제들이다. 립셋(S.M. Lipset)은 발전도상국들이 갖는 정치발전의 과제와 관련하여 안정된 민주주의가 이루어지기 위해서는 경제발전의 수준이 높아야 한다고 주장한 바가 있다. 즉 경제적 측면의 근대화가 정치적 민주주의의 요건이 된다고 보는 견해이다. 반면, 알몬드(Gabriel A. Almond)와 버바(Sidney Verba)는 문화적인 측면을 강조했다. 그들에 따르면 정치문화(political culture)란 정치체계에 대한 정향이 국민들의 심리 속에 내면화된 상태를 일컫는다. 안정되고 효과적인 민주주의체제가 수립되려면 민주주의를 지탱할 수 있는 심리적 및 문화적 토대가 이루어져야 한다. 그들은 정치문화를 향리형(parochial), 신민형(subject) 참여형(participant)으로 구분하였다. 그들은 가장 발전된 근대의 참여형 정치문화를 의미하는 시민문화(civic culture)가 두드러진 문화로 자리잡을 때, 민주주의가 성취되며 정치발전을 이룰 수 있다고 주장하였다. 시민문화란 정치에 적극적으로 참여하며, 감정보다 이성에 의해 행동하고, 정치적 지식을 겸비하고 이를 기반으로 결정을 내리는 사람들이 널리 분포되고 다수를 이루는 문화를 의미한다.

이와 같은 논의들을 종합하면 우리는 정치발전에 대하여 다음과 같은 정의를 내릴 수 있게 된다. 정치발전이란 한 사회가 민주주의 정치제도를 정착시키기 위해서 구성원에게 평등한 정치참여와 그것을 효과적으로 수용할 수 있는 제도적 분화를 이룩하는 전반적인 민주주의 정치상황의 성숙을 의미한다. 또한 정치발전의 의미는 한 사회가 실제로 당면하게 되는 정치적 갈등을 합리적이고도 효과적으로 극복하면서 구성원들로부터 지지를 확보하여 정치안정과 국가목표를 달성할 수 있음을 나타낸다. 정치갈등을 극복함으로써 얻게 되는 정치안정과 국가목표는 서로 밀접하게 연계되고 정치발전은 이를 효과적으로 통합하여 정치와 국가를 보다 나은 미래로 나아가게 한다.

정치발전의 위기

한 국가의 정치발전 과정은 리더십과 국민들 사이에 서로 다른 인식과 이해의 불일치로 인해 부단히 정치적 위기에 직면한다. 이러한 위기국면들의 유형은 다음과 같이 다섯 가지로 분류할 수 있다(진덕규 2003, 492-3).

① 정체성의 위기(identity crisis): 정치변동 과정에서 사회 구성원들이 자기 자신을 어디에 소속시켜야 할지를 모르는 정신적 방황 상태를 의미한다.

② 정통성의 위기(legitimation crisis): 국민들로부터 권력을 위임받는 것이 국민들에게 응당 받아들여지는 것을 정통성이라 한다. 선거와 같이 약속된 방식이 아닌 쿠데타와 같은 방식으로 권력을 장악한 세력은 국민들로부터 권력 장악에 대한 명분을 인정받아야 하는 상태에 직면하게 된다.

③ 통합성의 위기(integration crisis): 한 국가가 유지되기 위하여 구성원들에게 받아들여지는 공동체에 대한 최소한의 일체감을 의미한다. 정치과정에서 권력이 행사되는 이익을 향유하는 계층과 그렇지 못한 계층이나 집단 사이에 심한 대립감정을 갖게 되고 점차 사회갈등으로 심화되는 경우, 통합된 국민으로서의 일체감을 저해시키는 결과를 갖게 된다.

④ 배분의 위기(disributive crisis): 사회의 가치나 자원을 정당한 원칙에 입각해서 분배하지 못할 때, 그러한 분배에 대한 문제를 사회 구성원들로부터 제기받게 된다. 이 문제가 심각한 정치갈등을 야기할 때에 배분의 위기에 직면한다.

⑤ 침투의 위기(penetration crisis): 중앙집권화된 중앙의 정책결정기구에서 내린 정책이 하부의 단위까지 효과적으로 전달되지 못하는 현상을 의미한다. 지방관료들의 자질과 능력의 한계 혹은 책임감의 결여 및 회피로 이러한 현상이 발생한다. 침투의 위기로 정책이 실현되지 못하고 나아가 정책이 왜곡되는 현상이 발생할 수도 있다.

Ⅲ. 민주주의 체제의 성립과 붕괴

앞선 장에서는 정치변동을 근대화와 정치발전의 개념을 통해 이해하고자 하였다. 근대화와 정치발전이 지향하는 정치체제가 민주주의임을 우리는 알 수 있었다. 그러므로 현대 국가에서 발생하는 정치변동 중 가장 주요한 형태는 민주주의로의 이행이라 할 수 있다. 그런데 한번 성립된 민주주의가 항상 지속되는 것은 아니다. 우리는 성립된 민주주의도 붕괴되어 권위주의 체제(비민주의)로 회귀하는 현상들을 볼 수 있다. 따라서 근대 이후 정치변동을 다른 방식으로 표현한다면 민주주의와 권위주의 체제의 성립과 붕괴라 할 수 있다. 민주주의와 권위주의 정치체제는 어떻게 구분할 수 있을까? 어떠한 이유로 어떤 국가들은 민주주의로 이행할 수 있을까? 반면에 권위주의 체제란 어떠한 특질을 갖는 정치체제인가? 권위주의 체제가 지속되거나 이 체제로 회귀하는 이유는 무엇인가? 이러한 질문들에 대하여 살펴보도록 한다.

1. 민주주의

민주주의(democracy)는 일련의 공직희망자들이 자유롭고 경쟁적인 조건에서 이루어지는 정기적인 선거에서 시민들의 투표로 선출되어 권력을 행사하고 정책을 결정하는 정치체계 혹은 그에 대한 사상이다. 민주주의는 서양의 어원 그대로 인민의 지배(demos＋kratos)를 뜻한다. 민주주의는 국민의 정부인 것이다. 그러나 고대 아테네와 같이 직접 민주주의가 가능할 수 있는 규모는 매우 제한적이다. 우리는 사람들이 많으면 이 집단을 대표(대리)할 수 있는 대표(대리)자를 생각하게 된다. 넓은 영토와 많은 인구를 기반으로 하는 근대 주권국가에서 국민들이 선거를 통해서 자신의 권한을 대리하는 대표자를 선출하는 방식으로 현대 민주주의는 발전해 왔다. 대의제민주주의에서 선거와 선거 사이의 기간에 시민들은 다양한 정책대안을 둘러싼 활발한 토론과 정책수립 활동에 참여해야 한다는 생각이 전제된다. 이러한 생각의 구체적인 예로는 국민투표, 일터민주주의, 시민운동 등이 있다. 이러한 제안들은 시민들로 하여금 단지 지도자를 선택하는 것에 그치지 않고 정치일정의 구체적인 정책결정 과정에 참여할 수 있는 기회를 갖도록 하려는 데 목적이 있다.

선거를 통해서 자유로운 경쟁이 이루어지는 것은 갈등을 폭력적인 수단이 아니라 합리적으로 해결하는 방식을 갖게 하므로 절차적 민주주의를 확립하는 중요한 요건이 된다. 개인의 정치적 권리를 대리하는 선거를 통해서 선출된 정치인들이 대의제 민주주의에서 상당한 재량권을 행사하기 때문에 시민의 적극적인 참여와 정부 권력에의 접근성이 중시되는 것이다. 특히 근대 이후 점차 참정권이 확대되고 선거가 보편화됨에 따라서 오늘날에는 자유롭고 공정한 선거 경쟁이 제도화되었는지와 함께 시민들의 적극적인 참여와 권력에 대한 감시 등의 활동이 중시되는 것이다. 민주주의 성숙도가 높은 국가일수록 깨어있는 시민의식을 의미하는 사회자본(social capital)이 상대적으로 많이 축적되어 있다.

사회자본(social capital)

사회자본이란 시민들이 자발적으로 참여하여 형성된 조직들의 그물망을 일컫는다. 퍼트남 (Robert Putnam)은 민주주의 정부를 효과적으로 만드는 필수적인 요소로서 이 시민조직들의 그물망을 사회자본이라 지칭했다. 시민들은 상호신뢰를 부여하여 자발적으로 만든 다양한 조직들을 통해서 사람들을 묶어 그들에게 필요한 정치적 자원을 제공하고 이에 협력적인 정부를 만들게 된다는 것이다. 서로 얽혀진 그물망의 조직들의 예로 노동조합, 직능단체 조직, 자선봉사단체, 동문회, 동호회 등을 들 수 있다. 민주주의가 잘 작동하기 위한 '자본'에 비유된 이러한 조직들이 잘 갖추어져서 상당한 규모의 네트워크로 존재하고 시민들의 활발한 참여가 이루어진다는 것이다. 따라서 사회자본이란 공동체 내에서 바람직하고 효과적인 신뢰라는 태도를 생산하고 민주주의 질서에서 사람들이 잘 작동하도록 돕는 설득과 집단행동을 실제로 경험하도록 해주는 공동체의 상호작용인 것이다. 따라서 사회자본의 개념은 민주적 시민권을 이해함에 있어서 핵심적인 개념이라 할 수 있다.

사실 민주주의 국가에서도 시민 모두가 정책결정 혹은 정부권력에 접근수단을 갖고 있는 것은 아니다. 물론 민주주의의 시민들은 권위주의 체제의 시민들보다 이러한 수단들을 상대적으로 더 많이 향유하고 있는 것은 사실이다. 민주주의 국가들 내에서도 일반시민들이 얼마나 동등하게 정부에 대한 접근수단을 갖고 있는지도 역시 다양하다. 권위적 민주주의(authoritarian democracy)라 불리는 낮은 수준의 민주주의 국가들이 앞서 언급한 민주주의의 정의에 부합되는 민주주의 국가인지에 대하여 확신할 수 없다. 이러한 예로 러시아와 짐바브웨를 들 수 있다. 러시아 헌법은 대통령에게 막강한 권한을 부여하고 있으며, 푸틴(Vladimir Putin)은 실질적으로 모든 권력을 독점하고 있다. 짐바브웨의 무가베(Robert Mugabe)는 불법적인 선거를 통해서 정권을 계속 유지하고 있다. 나아가 민주주의 국가들 내에서도 민주주의를 구성하는 다양한 요소들의 정도 및 그 유기적 관계의 정도에 따라 다양한 형태가 존재한다. 우리는 근대 이후의 세계사에서 민주주의의 이행(democratization)을 경험했다. 실제로 근대 이후 민주주의 국가로 이행했던 많은 국가들 중 비교적 적은 수의 국가들만이 안정적인 민주주의 국가를 유지하고 있다. 그러면 근대 이후 왜 많은 국가들이 민주화의 물결 속에서 민주주의 국가로 이행하였는지 또한 왜 민주주의가 지속되지 않고 붕괴되기도 했는지에 대하여 알아보도록 한다.

2. 민주화의 물결

2010년 12월 튀니지에서 시작된 자스민혁명(아랍민주혁명)으로 인한 민주화의 물결이 리비아, 이집트, 알제리 등 아랍전역으로 확산되어 독재정권을 무너뜨리고 민주주의 체제를 성립시켰다. 제4의 민주화의 물결이라 명명해도 좋을 이 중동민주화가 그리 새로운 사실은 아니다. 사실, 20세기는 전 세계적인 차원에서 정치변동이 발생한 세기로 기록되어도 좋을 듯하다. 첫 번째 민주화의 물결은 19세기부터 20세기 초까지 서유럽에서 일어났다. 제1차 세계대전 이후 1918년 독일이 민주주의 국가가 되었고, 동유럽에서도 민주주의 국가가 등장했다. 남미의 많은 국가들도 민주주의 정치체제를 수립했다. 그러나 세계 대공황이 경제적인 압박 요인으로 작용하면서 제2차 세계대전 기간 동안 민주주의 정치체제들은 다수 붕괴되었다. 두 번째 민주화의 물결은 제2차 세계대전이 종료되면서 시작되었다. 전후의 처리과정에서 많은 식민지들이 신생국가를 수립하는 과정에서 민주주의 정치체제를 채택하였다. 독일과 이탈리아에서 민주주의가 복원되었다. 그러나 민주주의가 공고화되지 못했던 많은 국가들은 군사쿠데타를 통해서 권위주의 정치체제로 회귀하기도 하였다.

헌팅턴(Samuel P. Huntington)이 '제3의 물결'이라 명명한 흐름은 1970년대 말에 시작되었다. 남부유럽의 그리스, 포르투갈, 스페인 등이 독재체제를 종식하고 민주주의로 전환하였다. 곧이어 민주주의의 물결이 남미를 휩쓸었다. 에콰도르, 페루, 볼리비아, 아르헨티나, 우루과이, 브라질, 칠레 등이 1980년대 민주주의의 물결을 형성했다. 1989년 소련이 해체되자 1990년대 동유럽의 구공산주의 국가들이 민주주의로 이행하였다. 동독, 폴란드, 체코슬로바키아, 헝가리, 불가리아, 루마니아, 유고슬라비아 등이 소련연방에서 탈퇴하면서 민주주의 체제를 수립하였다. 아울러 한국, 필리핀, 네팔, 니카라과, 파키스탄, 남아프리카공화국 등의 국가들도 민주주의로의 이행을 경험하였다.

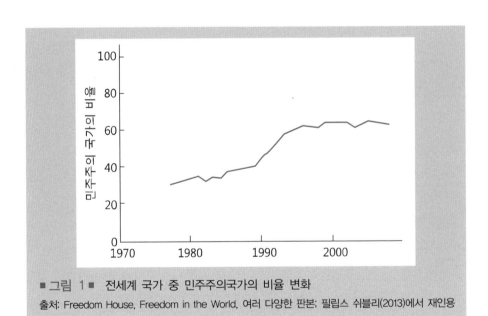

■ 그림 1 ■ 전세계 국가 중 민주주의국가의 비율 변화
출처: Freedom House, Freedom in the World, 여러 다양한 판본; 필립스 쉬블리(2013)에서 재인용

3. 민주주의의 이행에 대한 설명들

1) 구조적이고 도식적인 설명

무엇이 국가들을 민주주의로 이끄는가? 민주주의 국가로 이행된 국가들은 왜 다시 권위주의 정치체제로 회귀하게 하는가? 우선 민주주의로의 이행에 대하여 가장 잘 알려진 것은 구조적이고 도식적인 설명들이다. 한 사회의 정치체제가 민주주의로의 이행이 이루어지기 위해서는 일정한 구조적 혹은 전제적인 조건들이 충족되어야 한다고 보는 견해이다. 민주주의로의 이행을 경험한 서구의 경험이 표준이 되어 제시되는 설명이다. 사회의 경제적 조건과 발전 수준, 시민사회의 발전 등 정치문화의 유형 및 성숙도, 계급구조의 분화 정도와 성격, 대내외의 정치경제적 관계 등 일정한 조건들이 성숙되어야 민주주의로의 이행이 가능하다고 생각한다. 앞서 언급한 근대화론과 정치발전론의 견해나 종속이론 그리고 역사구조적 분석 등도 이러한 입장을 갖고 있다. 이 견해를 간단히 표현하면 다음과 같다.

$$\Sigma A \rightarrow \S 민주주의 \quad \text{(A: 민주주의 이행의 여러 조건들)}$$

그러나 유사한 조건들이 충족된 국가들이 민주주의로 이행을 하지 않는다면 이러한 설명은 설득력을 잃게 된다. 또한 민주주의의 충족 조건들이라는 것이 사실 알고 보면 민주주의가 정착된 결과물인 경우도 많다. 즉 닭이 먼저인가 달걀이 먼저인가의 문제인 것이다. 더욱이 이 관점이 가장 문제될 수 있는 것은 이러한 견해를 받아들일 경우 정치행위자는 피동적인 존재가 되고 민주주의를 위한 실천적 전략과 관련하여 아무런 함의를 갖게 되지 못한다. 예를 들면, 민주주의를 위한 조건 A가 성숙되지 않은 X국가의 甲은 민주주의를 위해서 할 일이 없게 된다. 나아가 근대화론은 한국의 경우에도 그러했듯이 권위주의 정치체제가 경제발전을 지속해서 상당기간 존속되어야 한다는(근대화가 되기 전에는 민주주의를 유보해도 좋다는) 주장으로 발전해서, 독재체제를 용인하는 논리로 악용되기도 하였다.

그러나 통계적으로 볼 때 사회경제적 발전 수준과 민주주의 정치체제 사이에 강한 긍정적 상관관계가 존재하는 것은 사실이다. 다시 말해서 민주주의 국가들은 대체로 가난한 나라가 아니라 잘 사는 나라이다. 2010년 민주주의 국가의 1인당 평균소득은 17,686달러였고, 비민주주의 국가는 10,173달러였다(필립스 쉬블리 2013, 170). 이것은 당연한 일도 아니고 어쩔 수 없는 일도 아니다. 가난한 나라의 사람들도 국가권력의 부당한 횡포로부터 자신을 지키고 싶고, 잘 먹고 잘 살고 싶을 것이다. 그럼에도 불구하고 가난한 나라의 사람들이 민주주의를 향유하고 있지 못한 이유는 무엇인가? 이에 대한 해답은 앞선 문제와 연결하여 생각해 볼 수 있다.

이에 대하여 자연스럽게 생각해 볼 수 있는 해답으로는 민주주의 정치체제가 비민주주의 정치체제보다 경제를 더욱 잘 발전시켜서 풍요롭게 할 수 있다는 설명이다. 그러나 이러한 주장은 반드시 사실이라 할 수 없다. 예를 들면, 민주주의 국가인 인도와 비민주주의 국가인 중국이 지난 40여년 간의 경제성장을 비교해 보면 쉽게 이해될 수 있다. 민주주의 국가의 경제가 비민주주의 국가의 경제보다 더 빠르게 성장하는 것은 아니다. 그러면 경제적 번영과 민주주의는 어떠한 관계일까? 경제적 번영을 민주주의 이행의 선제조건으로 생각하기보다 이와는 무관하게 국가들은 민주주의로 이행한다고 생각하는 것이 옳을 것이다. 사실 경험적으로 볼 때 앞서 언급한 민주화의 물결들은 전쟁 혹은 냉전 종식 등 특정한 역사적 상황과 관련되어 있다. 전쟁에서의 패배, 외국군대의 점령, 독재자의 사망, 경제위기 등 사회경제적 발전의 수준과는 직접적인 관련이 없는 경우가 많았다. 경제적 번영은 민주주의가 이행된 이후 유지되고 지속되는 것과 관련해서 생각해 보는 것이 더 바람직하다. 아래의 〈그림 2〉는 이러한 상황을 잘 나타내고 있다.

〈그림 2〉는 1951년부터 1999년까지의 민주주의와 권위주의 체제가 전복될 확률과 1인당 소득을 나타내고 있다. 이 둘은 무척 뚜렷한 상관관계를 나타낸다. 경제적인 번영이 늘어날 때마다 민주주의가 붕괴될 확률은 점차적으로 낮아진다. 1인당 연간 소득이 1,000달러 이하인 경우 민주주의가 붕괴될 확률은 0.08이다. 반면 1인당 연간소득이 많아질 경우 붕괴 확률은 점차로 낮아져서 7,000달러 이상에서 0에 도달한다. 이와는 대조적으로 권위주의 체제가 붕괴되어 민주주의 국가로 이행할 확률은 그 나라의 경제적 번영과 상관관계가 없다. 이러한 도표는 우리를 다음과 같은 결론으로 이끌게 한다. 국가는 여러 이유로 민주주의로 이행할 수 있다. 일단

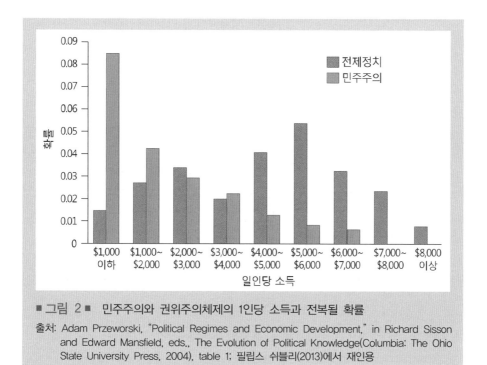

■ 그림 2 ■ 민주주의와 권위주의체제의 1인당 소득과 전복될 확률

출처: Adam Przeworski, "Political Regimes and Economic Development," in Richard Sisson and Edward Mansfield, eds., The Evolution of Political Knowledge(Columbia: The Ohio State University Press, 2004), table 1; 필립스 쉬블리(2013)에서 재인용

민주주의 국가가 성립된 이후 경제적으로 번영한 나라의 경우라면 가난한 나라에 비해 민주주의 정치체제를 유지할 가능성이 높다. 반면 권위주의 체제의 경우는 그렇지 않다. 권위주의 체제의 붕괴는 그 나라가 경제적으로 번영한 나라인지 가난한 나라인지 여부와는 아무런 관계가 없다.

그러면, 경제적 위기 여부와 민주주의로의 이행은 어떠한 관련이 있을까? 해거드(Stephen Haggard)와 카우프만(Robert Kaufman)은 민주주의는 경제 상황이 좋은 경우와 좋지 않은 위기 속의 이행이 서로 다른 양상을 나타낸다고 주장한다. 대부분의 남미 민주화 과정과 1989-91년 동유럽의 민주주의로의 이행은 경제가 좋지 않은 상황 속에서의 이행 사례에 속한다. 반면 한국, 태국 등 동아시아의 민주주의로의 이행과 스페인, 터키, 칠레 등의 경우는 경제적인 번영을 누리는 상황에서 발생했다. 이러한 연구 결과는 경제적인 상황 자체가 민주주의로의 이행 여부를 결정하는 것은 아니라는 점을 시사해 준다. 단 경제적인 위기가 민주주의를 자극하는 경우 권위주의 정권세력은 국민들로부터 신뢰를 상실하여 사태의 방향에 어떠한 영향력도 상실하는 반면, 한국과 태국의 경우처럼 경제적인 상황이 좋은 경우는 기존의 독재권력의 입장이 중요한 방향타가 될 수도 있다.

2) 민주주의 이행의 세 가지 원인들

무엇이 권위주의 정치체제의 붕괴와 민주화의 물결을 이끌었을까? 우리는 단순한 논리적 추론으로 세 가지 원인들을 생각해볼 수 있다. 우선, 행위의 주체로서 정치권력과 시민을 생각해 보자. 그리고 국가 외부에 있는 무엇인가를 생각해 보자. 이러한 가정들을 단순히 배열하면 다음과 같다.

① 정치권력(독재권력)/권위주의 체제 ↔ ② 시민 ⊂ ③ 외부세계/국제사회

독재권력이 붕괴되고 민주주의 국가가 성립되려면 각각의 주체들 행위가 긍정적으로 혹은 부정적으로 이루어지는 경우를 추론해 볼 수 있다. 즉 민주주의가 성립되려면 ①은 부정적(−), ②는 긍정적(+), ③은 독재권력에게는 부정적(−), 시민에게는 긍정적(+)이 되는 행위들을 생각해 볼 수 있다. 실제 민주화의 물결과정에서 국가들에게 일어난 상황은 위와 같은 논리적 추론에 부합된다.

첫째, 권위주의 체제의 약화가 붕괴를 초래했다. 스페인과 포르투갈의 독재자들은 사망했으며, 그들의 사망 이전에 독재권력은 이미 대중들의 지지를 상실하고 있었다. 아르헨티나의 군사정권은 영국과의 전쟁에서 패배하였다. 보다 극적인 사건은 소련연방의 해체이다. 동유럽의 많은 국가들은 1989년 이 연방의 해체로 민주주의 국가를 성립시킬 수 있었다. 러시아 역시 소련 공산당의 부패와 노쇠화로 민주주의 국가로 이행하였다. 1991년 소련 공산당의 서투른 쿠데타 실패에서 확연하게 드러났다.

둘째, 아마도 권위주의 체제가 붕괴되고 민주주의로 이행하는 가장 중요한 요인은 시민들의 지지일 것이다. 시민들은 독재정권의 권력남용으로부터 자신의 안전과 인권을 지키고자 한다. 독재권력의 억압이 심해질수록 이러한 여망은 더욱 강해

진다. 남미의 민주화 과정, 소련연방 해체 이후 동유럽국가들의 민주주의 이행은 모두 이러한 노력의 결과이다. 아르헨티나와 칠레의 독재정권하에서 수많은 사람들이 실종되었으며, 고문당하고 살해되었을 것으로 추정된다. 필리핀에서는 야당지도자의 암살사건이 민주화 운동에 불을 지폈다. 한국의 경우에도 민주화를 요구하는 대학생들의 노력과 희생이 있었다. 동유럽의 경우 공산정권이 붕괴된 이후 밝혀진 사실로서 비밀경찰은 수많은 시민들에 대한 신상정보를 관리하고 있었다. 이렇듯 대부분의 민주화 과정에서 국민의 인간 존엄성과 안전에 대한 열망이 큰 역할을 했다. 19세기 유럽과 북미에서 최초의 민주주의 정치체제가 수립되었을 때도 역시 그러했다.

셋째, 민주주의 이행의 외부적 조건이다. 국제사회의 압력이 행사되는 경우 민주주의로의 이행이 보다 수월하게 진행될 수 있다. 비민주 정권들은 주변의 민주주의 국가들로부터 외교적 공격을 받을 수 있다. 또한 세계 각처의 민주화 운동가들의 네트워크가 이러한 압력을 주도하기도 한다. 그리스, 포르투갈, 스페인 등은 이웃국가들로부터 민주화에 대한 압력에 직면했다. 특히 유럽연합의 회원국이 될 수 있다는 유인책도 작용하였다. 남아프리카공화국은 수십 년 동안 흑인들에게 동등한 민주적 권리를 부여할 것을 요구받았다. 민주주의 국가들은 무역과 투자에 대한 금지 조치를 통해서 이러한 국가들에게 영향력을 행사하기도 하였다. 1989년 천안문 사건 이후 중국은 국제사회로부터 민주화 조치에 대한 압력을 지속적으로 받아 왔고, 니카라과 정부는 미국의 정치체제 교체를 위한 준군사적 압력에 직면하여 자유선거를 실시하였다.

3) 행위자 중심의 설명(agent-centric explanation)

20세기 민주화의 물결에 대한 많은 관심이 비교정치 연구 분야에 커다란 변화를 가져왔다. 기존의 구조적이거나 다소 정적인 상황에 대한 분석과 설명보다 동적이고 구체적인 분석을 시작하였다. 헌법구조, 세력 간의 역학관계, 경제 구조, 역사 배경 등과 같은 광범위한 배경적 요인들을 분석하고 설명하는 대신 행위자를 중심으로 설명하는 것이다. 행위자 중심 설명이란 각각의 행위자가 처한 전략적 상황에서 그 행위자들이 내린 결정을 살펴보는 것이다. 민주주의로의 이행을 정치세력들, 즉 개별행위자들의 전략적인 상호작용의 게임으로 이해하는 것이다.

　　행위자 중심의 설명은 권위주의 집권세력과 민주화 운동세력 간의 전략적인 선택의 결과로 민주주의의 이행을 설명한다. 강력한 민주화 운동세력이 권위주의를 대체할 집단적 대안으로 현실화될 경우 집권세력은 반대세력을 억압하여 자신의 정권을 안정화시킬지 혹은 반대로 반대세력에게 제한적인 양보할지를 선택해야 한다. 반대세력, 즉 민주화 운동세력 역시 집권세력의 유화적인 조치에 만족하지 않고 대중동원을 하면서 완전한 민주화와 집권세력의 제거를 원한다면 그 성공 여부에 따라 체제전복, 내전의 지속, 권위주의 체제의 유지 등이 결정될 것이다. 오도넬 (Guillermo O'Donnell)과 슈미터(Philippe C. Schmitter)는 남미와 동유럽에서 발생한 민주화 사례에 대한 광범위한 분석을 통해서 민주주의로 이행과정에서 필요한 조치로서 사회적 협약(pact)의 중요성을 주장했다. 민주화세력과 독재세력은 독재정권하에서 자행된 범죄행위에 대한 기소의 철회, 실질적 권한을 갖지 않는 군주제의 유지, 군대의 재원 마련 보장 등과 같은 협약을 맺음으로써 정치변동이 파국을 맞이하지 않고 민주주의로의 이행을 원활하게 할 수 있다고 주장하였다.

민주적 거래(democratic bargain)

성립된 민주주의가 지속되고 유지되기 위해서는 구성원들에게 받아들여지고 공유되는 게임의 규칙이 있어야 한다. 선거에서 패배할 경우 정당들과 사회의 집단들은 다음 선거가 있는 기간 동안 이 패배를 수용하겠다는 암묵적인 동의가 있어야 한다. 이것이 민주주의 게임의 규칙이다. 정부의 정책결정에 영향을 미칠 수 있는 정당, 이익집단 등 다양한 사회세력들은 자신들이 원하는 바를 충분히 실현시키기를 희망하는 마음으로 민주주의의 게임 규칙을 깨트리지 않고 준수하는 것이다. 이것을 '민주적 거래'라고 한다. 군부 등 하나의 강력한 세력이 존재해서 이 민주적 타협의 결과를 준수하지 않고 정치체제를 전복시킨다면 민주주의 체제는 붕괴된다. 전 세계의 대부분 국가들이 일정 기간 동안 민주주의를 경험했지만 안정적인 국가로 남아 있지 않는 이유는 이러한 게임의 규칙이 내면화되어 공유되지 못해서 하나의 제도로서 정착되지 않았기 때문이다.

행위자 중심의 설명은 국민들의 민주화에 대한 지지와 열망을 어떻게 표출하는가에 대해서도 설명한다. 권위주의 정치체제하에서 민주주의에 대한 지지를 표명하는 사람들에게 보상은 커녕 본인이 받을 처벌의 위험이 크다. 그러나 민주화의 가능성이 목전에 보일 때 이를 성취하고 싶은 열망은 커지게 된다. 민주화로의 이행의 과정에서 일정한 순간이 되면, 즉 민주주의 성립의 성공 가능성이 커지면 민주주의에 대한 지지 표명은 급속도로 증가하게 된다. 아래의 〈그림 3〉은 이를 설명해주고 있다.

민주주의 성공 가능성이 커지고 많은 사람들이 거리로 나와서 시위대에 합류할 때, 개인들의 심리 내면에는 처벌에 대한 위험보다 민주주의를 성취함으로써 얻는 보상을 받고자 하는 심리가 급격하게 증가한다는 것이다. 이런 의미에서 민주주의로의 이행은 커다란 정치적 불확실성의 기간이며, 예기치 않은 우발적 사건과 전개과정, 의도하지 않은 결과에 의해 지배되어지기도 한다.

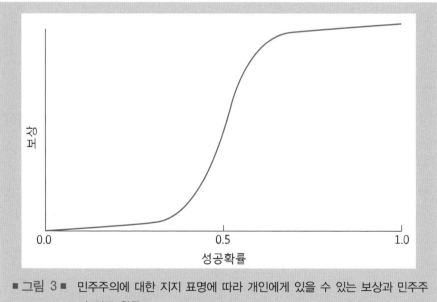

■ 그림 3 ■ 민주주의에 대한 지지 표명에 따라 개인에게 있을 수 있는 보상과 민주주의 성공 확률

출처: 필립스 쉬블리(2013, 169)

이러한 설명들을 읽다보면 우리는 민주주의의 성립과 유지를 당연스러운 것으로 생각할 지도 모르겠다. 그러나 민주주의는 그렇지 않다. 1960년대 이래 104개의 국가 중에서 29개의 국가만이 선거민주주의를 유지했다. 때로는 민주주의는 외부로부터 주어질 수도 있다. 식민지로부터 독립한 신생국들이 그러하였다. 민주주의 정치체제의 생존을 가능하게 하는 대중의 광범위한 지지가 결여된 상태에서 민주주의는 부작용만 낳고 생존이 더욱 어렵게 된다. 종종 민주주의 정치체제의 개방성은 국가 내부의 지역적 민족주의 압력, 다시 말해서 소수민족들의 분리 독립에 대한 요구 압력이 분출되기도 한다. 유고슬라비아의 경우처럼 몇 개의 국가로 분리되기도 한다. 이러한 민주주의 국가들의 취약성은 국가가 직면한 여타의 위기와 위험을 명분으로 군부쿠데타를 초래한다는 점이다. 결국 독재체제로 되돌아갈 수도 있다. 다음에서는 권위주의 체제에 대하여 알아보도록 한다.

Ⅳ. 권위주의 체제의 성립과 붕괴

1. 권위주의 체제: 일당제 국가, 군주제, 신정체제, 군사정부

권위주의 체제란 민주주의가 아닌 정치체제를 의미한다. 따라서 다양한 형태의 정치체제를 갖는다. 권위주의 체제의 정치형태를 일당제 국가, 군주제, 신정체제, 군사정부 등으로 분류해 볼 수 있다. 일당제 국가(one-party state)란 정부가 하나의 정당에 기반한다는 점이다. 이 경우 하나의 정당만 유일하게 인정되거나 다른 정당이 공식적으로 허용되어도 사실상 하나의 정당만이 지배적인 경우를 뜻한다. 일당제 국가는 소련, 중국, 쿠바 등 사회주의 혁명에 기원을 두며, 소련에 의하여 강요되었던 동유럽의 동독, 체코슬로바키아 등도 1989년 이전에 일당제 국가들이었다. 탄자니아 등 아프리카 국가들의 경우와 같이 민족해방운동에 기원을 두고 있는 정당이 유일하게 인정될 때에도 일당제 국가가 출현하였다. 아울러 리비아의 경우처럼 군사쿠데타를 통해서 집권한 정당이 일당제를 유지하는 경우도 있다. 리비아의 카다피(Muammar Khadaffi) 대령은 1969년 군사쿠데타를 통해서 권력을 장악했으며, 2011년 민주화운동으로 축출될 때까지 아랍사회주의연합이 유일한 정당이었다. 권력을 유지하기 위한 일당제 국가의 장점은 정부의 제도적인 기반을 마련해 주는 전국적인 정당이 존재한다는 점이다. 군사정부의 권력기반이 군장교들에게 한정되는 데 반해서 일당제 국가는 전국적인 기반을 갖는 정당의 지지를 통해서 정부가 보다 안정되고 책임있는 모습을 갖게 해준다. 또한 정당 내의 지도자 교체를 통해서 권위주의 체제가 갖고 있는 권력 승계의 문제점을 해결해주게 된다. 정당이 하나의 경기장을 제공해줌으로써 다양한 파벌의 경쟁과 갈등이 체제 내에서 이루어질 수 있도록 하고, 나아가 권력의 승계와 교체를 가능하게 해준다는 것이다.

군주제(monarchy)와 신정체제(theocracy)는 전통적으로 존재해 온 또 다른 형태의 권위주의 체제이다. 유럽의 봉건 절대왕정이 민주주의로 이행하였음을 우리는 알고 있다. 영국, 스페인 또는 스웨덴과 같이 민주주의 정치체제로 이행했지만 군주가 존재하는 국가들을 우리는 입헌군주제(constitutional monarchy)라 부른다. 입헌군주는 순전히 상징적이고 의전적인 역할만을 수행하기 때문에 아래의 군주제 국가들과 혼동해서는 안된다. 현재 세계의 군주제 국가 대다수는 중동 또는 아시아에서 발견되며, 부탄과 같이 상대적으로 근대화가 되지 않은 후진국이 많다. 군주제 국가의 예로는 풍부한 석유자원을 갖고 있는 사우디아라비아, 카타르, 쿠웨이트 등이 있다.

신정체제(theocracy)는 종교지도자들에 의해 통치되는 국가이며, 종교지도자들의 세속적인 권력은 그들의 종교적 권위에 기반하고 있다. 신정체제 국가의 정통성은 시민들이 공유하는 종교적인 믿음에 기초한다. 교황이 통치하는 바티칸 시가 신정체제의 예이며, 이란 역시 대표적인 신정체제 국가이다. 가톨릭의 경우는 위계질서에서 가장 높은 지위를 차지하고 있는 지도자가 확실하게 존재하는 반면, 이슬람의 경우는 매우 느슨하게 조직되어 있다. 이슬람 집단 내에는 다양한 종교지도자들이 존재하며 그들의 존경여부가 정치권력의 권위와 연계된다. 현실에서 이슬람 신정국가는 많지 않은데, 이슬람 국가의 일부 단체들은 신정체제의 수립을 강력하게 추구하고 있다.

군사정부란 군사쿠데타를 통해 정권을 장악한 군인들에 의해 운영되는 정부로 민주주의 정부와 가장 뚜렷하게 대비가 된다. 민간 정부의 전통이 미처 뿌리를 내리지 못하는 신생국가에서 군부쿠데타를 통한 군사정부가 빈번하게 발생하게 된다. 베네주엘라, 볼리비아와 같이 몇몇 국가들에서는 쿠데타가 너무도 빈번하게 발생하여서 마치 정권교체의 방법처럼 제도화되었다. 군사정부의 정치적 성향이나 정치적 역할은 군사정부의 수만큼 다양하다. 군사쿠데타는 우익 장교집단이 일으킨다는 선입견을 갖고 있지만, 군사정부는 좌우익을 망라한다. 쿠데타를 주도하는 장교집단에는 좌파와 우파 모두 존재하며, 이들이 집권 후에 추진하는 정책의 성격 또한 다양하다. 군사정부의 정치적 성격이나 집권 기간 또한 다양하다. 미얀마의 군사정부는 1962년 이래 계속해서 반대세력을 허용하지 않고 억압적으로 지배하고 있다. 그리스는 1967년부터 1973년까지 우익 장교집단이 무자비한 탄압조치를 통해서 권력을 지배하였다. 제2차 세계대전 후 터키의 군부는 민주정치가 혼란에 빠질 때마다 정치에 개입하였다. 세 차례의 개입은 모두 광범위한 국민들의 지지를 받았는데, 정치가 안정되면 민주정치가 회복되었다. 나이지리아에서는 1966-1978년, 1983-1999년 기간 동안 군사정부들이 지배해왔다. 대부분의 기간 동안 시민들은 군사정부를 지지했다.

2. 권위주의 체제의 문제점

권력은 총구에서 나온다는 말처럼 군대의 물리력을 지배하는 사람이 정치권력을 장악할 것처럼 보인다. 그러나 전 세계적으로 군부에 의하여 지배되는 나라는 많지 않다. 대부분의 국가들은 군인들에게 정치개입의 금지라는 규범을 주입시키기고 있다. 특히 민주주의 국가들은 장교의 훈련과정에서 군인의 올바른 역할이 비정치적인 것이라는 점을 분명하게 강조하고 있다. 또한, 쿠데타를 경험하는 국가들은 많지만 군사정부가 지속되는 국가들은 많지 않기 때문이다. 군사정부는 일단 장악한 정권을 유지함에 있어서 심각한 문제에 직면하게 된다. 그 문제란 정통성과 권력 승계의 문제이다.

군사정부는 정상적인 절차가 아닌 방법으로 권력을 강탈한 정부이다. 따라서 군사정부는 선거라는 절차를 갖는 민주정부와는 달리 절차적인 정통성이 부재하다. 따라서 이 결여된 정통성을 찾기 위한 노력을 다른 방식으로 해야 한다. 이러한 이유로 많은 군사정부는 정부의 고위직에 민간인을 찾아내어 임명하거나, 민간 정부에 권력을 이양한다. 한국 5.16 군사정부처럼 쿠데타에 참여한 군인들 대부분은 군복을 벗고 민간인이 되어 권력을 유지하였다. 민간 정부로의 전환만으로 부족한 정통성을 획득할 수는 없다. 대부분의 군사정부는 정통성을 얻기 위한 방법으로 의욕적인 경제정책을 추진하여 실질적인 성과를 국민들에게 보여주기를 원한다. 물론 이 성공 여부는 군사정부의 능력 등에 달려 있다. 하지만 절차적인 정통성은 영구적으로 획득할 수 없는 것이기에 대부분의 군사정부는 이러한 딜레마에 항상 직면했다.

권력승계는 권위주의 체제가 직면하는 가장 중요한 정치문제이다. 권력승계의 과정에서 발생하는 정치 갈등이 그 체제 자체의 붕괴로 이어지기 때문이다. 군사정부의 지도자가 사망하는 등 권력승계가 요구되는 시점에서 누가 어떠한 방법으로 권력을 승계하는 지에 대한 절차와 규칙이 부재하다. 군사정부가 제도적으로 일당제 국가를 확립한다면 권력승계의 문제는 어느 정도 해결된다. 이 경우에도 일당제 정당 내에서 권력승계에 대한 규범과 절차에 대한 합의 방식이 모호하면 파벌들 간의 치열한 권력투쟁이 발생하기도 한다. 만약 군사정부가 내부적으로 분열되어 정치 갈등이 고조되고, 불확실한 군사정부보다 민주주의 정부가 더 낫다고 사람들이 생각하게 된다면 민주주의 국가로 이행하게 된다. 1960년 이래 104개의 국가 중에서 13개의 국가들만이 권위주의 체제를 계속해서 유지하였다. 또한 20세기의 마지막 20년 동안 22개의 국가들이 한 차례 이상 군사정부에서 민주주의 정부로 전환했다.

군사정부 등 권위주의 체제가 깨지기 쉬운 것은 권력의 정통성과 후계승계 등의 문제에 어려움을 갖는 것이 중요한 이유가 된다. 이와는 다른 관점에서 권위주의 체제가 붕괴하기 쉬운 이유를 설명하자면 자본주의와 민주주의가 갖는 밀접성이다. 자본주의와 민주주의는 선택에 대해 개인의 책임을 강조하는 이념적 친화성이 존재한다. 자본주의 체제의 경제활동에 있어서 시장경제를 도입하고 개인의 선택에 자유를 준 점이 확대된다면 정치활동에서의 자유를 요구하게 되는 계기로 작용할 수도 있는 것이다. 다시 말해서 자유로운 경제활동이 자유로운 정치활동으로 확대되는 것이다. 러시아와 동유럽은 계획경제를 포기하고 개방된 자유시장 경제체제로 전환하면서 정치적으로도 민주주의 국가로 이행한 경우이다. 그러나 홍콩이나 나치 독일의 예처럼 자유시장 경제체제를 갖고 있다고 해서 반드시 정치적으로 민주주의 국가는 아니다.

V. 민주주의와 권위주의 체제

1. 민주주의와 권위주의 체제 비교

민주주의와 권위주의 체제를 비교하여 어느 정치체제가 더 나은 것인지를 생각해보는 것은 자연스럽게 갖게 되는 질문이다. 독재체제하에서 경제성장을 경험했던 한국 사람들이나 현재 공산당 독재체제하에서 급속한 경제발전과 번영을 구가하는 중국 사람들에게는 매우 선택적이고 흥미로운 질문일 것이다. 동아시아 경제발전 모델은 한국, 일본, 홍콩, 대만 등 동아시아 국가들의 경제발전 과정에서 권위주의 체제의 효과적인 능력을 당연하게 주장하고 있기 때문이다. 그러나 전 세계 사람들은 민주화의 물결 과정에서 대중운동, 혁명, 이민이라는 발걸음을 통해서 민주주의가 더 낫다는 쪽으로 찬성표를 던져왔다. 사람들이 민주주의에 대해 갖는 매력은 법의 지배를 통해서 개인의 자유와 안전이 정치권력의 자의적 행위로부터 보호받을 수 있다는 점에 있다. 사람들은 자신의 안전과 존엄성을 응당 보호받기를 원하기 때문이다.

그러나 이러한 주장만으로 한국과 중국에서 받아들이고 있는 권위주의 체제를 정당화하는 논리에 대응하는 것이 충분한 것은 아니다. 일시적으로 경제성장을 위해 민주주의보다는 권위주의 체제가 효과적이라는 논리는 현실의 권위주의 체제를 정당화하는 논리로 발전한다. 어쨌든 이 주장을 보다 잘 검증할 필요가 있다. 다시 말해서 사람들의 물질적인 풍요와 관련하여 민주주의와 권위주의 중 어느 것이 나은가에 대하여 생각해 보아야 한다. 일련의 학자들이 이 문제에 대한 연구를 수행했다. 일정한 경제적 통계지표들을 갖고 국가들을 비교하면 될 일이다. 이들은 경제성장과 기대수명을 측정해서 삶의 질 측면에서 민주주의와 권위주의 체제 국가들을 비교하였다. 결론부터 말하면 민주주의가 권위주의 체제보다 우월하다.

아래의 표는 지난 40년 동안 경제적인 차원에서 민주주의 국가들과 권위주의 체제 국가들의 국정 운영 성과는 비슷하다는 점을 보여준다. 두 유형의 정치체제는 모두 평균 4%의 경제성장을 기록했다. 그러나 민주주의 국가들의 수치는 모두 평균적이지만, 권위주의 체제 국가들의 편차는 매우 크다. 다시 말해서 권위주의 체제의 국가들은 7%의 경제성장을 기록하기도 했지만, 1%만의 성장수치를 나타내기도 하였다. 민주주의의 경제정책은 정책결정 과정에서 합리적인 타협의 산물이었기에 예측가능한 범위의 결과를 내어놓지만, 권위주의 체제의 경제정책은 기적을 초래할 수도 혹은 재앙을 가져올 수도 있었다.

나아가 복리와 관련하여 아래의 표는 기대수명을 비교하여 나타낸 것이다. 물론 기대수명을 결정하는 요인은 개별국가들이 얼마나 잘 사는가이다. 표에서 나타

일인당 소득(달러)	민주주의 국가에서 기대수명	권위주의체제 국가에서 기대수명	차이
0,000~1,000	47.2	46.4	0.8
1,001~2,000	56.3	52.2	4.1
2,001~3,000	63.6	59.2	4.4
3,001~4,000	67.3	64.2	3.1
4,001~5,000	70.2	65.0	5.2
5,001~6,000	71.3	68.6	2.7
6,001~	73.2	67.6	5.6

■ 표 1 ■ 민주주의와 권위주의 체제의 기대수명

출처: Przeworski, Alvarez, Cheibub and Limongi(2000); 필립스 쉬블리(2013, 184)에서 재인용

나듯이 동일한 소득수준에서 민주주의 국가들과 권위주의 체제 국가들의 기대수명은 차이가 난다. 이러한 연구와 조사 결과를 통해서 우리는 권위주의 체제를 합리화하는 논리는 그리 설득력이 있지 못하다는 것을 알 수 있다. 다시 말해서 경제발전을 위해서 민주주의가 희생되어야 한다는 주장을 뒷받침하는 어떠한 사소한 증거도 발견되지 않는다는 점이다.

2. 민주주의의 공고화

신생 민주주의 국가들은 권위주의 체제를 정당화할 뿐만 아니라 민주주의 이행 후에도 혼란된 과도기에 처하게 된다. 앞서 살펴본 바와 같이 민주주의로 이행한 국가들이 역으로 권위주의 체제로 회귀하는 현상 때문에 민주주의 공고화(consolidation)에 대한 논의가 발전했다. 민주주의 공고화란 정치적 영역에서 민주적 절차와 제도의 확립을 의미하는 것이다. 정치적 게임에 대한 일련의 새로운 규칙의 제도화를 말한다. 다시 말해서 정치세력들이 비록 이번 선거에서 패배의 결과에 승복하는 것이 체제를 전복하는 것보다 낫다고 받아들이는 것이 정치의 유일한 게임의 법칙이 될 때, 그 민주주의는 공고화되었다고 할 수 있다. 사회의 구성원들이 민주적 거래를 받아들이는 것이다.

그러나 직접 선거에 의해 선출된 대통령이 마치 제약받지 않는 권한을 위임받은 것처럼 통치하려 하거나, 사회 및 문화 영역에서 권위주의적 지배체제가 해소되지 않고 민주적 문화가 성숙되지 못한 상황이 존재한다. 일부 국가들에서는 선거가 끝난 후 승리한 정치세력이 민주적 정당성을 악용하는 경우가 발생한다. 기본법 및 자유법치국가의 근간이 되는 민주적 장치들을 제거하고 의회 권능을 무력화시키며, 각종 정치문화를 감시하는 '손상된 민주주의'가 발견되고 있다. 따라서 민주적 게임 규칙의 준수뿐만 아니라 정치 엘리트와 대중들에게 민주적 가치가 광범위하게 수용될 때 민주주의 공고화는 최대한 완성되었다 할 수 있을 것이다.

세계화가 진전되면서 국가 간의 경계가 이완될 뿐만 아니라 이렇게 이완되는 경계를 자유롭게 이동하는 다양한 행위자들이 증가하게 되었다. 전통적인 국가의 능력과 역할에 대한 변화에는 시민적 자유와 민주주의의 확대를 가져온다는 견해가 있다. 반면 자유로운 자본의 이동이 지역과 계층 간 불균등을 심화시키면서 민주주의에 부정적인 영향을 미친다는 견해도 있다. 세계화의 변화 속에서 민주주의는 끊임없이 도전받고 발전하는 것이다. 어쨌든 우리는 '민주주의'로 수렴되는 정치변동의 시대에 살고 있다. 그리고 이 변동은 단일 국가의 경계를 넘어서 상호작용하면서 발전한다. 이러한 과정에서 개별국가 내의 시민들은 모두 자신들의 역량이 증대해나감에 따라 민주주의의 손상에 맞서 민주주의를 완성시키려는 노력들을 해나갈 것이다.

VI. 맺음말: 보다 나은 정치체제를 향하여

우리는 앞서서 정치체제란 국가를 구성하는 정치적인 구조물들의 집합체, 즉 정치권력이 구성되는 방식을 의미한다고 말한 바가 있다. 아울러 정치변동이란 하나의 정치체제가 다른 정치체제로 변화하는 것을 의미한다고 했다. 정치변동이 발생하는 원인과 정치변동 그 자체를 이해하기 위한 노력들은 고대부터 지속되었다. 이 책에서는 그 가운데 근대적인 학문적 관심으로 발전된 것으로서 근대화와 정치발전에 대한 개념을 소개하였다.

아직도 많은 국가들이 민주주의와 권위주의 체제로의 정치변동을 경험하고 있나. 한 가지 분명한 사실은 세계화의 진전 과정에서 민주주의 체제로 이행하는 국가들이 점차 증가하고 있다는 점이다. 물론 민주주의 국가로의 이행한 국가가 때로는 권위주의 체제로 회귀할 수도 있으며, 민주주의 공고화가 보장된 것은 아니다. 그러나 권위주의 체제의 국가들은 정통성 및 권력승계 등 많은 문제점을 갖고 있다. 우리는 보다 나은 삶의 질을 보장하는 정치체제가 권위주의 체제가 아닌 민주주의 체제라는 점을 경험적으로 확인할 수 있었다. 아직도 전 세계에서 많은 사람들이 보다 나은 삶 그리고 보다 나은 자신들의 공동체를 위하여 부단히 노력하고 있다는 점을 방증하는 것이다.

질문 및 토론 사항

1. 전통사회와 근대사회에서 사람들의 가치와 행동양식을 예를 들어 구분해서 설명해 보자.

2. 한국의 정치발전과정에서 각각의 위기가 발생했던 경우를 들고, 정치세력들이 어떠한 방식으로 해결하려 했는지에 대하여 조사하여 토론해 보자.

3. 민주주의 국가와 권위주의 국가들의 사회자본 정도를 비교해 보자.

4. 사회자본이 민주주의의 시민적 권리를 증대하고 민주주의가 효과적으로 작동하게 한다는 주장을 구체적인 사례를 통해서 이해해 보자.

5. 민주주의 이행과정에서 민주적 거래가 성공한 사례와 실패한 사례를 찾아보자.

6. 한국의 민주주의 이행과정에서 민주적 거래가 성립되었던 원인들은 무엇일까?

13

지방자치와 주민참여의 도전

Ⅰ. 머리말

일반적으로 세계화(globalization)는 국가 간 교류와 경쟁이 심화되는 국제적 현상을 의미한다. 세계화 현상의 확산과 심화는 국가 간의 상호의존을 증대시킬 뿐만 아니라 다양한 주체들의 참여를 촉진하였다. 다시 말해 국제관계가 중앙정부의 역할에 의존하던 것에서 벗어나 지방정부, 사회집단, 기업 등의 다양한 행위자들이 등장하였고, 그 역할이 점차 강조되고 있다. 특히 세계화 현상의 지역 침투에 따라 지방정부의 역할이 강화되고 있는 현상이 제기되었고, 이를 세계화와 지방화(localization)의 개념을 합성한 세방화(glocalization) 또는 지세화(localization)라고 표현하고 있다 (박재욱 2008, 240-241).

세방화/지세화는 세계화 시대의 국가경쟁력을 강화시키는 방안으로 지방정부의 역할을 강조하고 있다. 지방 잠재력 개발에 활력을 불어넣어 지방의 경쟁력을 강화하고, 중앙정부는 지방의 경쟁력을 결집하여 국가경쟁력을 강화한다. 중앙정부는 지방에 분산·잠재되어 있는 고유의 자원을 적극적으로 개발할 수 있도록 지원한다. 중앙정부의 지원은 통제·지도가 아니라, 지역의 고유 정체성을 유지·활성화할 수 있도록 지역의 자율성을 보장하는 것이다. 중앙정부와의 수직적인 권력관계에서 벗어나 지방의 자율적인 의사결정권을 확대하는 지방분권화를 의미한다.

분권(decentralization)을 성공적으로 정착시키기 위해서는 자치(autonomy)를 안정적으로 실현시키는 것이 중요하다. 자치는 지역 주민들의 정치 참여로 집행되는 '분권의 실행'으로 볼 수 있다. 즉 지역 주민들은 선거를 통해 지방의 기관장을 선출하고, 이에 따라 구성된 지방정부는 주어진 권한을 활용하여 지역발전을 위해 노력한다. 지역주민들에 의해 선출된 지방의회와 주민의 직접 참여를 촉진하는 시민단체는 지방정부의 권한을 견제한다.

따라서 지방화 또는 지방자치는 지방정부의 자율성 확대(분권)와 지역주민의 참여를 통한 민주주의의 지역적 공고화(자치)를 그 핵심 요소로 구성하고 있다. 본 장에서는 지방자치단체, 지방의회, 그리고 주민참여의 기능을 분석하여 분권과 자치의 개념을 이해한다.

II. 지방자치단체(local government)에 대한 기본적 이해

1. 지방자치단체의 역할

분권은 중앙정부가 일정한 지역적 범위 내 자치권을 지방정부에게 이양하는 것을 말한다. 이양된 권한(사무)을 수행하기 위한 지방자치단체의 구조, 권한(사무) 그리고 사무 배분 방식 등을 이해하여 지방자치단체의 역할을 정립한다.

1) 지방자치단체의 개념과 구조

지방자치단체는 중앙정부(국가)로부터 일정한 지역적 범위에 대한 자치권

(autonomy)을 보장받은 지방정부(local government)를 말한다. 자치권을 보장한다는 것은 분권(decentralization)의 개념으로써 중앙정부가 행·재정적 자치권을 지방정부로 양도하여, 일정한 지역 내 지방정부의 권한을 보장하는 것을 의미한다(소진광 외 2008, 102-103). 지역 내 구성원들의 참여로 구성된 지방정부와 지방정부가 지역 주민들에 대한 통치권과 지배권을 실현할 수 있는 지역적 범위 등이 지방자치단체의 주요 구성 요소이다. 따라서 자치권을 이양받은 지방자치단체는 지역 내에서 발생된 공공 문제를 중앙정부에 대한 의존 없이 자율적으로 해결해야 하는 의무와 책임이 있다.

지방자치단체는 구역(boundary)에 따라 그 기능(function)이 다르게 행사된다. 지방자치단체[1]는 일반적·종합적으로 권한을 수행하는 보통지방자치단체를 지칭한다. 보통자치단체는 구역의 규모에 따라 기초자치단체(basic local government)와 광역자치단체(regional local government)로 구분하는데, 이 같은 구조를 중층제(multitier system)라고 정의한다.[2] 기초자치단체는 시·군·(자치)구역의 최소 단위 자치정부를 말한다. 자치구는 특별시와 광역시 구역 내에 존재하는 최소 단위의 행정구역이다. 최소 단위의 자치정부들은 구역 내 주민들의 생활과 밀접하게 관련된 사무를 그 기능으로 수행한다. 광역자치단체는 특별시·광역시·도·특별자치도 등을 포함한 자치단체이며 중앙정부와 기초자치단체의 중간에 위치하고 있다. 광역자치단체는 두 개이상의 기초자치단체들로 구성되어 있으며, 기초단체들 간의 공동사무를 수행하는 등 상급단체의 역할을 한다(소진광 외 2008, 105-106).

보통자치단체의 중층적 구조에 장·단점이 명확히 나타난다. 장점으로는 첫째,

---

1 지방자치단체는 특수적 목적에 따라 그 권한을 수행하는 '특별지방자치단체(special-purpose local government)'와 '보통지방자치단체(local government)'로 구분되지만, 일반적으로 보통자치단체를 의미한다.
2 지방자치단체는 '중층제'뿐만 아니라 '단층제(single-tier system)' 구조를 보이기도 한다. 단층제는 구역 내 단독으로 존재하는 구조로, 지방자치단체의 기능과 역할의 범위가 광범위하다. 그 광범위한 구조적 특징에 따라 다음과 같은 장점을 나타내고 있다. 첫째, 존재하는 유일의 자치단체는 중복 행정을 피할 수 있고, 행정처리 과정에서 신속성을 확보한다. 둘째, 중복 행정 회피로 인해 비용 절감과 능률을 증진시킨다. 셋째, 단독 사무 처리는 업무에 대한 책임이 명확하다. 넷째, 중앙정부와 기초자치단체의 직접적 연결은 양 단체 간의 의사소통이 명확하다. 이에 반해 단점은 다음과 같다. 첫째, 국토 면적이 넓거나, 인구 비율이 높은 지역에서 단층제 구조는 비효율적이다. 둘째, 중앙정부가 기초자치단체들 간의 조정에 직접 개입하는 등 중앙정부의 역할이 증가되어 중앙집권화가 강화될 수 있다. 셋째, 기초자치단체에 대한 중앙정부의 광범위한 사무 개입은 효율성에 문제를 야기한다.

광역자치단체의 존재에 따른 수직적 분업 구조는 사무처리의 효율성을 증가시킨다. 둘째, 광역자치단체가 기초자치단체의 한계를 조정·보충할 수 있다. 셋째, 광역자치단체는 중앙정부와 기초자치단체의 중간적 입장으로 중앙정부의 집권강화에 대한 완충 역할을 한다. 반면 다음과 같은 단점도 동시에 수반한다. 첫째, 자치단체가 중첩되는 구조이므로 지역 내 역할의 중복 현상이 발생할 수 있다. 둘째, 중복현상, 중첩구조에 따라 행정책임이 불명확하다. 셋째, 광역자치단체의 개입으로 사무처리 과정이 지연될 수 있고, 비용이 증가된다. 넷째, 기초자치단체의 지역 특성을 희석시킬 수 있다(최창호 2007, 135-137).

2) 자치권과 사무

지방자치단체의 자치권은 중앙정부(국가)에 의해 부여된 권능이며, 또한 한정된 지역 내 자치단체의 자율적 통치권을 부여하고 있다. 다시 말하자면 국가의 주권과 기본제도가 한정하는 범위 내에서 자율성을 인정받은 독자적 권리이다. 자치권은 국가에 의해 제한된 한계(예속성)와 독립된 자주적 권리(자주성)의 특성을 나타내고 있다.

첫째, 예속성은 중앙정부가 실행하는 한정된 범위의 자치권 이양으로서 중앙정부의 사무를 배분받는 것을 의미한다(최창호 2007, 207-208). 중앙정부의 권능을 이양받아 그 역할을 대신 수행해야 할 사무를 배분받는 것으로서 이를 기능배분(Function Distribution)이라고 한다(최창호 2006, 141). 기능배분은 그 과정에서 규범적 측면과 현실적 측면 등을 고려한다. 규범적 측면은 중앙정부와 지방자치단체의 기본적 역할을 우선적으로 고려해야 한다는 시각이다. 규범적 측면은 국가의 주권 행사와 관련된 기능(국방, 외교)에 대한 중앙정부의 책임, 그리고 주민들의 생활과 밀접한 관련이 있는 사무들에 대한 지방자치단체의 책임을 강조하고 있다. 현실적 측면은 지방자치단체의 효율적 비용과 현실적 능력, 즉 지역적 크기와 효율적 비용, 중앙 정치권이나 정부의 정치적 이해관계, 지방자치단체의 현실적 능력, 주민들의 자치 의식 수준 등이 고려 대상이다(정일섭 2006, 160-161).

고려 사항에 따라 중앙정부는 지방자치단체에게 사무를 배분하는데 그 방식은 개별적 수권방식(principle of enumeration), 포괄적 수권방식(principle of universality), 그리고 절충적 수권주의(principle of unelectionism)로 구분하고 있다. 개별적 수권방식은 각 지방자치단체의 역량에 적합하게 사무 종류를 개별적으로 배분하는 것을 말한다. 이 방식의 특징은 개별적 배분에 따른 책임관계가 명확하지만 업무의 통일성을 저해하고, 배분과정에서 정치권의 개입으로 시간적 소요가 발생할 수 있다. 포괄적 수권방식은 개별적 배려 없이 모든 지방자치단체의 사무와 권한을 일괄적으로 배분한다. 이 방식은 지방자차단체 사무의 통일성으로 인해, 중앙정부나 상급지방자치단체의 통제·감독 기능이 강화될 수 있지만 책임관계가 불명확하고, 지역적 특성을 배려하기 어렵다. 마지막으로 절충적 수권주의는 지방사무의 종류를 미리 지정하고, 지방자치단체의 각 역량을 고려한 사전심사와 공청회 등을 통해 미리 지정된 사무 중 선택을 통해 사무를 배분한다(정재욱 2001, 300-302).

배분된 지방자치단체의 사무는 주민 생활의 증진과 관련된 사항에 중점을 두고 있다. 지역주민들의 민주적 참여와 효율적 운영을 담보하기 위해 사무에 대해 중앙정부는 과도한 간섭을 배제하고 자치단체의 업무수행 책임과 경비부담 주체를 명확히 하고 있다. 지방자치단체가 수행하는 사무의 종류는 자치사무(autonomous affairs), 위임사무(mandatory affairs), 기관위임사무(agency-delegated administrative affairs) 등으로 구분된다. 자치사무는 지역주민들의 생활증진을 위한 사무로써 지방자치단체의 기본 의무이다. 이 사무는 지방자치단체의 고유 책임으로써 자치사무의 처리에 소요되는 경비는 지방자치단체가 전액 부담한다. 그리고 중앙정부로부터 장려보조금의 성격의 국고보조금(government subsidies)을 받는 경우가 있다. 자치사무는 지방자치단체의 고유 영역이므로 지방의회(council of local government)의 관여를 받는다(최창호 2006, 149). 위임사무(단체위임사무)는 중앙정부 또는 상급 자치단체가 지방자치단체에게 위임하는 사무이다. 경비는 해당 지방자치단체와 중앙정부가 공동 부담하는 것을 원칙으로 하고, 위임사무에 따라 지급되는 중앙정부의 국가보조금은 부담금의 성격을 갖는다. 기관위임사무란 중앙정부 또는 상급 지방자치단체로부터 기초자치단체장에게 그 처리가 위임된 사무를 의미한다. 소요되는 경비는 전액 위임기관에서 부담한다(소진광 외 2008, 166-167).

	입법권	조직권	행정권	계획권	재정권

내용	1) 조례제정권
	• 지방자치단체의
	  사무 결정
	2) 규칙제정권
	• 지방자치단체장
	  의 권한 결정
		자율적
		조직 구성
			자주적
			사무 처리
				자주적
				사무 계획
				수립
					자주적
					재원 조달·
					관리 권한

■ 표 1 ■ 자치권의 범위

둘째, 자주성은 지방자치단체가 지역 내 자치사무를 수행함에 있어 자치권, 즉 독자적으로 입법권, 조직권, 행정권, 계획권, 그리고 재정권 등의 권리를 수행할 수 있는 권한을 말한다.

자치입법권(legislative power of local autonomy)은 사무에 대한 권한을 제정하는 권한으로서 그 주체 대상에 따라 조례제정권과 규칙제정권으로 구분된다. 조례제정권은 법령에서 규정한 지방자치단체의 사무영역 내 권한을 지방의회의 의결로 제정할 수 있는 권한이다. 조례제정권은 지방자치단체의 입법권의 한계를 명확하게 나타내고 있다. 그 범위를 법령이 규정한 자치단체의 사무영역으로 한정시켜 국가 사무(외교·국방·사법·국세 등) 또는 상급 단체의 사무영역에 침해할 수 없도록 규정하고 있다(강인태 2012, 98). 규칙제정권은 조례의 범위 안의 지방자치단체장의 권한을 규정하는 권한으로써, 조례의 범위를 벗어날 수 없고, 주민의 권리제한, 의무부과, 벌칙 등을 규정할 수 없는 한계가 있다. 지방자치단체는 자치조직권을 운영할 수 있는 권한이 있다. 이는 자치행정을 수행하기 위해 그 조직을 자주적으로 구성할 수 있는 권리를 말한다. 자치행정권은 각 자치기권의 사무를 상급기관에 간섭 없이 자주적으로 처리할 수 있는 권한이며, 자치계획권은 지역의 발전을 위한 사무 계획을 자주적으로 수립하는 권한이다. 마지막으로 지방자치단체는 자치재정권을 행사할 수 있는데, 이는 자치사무 처리에 따라 발생된 경비를 중앙정부의 간섭 없이 자주적으로 그 재원을 조달·관리하는 권한이다(소진광 외 2008, 147-151).

2. 지방재정(local finance)

　　지방자치단체의 역할이 점차 강화된다는 것은 지방자치단체가 제공해야 하는 공공서비스(public service) 증대와 이에 따른 지방재정의 팽창을 의미한다. 지방재정은 지방자치단체의 수입과 지출 등의 일체 활동을 말하며, 세입과 세출이 균형을 이루는 것을 원칙으로 한다. 지방자치단체는 재정에 대한 개념을 이해한다.

1) 지방세입(local revenue)

　　지방세입은 지방자치단체가 공식적 회계연도(1년의 회계연도) 동안 계획된 지방정부의 수입을 말한다. 지방세입은 재원의 출처에 따라 '자주재원'과 '의존재원'으로 구분한다. 자주재원은 지방자치단체의 자체 수입으로 '지방세'와 '세외수입'이며, 의존재원은 국가나 상급 자치단체들이 하급 자치단체에 대한 보조지원으로, '국고보조금', '지방교부세', 그리고 '시·도비 보조금' 등이 있다.

　　지방세의 자주재원은 그 주민 또는 그 지역 안에서 일정한 행위를 하는 자에

지방세	도세	보통세	취득세, 등록세, 면허세, 레저세
		목적세	공동시설세, 지역개발세, 지방교육세
	시·군세	보통세	주민세, 재산세, 자동차세, 주행세, 농업소득세, 담배소비세, 도축세
		목적세	도시계획세, 사업소세
	특·광역시세	보통세	취득세, 등록세, 레저세, 주민세, 자동차세, 주행세, 농업소득세, 담배소비세, 도축세
		목적세	도시계획세, 공동시설세, 지역개발세, 지방교육세
	자치구세	보통세	면허세, 재산세
		목적세	사업소세

■ 표 2 ■ 지방세의 종류
출처: 지방세기본법

일반회계 세외수입	경상적 세외수입	사용료, 수수료, 재산임대수입, 사업장수입, 징수교부금, 이자수입 등
	임시적 세외수입	재산매각수입, 융자금회수, 이월금, 기부금, 지방채, 전입금, 부담금 등
특별회계 세외수입	사업 수입	상수도사업, 하수도사업, 주택사업, 공영개발사업, 지역개발기금 등
	사업외 수입	이월금, 관년도수입, 전입금 등

■ 표 3 ■ 지방자치단체의 세외수입 구조
출처: 한국지방세연구원(2014, 10)

대해 강제 징수한다. 지방자치단체에서 제공하는 서비스는 한정된 지역적 범위와 범위 내 구성원들에게 제한되기 때문에 지방세는 서비스를 제공받는 구성원들에게 한정된다(소진광 외 2008, 241).

지방세는 일반적으로 보통세(ordinary tax)와 목적세(objective tax)로 구분한다. 보통세는 지방자치단체의 일반적 지출을 위한 재원이며, 목적세 이외의 모든 세금을 포함한다. 이에 반해 목적세는 특정한 지출목적을 위한 과세로서 징수한 세금은 다른 목적으로 지출할 수 없다(지방세기본법 제8조).

세외수입(non-tax revenue)[3]은 자주재원으로 공공사업에 의해 발생한 수익의 정도에 따라 소요경비를 일부 부담시키는 수익자 부담금, 정부 재산 매각이나 자금의 이자수입의 재산수입, 정부 소유 임대사용에 대한 임대수입, 공기업의 수입 등을 규정하고 있으며 그 지출 용도가 사전에 지정되어 있지 않다(소진광 외 2008, 252).

마지막으로 중앙정부의 '지방재정조정제도'는 지방자치단체의 의존재원을 의미하며, 이는 지방자치단체 간의 재정 격차의 조정, 그리고 최저한의 공공재와 공공서비스 제공을 위한 중앙정부의 지원제도이다. 대표적 재정지원은 '국고보조금'과 '지

---

3 세외수입은 수입의 빈도에 따라 일반회계 세외수입과 특별회계 세외수입으로 구분되며, 일반회계 세외수입은 다시 경상적 세외수입과 임시적 세외수입으로, 그리고 특별회계 세외수입은 사업 수입과 사업외 수입으로 구분된다. 〈표 3〉 참조.

방교부세'가 있다. 그리고 상급 자치단체의 재정지원으로 '시·도비 보조금'이 있다. 첫째, 국고보조금은 지방자치단체의 사업 재정 또는 국가위임사무의 수행을 지원하기 위해 사업비의 일부 또는 대부분을 중앙정부가 지원하는 보조금이다. 국가보조금의 중앙정부의 지원은 전액보조보다는 일정한 비율의 지방자치단체의 재정적 부담을 요구한다. 둘째, 지방교부세는 재정지원을 통해 지방자치단체 간의 균형적 발전을 도모하기 위한 보조금이다. 셋째, 시·도비 보조금은 광역단체장이 세입의 일정액을 확보하여 해당 하급 자치단체(자치구)의 재정을 안정화하는 조정교부금을 말한다(한국지방세연구원 2012, 93).

2) 지방세출(local expenditure)

지방세출은 한 회계연도 동안 지방자치단체의 모든 지출로서 지방예산, 즉 공적 예산(public budget)에 따라 집행된다. 지방예산은 일정 기간 동안 지방자치단체가 설정한 목표를 성취하기 위해 수행하는 사업의 예산이다. 지방예산은 회계연도 개시 15일 전까지 지방의회의 의결을 통해 확정되어야 한다. 의회에 제출된 지방예산은 수정 또는 추가가 가능하다. 지방의회의 예산 의결 전 특별한 사유로 인해 지방자치단체장이 예산내용의 일부를 수정하는 '수정예산(revised budget)'을 제출하거나, 또는 지방의회의 의결 이후, 예산 집행 중 예산을 변경하는 '추가경정예산(supplementary budget)' 등이 지방의회에 의해 의결되었을 때 지방예산은 변동된다. 또한 준예산(provisional budget)이란 예산안에 대한 의회의 거부(veto) 행사에 대비한 예산이다. 만약 회계언도 개시 전까지 지방의회의 부결로 예산이 통과되지 않는 경우, 의회가 예산안을 의결할 때까지 지방자치단체장은 전년도 예산에 준하여 경비를 집행할 수 있는데, 이를 '준예산(provisional budget)'이라고 한다(윤영진 1994, 1036).

3. 지방자치단체의 관계

교통과 통신수단의 발달에 따라 주민들의 지역 간 이동성이 증가되었으며, 이는 생활권역과 자치권 영역의 불일치되는 문제점을 야기했다. 제기된 문제는 지방자치단체 상호간의 협력의 필요성을 불러온다. 협력은 공공재의 중복과 과잉투자를 해소시켜 지방자치단체의 한정된 자원을 효율적으로 활용시키고, 지역 범위의 확대를 통한 지역경제의 활성화 그리고 생활공간과 제도적 공간의 일치로 인한 주민들의 생활편의를 도모할 수 있다. 하지만 지방자치단체의 확대와 강화 과정에서 중앙정부와 지방정부의 갈등 그리고 상호 협력 과정에서 지역 이기주의 등 지방자치단체들의 갈등이 꾸준히 제기되고 있는 실정이다.

1) 광역적 통합 방식

지방자치단체 간의 상호 협력은 '통합적 접근방법'과 '부분적 접근방법'을 통해 실행된다. 통합적 접근방법은 기존 지방자치단체의 변화를 통해 광역적 통합 업무를 수행한다. 이 접근방법은 '통합(consolidation)', '편입(annexation)', '분리(separation)', 그리고 '시·군통합(city·county consolidation)'으로 분류한다. 통합과 편입은 중심도시를 중심으로 여러 개의 군소자치단체를 통·폐합하여 단일자치단체를 구성하고, 이를 통해 광역문제를 해결하는 방식이다. 분리는 지역의 비자치단체구역을 확장시켜, 이를 분리하여 새로운 자치단체를 만드는 것을 말한다. 마지막으로 시·군통합은 여러 개의 군(country)과 시(city)를 통합하여 새로운 광역 정부를 설치하는 통합방식이다.[4] 광역적 통합업무는 공공서비스 제공의 효율성을 제고할 수 있지만, 지역범위가 확대됨에 따라 주민통제가 어려워지고, 주민의 요구에 대한 지방자치단체의 대응을 저하시켜 주민참여를 약화시킨다(소진광 외 2008, 318-320).

부분적 접근방법은 각 지방자치단체의 관할권은 계속 유지하면서, 협의 또는 기능이양을 통해 광역적 통합 업무를 수행하는 방식이다. '합의·협정(agreement)', '기능이양(transfer of functional responsibility)', 그리고 '협의회(council of government)' 등이 그 유형으로 실행되고 있다. 합의·협정은 2개 이상의 지방자치단체가 공공서비스를 제공하기 위해 합의와 협정을 체결하는 것이며, 협의회 방식은 지방자치단체 간 합의에 의해 구성된 협의기구를 통해 공공서비스를 제공하는 것이다. 기능이

---

4 통합 이후에도 군의 일부기능을 계속적으로 유지하거나, 광역적 업무수행을 위해 일부 기능만 통합하는 방식이다.

양은 기초자치단체가 광역단체에게 그 기능을 이양해 상급단체의 공공서비스를 제공받는 것을 말한다. 부분적 접근방법은 공공서비스의 중복을 피하고, 저렴한 비용으로 서비스의 수준을 높일 수 있으나, 자치단체 간 계약에 의한 것이기에 서비스의 연속성을 보장하기 어렵다(소진광 외 2008, 320-324).

2) 중앙정부와 지방자치단체 간의 관계

민선자치단체장의 출현은 중앙정부와 지방정부의 관계를 상하 수직적 관계로부터 수평적 대등관계로 변화시켰다. 민선자치단체장들은 지역주민의 여론과 의사에 민감하게 반응하며, 자치단체 간의 균등한 발전보다는 자기 지역의 우선적 발전을 지향하였다. 지방자치단체들은 '법률안 제안권(right of proposing and submitting bills)'을 행사할 수 있는데, 이 권한은 지방자치단체가 지역의 상황과 관련된 법률안을 중앙정부에 직접 제안할 수 있는 기회를 제공한다. 이 과정에서 지방자치단체들은 협의회를 구성하여 공동의 의견을 수렴하는 등 중앙정부와의 협상능력을 향상시키고 압력을 행사한다.

이에 반하여 중앙정부는 지방의 다양성을 지향함과 동시에 국토의 균형적 발전이라는 목적을 수반한다. 중앙정부는 각종 행정제도를 통해 지방자치단체를 지도 및 감독하고, 그 권한을 행사하여 균형 발전의 목적을 달성하고자 한다. 중앙정부의 통제는 분권을 지향하는 지방자치단체의 입장과 갈등을 유발한다. '행정협의조정위원회'는 중앙과 지방의 분쟁을 협의·조정하는 기구로서 갈등 해소를 위해 노력하고 있다. 하지만 위원회는 민간 전문인들의 참여를 통해 위원회의 중립성과 전문성을 확보해야 하는 과제가 남아 있다.

3) 지방자치단체 간의 관계

지방자치단체 간의 관계는 상호간의 수평적 관계와 수직적 관계(광역자치단체와 기초자치단체)가 있다. 지방자치단체들은 상호 협력을 통해 밀접한 관계를 유지하기도 하지만, 각 자치단체의 이해관계에 얽혀 갈등을 양상시키기도 한다. 갈등은 선호·혐오 시설에 대한 입장을 달리하는 '님비증후군(NIMBY Syndrom: Not In My Back

Yard)'에서 나타난다. 즉 지역이기주의로 선호시설을 자기지역에 유치하기 위해 경쟁하고, 혐오시설이나 기피시설은 자기지역의 입지를 반대한다(최병대 2008, 353-354). 지방자치단체 간의 갈등은 '당사자간 조정제도', '제3자에 의한 조정제도', 그리고 '사전예방장치' 등의 분쟁조정제도를 통해 해결하기 위해 노력하고 있다.

기초자치단체와 광역자치단체와의 관계는 자치권을 행사할 수 있는 독립된 개체로서 대등한 관계가 성립된다. 하지만 국가사무를 위임받아 처리하는 경우, 기초자치단체와 광역자치단체는 수직적 관계를 형성한다. 기초자치단체는 상급단체의 지도와 감독을 받고, 상급단체인 광역자치단체는 감시규정을 통해 기초단체의 회계를 감사할 수 있다. 그리고 위법 등 공익을 해한다고 인정될 때, 광역자치단체는 시정을 명하고, 불이행시 사무를 취소하거나 정지시킬 수 있는 권한이 부여된다.

III. 지방의회(council of local government)의 기능

지방의회는 지역주민의 대표기관으로서 주민들의 간접적 정치참여를 보장한다. 지방의회는 지역주민의 의견을 반영하고, 의결기능을 수행하며, 집행기관인 자치단체를 견제하는 기능을 수행하고 있다. 지방자치권이 강화되면서 지방의회의 역할도 동시에 증가함에 따라 공천과정에서 중앙과 지방 정치의 갈등이 초래되고 있다.

1. 주민대표기능

지역균형발전 정책은 지역주민들의 정착을 적극 장려하여 지역 인구의 증가를 야기했다. 지역 인구의 증가는 지방정치(자치권)를 형성함에 있어 간접민주주의 또는 대의민주주의 체제(representative democracy)를 자연스럽게 채택할 수 있었다. 대의민주주의의 기본적 원리는 국민들이 정부의 정책결정 과정에 직접적 의사표시를 행하지 않고, 자신들의 대표자를 선출하는 등 간접적 참여를 통해 정책결정 과정에 의견을 게재하는 것을 말한다. 따라서 지역주민들은 자신들이 선출한 의원들로 구성된 지방의회를 통해 대의민주주의를 실현하고 있다. 의회는 민주적 대표성(democratic representation)에 기초하여 활동의 정당성을 확보하고 권한을 행사하고 있다. 즉 지방의회는 지역주민의 의사를 의회활동 과정에 반영하여 지역발전을 도모한다(문병기 외 2008, 182-183).

2. 의결기능

지방자치단체장과 의회의 역할을 구분한 기관분리형 모델[5]에 따르면 지방정부는 '집행기능(executive function)'을 수행하는 반면, 지방의회는 '의결기능(legislative function)'에 중점으로 두고 있다. 의결기능은 세부적으로 조례의 제·개정을 수행하는 '입법기능'과 '예산 심의·결산' 기능을 말하며, 이 권한들은 지방자치단체장의 집행기능을 견제하는 기능으로 수행되기도 한다.

지방의회의 입법기능은 기관위임사무와 자치단체장의 전속권한[6]에는 관여할 수 없고, 자치단체의 고유 사무 영역(자치사무)과 단체위임사무의 한정된 범위의 조례 제정 및 개·폐로 제한된다. 조례 제정 및 개·폐는 지방자치단체의 사무 범위에 관련된 자치규칙을 조정할 수 있는 권한이다. 조례 안건은 재적의원의 5분의 1 이상 또는 의원 10명 이상의 서명으로 발의되며, 발의된 안건은 상임위원회[7]에 회부되어 그 심사가 끝난 뒤 본회의에서 심의·의결한다. 의장이 필요하다고 인정한 안건에 대해 본회의의 의결을 얻어 특별위원회에 회부할 수 있다. 특별위원회의 심사 이후 안건은 다시 본회의에서 의결하는데, 그 방법은 일반적으로 재적인원 과반수 출석과 출석의원 과반수의 찬성으로 결정한다(문병기 외 2008. 192-193).

지방의회는 의결기능으로 자치단체 예산 심의·결산에 대한 권한을 행사한다.

---

5 지방자치단체장과 의회의 기관구성 형태는 '기관통합형', '기관분립형', '절충형' 그리고 '주민총회형'으로 구분된다. 의회주의가 발달된 영국은 기관통합형을, 권력의 견제와 균형의 논리를 추구하는 기관분립형은 미국을 중심으로 한 대다수 국가가 채택하고 있고, 네덜란드, 스웨덴, 오스트리아, 노르웨이, 덴마크, 이탈리아, 스페인 그리고 캐나다의 일부 주에서는 절충형을, 스위스 기초자치단체의 주민총회, 일본의 정/촌 총회, 미국의 뉴잉글랜드지역 등의 소수 지역에서 주민총회형을 채택하고 있다.
6 자치단체대표권, 의회소집요구, 직원의 임명·지휘·감독 등이 지방자치단체장의 대표적 고유사무이다.
7 상임위원회가 설치되지 않은 지방의회는 제출된 의안을 의원들에게 배부하고, 본의회에 회부한다.

지방자치단체의 예산과정(budget process)은 3년 주기 과정으로 편성·심의(의결)·집행·결산의 과정이 순차적으로 진행된다. 지방의회의 예산안 심의는 집행기관이 그 사무에 따라 편성한 예산안을 분석·검토하여 지방자치단체의 재정규모를 최종적으로 확정하는 것으로서, 집행기관에 대한 재정적 통제 수단으로 사용되기도 한다. 심의(의결)는 본회의에서 지방자치단체장이 예산안을 제안하면서 시작된다. 이후, 지방의회는 상임위원회를 구성하여 예비심사를 하고, 예비심사결과보고서는 지방의회의 의장이 첨부하여 예산결산특별위원회에 회부한다. 예산결산특별위원회는 충분한 논의를 거쳐 심사보고서를 작성하여, 이를 본회의에 회부한다. 예산결산특별위원회는 재심을 요청할 수 있고, 재심 수락여부와 기간은 본회의 의결로 정한다. 예산안 의결은 본회의의 질의와 찬반토론을 거쳐 표결로 정한다. 회계연도 개시 15일 전까지 예산안에 대한 의결을 해야 한다(지방자치법 제118조 제2항).

예산결산은 지방자치단체의 수입과 지출을 검토하는 절차로서, 집행기관의 예산 집행을 확인하여 다음 예산안 편성이나 재정운영에 참고하기 위한 과정이다. 이 결산 제도는 또한 책임을 명확히 하여 지방자치단체장으로 하여금 사업시행이나 재정적 사무처리 등에 신중을 기하도록 하고, 재정운영 실태와 성과를 평가·공개함으로써 지역주민들의 신뢰를 제고할 수 있다. 의회의 결산과정은 상임위원회의 예비심사와 예산결산특별위원회의 종합심사를 순차적으로 진행한 다음 본회의를 통해 승인한다(소진광 외 2008, 268-269).[8]

지방의회의 의결기능은 지역주민의 대표로서 집행기관을 견제하는 역할을 수행하고 있다. 견제기능에 따라 의결기능 범위 확대에 관한 논쟁은 지속되고 있다. 주민의 대표기관인 지방의회는 의결기능의 범위를 확대하여 집행기관에 대한 견제를 강화하기 위해 노력한다. 하지만 의회기능 확대는 '전문성 미흡'[9]과 '정책의 능률성 저해'에 대해 우려되고 있다. 또한 의결기능의 확대는 지방자치단체의 조례가 지역 간 상이하게 존재할 가능성을 야기한다. 즉 국내 집행기능의 통일성을 저해할 수

---

[8] 지방의회는 예산 결산에 대해 징계·회계 책임을 물을 수 없다. 다만 지방자치단체의 장에게 정치적·도의적 책임만 물을 수 있다.

[9] 지방의회의원의 전문성 문제가 점차 극복되고 있지만, 아직도 그 한계를 완전히 극복하기에는 시간이 필요하다.

있다. 이에 반해 의결권의 범위를 축소할 경우, 주민대표기능이 축소됨으로써 지방자치가 형식화될 수 있다.

3. 행정감시기관

지방의회는 지방자치단체에 대한 행정감시기관의 역할을 수행한다. 감시기능은 지방자치단체의 사무에 관한 감사권과 조사권으로서 지방의회의 의결에 의해 결정된 사무와 조례가 집행기관에 의해 실현되고 있는가를 감독·확인하는 기능이다. 세부권한으로 집행기관에 대해 행정사무감사 및 조사권, 출석답변요구권, 자료제출요구권, 그리고 의견제시권 등을 행사한다. 의회는 감사권을 수행하기 위해 의안 심의와 관련 자료를 요구할 수 있고(행정사무감사 및 조사권, 자료제출요구권), 지방자치단체장 또는 관계 공무원의 의회 출석을 요구할 수 있다(출석답변요구권). 이때 지방자치단체장과 관계공무원은 의회나 위원회에 출석하여 의회 질문에 출석·답변해야 하는 의무가 있고, 사무처리상황에 대해 보고하거나 의견을 진술할 수 있다(의견제시권). 만약 지방자치단체장의 특별한 사정으로 인해 불참할 경우, 일정한 절차를 거쳐 관계 공무원이 대리출석·답변할 수 있다. 그리고 의회는 지방자치단체장에 대한 불신임권을 행사할 수 있다(임승빈 2005, 268).

감사권은 집행기관의 행정감시를 통해 사무 수행의 여부를 확인하는 의회의 기능으로 민선집행기관의 독주를 제어할 수 있다. 이에 반해 중앙정부에 의해 임명제를 채택하고 있는 국가에서는 의회의 감사권 행사 범위가 매우 협소하다. 즉 의회가 감사권을 남용한다면, 행정의 마비와 집행기관의 예속화를 야기할 수 있기 때문이다.

4. 공천에 대한 논쟁

후보자지명제(canidate nomination system) 또는 후보자추천제도는 일정한 자격을 갖춘 후보자 그룹 중 추천방식을 통해 후보자를 선출하여 유권자의 선택 범위를 좁

히는 것을 말한다. 정당추천제(공천)는 정당의 주요 기능과 목적인 공직선거의 승리를 위해 전략적으로 당의 후보를 추천하는 과정이다. 정당의 공천은 후보자 그룹에서 정치적 정체성과 능력을 고려하여 당선 가능성이 높은 인물을 추천하는 과정으로서 선거의 승패를 가름할 수 있는 중요한 정치활동이다.

주민에 의해 자치단체장과 지방의회 의원이 직접 선출되면서, 정당 공천에 대해 많은 논쟁들이 제기되고 있다. 자치단체장과 지방의회 의원 입후보에 정당 공천이 필수조건은 아니지만, 정당의 공천을 받은 후보자가 절대적으로 유리한 것이 선거의 현실이기 때문이다. 정당공천배제를 주장하는 사람들은 첫째, 지방자치는 주민복지와 일상생활에 대한 공공서비스의 공급, 그리고 지역개발 등의 목적을 두고 있고, 이는 행정적 성격이 강하게 나타난다. 따라서 정치적 접근을 배제한 비정당선거(non-partisan election)가 필요하다. 둘째, 지방정치가 중앙정치화될 수 있다. 지방선거에 지역적이고 주민들의 삶과 직접 관련 있는 이슈들보다는 중앙정부의 정책 이슈가 투영되어 왔다. 예를 들면 중앙정부의 정치권력 강화나 야당의 정권심판론이 꾸준히 제기되어 왔다. 따라서 정당은 지방선거를 중앙정치의 연장선상으로 유도하면서 지방선거의 자치적 의미를 잃게 된다. 또한 정당의 공천은 중앙정치에 의한 수직적 지배구조를 형성하게 된다. 이는 지방의 자율적인 발전과 창의적인 의사결정보다는 중앙정치에 의존하는 획일적 의사결정에 영향을 받을 수 있다(예속화, subordination). 셋째, 정치에 대한 불신이 지역까지 침범하고 있다. 정당들의 부정적 정치행태, 즉 공천비리, 계파갈등 등에 따라 정치불신이 지방선거까지 확산되어 주민들의 참여를 훼손시키고 주민자치의 의의를 침해한다. 넷째, 정당의 지역패권주의에 따라 지역감정이나 지역중심주의가 고착화될 수 있고, 이는 국가의 통합을 어렵게 할 수 있다. 다섯째, 정당 중심의 투표는 최상의 후보자를 선택하기보다 정당에 따라서 투표하기 때문에 후보자의 자질문제가 발생할 수 있다(허철행 2011, 237-238).

이와는 반대로, 정당공천제를 찬성하는 사람들은 첫째, 지방자치 역시 지역의 분쟁을 정치적으로 조정해 정치적 통합성을 제고시켜야 하기 때문에 정치적 접근이 필요하다. 둘째, 정당은 지역의 특성이나 주민의 요구를 무시할 수 없다. 또한 지방

역시 중앙정당과의 협조적 관계를 통해 지역발전을 도모할 수 있다. 즉 중앙정당을 통해 지역 발전 정책을 추진하거나 예산 지원을 확보할 수 있다. 셋째, 정당의 공천은 후보의 정체성, 자질, 인지도 등 여러 가지 기준으로 평가하여 추천하고 있다. 따라서 정당공천을 통해 자질부족 후보가 득세한다는 것은 다소 과장되어 있다. 넷째, 정당은 정책의 실패와 정책 오류에 대해 책임을 진다. 정당은 선거를 통해 집단적 평가를 받기 때문에 개인 후보들 혹은 무소속 후보들보다 책임정치를 실행하고 있다. 특히 후보자 공천 역시 엄격한 기준에 따라 선출된다. 마지막으로 정당배제는 현실적으로 불가능하다. 정당이 참여하는 것을 막을 수 있는 제도적 장치는 없다(허철행 2011, 235-236).

IV. 지역주민의 정치참여

지방자치의 공고화과 함께 지역주민의 정치참여는 점차 확대되고 그 방법도 다양해지고 있다. 지방화 시대를 선도할 수 있는 환경을 제공하기 위해 지역주민의 참여를 적극적으로 유도해야 한다. 지역주민의 역할을 이해하고 정치참여를 활성화할 수 있는 방안을 구상한다.

1. 주민의 개념과 지위

지방자치단체는 지역주민[10]들의 복리 후생을 위해 자주적으로 설립된 지역 공공단체이다. 지방자치단체의 자치권은 주민들의 지위, 권리와 의무, 그리고 참여가 확보되어야 실현될 수 있다. 지방자치단체의 주체인 주민은 주체적 지위와 구성원적 지위를 부여받는다.

첫째, 주체적 지위는 지방자치단체의 통치권에 대한 권위를 말하며, 이는 지방

---

[10] 지역주민의 기본적 개념은 지방자치단체의 구역 안에 주소를 가진 자를 주민으로 한정한다. 주민의 개념에 인종, 국적, 성별, 연령, 종교, 행위능력의 여하를 고려하지 않는다.

자치단체를 구성하는 선거권·피선거권, 청원권, 소청권, 공무담임권, 주민투표권, 조례제정청구권 등의 참정권 행사를 수반한다(장우영 2011, 93). 지방자치단체의 주민은 일정 이상의 연령에 달하면 지방자치단체장 또는 지방의회 의원을 선출할 수 있는 선거권과 직접 후보로 참여할 수 있는 피선거권을 가진다. 청원권·소청권은 지역주민이 지방자치단체에 대하여 불만 또는 희망 사항이 있을 때 이를 진술하고 시정 또는 실행을 요구할 수 있는 권한이다. 해당 지역주민이면 이해관계와 상관없이 지방의회에 청원·소청할 수 있다. 지방의회는 접수된 청원·소청을 심사·처리하여 그 결과를 당사자에게 통지해야 한다. 만약 접수된 청원·소청이 자치단체장의 권한 범위라고 판단될 경우, 지방의회는 의견서를 첨부하여 자치단체장에게 이송한다. 자치단체장은 그 처리상황을 의회에 보고해야 할 의무가 있다. 공무담임권은 지역주민이 선거 또는 채용시험을 통해 자치단체의 업무를 수행할 수 있는 권한을 말한다. 지역주민은 지방자치단체의 주요결정사항을 주민투표를 통해 결정할 수 있다. 주민투표는 투표권자의 3분의 1 이상의 참여와 투표인 과반수의 득표에 따라 그 의결사항이 결정된다. 주민은 또한 주민발안제 또는 조례제정청구권을 통해 그 지위를 유지하는데, 이는 일정한 수의 주민들의 연대 서명을 통해 조례의 제·개정안을 요구할 수 있는 제도이다(이기우 1997, 118-122).

둘째, 구성원적 지위는 지방자치단체에 의한 혜택, 즉 자치단체의 재산, 공공시설 및 각종 서비스 제공 등을 향유하는 주민의 수익자로서의 지위, 자치업무의 비용(지방세)에 대한 의무를 다하는 의무부담자로서의 지위, 그리고 지방자치단체의 구성원으로서 단체의 권능에 복종해야 하는 피통치자로서의 지위를 의미한다. 수익자로서의 지위에 따라 지역주민은 공공시설이용권과 행정서비스 향수권을 주장할 수 있는 권리(수익권)를 행사한다. 또한 의무부담자와 피통지자로서의 지위는 주민에게 납세자 불복종권 및 배상, 보상 청구권 등을 행사할 수 있는 권한을 부여하고 있다. 특히 예산안 편성 과정에서 주민의 참여가 점차 확산되고 있다. 예산안 편성 과정에서 시민단체들은 방만한 예산 운용에 대한 감시를 활발히 전개하고 있으며, 선심성 예산이나 예산 낭비 사례를 지적하고, 실효성의 미흡 또는 효과의 불분명성에 따라 재심의를 요구하고 있다. 이 같은 시민사회의 감시가 활발해짐에 따라 예산

편성 전 지역주민들의 참여를 제도적으로 보장하고 있는 추세이다.

2. 자치의식

자치의식은 지역주민이 지역사회에 대한 정서적 일체감을 인식 또는 자각하는 것을 의미한다. 즉 지역사회의 구성원이라는 정체성을 인식하고, 지역발전을 통해 얻을 수 있는 자기 생활 환경의 편의를 위해 지역주민들과 협력하여 지역사회의 문제를 주체적으로 해결하려는 생각과 태도가 수반되는 것을 말한다. 이 같은 자치의식은 주인의식과 시민의식으로 표현되기도 한다.

첫째, 주인의식은 지역사회의 구성원으로서 주체적 태도를 말한다. 즉 자율적으로 지역사회를 위해 생각하고 행동하는 것을 의미한다. 주인의식을 가지기 위해서는 자율적 정신, 사명의식 또는 책임의식, 창의적 정신, 그리고 공동체 정신이 필요하다. 특히 관습에 멈춰 있기보다는 도전과 발전을 지향하여 지역사회의 경쟁력을 향상시켜야 한다. 둘째, 시민의식은 지역주민들 스스로 만든 질서를 지키는 성숙한 민주사회의 의식으로 자율성과 함께 감시자의 역할을 요구하고 있다. 감시자의 역할을 통해 적극적 지역주민의 행동을 통제해 지역 질서를 철저히 지키도록 한다.

3. 주민참여 활성화 방안

지역주민의 참여는 지방자치를 공고화하고 성숙시킨다. 즉 지역의 정치에 지역주민들이 자유롭게 참여하여 요구와 선호를 투영하는 것이 주민참여이다. 주민참여는 주민들의 정치교육 과정으로서 참여를 통해 자신들이 집행기관에 영향력을 행사할 수 있다는 믿음과 함께 주민참여를 보장하는 정부에 대한 신뢰를 형성시킨다. 또한 주민참여는 공동체의식을 배양한다. 지역의 공동의 문제를 해결하기 위해 상대방을 이해하고, 이익의 일부를 양보하는 등의 태도를 배우게 된다. 이러한 양보와 이해 행위는 지역 구성원 간의 협력을 강화시켜 공동체의 정체성을 공고화한다. 이를 민주주의확대모형(democracy-extension model)으로 소개하고 있다(유재원 2003, 316-

317). 즉 공공서비스의 집합적 성격에 따른 집합적 문제해결과 그 과정에서의 주민 참여를 주장하고 있다.

지역주민의 주인의식과 시민의식을 통해 지방자치가 실현되어야 하지만, 현실적으로 지역문제의 이해관계나 갈등 상황에서, 강한 경쟁력을 보유한 집단이 자신의 이익과 직결된다면 일방적으로 정책결정 과정을 장악하거나 또는 문제를 지연시키는 경우가 있다. 즉 이익에 밀접한 행동에 따라 지역사회의 공공의 이익보다는 개인적 이익에 몰두하는 집단적 행위로 인해 집단이기주의가 정착되고 있다. 또한 지방분화권의 낮은 수준은 주민의 관심사를 중앙정치로 향하게 하고 있다. 지방자치단체가 주민의 삶의 이익을 제공하는 결정권이 충분하지 못하다는 것이다. 이러한 한계는 지방정치에 대한 주민들의 무관심을 야기시켰다.

지역주민참여의 확대방안은 첫째, 참여제도를 정비하여 양적 확대와 함께 질적 개선을 제시해야 한다. 기존의 주민투표법, 주민소환제, 주민조례청구 등의 발의요건을 완화하고, 청구 대상을 확대해야 한다. 또한 질적 개선을 위해, 시민 대표성을 확보한 위원회 구성과 공청회를 통해 주민의견수렴기능을 강화한다. 둘째, 시민자치단체를 육성하여, 주민의 삶에 영향을 미치는 기능과 권한을 부여하는 것이다. 시민단체의 역할 강화는 지역주민들의 관심과 참여를 이끌어 대의민주주의와 참여민주주의를 심화시키는 역할을 한다. 시민단체들의 활발한 활동과 참여는 중앙정부의 행정통제가 시민통제로 대체되는 효과가 있고, 중앙정부의 권한 이양을 촉진할 수 있다(김두관 1997, 115-117).

시민단체는 다음과 같은 환경을 제공할 때 그 효율성이 증대될 수 있다. 첫째, 소규모 운영과 정책 자율성이 부여되어야 한다. 즉 소규모의 시민단체를 통해 집단 활동의 과정과 의사결정의 참여 등을 학습하여 민주시민의 역량을 강화할 수 있다. 둘째, 토론의 장으로 활용해야 하고 시민자치조직 간의 상호교류가 활발히 진행되어야 한다. 시민조직은 관할 지역의 모든 주민들이 참여할 수 있도록 개방적이야 하며, 어떤 문제든 논의할 수 있는 토론의 장이야 한다. 셋째, 정보전달 시스템을 갖추어야 한다. 즉 논의가 필요한 안건에 관한 정보, 참여절차에 관한 정보, 시간과 장소에 관한 정보 등을 신속히 공급해 주민들이 인식과 행동을 함께할 수 있도록 한다. 마지막으로 시민단체는 상호간의 교류뿐만 아니라 정부의 의사결정기구와 교류 관계를 유지해야 한다. 이를 통해 정부에 대한 접근과 의견을 투입할 수 있는 통로를 확보해야 한다.

V. 맺음말

한국지방제도의 역사는 고대국가시대에서부터 시작되었지만,[11] 점차 전제왕권체제가 확립되면서 지방 세력의 자율성이 극도로 제한되었다. 근대적 지방제도의 발전은 미군정의 지방제도개편[12]에 의해 시도되었으나, 이 역시 정착되지는 못했다. 이후 이승만 정부는 장기집권의 정치 목적으로 1949년 3월 지방자치법을 국회에서 통과시켰다. 법안은 각 도지사 간접선출과 서울특별시 그리고 시·읍·면 단위의 단체장 선출의 직접선거방식을 규정하였으며, 1952년 4월 지방자치법에 따라 지방선거를 통해 지방의회를 구성하였다. 하지만 지방의 통제권을 유지하려는 중앙정부와 지방자치를 확산시켜 중앙정부의 권한을 약화시키려는 국회와의 정치적 충돌은 지방자치의 제도적 정착을 어렵게 하였다. 정치적 혼란 속에 등장한 군사혁명위원회는 1961년 5월 포고령을 발표하고, 지방의회의 해산과 함께 지방자치의 제도적 정착을 완전히 무산시켰다. 즉 지방정부의 장을 임명제로 전환하였으며, 읍·면 자치제를 폐지하였고, 직할시 제도[13]를 도입하였다. 1987년 6·29 선언은 군부집권의 종식과 함께 지방자치의 부활을 알렸다. 민주화의 정착을 위해 지방자치의 필요성이 제기되었으며, 이 요구에 따라 1988년 4월 지방자치법을 개정하였다. 개정법안은 중층제 형태의 자치단체구조를 채택하여, 행정구역을 광역자치단체(특별시, 직할

---

11 한국의 지방 개념은 고대국가의 부족연맹체에서 시작된다. 부족회의 등 행정 제도뿐만 아니라 지방의 주민자치제도 역시 다양한 모습으로 존재하였다. 이 자치제도는 지역 마을의 공공 문제를 상의·결정하는 등의 역할을 수행하였고, 공동 문제에 대한 논의는 주민들이 의사를 반영할 수 있는 기회를 제공하였다.
12 중앙정부의 지방통제부서 폐지, 민선 자치단체장과 지방의회 의원 구성, 서울특별시 시행, 전라남도로부터 제주도 독립과 승격 등의 개편을 시도하였다.
13 대구시와 인천시(1981), 광주직할시(1986), 대전직할시(1989), 그리고 1988년 지방자치법 개정으로 '정부직할의 부산시(1963)'가 부산직할시(1988)으로 승격하였다.

시, 도)[14]와 기초자치단체(시·군·자치구)로 구분하였다. 또한 지방의회의원과 자치단체장의 직선제 선출 등을 명시하여 '자치'의 기본 제도를 정착시켰다. 이후 정치적 논란을 극복하고 1991년 선거를 통해 지방의회를 구성하였고 1995년 자치단체장의 선거가 실시되면서 기관분리형 지방자치의 시대를 개막하였다(소진광 외 2008, 56-61).

기관분립형 지방제도와 직접선거제도의 채택은 지방자치를 공고화시키기 위한 노력이었다. 즉 집행기관과 의결기관이 상호 견제와 보완을 통해 지역의 발전을 안정적으로 진행하고, 직접선거제도가 단체장과 의원들의 대표성 제고와 함께 정치적 관심이 지역 유권자들에게 더욱 집중될 수 있는 배경을 제공할 것을 기대하였다. 단체장의 임기 보장은 계획적 지역 사업 추진과 함께 지역 경제 활성화를 도모할 수 있고, 민선제도에 따라 지방자치단체장과 지방의원들의 정치적 입장이 중앙보다는 유권자의 이익에 집중되는 지방행정이 실현될 것으로 예상하였다. 또한 지역주민들의 정치적 역량이 증대함에 따라 시민단체 활동의 증가와 함께 주민참여의 요구가 증대되면서 지방정치가 민주주의 교육장으로 발전되는 효과가 기대되었다.

하지만 현실정치 속에서 지방자치는 다양한 갈등을 유발시키고 있다. 지방의회에 독점정당이 형성되면서 정치적 목적에 의한 집행기관의 견제가 발생되고 있다. 선거제도 역시 중앙 정당과의 갈등의 원인을 제공하고 있다. 정당 공천으로 인해 지방정치가 중앙정치에 의존하는 현상이 나타나고 있다. 지방정치의 예속화로 인해 지방정치의 고유 정체성의 상실은 지역주민들의 냉소주의를 발생시키고 있다. 또한 직접선거는 지역 유권자에 대한 자치단체장과 의원들의 관심을 고취시켰다. 지방 사업이 이벤트화되고 있어 지방의 예산부족 현상을 촉진시키고 있으며, 중앙정부에 대한 의존도를 더욱 확대시키고 있다. 또한 지역의 선호·혐오 시설 입지 선정 과정에서 자치단체장과 의원들은 정치적 지지율을 확보하기 위해서 자신들의 입장을 명확히 하고 있는 등 지역 이기주의현상을 극복하지 못하고 있는 실정이다. 이 같은 한계를 극복하기 위해서는 지역주민의 정치참여를 더욱 활성화시켜야 한다. 정치참

---

14 광역시는 기존의 5개 직할시를 지방화에 걸맞게 광역시로 승격하였으며, 1997년 울산시가 광역시로 승격되었다. 100만 명 이상의 지역주민 인구 등이 그 승격 기준이 되고 있다.

여는 자치단체뿐만 아니라 지방의회에 대한 견제의 효과를 나타낸다. 지역주민들의 인식 변화를 위해 시민단체의 활동이 요구되며 지방정부는 이들의 적극적 지원을 통해 지방자치가 올바르게 정착·발전할 수 있도록 노력해야 한다.

질문 및 토론 사항

1. 지방자치단체와 중앙정부의 갈등 사례들을 찾아보고, 사례를 통해 지방자치단체의 역할을 고민해 보자.

2. 지방선거의 정당공천제폐지 주장에 대해 어떻게 생각하는가?

3. 지방자치단체의 이벤트성 사업에 의한 예산부족과 이에 따라 증가되는 중앙정부에 대한 의존성을 극복할 수 있는 방안에는 어떤 것이 있을까?

4. 국가발전과 지역발전의 갈등 사례를 통해 갈등의 원인과 해결방안을 고민해 보자.

5. 자치단체장과 지방의회의 정치적 갈등은 왜 발생할까? 그 해결방식에는 어떤 것이 있을까?

14

현대사회와 정치적 소수자

I. 머리말

정치의 단위가 커질수록 정치공동체 안에 있는 모든 구성원들의 의견을 반영하는 것이 현실적으로 어렵게 된다. 특히 오늘날 정치의 결정방식이 민주주의의 다수결을 따르다보니 소수의 의견은 무시되거나 정치적으로 무의미하게 되기가 쉽다. 그렇게 뇌년 소수는 제도화된 방식으로 정치적인 의견을 낸다는 것이 무의미하다는 것을 인지하고 시위나 저항과 같은 비제도적인 방법으로 정치참여를 하거나 자신들의 의견이 받아들여질 수 있는 새로운 정치제도를 만들기 위한 정치적 행위를 하게 되기 때문에 기존의 정치제도는 크게 위협을 당하게 된다. 따라서 정치적 소수의 의견이 제도로 들어갈 수 있는 통로를 만드는 것은 정치제도를 유지하는데 절대적으로 필요한 조치이다. 한편 근대민주주의의 역사는 정치에 참여하는 공동체 구성원을 점차 확대해 가는 역사였다. 근대 민주주의 초기에는 토지를 가진 몇몇 부유한 지주들만이 참정권을 가진 납세자 정권이었지만 시간이 흐르면서 산업자본가로 확대되었고 19세기 인민헌장운동을 거치면서 노동자를 포함한 성인남성 모두에게 참정권이 주어졌다. 미국에서는 흑인 노예 해방이 이루어지면서 1870년 인종, 피부색에 의한 참정권의 차별을 인정하지 않음으로써 법적으로 흑인남성도 참정권을 향유하게 되었다. 가장 늦게 참정권을 부여받은 집단은 여성이다. 많은 국가들이 1차 세계대전 이후 전쟁 기간 중 여성들의 기여를 인정하여 여성들에게 참정권을 부여하였다. 근대 민주주의가 시작되면서 오늘에 이르기까지의 긴 역사는 참정권 확대의 역사이며 정치적으로 소외된 집단이 없도록 포함시켜 나간 역사라고 해도 지나친 주장은 아니다. 그러나 형식적으로 참정권이 주어졌다고 하더라도 이 참정권을 행사하며 정치적 영향력을 향유하는지는 또 다른 문제이다. 그래서 오늘날에는 정치적 소수자의 참정권의 실질적인 향유, 정치적 영향력의 행사가 중요한 화두로 떠오르고 있다. 이런 의미에서 여전히 정치참여의 통로를 가지지 못하는 사회 구성원이 있는지, 혹은 형식적 참정권은 있지만 그 권리를 제대로 향유하지 못하고 있는 집단이 있는지 살펴보고 그 권리의 향유에 대해서 고민해 보는 것이 본 장의 주요 내용이다.

본 장에서는 우리는 먼저 정치적 소수자는 누구인지 오늘날에는 그 소수자가 누구일 수 있는지, 그리고 우리가 몸담고 있는 정치체제에 이러한 소수는 누구인지를 살펴볼 것이다. 아울러 세계적 차원에서 미국의 흑인, 유럽의 노동자들, 여성들, 그리고 오늘날의 이민자들을 다루게 될 것이다. 다음으로, 왜 정치적 소수자도 다수와 마찬가지로 정치적으로 평등하게 대우받아야 하는지에 대한 이론을 살펴볼 것이다. 여기에서는 정치적으로 차별은 무엇을 의미하는지, 왜 소수도 다수와 마찬가지로 보편적인 평등권을 가지는지, 차별이 발생하는 구조는 무엇인지 등에 대해서 살펴볼 것이다. 보다 구체적으로 예를 들어서 흑인에 대한 차별을 설명하면서 차별, 불평등이란 무엇을 말하는 것인지(차이와 차별의 문제, 구별과 차별의 문제를 다룬다), 평등은 무엇을 말하는지(경제적 평등, 정치적 평등, 사회적 평등, 도덕적 평등, 가치의 평등), 소수자는 이러한 불평등 혹은 차별에 저항하지 않는지 혹은 저항한다면 어떻게 저항하는지 등을 다룰 것이다. 그리고 현재 우리 사회에 존재하는 소수자의 문제에 대해서 알아볼 것이다. 여기에서는 정치에서의 여성의 문제, 이민자의 사회적 차별, 장애인 등 여러 소수자집단에 대해서 이야기할 것이다. 마지막으로 그렇다면 어떻게 정치에서 소수자가 평등하게 대우받을 수 있을까에 대해서 살펴보고자 한다.

Ⅱ. 정치적 소수자는 누구인가?

1. 정치적 소수자의 의미

소수자는 일반적으로 수적으로 소수인 집단을 의미한다. 비장애인에 비해서 장애인은 수적으로 소수이고 한 국가 내에서 외국인은 국적자에 비해서 소수이다. 이러한 구분은 일반적으로 인구 구성에 있어서 적은 부분을 차지하고 있는 집단을 일컬을 때 소수자라는 표현을 쓸 수 있다. 인구구성에 있어서 이러한 소수자의 의미는 정치적인 소수자와 일맥상통하지만 그렇다고 수적인 소수자가 정치적으로 늘 소수는 아니며 수적인 다수자가 정치적으로 늘 다수는 아니다. 즉 자본주의사회에서 자본가는 수적으로 소수로 일반적으로 자본가보다는 노동자가 인구 구성에 있어서 훨씬 더 많기 때문에 자본가가 수적으로는 소수이다. 그런데 이들이 정치적으로 소수자는 아니다. 정치적으로는 오히려 노동자가 소수자일 수 있다. 노동자가 사용할 수 있는 정치적 영향력은 자본가가 사용할 수 있는 정치적 영향력보다 적을 수 있기 때문이다.

이러한 관계를 가장 잘 설명해주는 것이 정치에서 여성의 지위이다. 어느 국가이든 일반적으로 여성은 남성보다 수적으로 조금 많거나 거의 같다. 그래서 수적으로 여성은 절대 소수자는 아니다. 그런데 정치적으로 여성은 남성에 비해서 사용할 수 있는 정치적 영향력이 절대적으로 적다. 예를 들어, 국회 안에서 여성의원은 전체 국회의원 가운데 15.7%에 지나지 않으며(300명 중 47명), 남녀 유권자의 투표율 비교에 있어서도 여성은 남성보다 조금 덜 투표한다. 국회에서 입법을 할 때 여성 국회의원의 숫자가 적기 때문에 남녀입장의 차이가 발생하는 문제에 있어서 남성에게 유리할 수밖에 없다. 또 정치적으로 중요한 결정을 하게 될 때 정치인들이 관심

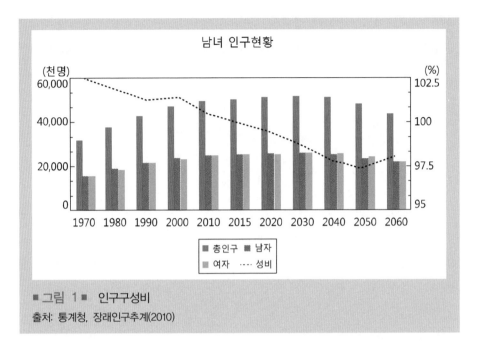

■ 그림 1■ 인구구성비

출처: 통계청, 장래인구추계(2010)

을 가지는 것은 유권자일 수밖에 없는데 여성들이 조금 덜 투표하기 때문에 아무래도 정치인들은 남성에 대하여 더욱 신경쓸 수밖에 없고 여성과 남성의 의견이 다르다면 남성의 의견으로 기울 수밖에 없다. 게다가 여성의 투표성향이 남편이나 가장의 의견을 따른다고 한다면 정치인들은 여성의 투표에 덜 관심을 가질 수밖에 없다.

다른 예는 청소년이다. 청소년은 전체 인구의 20%를 차지하고 있어서 수적으로 소수이지만 정치적으로도 소수이다. 청소년이 아무리 국가의 동량이니, 미래의 주역이니 하더라도 청소년이 스스로의 이익을 정치적으로 대변할 수 있는 수단이 없고 대학입시에 매여있는 존재이기 때문에 청소년의 이익은 성인들에 의해서 이러한 이익이 있을 것으로 추측하여 대변되고 있고 실제 선거에서 청소년의 이익이 중요 쟁점이 되지는 못한다. 이런 의미에서 청소년은 정치적으로도 소수이다.

이렇게 보면 수적인 소수자와 정치적 소수자는 어느 정도 관계가 있지만 수적인 소수자가 정치적 소수자는 반드시 아니다. 그렇다면 정치적 소수자는 무엇을 의

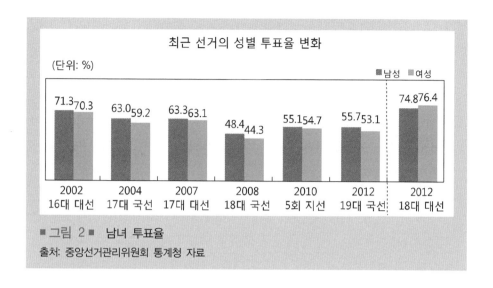

최근 선거의 성별 투표율 변화

(단위: %)

■남성 ■여성

	2002 16대 대선	2004 17대 국선	2007 17대 대선	2008 18대 국선	2010 5회 지선	2012 19대 국선	2012 18대 대선
남성	71.3	63.0	63.3	48.4	55.1	55.7	74.8
여성	70.3	59.2	63.1	44.3	54.7	53.1	76.4

■ 그림 2 ■ 남녀 투표율
출처: 중앙선거관리위원회 통계청 자료

미하는가? 어떤 사람 또는 집단이 소수자로 분류되려면 다음과 같은 네 가지 특징을 가져야 한다. 첫째는 식별가능성인데, 소수자들이 신체적이거나 문화적 특징에 의해 다른 집단과 구별되는 뚜렷한 차이를 갖고 있음을 의미한다. 백인이 다수를 차지하는 미국사회에서 흑인들은 신체적 특징에 의해서 식별이 되는 사람들이며, 일본에 살면서 한복 치마저고리를 입고 '민족학교'에 다니는 재일동포 여학생들은 문화적 특징에 의해서 다른 일본 사람들로부터 구별되는 사람들이다. 둘째는 차별적 대우의 존재인데, 소수자는 단지 그 집단의 성원이라는 이유만으로 사회적 차별의 대상이 된다. 프랑스에서 북아프리카계 이민자들은 자신들의 외모 때문에 혹은 자신들의 이름 때문에 아무리 프랑스에서 태어나고 불어에 능통하고 프랑스에서 교육을 받았어도 취업이나 사회생활에서 부당한 경계를 받을 수 있다. 셋째는 집단의식이다. 어떤 사람이 위의 특징을 모두 가지고 있더라도 소수자 집단의 성원이라는 집단의식이 없다면 그 사람은 그냥 개인에 머물 뿐이다. 그 사람이 스스로가 차별받는 소수자 집단에 속한다는 것을 느낄 때야 비로소 그 사람은 소수자가 된다. 프랑스의 이민자 여성이 히잡(Hijab)을 쓰고 다니면서 부당한 대우를 받을 때 그것이 자신이 히잡을 쓰고 있기 때문이라고 느낄 때 그녀는 소수자가 된다. 마지막은 권력의 열세이다. 여기서 말하는 권력은 정치권력만을 의미하는 것이 아니라 경제와 사회적 측면에서의 권력을 포함한다. 소수자들은 권력에서 열세에 놓여 있거나 여러 가지 자원을 동원할 수 있는 능력에서 열세에 놓여 있다. 소수자는 정치적으로 영향력이 적은 집단을 의미한다. 정치적으로 영향력이 적다는 것은 정치적 결정에서 자신들의 이익을 표출하거나 자신들의 이익이 받아들여지도록 영향을 미칠 수 있는 수단이 적은 집단을 의미한다. 정치적 영향력을 행사할 수 있는 수단에는 물론 수적인 다수가 있다. 그 집단이 수가 많아서 자신들의 의견이 관철될 수 있도록 광화문에서 대규모 시위를 조직할 수도 있고 또 자신들의 수를 이용하여서 선거에서 자신들의 이익을 대변해 줄 후보에 투표하도록 하거나 혹은 반대의견을 가진 후보가 당선되지 않도록 선거운동에 참여하는 등 집단의 동원가능한 수를 가지고 정치적 영향력을 행사하는 것이다. 또 다른 중요 수단은 투표권이다. 국회의원들이 국민들의 의견을 대변하여 정책을 결정할 때 그 대변될 의견은 투표로 표현된 국민들의 의견이다. 그렇기 때문에 투표권은 정치에서 행사되는 가장 중요한 영향력이며 정치적 의견에 대한 의미있는 표현이다. 이런 의미에서 투표권은 가장 중요하면서도 기본적인 정치적 영향력을 행사할 수 있는 수단이다. 그러나 투표권이 있다고 하더라도 그 투표권을 행사하지 않으면 정치적으로 소수자일 수밖에 없다. 그래서 정치적 소수자는 정치적으로 소외될 가능성이 높다.

2. 역사적으로 본 정치적 소수자

사회는 갈등이며 갈등의 해결 기제가 정치라면 모든 정치에서 집단간 갈등은 불가피한 것이다. 그 집단들 사이에 다수자가 있고 소수자가 있으며 이러한 다수, 소수 집단은 정치가 시작된 이래로 계속 존재해왔다. 근대 민주주의 이전의 정치는 반드시 수적 다수가 정치적으로 다수자는 아니었다. 예를 들어, 절대 왕정 시대에 정치적으로 영향력이 가장 높은 집단은 왕과 왕 주변의 대신들이었을텐데 이들은 수적으로 다수는 아니었다. 당시 다수는 일반 대중이었는데 이들은 정치적으로 영향력을 행사할 수단이 거의 없는 완벽한 정치적 소수자였다. 이렇게 근대 민주주의가 시작되기 이전에는 수적인 다수가 정치적으로 다수가 아니었고 실제 수적인 소수에 의한 통치가 이루어졌다. 근대 민주주의가 시작되면서 민주주의, 즉 다수에 의한 지배구조가 이루어지면서 수적인 다수가 정치적 다수가 되었다.

근대 민주주의의 성립 이후 대표적인 정치적 소수자는 미국의 흑인으로 알려진 아프리카계 미국인이었다. 이들은 유럽이 아메리카 대륙을 식민지화하면서 유럽 노예상인들에 의해서 강제로 이주되어서 아메리카 대륙에서 노예로 거주하게 되었다. 이들 중 대부분은 쌀, 사탕수수, 담배 그리고 목화 등을 대량으로 재배하는 미국 남부의 농장주들에 팔려 노예로 일하였다. 미국의 독립 직후인 1800년대 초반에 이미 남부에만 70만명에 달했고 사우스캐놀라이나주 같은 곳에서는 이들이 백인 농장주들보다 훨씬 더 많아 수적으로 소수라고 하기는 어려울 정도로 많이 살고 있었다. 그러나 이들은 노예였기 때문에 주인에 매여 있었고 주인의 재산으로 간주될 정도로 철저히 객체였기 때문에 정치적으로는 아무런 의미도 없었다. 한편 아프리카계 미국인 중에는 노예신분이 아닌 자도 있었는데 이들은 주인에 의해서 해방되었거나 초기 계약관계 종결 이후 자유신분이 된 흑인들이었다. 그러나 당시 미국 사회에서는 아프리카계 미국인은 모두 노예로 생각되어서 이들은 같은 권리를 가진 미국인으로 인식되지는 않았다. 그래서 극장이나 호텔, 레스토랑과 같은 공공장소에의 입장이 거부되었고 학교교육도 제한적으로만 허용되었다. 자유흑인들의 수가 점차 늘어나자 백인들은 아프리카 미국인들의 활동을 제한하는 다양한 규칙들을 만들었다. 북부의 백인들은 노예제도가 부도덕하고 비인간적이라고 생각했고 더욱이 자신들의 경제적 기반이 노예제가 아니었기 때문에 노예제도를 인정하지 않았지만, 남부에서는 대규모 농업이라는 경제적인 상황 때문에도 노예제도를 인정하지 않을 수 없었다. 이러한 남부와 북부의 견해 차이는 새로운 주가 미합중국에 편입될 때마다 그 주가 노예제를 허용할 것인가를 두고 의회 내에서 큰 논란이 있었다. 1860년 대통령 선거에서 노예제 폐지를 주장하던 링컨이 당선되자 노예제의 존속에 위협을 느낀 남부의 주들은 미국 연방에서 탈퇴하여 아메리카 연합(Confederacy)을 형성하였다. 링컨을 중심으로 한 연방과 아메리카 연합 사이의 물리적 충돌은 미국 남북전쟁이 되었고 이 전쟁에서 북쪽의 연방이 승리하면서 1865년 미국 헌법 수정조항 제

13조에서 공식적으로 노예제도를 종식하였다. 그러나 아프리카 미국인에 대한 차별적인 대우는 크게 바뀌지 않았다. 일례로 1876년 제정된 짐크로우법(Jim Crow Law)은 남부의 주들에서 적용되던 주법으로 모든 공공기관에서 인종 분리를 허용한 법이었다. 이 법에 의하면 아프리카 미국인들은 '분리되어 있지만 평등한' 권리를 가지는 것으로 경제, 교육, 사회 모든 분야에서 백인들과 분리되어 열등한 대우를 받는 것을 모호한 평등의 개념으로 호도하였다. 이러한 사회적 차별은 형식적 평등에도 불구하고 오랫동안 미국 사회를 지배하였다. 아프리카 미국인은 형식적인 평등권은 가졌지만 사회적으로 차별받는 소수자들이었다. 1950년 말 인권운동단체들과 남부의 흑인목사들은 흑인인권운동을 전개하였다. 이 운동의 초점은 수정헌법 제13조에 의해 인정받은 아프리카계 미국인들의 형식적인 평등권을 실질적인 권리로 인정받고자 한 것이었고 아프리카계 미국인들 스스로도 형식적인 채 행사되지 않았던 권리를 실제로 향유하고자 하는 운동이었다.

또 다른 정치적 소수자는 19세기 유럽의 노동자들이었다. 영국에서 절대왕정에서 근대민주주의로 전환해 나가는 과정에서 중요한 것은 국왕이 전쟁 혹은 통치에 필요한 자금을 마련하기 위해서 납세자로부터 과세에 대한 승인을 받기 위해서 납세자들의 대표들을 소집하는 것이었다. 이렇게 소집된 의회는 국왕에게 과세를 승인해주는 대신, 다양한 권리들을 국왕으로부터 인정받으면서 자신들의 권한을 확대시켜 나갔다. 이 과정에서 의회소집의 가장 중요한 목적은 국왕의 세금 징수를 승인하는 것이었기 때문에 당연히 세금을 낼 시민의 대표로 구성되었다. 이들은 매년 일정량의 세금을 내는 토지의 소유주들이었고 이들의 정치적 영향력의 수단은 참정권이었다. 이들은 참정권을 바탕으로 종획법(Law on Enclosement)을 통과시켜서 토지의 사유화를 촉진시켰고 영국 자본주의 발전의 기틀을 마련하였다. 토지가 없는 자들은 토지에서 쫓겨나 도시의 노동자가 되거나 농촌의 노동자가 되었다. 이들은 낮은 임금과 열악한 노동조건하에서 임금노동을 할 수밖에 없었다. 자신들의 상황을 개선할 수 있는 아무런 수단이 없었기 때문에 정치의 객체일 뿐이었다. 자본주의 발전과 더불어 새로 생겨난 산업자본가들은 의회의 정치적 영향력을 바탕으로 보수화된 토지자본가들에 대항하기 위해서 노동자와 연합하였고 이를 위해서 선거법을 개정하려는 움직임을 보이는데 이것이 19세기 인민헌장운동(Chartist movement)이다. 노동자들은 수적으로 다수였지만 정치적으로는 참정권이 없었기 때문에 자신들의 이익을 주장할 수 있는 아무런 수단이 없었는데 인민헌장운동을 통하여 보통선거권이 확립되면서 자신들의 대표를 의회에 보내어 자신들의 이익을 정치적으로 성취할 수 있는 길이 열렸다. 정치적 소수였던 노동자는 보통선거권을 쟁취함으로써 정치적 영향력을 가질 수 있었다.

마지막 예는 여성들이다. 여성들은 전체 인구의 과반수를 차지하고 있지만 대부분의 국가에서 제1차 세계대전 이전까지는 정치적 권리를 보장받지 못했다. 19세기 성적 불평등이 존재한다고 인식한 초기 여성운동가들은 불평등의 출발이 정치적 권리라고 인식하였다. 참정권이 없었기 때문에 여성들의 의견은 정치적으로 표출될 수 있는 기회가 없었고 심지어 여성은 남성에게 종속된 존재로 인식됐다. 당시의 법제도하에서 여성의 법정 증언은 증언으로서의 공신력을 가지지 못했고 은행의 계좌도 여성 단독의 이름으로 개설되지 못했으며 여성은 대학교육도 받을 수 없었다. 이러한 불평등한 대우는 결국 남성들이 만든 법 때문이라고 여성운동가들은 생각했고 불평등한 법을 바꾸기 위해서는 여성도 참정권을 가져야 한다고 생각했다. 그래서 초기의 여성운동가들은 선거에 참가하기 위해서 선거인명부에 등록하려 하거나 투표하기 위해서 대규모로 투표소에 나가기도 하였다. 결국 여성들의 참정권은 제1차 세계대전 이후 많은 국가들에서 세계 대전 당시 여성들의 헌신에 대한 보답의 의미로 부여되었다. 참정권을 인정받으면서 여성의 사회적 지위가 평등해지리라고 인식되었다. 그러나 1960년대에 유리천장(Glass Ceiling)이라는 용어가 시사하듯이 여성은 눈에 보이지 않는 차별을 여전히 겪고 있었다. 1950년대 아프리카계 미국인처럼 형식적인 참정권은 가지고 있지만 정치적으로 영향력은 전혀 없는 정치적 소수자였다. 이에 2기 여성운동이 일어나면서 여성에 대한 사회적 인식의 변화, 실질적인 평등을 주장하였다. 이후 1995년 북경 세계 여성대회에서는 여성의 사회적 지위변화에 정책결정 과정에서의 평등이 중요하다고 천명하면서 정책결정 과정에 여성들이 평등하게 참여하도록 하기 위한 다양한 제안들이 나왔다. 그 가운데에는 선거에서의 할당제, 여성정책전담기구의 설치 등이 있다.

3. 오늘날의 정치적 소수자

우리가 살고 있는 21세기에는 정치적 소수자가 없는가? 민주주의의 발전과 더불어 보다 많은 집단들이 정치적 권리를 향유하게 되면서 정치적 소수자들도 상당히 줄어들었다. 그러나 사회적 다양화와 더불어 새로운 정치적 소수자들이 생겨나고 또 이전의 정치적 소수자들도 새로운 형태의 억압에 직면하고 있다.

첫 번째 예는 해외에서 이주해 온 이민자들이다. 국가간 경계가 약해지고 교통수단의 발전과 더불어 국가간의 교류가 더욱 활발해지면서 인적인 교류도 활발해졌다. 2000년 통계에 의하면 총 1억 7,500만명이 해외에 거주하고 있는 것으로 나타났고 2013년 UN 통계에 의하면 2억 3,200만명이 태어난 국가 이외의 국가에서 거주하고 있는데 이는 전 세계 인구의 3.2%에 해당하는 인구이다. 오랫동안 단일민족을 자랑해왔던 한국의 경우에도 150만명의 외국 국적자가 거주하고 있으며(2015년 현재) 이는 전체 국민의 약 3%에 해당한다. 이 중 결혼이주자는 15만명에 달한다. 태어난 국가와 다른 국가에서 살다보니 원래 살고 있던 사람들과 문화나 생활양식 등 여러 면에서 차이가 있다. 또한 이주자 대부분이 소위 저개발 혹은 개발중인 국가에서 더 발전된 국가로 일자리를 찾아 이주한 사람들이다. 그러다보니 원주민들에게 이주자들은 가난한 국가에서 온, 다른 문화를 가진 사람들로 인식되어서 이주민들을 가난하다는 이유로 무시할 수도 있고 다른 문화를 가졌기 때문에 멀리 할 수도 있다. 정당들은 문화적 정체성이라는 미명하에 혹은 지지기반의 확대를 위해서 이러한 다른 문화를 가진 이주민들을 배척하고 경제적 어려움을 이들의 탓으로 돌리면서 선거에서 지지기반을 확대하려는 움직임도 나타나고 있다. 또한 외국인들의 범죄율이 높다고 주장하면서 사회적 치안을 위해 외국인들에 대한 검문, 검색을 강화하는 경우도 있다. 이러한 사회적 억압은 일자리를 위해 한시적으로 온 이주노동자들에게도 엄청난 고통이며 결혼이주 등으로 새로운 사회에 적응하려는 이주자들에게는 말할 것도 없는 고통이다. 그러나 대부분의 국가에서 이들은 참정권이 없기 때문에 자신들의 주장을 정치적으로 해결할 수 있는 통로가 전무하다. 이러한 상황에서 이주자 중 일부는 폭동이나 소요와 같은 형태로 자신들의 의견을 표출하

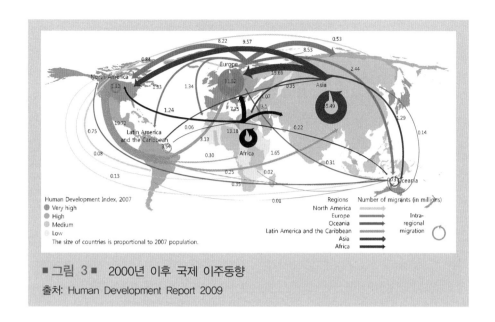

■ 그림 3 ■ 2000년 이후 국제 이주동향
출처: Human Development Report 2009

기도 하여 사회적 불안이 되고 있으며 또한 이러한 억압으로 오히려 외국인들의 충동적 범죄가 늘어나고 있기도 하다.

　두 번째 예는 인종차별이다. 미국의 경우 1960년대 흑인 인권운동 이후 흑백 분리정책을 폐지하고 통합정책이 추진되었다. 케네디 대통령은 적극적 우대조치 (Affirmative Action)를 통하여 모든 조건이 같다면 인종비율이 낮은 인종을 우대하는 조치를 취하였다. 적극적 우대조치는 고용에, 그리고 대학 입학 등에 적용되었다. 이러한 노력에도 불구하고 미국에는 백인과 흑인 간에 사회적으로 눈에 보이지 않는 차별이 존재하고 있다. 일례로 미국 사회 전역을 뜨겁게 달구었던 퍼거슨 사건을 들 수 있다. 백인경찰이 비무장 흑인을 총으로 쏴서 죽음에 이르게 한 사건이다. 2015년에도 위스컨신 매디슨에서, 사우스캐롤라이나 찰스톤 등에서도 백인 경찰이 비무장 흑인을 총으로 쏘아 죽음에 이르게 하는 사건이 발생하였다. 미국 사회에서는 아직까지도 아프리카계 미국인들을 잠재적 범죄로 간주하여 백인 경찰들이 과잉 대응하는 경우가 자주 발생하여 미국 사회에 흑백 간의 갈등이 여전히 존재하며 아프리카계 미국인은 미국 사회에서 정치적 소수자라고 할 수 있다.

세 번째 예는 성적 소수자이다. 이성애자가 다수이기 때문에 동성애자는 수적으로 소수이다. 대부분의 국가에서 이성애를 정상적인 관계로 간주하기 때문에 동성애는 비정상적이거나 심지어는 정신질환으로 간주하는 경우도 있다. 이란과 같은 이슬람 국가에서는 동성애는 사형에 처해질 수도 있는 범죄이다. 그렇게까지 심각하지는 않더라도 대부분의 국가에서는 동성애는 결혼을 통한 가족으로 인정되지 않으며 동성애 커플은 자녀를 입양하지 못하는 국가도 많이 있다. 법적인 억압은 아니더라도 사회적으로 동성애자를 이상하게 여기거나 인정하지 않는 분위기가 동성애자들에게는 일상생활에서 더욱 큰 억압일 수도 있다.

네 번째 예는 여성이다. 인류의 과반수를 구성하고 있는 것이 여성이지만 특정 집단 및 특정 직업에서 여성은 오늘날에도 소수이다. 예를 들어 전 세계 의회에서 여성의원의 평균 비율은 22.1%(www.ipu.org 2015. 5. 29. 검색)밖에 안 되며 2015년 현재 190개국 의회에서 여성의장은 45개국뿐이다. 즉 78%의 남성이 의회를 구성하고 있으며 의장은 76%가 남성이다. 여성취업을 살펴보면 전세계적으로 관리직, 전문직의 여성고용 비율은 OECD국가 평균 35.8%(2012년 통계)이고 관리직, 전문직의 여성고용 비율이 가장 높은 국가는 스웨덴인데 스웨덴의 경우에도 과반수에는 훨씬 못미치는 39.2%이다. 한국의 경우에는 관리직에는 11%에 지나지 않으며 판매직에는 50%, 서비스직에는 65.9%, 단순노무직에는 52.5%이다. 즉 한국 여성은 주로 서비스, 판매, 단순노무직에 종사하며 아주 드물게 관리직에 종사한다고 할 수 있다. 여성이 많이 고용된 직장은 주로 임금이 낮고 중요한 직업으로 분류되지 않는 직종이며 정책결정과 관련되거나 중요한 직업으로 분류되는 곳에서 여성은 적게 발견된다. 이렇게 직업별로 여성이 특별히 적거나 많은 이유는 무엇일까? 눈에 보이지 않는 분리가 여전히 사회에 존재하는 것은 아닌지 의문이 든다. 사회는 여성들에게 특별한 정향을 요구하고 그 정향에 따라 경제활동도 결정되는 경향이 있다고 할 수 있다. 여성의 경제활동 참가율을 보면 흔히 우리는 "M자 곡선"이라고 이름 붙인다. 즉 30대 여성의 경제활동이 현저히 줄어들고 40대에 다시 높아진다. 이러한 M자 곡선이 나타나는 이유는 결혼과 임신, 출산, 육아를 거치면서 여성의 경제활동이 줄

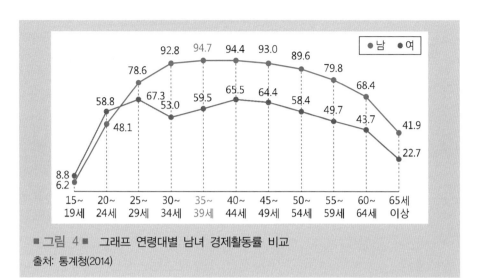

■ 그림 4 ■ 그래프 연령대별 남녀 경제활동률 비교

출처: 통계청(2014)

어들기 때문이다. 임신과 출산, 육아에 따른 여성들의 경력 단절이 이후의 경력에도 영향을 미치고 있으며 가정 내에서 남녀불평등의 원인이 되기도 한다. 성평등을 주장하는 2기 여성운동이 1960년대로부터 전개되었지만 아직까지 사회에는 보이지 않는 차별들이 많이 존재하고 있다.

　다른 예로 장애인이 있다. 장애인은 장애 때문에 이동에 있어서 어려움이 많고 취업에 있어서도 어려움이 있다. 우리나라 장애인 수는 2013년 통계에 의하면 등록 장애인수는 250만명으로 전체 인구의 약 5%이다. 모든 교통수단과 도로가 비장애인의 입장에서 설계되고 운영되기 때문에 장애인들이 원활하게 이동하는 데에는 어려움이 따를 수밖에 없다. 장애인을 위한 시설을 설치, 운영하기 위해서는 별도의 예산이 필요하다는 예산상의 이유로 이러한 시설의 설치 및 운영을 꺼리는 지자체, 정부도 있다. 또한 취업에 있어서도 장애인은 비장애인에 비해서 취업률이 상당히 낮다. 2013년 통계에 의하면 15세 이상 경제활동인구에 있어서 비장애인의 취업률은 60%인데 비해서 장애인은 36%에 지나지 않는다. 이것은 장애인의 취업에 있어서 눈에 보이지 않는 장벽이 있음을 시사해준다.

Ⅲ. 정치적 소수자에 대한 차별과 평등

정치적 소수자에 대해서 우리가 관심을 가지는 이유는 정치적 소수자가 사회적으로 차별을 받고 있기 때문이다. 정치적 소수자의 예에서 보여주고 있는 것처럼 다른 집단과 다르다는 이유로 사회적으로 차별을 받고 있다.

차별의 원래 의미는 다른 것과의 구별이다. 즉 차별의 원래 출발은 차이이다. 서로 다른 것을 구별해냈는데 단지 다르다는 이유로 다수는 소수를 불평등하게 대우하게 되면서 차별이 된 것이다. 사회심리학적인 측면에서 차별은 보통 고정관념(stereotyping) 및 편견(prejudice)이 전제되어 있는 경우가 많다. 고정관념은 특정 사회적 범주에 소속된다고 여겨지는 사람이 그 범주와 관련된 모든 특징들을 지닌다고 믿는 것을 가리키고, 편견은 대상 집단에 대한 강한 부정적인 감정적 반응을 포함하는 것으로 정의된다. 특정한 태도의 구성요소를 볼 때, 고정관념은 인지적(cognitive) 범주를, 그리고 편견은 감정적(affective) 범주를 각각 가리키는데 특정집단에 대한 인지적이고 감정적인 부정적인 태도가 행동수준에서 단기적이기보다는 장기적인 형태를 띠고, 법이나 사회적 관습보다는 개인적 선택에 기초할 때, 그것은 차별행위로 발전된다. 즉, 능력, 장점, 업적과 무관한 속성들을 근거로 해서 개인이나 집단을 의도적이건 비의도적이건 간에 부당하게 다루는 차별은 고정관념이나 편견이 행동으로 나타나는 것을 말한다.

남성과 여성을 예로 들어보면 생물학적인 특성의 차이로 남성은 여성이 다르다는 것을 알게 되었고 이 다름 때문에 남성이 하는 일을 하거나 남성이 향유하는 권리를 동등하게 향유할 수 없게 되었다. 여성이라는 집단은 특정한 성향을 공유한다고 전제하고 그 공유되리라고 전제된 성향이 여성에 대한 고정관념이다. 이것이 부정적으로 강한 감정으로 형성될 때 편견이다. 이 편견을 바탕으로 여성에 대해서 남성이 아니라는 이유로 20세기에 들어오기 이전에는 학교 교육을 받을 수 없다든지 사회활동을 할 수 없다든지, 가정에서 육아와 양육만을 담당해야 한다는 차별이 나타났다. 여성에 대한 고정관념이 학교 교육을 위한 지적인 능력이 부족할 것이라는 추측을 전제로 하여 여성들에게는 학교 교육이 주어지지 않았다. 학교 교육 수혜에서 제외되었기 때문에 여타의 사회활동을 위한 기본 지식을 습득할 기회도 없었고 경제활동을 할 수 있는 능력도 갖추지 못했기 때문에 더욱 사회적으로 소외될 수밖에 없었다. 즉 여성에 대한 검증되지 않은 선입견들이 여성들의 삶에서 선택의 범위를 줄어들게 하고 사회적인 기여를 할 수 있는 가능성을 박탈했다고 할 수 있다.

다른 예를 들어보면 아프리카계 미국인의 경우를 들 수 있다. 아프리카계 미국인들은 오랜 세월 동안 미국 사회에서 백인과 같은 존재로 여겨지지 않았기 때문에 철저하게 분리되어져 있었다. 아프리카계 미국인들에게 공유되는 성향이 있다는 고정관념이 존재했고 이러한 고정관념은 이들이 백인에 비해서 지적으로 뒤떨어진다든지, 사회생활에 있어서 게으르다든지 하는 편견으로 발전되었다. 그래서 백인과의 분리정책이라는 차별이 정당화되었다. 학교 교육도 백인과 분리되어서 받았는데 백인들이 다니는 학교에는 많은 예산이 투여되어서 아프리카계 미국인이 다니는 학교보다는 시설도 좋고 많은 교육적 혜택을 받을 수 있는 반면 아프리카계 미국인의 경우에는 열악한 교육환경에서 공부해야 했고 교육의 질도 결코 동등하지 않았다.

그렇다면 이러한 차별은 무엇으로부터 출발하는가? 고정관념이 편견으로, 그리고 편견이 차별로 발전되었다면 고정관념은 어디에 근거를 둔 것일까? 고정관념의 첫 출발은 피부색 혹은 남녀의 생물학적 차이 등과 같은 근본적인 차이에서 출발한다. 그런데 이 차이가 고정관념, 편견으로 부정적인 고착화로 가는 과정에는 가치의 불평등이 존재한다. 즉 피부색이나 생물학적 차이와 같은 근본적인 것에 바탕을 둔 차이가 고유한 가치를 가지게 되며 이렇게 부여된 가치에 차별 사회는 우열을 부여한다. 즉 여성적인 가치들, 예를 들어서 사회가 여성들에게 부여한 여성적이라고 생각되어지는 가치들, 부드러움, 연약함, 조신함 등은 사회생활을 영위하는데 적절하지 않은 가치이며 가정생활을 위해서는 적절한 가치이지만 사회생활을 하는데 있어서는 열등한 가치라고 여겨진다. 반면 남성적인 가치들 예를 들어서 강인함, 공격성, 적극성 등의 가치는 사회생활하는 데 필요한 가치이며 여성적 가치보다 우월한 가치로 여겨진다. 심지어 여성적인 가치에 어울리는 가정생활은 남성적인 가치에 어울리는 사회생활보다 덜 중요한 가치로 여겨진다. 남성들의 군대 무용담은 남성들이 모인 곳에서는 빠지지 않는 중요한 일화이지만 군대 생활에서 여성적인 영역이라고 할 수 있는 취사병을 했던 남성은 덜 중요한 일을 한 군인으로 취급받을 수도 있다. 여성과 남성에 대한 차별의식의 출발은 여성적인 가치와 남성적인 가치의 불평등이다. 여성적인 것은 좋지 않고 남성적인 것은 좋은 것이라는 생각이 차별의 출발점이다. 그래서 사회생활에서 권위가 있고 중요하다고 인식되는 자리에는 남성적인 가치가 어울리고 여성적인 가치는 어울리지 않는다는 생각이 사회 전반의 남녀불평등을 가져온다.

흑백의 문제도 같은 맥락에서 이해할 수 있다. 아프리카계 미국인들의 피부색인 검은 색은 더럽고 추하고 게으르고 사회생활을 하는 데 적절하지 않은 가치이다. 검은 것은 흑마술(Black magic), 암시장(Black market), 가문의 골칫거리(Black sheep), 암흑시대 등 온갖 부정적인 것을 지칭하는 형용사로 사용되어 온 반면 백인들의 피부색인 흰색은 아름답고 깨끗하고 모두가 원하는 가치가 되었다. 이러한 가치의 불평등이 아프리카계 흑인들을 바라보는 사회의 시선이라고 인식했기 때문에 1950년대 말 흑인인권운동의 슬로건 중 하나는 "검은 것은 아름답다"였다. 흑인을 백인과 같이 일하게 해달라거나 혹은 같은 교육을 받게 해달라기보다 우리가 가진 가치가 결코 백인들의 가치에 비해서 열등하거나 부정적인 것이 아니고 오히려 우월한 가치를 내포하고 있음을 사회에 알리고 아프리카계 미국인들 스스로에게 인식시키기 위한 것이 바로 이 슬로건의 의미이다.

IV. 소수자 존중의 정당화

소수자들에 대한 차별과 사회적 배제는 소수자들에게 큰 억압이 되며 사회에도 부정적인 영향을 미친다. 이들에게 실업, 빈곤, 질병, 일탈 등의 사회문제가 집중되는 결과를 가져오며, 이것은 갈등의 심화와 사회 통합을 저해하게 된다.

1. 소수자의 인권

소수자에 대한 차별과 배제는 인권 차원에서 심각한 문제를 일으킨다. 인간은 누구나 자신이 갖는 속성에 관계없이 존중받아야 한다. 인간은 태어날 때부터 천부의 인권을 부여받은 존재라는 것은 근대가 시작되면서 인정받은 인간의 기본적인 권리이다. 인권은 인간으로서 태어난 이상 당연히 갖는 권리로서 인간다운 삶을 영위하기 위해서 인간의 성별, 종교, 피부색, 출신국, 장애 여부, 성적 지향 등에 관계없이 반드시 필요한 필수적인 권리이다. 인간다운 삶을 영위한다는 것은 생명을 유지하는 것뿐만이 아니라 인간의 존엄성을 유지할 수 있는 삶의 조건이 충족될 수 있도록 국가에 요구할 수 있는 권리까지를 포함하는 적극적인 개념이다. 인간이면 누구나 인간답게 살 권리를 가진다는 점에서 인권은 보편적인 개념이며 인간답게 살 권리를 요구하는 권리까지 포함한다는 점에서 인권은 국가권력의 정당성을 판단하는 기준이라고 할 수 있다. 근대 자유주의에서 생각하는 국가의 존재이유는 이러한 인권의 보호를 위해서이다. 소수자에 대한 편견과 차별, 그리고 가치의 불평등으로 소수에 대한 사회적 억압이 존재하는 데도 불구하고 국가가 적극적으로 이를 해소하기 위해서 노력하지 않는다면 이는 국가권력이 정당하지 않다는 것을 보여주는 증거가 될 것이다. 소수자의 인권 존중이라는 관점에서 소수자가 다수에 비해서 어떠한 신체적 특성을 갖고 있든지, 혹은 소수자가 심지어 그 국가의 국적을 가지지 않았다고 하더라도 국가는 적극적으로 그 소수자의 인권을 위해서 억압을 없애고 불평등한 대우를 고치기 위해서 노력해야 할 것이다.

2. 민주주의 다수결 원칙과 소수 의견의 존중

민주주의 사회에서 정책결정 과정에서 의견이 나누어질 때 토론 등의 절차로 만장일치를 이루어낼 수 없을 때 이용하는 의사결정의 차선책이 다수결의 원칙이다. 즉 민주주의 정책결정의 원칙은 반드시 토론이 전제된 다수결이다. 그렇기 때문에 토론과정에서 초기의 소수 의견도 얼마든지 다수의 지지를 받아 최종적으로 채택될 수도 있다. 그러나 오늘날의 민주주의 제도는 의회 내에서 다수의 횡포라고 일컬어지듯이 토론과 같은 절차는 생략 혹은 무시된 채 수적 대결만으로 결정되어서 소수의 의견은 전혀 존중받지 못하기 때문에 소수자에 대한 억압이 나타나게 된다. 민주주의의 다수결원칙이 건강하게 작동하기 위해서는 수적으로 결정되지 않는 전환의 가능성이 있어야 하며 이러한 전환의 가능성이 민주주의의 다수결을 다수의 횡포가 아닌 건전한 정책결정으로 받아들일 수 있게 한다. 특히 오늘날과 같이 복잡하고 다양한 이해관계가 존재하는 사회 속에서 소수자의 의견을 무시하고 다수라는 이유만으로 다수의 이익만을 대변한다면 민주주의는 전체주의로 전락할 위험을 충분히 내포하고 있다.

3. 사회의 통합과 갈등의 조정

사회가 복잡해지면서 다양한 집단이 한 사회 내에서 공존해가야 하는 오늘날의 사회 속에서는 더욱 소수자 의견의 존중은 그 사회의 존속을 위해서 필요하다. 사회속에서 소수자 집단이 소수라는 이유로 억압을 받고 실업에 시달리며, 사회적 편견으로 소외되고 때로는 정신질환자로 사회적으로 백안시되는 일이 지속적으로 발생한다면 이 소수자 집단은 그 사회에서 일탈하거나 혹은 폭동 소요와 같은 비인습적인 방법으로 사회를 바꾸려고 하거나 심하면 새로운 사회를 만들기 위한 혁명을 계획할 수도 있다. 이러한 사회 참여의 태도는 기존의 사회를 몹시 불안하게 만들고 통합을 해치며 사회의 잠재적 위협이 될 것이다. 유럽에서 21세기에 나타나고 있는 이민자 소요가 한 예가 될 것이다. 이민자 소요의 주체는 주로 이민자 2세로서 부모 세대와는 달리 그 사회에서 태어나고 자랐지만 외모는 부모세대와 마찬가지로 이주자의 모습을 하고 있기 때문에 사회적으로 소수자로 인식되어 억압과 불평등한 대우를 받아 왔다. 이것이 축적되어 심각한 소요로 나타난 것이다. 이러한 부정적인 전개가 사회를 위협하기 이전에 소수자의 사회 통합은 소수자의 인권 존중이라는 측면과 더불어 사회의 긍정적인 발전을 위해서도 반드시 필요한 것이다.

V. 정치적 소수에 대한 차별을 넘어서

그렇다면 소수의 평등을 위하여 어떻게 해야 할 것인가? 몇 가지를 제안할 수 있는데 첫째는 시민의식의 함양이고, 둘째는 제도 개혁으로 선거제도의 개혁 및 적극적 우대조치의 도입이다.

1. 시민의식의 함양

한국사회를 포함하여 오늘날의 사회는 세계화로 인하여 다양한 문화를 가진 집단들이 함께 어울려 살고 있으며 사회가 다양화하면서 여러 정체성이 다른 집단이 서로 얽혀살고 있다. 그렇기 때문에 사회 속에서 자신과 정체성이 다른 집단이나 피부색 혹은 문화, 종교, 성적 지향이 다른 집단과 함께 어울려 살아야 하는 것은 오늘날을 살고 있는 우리 모두의 과제이다. 소수자들은 사회 속 다수자와 마찬가지의 인권을 향유해야 하며 국가가 적극적으로 인권을 향유하도록 조치를 취해야 하는 대상이며 이들의 통합의 사회의 건전한 발전을 위해서 전제되는 조건이다. 이런 점에서 첫 번째로 중요한 것이 소수자의 인권 존중과 더불어 살아가는 사회라는 것에 대한 시민의식 함양이 무엇보다 전제되어야 한다. 인권의 발전과 전 세계적 인정이 하루 아침에 이루어진 것은 아니다. 인권은 근대민주주의가 시작되면서 이미 그 개념이 도입되었지만, 1948년 세계인권선언을 통하여 전세계인이 지켜야 할 보편적 질서로 인정되었다. 제2차 세계대전으로 인종에 의한 참살과 극단적인 인권의 침해를 목도하고 더 이상의 인권침해가 있어서는 안 된다는 자각이 세계인권선언을 낳게 한 배경이다. 오늘날 많은 지역에서 발생하고 있는 소수자에 대한 인권침해, 편견과 극심한 차별 등은 이제 시민의식의 함양을 통해서 우리 스스로 우리 안의 편견과 차별을 불식해야 함을 알려준다.

2. 제도의 개혁

소수자의 평등을 위해서 전세계적으로 많은 제도들이 고안되고 있다. 그 첫 번째는 적극적 우대조치(Affirmative Action)이다. 이는 미국사회에서 소수자에 대한 차별을 없애고 왜곡된 불평등을 시정하기 위한 조치로 채용, 승진, 훈련 등에 있어서 사회적으로 불평등한 대우를 받거나 접근에 어려움이 있다고 인정되는 집단에게 우선적 기회를 제공하는 정책이다.

적극적 조치의 필요성에 대한 개념

오랫동안 쇠사슬에 발목이 묶여 있던 사람을 풀어주고 이제 자유니까 달리기 경주를 하자고 하는 것은 언뜻 보기에는 공정한 것 같지만 사실상 불공정하다는 것이다.
여기서 족쇄를 풀어주는 것은 이른바 반차별 입법이나 정책이 될 수 있다. 그러나 족쇄에서 풀려났다고 해서 곧장 성한 사람과 달리기를 할 수 있는 것은 아니다. 만약 성한 사람과 달리기를 하려면 건강을 되찾고 운동도 해서 다른 사람과 동등한 입지에서 경주를 할 수 있도록 해준 다음 경주를 하는 것이 공정하다는 것이다.

　　　　　　　　　　　　　　　　　　　　－ 존슨대통령이 하버드대학 졸업식에서 연설한 내용 중에서 －

미국의 적극적 조치는 1941년 루즈벨트대통령 시절 인종에 근거한 고용차별을 금지하는 행정명령을 시작으로 지속적으로 발전하다가 고용차별과 관련하여 적극적 조치라는 용어가 처음 등장하는 것은 1961년 케네디대통령 시절이었다. 1964년 민권법 제7편이 통과되면서 인종·피부색·종교·성·국적 등에 근거한 차별금지가 명문화되었고, 특히 25명 이상을 고용하는 민간 및 공공사업장에서의 고용평등기회를 보장하기 위해 필요하다면 법원은 적극적 조치를 명령할 수 있도록 명기하였다. 이후 1965년 존슨대통령은 케네디 대통령의 행정명령을 보완한 행정명령(제11246호)을 공포하여 연방정부와 10,000달러 이상의 계약을 체결하는 사업자는 인종·피부·종교·국적 등에 의해 차별을 해서는 아니 되고, 이들이 신분에 상관없이 고용되고 처우받도록 적극적 행동을 취하도록 하였으며(이 조치는 우리나라에 『계약준수제』로

소개된 정책이다), 노동성 연방계약준수국에게 이 명령을 시행할 감독권한을 부여하였다. 한편 여성에 대한 차별금지와 고용기회 증진을 적극적 조치에 포함한 것은 1967년도이다. 적극적이라는 의미는 만일 채용에 있어 후보자의 조건이 동등하다면 여성 또는 소수민에게 우선권을 부여하자는 것이지 무자격자에게 부당하게 특혜를 베푸는 것을 뜻하는 것은 아니다. 이에 대하여 일부에서는 한정된 자원을 두고 경쟁을 벌이는 상황에서 여성과 소수민이 더 많은 몫을 차지하면 백인인 남성에게 돌아가는 몫이 줄어들 수 있으므로 백인 남성 등 다수집단에 대한 역차별 문제를 거론할 수도 있다. 그러나 역사적으로 오랜 차별관행으로 경제적 구조에서 불리한 입장에 있는 여성과 소수민에게 능력을 발휘할 수 있도록 문을 열어주는 것 역시 사회정의에 부합되는 정책이므로 이러한 과정에서 기득권자들의 이익이 감소하는 것은 전체사회가 얻는 이익(적극적 조치를 통하여 여성과 소수민이 제자리를 사회적 화합을 증진시키고 집단간 분쟁과 갈등이 줄어들어 사회적·경제적 효율성이 훨씬 증가)에 비한다면 역차별의 손실은 사회적으로 용인될 수준이라고 할 수 있다.

두 번째 제도로는 적극적 우대조치와 유사한 제도로 할당제가 있다. 적극적 우대조치가 조건이 같다면 사회적 소수자에게 기회를 우선적으로 부여하는 제도라면, 할당제는 소수자에게 일정 자리를 할당하는 것이다. 이에는 취업, 승진, 입학 혹은 선거에 사용되는 여성할당제, 지역할당제 등이 있다. 취업할당제의 경우 한국에서 사용한 적이 있는 여성채용목표제가 있다. 공무원 시험의 경우 합격자의 일정비율에 여성을 할당하는 것으로 시험성적으로 여성이 이 비율을 만족시키지 못했을 경우 하위순번으로 내려오면서 목표 비율을 달성할 때까지 여성을 더 채용하는 제도이다. 입학에 있어서는 지역할당제가 있는데 대학들이 입시에서 사용하고 있는 지역균등제도이다. 합격생의 일정비율에 지방학생을 선발하는 제도이다. 할당제가 가장 흔히 사용되고 있는 부분은 선거에서의 여성할당제도이다. 선거에서 당선되는 일정비율을 여성에게 할당하는 제도로 우리나라에서 국회의원 비례 대표 정당명부에서 여성을 50% 할당하는 제도이다. 이러한 할당제는 최근에는 기업 이사 비율에서 여성을 일정비율 할당하도록 하거나 혹은 장애인 고용을 할당하는 등 많은 부분에서 활용되고 있다. 할당제 역시 적극적 우대조치와 마찬가지로 할당은 기회 평등에 어긋나기 때문에 차별을 금지하고 있는 헌법정신에 위배된다고 하여 위헌소송의 대상이 되기도 하며 오히려 집단 간에 사회적 반목을 야기한다는 주장이 나오고 있다. 또한 절차적 민주주의를 무시하여 사회의 다른 제도들과 마찰을 일으킨다는 비판도 있다. 그러나 할당제를 주장하는 사람들은 할당제가 원하는 평등은 결과의 평등으로 결과적으로 평등하지 않은 상황에서 기회의 평등은 허구일 가능성이 높다는 주장을 펴고 있으며 대부분의 할당제는 한시적 조치로서 지나친 불평등 및 차별이 사라질 때까지 일시적으로만 사용하기 때문에 부작용을 최소화할 수 있다는 주장을 펴기도 한다. 여성할당제의 경우에는 우리나라와 같이 정당명부에서 할당을 법으로 규정한 경우도 있고 국회의 일정의석을 여성에게 보장하는 여성의석유보제, 그리고 법이 아니라 정당의 당헌으로 여성할당제를 추진하는 등 다양한 제도들이 전세계적으로 사용되고 있다.

마지막으로 소수자들을 위한 제도에는 선거제도로서 비례대표제도가 있다. 선거제도는 다수대표제와 비례대표제로 나누어지는데, 다수대표제는 한 선거구에서 가장 지지를 많이 받은 후보를 당선시키는 제도이고 비례대표제는 의회를 각 지지집단의 비례에 따라 구성하는 제도이다. 전자는 다수에게 유리한 제도이고, 후자는 소수에게 유리한 제도이다. 그래서 다양한 민족이 함께 살고 있어서 다수에 의한 통치를 하게 되면 국가가 분리될 위험이 있는 국가에서는 소수민족 및 소수집단을 보호하기 위해서 비례대표제를 사용하고 있다. 한국의 경우에는 기본적으로 다수대표제이지만 국회의원 300명 중 54명을 비례대표제로 뽑아서 일부 소수자의 의회 진출을 용이하게 돕고 있다. 비례대표제를 위해서 정당들이 명부를 구성할 때에는 여성, 장애인, 이주민 등 사회의 다양한 소수집단의 의견이 반영되도록 구성하여 그 제도의 본래 의의를 이루려고 노력하고 있다. 그러나 300명 중 54명으로 전체 의석의 18%밖에 되지 않는다. 소수집단을 보호하고 정치적으로 이들의 의견이 반영되도록 하기 위해서는 비례의석의 확대가 필요하다.

VI. 맺음말

현대 사회가 다양화되고 정치공동체 안에 다양한 집단들이 공존하면서 비교적 수적 규모가 적은 소수공동체나 정치적으로 영향력이 적은 정치적 소수공동체들이 나타나게 된다. 그들 중에는 장애인도 있고, 청소년도 있으며 이주자들도 있다. 정치적 결정의 방법이 다수결에 의한 결정이며 정치적 결정을 하는 국회의원들의 선출 방식 역시 다수의 지지를 바탕으로 한 것이다보니 소수는 수적으로 소수이든 정치적으로 소수이든 그 영향력이 적을 수밖에 없고 정치에서 관심을 덜 가질 수밖에 없다. 그러나 이러한 소수들도 역시 그 정치공동체의 구성원으로서 다른 구성원과 마찬가지의 인권을 향유해야 한다는 당위론적인 근거뿐만이 아니라 현실적으로도 소수집단의 소외 및 차별이 낳는 정치적 갈등이 정치공동체를 위협할 수도 있음을 오늘날 목도하게 되면서 소수의 정치적 통합은 오늘날의 모든 정치공동체가 반드시 이루어야 하는 중요 과제이다. 오늘날의 민주주의는 오랜 기간 동안 이러한 소수의 정치적 통합의 확대를 통해서 이루어졌다. 그럼에도 아직까지도 많은 국가들에서는 이러한 과제를 남기고 있다. 이 과제를 풀기를 위해서는 우선 구성원들 사이의 시민의식의 함양을 통한 보다 성숙한 통합사회를 이루어야 하며 제도개선을 통해서 소수들의 통합이 원활히 이루어질 수 있는 방법이 강구되어야 할 것이다.

1. 현재 한국 사회 내에서 소수자들은 어떤 집단일까? 또 이들은 어떤 차별대우를 받고 있을까?

2. 영화 "미시시피 버닝"(1988년 작품, 알랜 파커 감독, 진해커만, 윌리엄 데포 주연. 아카데미 최우수 작품상 수상작품)을 함께 보고 살인사건의 진범과 공범은 누구일까? 미국 흑인에 대한 차별의 근원은 어디에 있을까?

3. 한국 사회에서 소수자 집단의 평등을 위해서 고쳐야 할 법제도가 있다면 어떤 것이 있을까?

글로벌 정치와 세계시민

15

Ⅰ. 머리말: 지구촌에서 살고 있는 우리

우리는 어린시절부터 지구촌(Global Village)의 곳곳과 연결되어 살아왔다. 오늘날 글로벌 정치의 화두는 글로벌라이제이션(Globalization)이다. 우리는 콜라와 햄버거를 먹고, 중국산 전자제품을 사용하면서 살고 있다. 콜라의 원료가 되는 콜라나무, 설탕, 캐러멜 등은 남아메리카 등의 농장에서 재배되고, 본사는 미국에 있으며, 세계 각 지역에 공장이 있어서 현지에서 노동자를 고용하여 제품을 생산, 유통, 판매하고 있다. 현대의 대부분의 생활필수품에서 항공기와 같은 중장비까지 모든 상품이 지구촌 차원의 다양한 부문과 기업활동에 의하여 생산, 유통, 판매, 소비되고 있다. 미국의 CNN과 같은 미디어나 페이스북, 카카오톡과 같은 소셜네트워크서비스(SNS)를 통하여 지구촌 곳곳과 실시간으로 소통할 수가 있다.

2008년 미국의 금융위기는 미국의 부동산투자회사들의 부도로 시작되어 지구

15장 글로벌 정치와 세계시민

촌 전체의 경제뿐만이 아니라 정치, 사회문화에도 영향을 미쳤다. 미국의 부동산투자회사에 투자를 한 다국적 금융회사들이 타격을 입으면서 지구촌 전체의 실물 경제 침체로 이어졌다. 당시 미국의 부동산시장에 따라서 각국의 주식시장은 요동쳤다.

이와 같이 우리가 살고 있는 지구촌은 상호 밀접하게 연관되어 있다는 것을 피부로 느낄 수 있다. 국내정치의 문제가 글로벌 이슈화가 되고, 글로벌 이슈가 국내정치에 영향을 미치는 연계현상이 더욱 증가하고 있다. 국제정치는 유럽의 1648년의 베스트팔렌조약에서부터 출발한다. 그러나 냉전이 종식되면서 세계 노동 시장의 변화를 가져온 이주민, 초국가적인 관광객의 증가, 또 미디어를 통한 이문화 체험의 증가, 그리고 국가간 문화 교류의 확대가 우리가 지구촌에 살고 있다는 것을 느끼게 하고 있다. 글로벌정치를 이해하기 위해서는 우리가 지구촌에 살고 있는 세계시민(Global Citizenship)이라는 의식을 바탕으로 지구촌 문제에 대하여 공부하려는 노력이 필요한 것이다.

본 장에서는 글로벌라이제이션과 파편화(Fragmentation), 그리고 정보혁명이 동시에 진행되는 지구촌에서 글로벌 정치의 개념을 이해한다. 글로벌 정치에서 주권국가라는 전통적 행위자와 더불어 미디어, 다국적기업, 테러조직 등 횡국가적 행위자의 활동이 증가하고 있다. 지구촌 사회의 복잡한 문제에 대하여 다양한 행위자들이 참여하는 공동의 관리라는 의미에서 글로벌 거버넌스의 가능성이 있는지 공부할 필요성이 있다. 이를 바탕으로 세계시민의 관점에서 좀 더 아름다운 지구촌을 목표로 하는 정치적 공동체를 향한 정치문화를 탐구하도록 한다. 더 아름다운 지구촌으로 나아가는 방안으로 동아시아 공동의 집의 가능성과 한반도 남북 공존과 화해의 가능성을 탐색하도록 하도록 한다.

Ⅱ. 글로벌정치란 무엇인가?

국민국가를 넘어서는 정치에 대하여, 학문적으로 국제정치, 국제관계, 세계정치, 지구촌정치, 글로벌정치라는 개념이 발전해 왔다. 국제정치(Inter-national 혹은 Inter-governmental Politics)는 국가와 국가 사이의 정치, 즉 국가간 정치관계를 의미한다. 국제정치는 행위자 측면에서 국민국가의 정부가 중심이 되고, 관심영역으로는 정치와 군사, 외교안보 등의 상위정치(High Politics)에 중점을 두고 있다.

이를 확장한 개념으로는 국제관계(International Relations)가 있다. 국제관계는 국가 사이의 상위정치와 더불어 경제와 무역, 금융 등 하위정치(Low Politics)의 상호관계를 포괄하는 개념이다. 국제관계는 행위자의 측면에서 국가와 비국가행위자가 있고, 관심영역은 경제, 무역과 금융, 문화, 환경 등으로 확장되어 있다. 그리고 국제관계의 다양한 비국가행위자로는 다국적기업, 국제기구, 비정부기구 등이 있다.

여기에 더 나아가 세계정치(World Politics)가 있다. 1970년대부터 미국학자들이 사용하면서 개념화되었다. 세계정치는 국민국가 중심의 국가간의 관계를 넘어서, 지구적 차원에 전개되는 다양한 정치 현상에 관심을 두고 있다. 세계정치는 국민국가와 더불어 횡국가적 행위자(Transnational Actor)의 더욱 다양하고 복잡화되는 정치 활동을 분석하고 있다. 세계정치는 크게 두 가지 영역을 포함하는 경향이 있는데, 하나는 거시적 안목에서 세계정치의 변화를 다루는 경향이 있고, 또 다른 하나는 횡국가적 관계(Transnational Relations)를 다루는 경향이 있다.

최근 글로벌라이제이션과 정보통신혁명으로 지구촌 일체화와 동시에 파편화가 더욱 심화되는 지구적 현상을 반영하여 글로벌정치(Global Politics)라는 개념으로 발전하고 있다. 즉 현대의 지구촌 사회가 다양한 행위자와 다양한 문제영역에 관심을 두고 있다는 점에서 이 책에서는 글로벌정치에 중점을 두고자 한다.

이과 같이 학문적으로 국제정치, 국제관계, 세계정치, 지구촌정치, 글로벌정치를 개념적으로 구별할 수가 있지만, 현실정치와 학문의 영역에서는 실제로 이러한 개념을 혼용해서 사용하는 경우가 일반적이므로, 문맥에 따라서 관련 개념을 이해할 필요가 있다.

III. 주권국가와 글로벌 거버넌스

1. 전통적 행위자로서 주권국가는 쇠퇴하는가?

1648년 베스트팔렌조약 이후, 국내정치와 글로벌정치의 행위의 중심은 주권국가였다. 베스트팔렌조약으로 30년 전쟁은 종결되었으며, 유럽에서 교황과 신성로마제국을 중심으로 하는 종교정치의 시대를 마감하고, 영토와 민족을 중심으로 주권국가중심의 새로운 정치의 시대를 맞이하게 된 것이다. 물론 당시 유럽 이외에 대부분의 지역에서 봉건적 질서는 지속되었고, 유럽의 침략과 지배에 따른 유럽정치의 확장에 따라서 주권국가간 국제질서에 편입되었다. 동아시아와 한반도 역시 제국주의 열강의 침략에 따라서 베스트팔렌체제에 편입되었다. 주권국가는 국제정치의 주역이었고, 국제관계는 국가간의 협력과 갈등, 전쟁과 평화의 상호작용이 핵심이었다.

지난 수백년 동안 글로벌라이제이션과 정보화가 지속적으로 진행되었고, 특히 탈냉전 이후 이러한 지구적 현상이 가속화되는 시대를 맞이하고 있다. 글로벌정치는 경제, 기술, 환경, 인구와 같은 사회변혁에 따라서 재편성되고 있으며, 다양한 종류의 비국가행위자들(Non-State Actors)이 글로벌정치의 행위자로 부각되고 있다. 따라서 이들 행위자들은 국가의 주권을 침식하면서, 국가를 넘거나 횡단하여(transnational) 글로벌정치에 참여하고 있다. 국제기구, 다국적기업, 미디어, 비정부기구, 개인, 종교단체, 심지어 테러단체까지도 글로벌정치의 행위자로 참여하고 있다. 또한 정부간 국제기구, 지방자치단체의 연합, 국경지역의 경제통합기구와 같이 국가주권의 일부를 위임받은 다양한 행위자들도 등장하고 있다. 이와 더불어 지역통합현상으로 유럽연합(EU), 북미자유무역협정(NAFTA), 동남아국가연합(ASEAN) 등과 같은 지역통합현상도 국가의 주권을 침식하는 요인이 되고 있다.

이러한 글로벌 질서의 변화에 따라서 일부 학자들은 횡국가적 행위자의 영향력이 강화되면서 국가의 주권이 약화되고 있다고 주장하고 있다. 이와 동시에 일부

학자들은 비록 국가의 주권이 과거에 비하여 약화되었지만, 글로벌정치는 여전히 국가중심으로 구성되어 있고, 민족주의의 강화, 테러에 대한 대응, 소수민족분쟁, 영토분쟁 등 상위정치를 중심으로 하는 핵심쟁점은 여전히 국가 간의 결정에 의존한다고 주장하고 있다. 따라서 글로벌정치에서 국민국가의 주권이 강화되고 지속될 것인지 혹은 다양한 횡국가적 행위자들에 의하여 국가주권이 침식될 것인지는 주요 논쟁이 되고 있다.

2. '새로운 중세체제'가 등장할 것인가

탈냉전 이후 주권국가의 강력한 통제력이 약화되면서 소련, 유고슬라비아의 붕괴, 그리고 2010년 재스민 혁명 이후 북아프리카 및 중동국가의 붕괴에 따른 국가의 파편화가 심화되고 있다. 즉 지구촌에서는 글로벌라이제이션과 파편화가 동시에 진행되면서 횡국가적 행위자의 활동이 더욱 증가하고 있는 것이다. 심지어 중국, 캐나다, 영국 등에서도 소수민족의 자치의 강화 및 분리독립운동과 같은 민족주의가 열풍을 불고 있고, 이는 주변국가의 안정까지도 불안하게 하고 있다. 이에 따라서 주권국가의 영향력은 감소되고 있다는 주장이 있다.

이러한 글로벌정치의 재편에 대하여 '새로운 중세체제(Neo-Medieval System)'가 등장하고 있다고 분석하는 학자들도 있다.[1] 유럽 중세체제의 정치는 신성로마제국과 교황이라는 초국가적 정치단위, 군주가 지배하는 국가 수준의 정치단위, 그리고 무역을 중심으로 성장하는 자유도시의 영주 수준의 정치단위 등으로 구성되어 있었다. 중세유럽의 국제정치체제는 복합적·다원적·중층적으로 권력구조가 분점되어 있었다. 오늘날의 글로벌정치에서도 UN과 EU와 같은 초국가적 정치단위가 있고, 아프리카 연합(African Union)과 아랍동맹체(Arab League)와 같은 지역통합현상이 진행되고 있다. 이와 더불어 타이완, 팔레스타인, 티베트, 빠스크 등와 같은 주권국가를 약화, 해체시키는 정치단위의 활동이 있고, 이와 더불어 지방자치단체의 글로벌

---

1 타나까 아끼히꼬(田中明彦) 저, 이웅현 역, 『새로운 중세(中世) — 21세기의 세계시스템』, 지정, 2000; 헤들리 불(Hedley Bull) 저, 진석용 역, 『무정부사회; 세계정치에서의 질서에 관한 연구』, 나남출판, 2012.

활동도 활발해지고 있다. 또한 다양한 다국적기업, 비정부국제기구 등 횡국가적 행위자들이 증가하고 있으며, 심지어 테러조직의 글로벌 네트워크에 의한 사적인 폭력이 부활하고 있다. 이러한 현상은 마치 유럽의 중세시대의 권력분점 체제와 유사하여, 현대의 글로벌정치가 "새로운 중세체제"로 복합적·중층적·다층적으로 이행될 가능성을 보여주는 것이다.

3. 지구촌에 대한 공동의 관리 방식으로서 '글로벌 거버넌스'

전통적으로 통치(govern)는 국가를 대표하는 정부(government)의 권한이었다. 그러나 현대정치가 더욱 복잡화하면서 정부가 모든 정치 현상을 지배, 통제, 관리한다는 것은 매우 어려운 과제가 되고 있다. 현대 민주주의 국가에서는 주권문제에 대하여 국가와 국민이 공동의 통치를 해야 한다는 거버넌스(governance, 協治) 개념이 확산되고 있다. 국가의 정치활동 중 하나인 공동의 통치를 위해서 국가와 국민 사이에 지방자치단체, 시민단체와 관변단체, 기업, 심지어 국제기구 및 국제적 비정부기구까지도 참여하는 복잡한 과정으로 변하고 있다.

전통적으로 글로벌정치는 국가간의 전쟁과 평화, 무역과 금융 문제를 중심으로 관심을 가졌는데, 현재 글로벌 정치는 비전통적인 다양한 문제들의 해결까지도 관심을 기울이고 있다. 비전통적인 이슈로는 에너지, 종교와 문화, 난민, 인권, 핵확산, 테러, 환경, 기아와 빈곤, 인신매매와 노예, 마약, 기후변화, 전염병, 해적, 기후변화 등 손에 꼽을 수 없을 만큼 다양하다.

이러한 비전통적 다양한 쟁점들은 주요 강대국의 합의만으로는 해결하기가 불가능해지고 있고, 지구촌의 문제점들은 전통적 개념의 국경을 넘어서, 가로지르는 방향으로 나아가고 있다. 이제는 지구촌에서 강대국만으로 해결할 수 없는 문제가 늘어나고, 사람들은 국가가 할 수 없는 일을 글로벌 시민사회가 공동으로 대응해야 한다는 인식이 확산되고 있다.

과거처럼 강대국 중심이나 몇 개의 국민국가의 합의와 절충만으로 글로벌 쟁점을 해결하는 것이 어려워지고 있고, 이에 따라서 다양한 행위자를 통한 공동의 통치와 관리를 해야 한다는 개념으로 발전하고 있다. 지구촌 사회의 복잡한 문제에 대하여, 다양한 행위자들이 공동으로 관리하는 방식을 글로벌 거버넌스(Global Governance, 全球治理)라고 한다. 글로벌 거버넌스에는 지구촌을 주권국가의 범위를 넘어서 UN을 중심으로 한 국제기구, 지방자치단체, NGO, 다국적기업, 종교단체 등의 다양한 행위자들이 공동으로 참여해서 공동의 관리를 해야 한다는 것을 의미한다. 이에 따라서 사람들은 국민국가를 넘어서 더 큰 차원의 지역공동체와 지구촌 공동체에 대한 의식과 교육이 필요로 하고, 지구촌 문제 해결을 위하여 다양한 행위자간의 상호 의존과 협력에 관심을 기울여야 한다. 또한 우리 한국의 근간이 되는 방어적 민족주의를 넘어서, 민족과 세계시민이라는 의식을 동시에 함양해야 한다. 즉 지구촌 차원에서 문제를 조명할 수 있는 글로벌 시민사회의 일원이라는 의식과 교육이 필요하다.

IV. 횡국가적 행위자의 증대

글로벌정치의 주요 행위자로는 전통적 행위자로서 국가와 비국가행위자로 구분할 수 있다. 최근 국가를 가로지며 횡단하는 행위자가 증대되고 있는데, 이들은 횡국가적 행위자(Transnational Actor)라고 한다. 횡국가적 행위자는 글로벌라이제이션과, 파편화, 그리고 정보혁명을 기반으로 글로벌 정치에서 영향력을 증대하고 있다. 국가와 같이 영토와 주권, 인구 등을 보유하고 있지는 않지만, 이들의 영향력은 증대되고 있다.

1. 국제기구

국제기구는 복수의 정부에 의하여 공식적인 조직과 규정을 가지고 있는 조직으로 정의할 수 있다. 국제기구는 정부간 기구를 의미했다. NGO의 활동범위가 한 국가를 넘어서고 있으며, 그들의 글로벌 연대와 네트워크가 활발해지면서, 국제비정부기구의 역할과 기능도 중대되고 있다. 정부와 비정부를 기준으로 세 가지 유형으로 국제기구를 분류할 수 있다. 정부간기구(IGO: Intergovernnmental Organization), 국제비정부기구(INGO: International Nongovernmental Organizaion), 그리고 혼합정부기구(Hybrid IGO)가 있다. 기능에 따라서, 지구촌의 전 영역을 다루는 일반 국제기구와 전문분야만 다루는 전문 국제기구가 있다. 또한 지역적으로 전세계를 범위로 하는 기구와 일정 지역을 범위로 하는 지역 국제기구가 있다.

1) 정부간기구

정부간기구는 정부를 구성원으로 하는 국제기구를 의미한다. 대표적인 정부간기구로는 유엔(UN: United Nations)으로 가장 권위있는 국제기구이다. 그 외에 경제협력을 추구하는 전문 국제기구로는 아시아태평양경제협력체(APEC), 국제통화기금(IMF), 세계무역기구(WTO), 경제협력개발기구(OECD), 아세안경제공동체(AEC: ASEAN Economic Community) 등이 있다. 정치, 군사, 경제, 사회문화 등 전분야에 걸쳐 협력과 대화를 추구하는 지역기구로는 동남아국가연합(ASEAN), 유럽연합(EU), 아프리카연합(AU), 미주연합(OAS) 등이 있다. 유럽연합은 초기에는 정부간기구로 시작되었지만, 현재는 스스로 정책을 결정하고 회원국을 규제하는 횡국가적 연합체가 되었다.

2) 국제비정부기구

국제비정부기구는 비정부기구(NGO)를 가입대상으로 하며 다수의 국가에서 활동을 하고 있다. 한 국가 내에서 활동하는 비정부기구의 경우에도 연대의 방식으로, 한 국가를 넘어서서 국제비정부기구와 협력하여 활동하는 경우가 증가하고 있다.

국제비정부기구의 활동은 인도적 활동과 선전활동으로 구분된다. 먼저 인도적 활동은 빈민구제, 빈곤퇴치, 난민보호, 의료, 보건, 교육 등의 영역에서 직접적으로 도움이 필요한 지역과 주민들을 돕는 활동을 의미한다. 여기에는 옥스팜, 국제적십자사, 국경없는 의사회(MSF: Medecins Sans Frontieres, Doctors without Borders) 등이 있다. 그리고 선전활동은 일정한 이슈에 대하여 선전과 홍보, 인식전황의 운동을 지속적으로 전개하는 활동을 하며, 더 나아가 인권, 열대우림 보호, 지뢰금지, 평화, 기후변화 대책 마련, 세계화 반대 운동, 안보와 군축 등으로 관심의 영역이 확대되고 있다. 최근에는 선전활동을 하는 국제비정부기구가 더욱 증가하고 있다. 여기에는 그린피스(Greenpeace), 국제사면위원회(Amnesty International) 등이 있다.[2]

3) 하이브리드 국제기구

혼합국제기구(Hybrid International Organization)는 국가와 비정부기구가 함께 참여하는 국제기구를 의미한다. 국제노동기구(ILO), 국제항공운송협회(IATA: International Air Transport Association) 등이 있다.[3]

2. 다국적기업

다국적기업(Multinational Corporation, Multinational Enterprise)은 국가의 국경을 넘어 복수의 국가에서 생산, 유통, 판매를 하는 민간기업으로 정의하며, 초국적기업, 횡국가적 기업(Translational Corporation), 세계기업(World Enterprise)이라고도 한다. 다국적기업은 모기업의 본부는 모국에 두면서 세계 곳곳에 자회사와 지사, 유통망과 생산공장 등을 두고 생산과 판매활동을 한다. 다국적기업은 소유형태에서도 여러 나라에서 주식을 발행하고, 또한 국경을 초월하여 이윤을 추구하고 있다. 우리가 일상적으로 마주하는 삼성전자, 현대자동차, 마이크로 소프트(MS), 맥도날드, 스타벅스, 아마존쇼핑몰(AMAZON) 등이 있다.

삼성과 같은 기업의 경제능력은 소국의 경제능력을 능가하고 있다. 이에 따라서 다국적기업은 글로벌정치에도 막대한 영향력을 행사하며, 다국적기업의 활동은 국가주권과 충돌하는 경우가 발생되고 있다. 특히 개발도상국에서 국가의 경제, 사회적 정책을 둘러싸고, 국가와 다국적기업이 갈등과 분쟁을 벌이는 경우가 적지 않다.

---

2 안문석, 『글로벌정치의 이해』, 파주: 한울, 2014.
3 안문석, 『글로벌정치의 이해』, 파주: 한울, 2014.

3. 미디어

글로벌 미디어는 지구촌의 상호 교류를 증진시키고 지구촌 사람들의 일상에까지 파고 들고 있다. 미디어는 국내정치뿐만 아니라 글로벌정치에도 막대한 영향력을 미치고 있다. 매스미디어, 인터넷, SNS의 발전은 지구촌 문화를 융합하는 하나의 원동력이 되고 있다. 20세기 후반, 본격화한 미디어의 글로벌라이제이션은 특히 텔레비전의 세계화 과정은 초국적 자본의 흐름과 새로운 커뮤니케이션 기술에 의해 더욱 가속화되었고, 21세기에는 디지털 기술 발달과 타매체간 서비스 융합(convergence) 방식으로 그 세력이 이전보다 더욱 확장되고 있는 것이다.[4] 이러한 미디어는 중앙정부, 국제기구, 다국적기업 등을 감시하고, 민주화 운동을 확산시키는 기능이 있는 반면, 테러조직 등도 미디어를 적극 활용하여 세력을 확장하고 있다.

글로벌 미디어로는 미국의 AP, UPI, 생방송뉴스전문 CNN, 영국의 로이터 (Reuter), 그리고 프랑스의 AFP, 중국의 중앙방송(CCTV) 국제, 일본 NHK 국제, 카타르의 알자지라 월드(Aljazeera) 등이 있다. 이상과 같이 정부나 다국적 대기업이 운영하는 대규모 미디어의 영향력이 강화되는 현상과 동시에, 소규모 탐사보도전문 미디어 및 해커조직의 글로벌 네트워크도 역시 인터넷을 활용하여 글로벌정치에 영향을 미치고 있다. 이들은 주로 비공식·비합법적인 해킹의 방식으로 정부, 국제기구, 종교단체, 다국적기업 등의 비리와 정보를 수집하여 인터넷을 통하여 정보를 확산시키고 있다. 대표적으로 위키리크스(Wikileaks), 어나니머스(Anonymous) 등이 있다. 어나니머스는 사이버 검열과 감시 반대운동을 하고 있으며, 이들 조직은 인터넷을 매개로 활동공간과 내용이 매우 변동적이고 비공식적이며 느슨하고 분산된 명령 체계를 가지고 있다.

이와 더불어 카카오톡, 페이스북, 유튜브(YouTube) 등 소셜 네트워크서비스 (SNS)를 통한 세계시민들 사이에 상호 소통하며 정보를 공유·확산할 수 있는 시대에 살고 있다. 독재국가들은 미디어 통제가 매우 강력한데, 최근의 SNS를 통한 정

---

4 최은경, 글로벌 미디어와 문화 경계, 커뮤니케이션북스, 2014.

보혁명은 국내정치의 민주화와 더불어 글로벌정치에도 영향을 미치고 있다. 대표적인 사례로는 2010년 북아프리카와 중동의 재스민 혁명은 SNS을 통하여 확산되었다. 이는 튀니지의 독재정부의 타도를 시작으로, 인접 이집트를 비롯해 알제리·예멘·요르단·시리아·이라크 등으로 민주화 운동이 확산되었다. 또한 2000년대 초부터 한류가 세계화하였는데, 이러한 미디어와 SNS는 중요한 역할을 하였다.

4. 지방자치단체

글로벌라이제이션과 더불어 파편화와 지방화가 동시에 진행되면서, 글로컬라이제이션이라는 개념이 확산되고 있다. '글로컬라이제이션(glocalization)'이란 지구화를 의미하는 글로벌라이제이션(globalization)과 지역화를 의미하는 로컬라이제이션(localization)의 합성어이다. 냉전 이후 글로벌정치는 통합적이면서도 세계화되는 동시에 분열적이고 지방화되는 역동성의 방향을 표출하고 있다. 지방자치단체라는 지리적 특성을 바탕으로 대외정책을 설정하고 글로벌정치에 참여하고 있다. 여기서 지방자치단체는 지방정부, 준중앙행위자(準中央行爲者) 혹은 준국가정부(quasi-government) 등으로 불리고 있고, 지방자치단체의 글로벌 활동은 지방외교(Local Diplomacy), 도시외교(City Diplomacy) 등으로 불리고 있다. 지방자치단체의 글로벌 활동은 하위정치(Low Politics) 영역의 경제협력, 스포츠, 이민, 환경, 인권, 인구, 빈곤, 문화, 교육 등의 분야를 중심으로 하고 있다.

그리고 지방자치단체의 국제기구로는 세계지방정부연합(UCLG: United Cities and Local Governments)이 있는데, 이 기구는 헌법을 제정하고 있으며, 정당이나 종교단체와 연합을 하지 않는 비영리 국제기구이다. 이외에도 세계대도시권협회(METROPOLIS), 유럽지방자치단체협의회(CEMR: The Council of European Municipalities and Regions), 동북아지방자치단체연합(NEAR: The Association of North East Asia Regional Governments) 등이 있다.

지방자치단체 연합의 글로벌 활동은 유럽에서 조금 더 발달되어 있고, 지방분권, 인권, 민주주의 등 지구촌의 보편적인 가치와 이념을 중시하는 단계로 발전하고 있다. 이에 비하여, 동아시아의 지방자치단체의 연합의 경우 경제협력, 국제결혼, 유학, 산업연수 등과 같은 실용적인 분야를 중심으로 발전하는 단계에 있다.

5. 종교단체

종교단체는 지구촌의 화합과 평화에 공헌함과 동시에 천주교, 불교, 이슬람교 등은 지구적인 네트워크를 형성하며 글로벌정치에 영향을 끼치고 있다. 예를 들어, 천주교의 경우, 바티칸에 있는 교황을 지도자로 선출하면서도, 많은 국가와 지역에 조직을 두고 있는데, 역사적으로도 국가를 넘어선 글로벌정치의 주요 행위자이다. 일반적으로 종교를 세속적으로 설명한다면, 지구촌의 평화와 안정을 위하여 존재하며 다원적 상호 존중을 통하여 인간을 평온하게 한다고 할 수 있다.

그러나 역사적으로 종교는 30년 전쟁, 십자군전쟁과 같은 글로벌 분쟁의 주요 원인이 되었다. 나아가 종교집단의 배타성은 분쟁 혹은 급진화되는 경향이 있고, 심지어 테러조직과의 연계 등으로 종교가 추구하는 본질적인 목적에서 벗어나면서, 갈등과 분쟁의 원인이 되기도 하고 있다. 일부 종교는 절대적 진리를 강조하며, 자신들 이외의 종교, 정치, 사회 등에 대하여 철저히 배타적인 근본주의(Fundamentalism) 운동과 정치활동을 하고 있다. 또한 종교적 근본주의는 보수적 정치운동이나 민족문제, 민족주의와 결합하여, 급진화하기도 하고 있다. 종교적 근본주의자들은 성서나 코란과 같은 경전의 신화적 성격을 부정하고 더불어 왜곡해석하며, 인종적 우월감, 복수심 등에 기반하여 다른 종교나 종파에 대하여 배척하고 있다. 때문에 종교는 민족과 종족문제에 결부되어 분쟁이 확산되는 경향이 있다. 대표적으로 태국 남부의 이슬람 문제, 나이지리아 종교분쟁(기독교, 이슬람), 북아일랜드 문제, 동티모르 분쟁, 코소보 분쟁 등이 있다.

6. 테러조직

2001년 미국에서 발생한 9.11테러사건 이후, 테러조직은 횡국가적 행위자로 부각되고 있다. 2004년 유엔은 테러를 '일반 대중이나 일정한 집단을 공포 상태를 유발하기 위하거나 사람들을 위협하거나, 정부와 국제기구에게 어떤 행동을 취하거나 하지 못하도록 압박하기 위하여, 죽음, 부상, 인질의 목적을 가지고 실행하는 범죄'로 규정하고 있다.

그러나 글로벌라이제이션과 정보혁명의 영향으로 현대의 테러조직도 글로벌 네트워크를 구축하면서, 테러조직은 종족과 민족, 종교와 이데올로기 등과 결부되어 조직이 형성, 확대되는 경우도 있다. 첫째, 최근의 테러는 지구촌 곳곳에서 동시다발적인 방식으로 발생하고 있다. 둘째, 과거에는 작은 규모의 경고성 테러가 많았지만, 현대의 테러는 국경과 경계를 넘어 무차별적으로 많은 사람을 살상하면서 공포감을 극대화하는 방식으로 변환되고 있다. 셋째, 테러의 배후정체를 찾기가 어렵다. 넷째, 테러의 수단이 매우 첨단화되고 있다. 다섯째, 테러단체 간의 협력이 강화되고 있다. 첨단통신수단을 활용하여 테러조직 간의 유렵와 협력을 강화하면서, 테러조직이 글로벌 네트워크화하는 경향이 있다. 여섯째, 테러조직은 지켜야 할 국민과 재산이 없다. 국민국가가 국민의 안정을 보장할 책임이 있는 것과는 대조적이다. 일곱째, 테러조직이 NGO, 다국적기업, 혹은 종교단체로 위장하는 경우도 많다. SNS 등을 통하여 사회 깊숙이 파고들고 있다.[5] 또한 글로벌 테러조직은 점점 더 정교해지고, 대규모화되는 경향이 있다. 따라서 글로벌정치에 미치는 부정적인 영향이 확대되고 있다. 대표적인 테러조직과 활동으로는 아프가니스탄과 파키스탄 등에서 활동하는 알카에다(Al-Qaeda), 나이지리아의 보코하람(Boko Haram), 소말리아해협과 말라카해협 등 해적, 이라크와 시리아의 영토의 일부를 점유하고 칼리프국가를 지향하고 있는 이슬람국가(IS) 등이 있다.

또한 중동과 북아프리카에서 종교적 급진주의와 테러리즘 등 다양한 문제들이 복잡하게 결합되면서, 글로벌정치의 주요 쟁점으로 이슬람국가(IS: Islamic State)가 부각되고 있다. 이슬람국가는 2003년 국제 테러조직 알카에다의 이라크 하부조직으로 출발하여, 이슬람 급진 수니파 과격 무장테러조직으로 2006년 결성되었다. 민주화

---

5 안문석, 『글로벌정치의 이해』, 파주: 한울, 2014; 유현석, 『국제정세의 이해』, 파울: 한울, 2014.

를 향한 재스민 혁명의 혼란 속에서 조직은 성장하였고, 2011년 시리아 내전이 발발하자 거점을 시리아 락까에 본부를 옮겼다.

IS는 이전의 무장단체나 테러조직들과 비교하기 어려울 정도로 위협적이며, 글로벌 네트워크를 구축하고 있다. 그리고 SNS 등을 이용하여 잔혹한 처형장면 등의 영상을 방영하며 극도의 공포감을 조장하기도 하고, 조직원들이 이슬람지역을 넘어서 전세계 젊은이들을 모집하고 있는데, 여기에는 미국, 유럽, 호주, 구 소련지역 등뿐만이 아니라, 우리나라의 젊은이도 가담하고 있다.

7. 소수민족

국가중심으로 국경과 경계가 결정되면서, 역사, 언어와 문화를 공유하는 국가 내의 소수자 집단문제가 발생하고, 이들은 정치결사체를 조직했다. 국가의 권력을 장악한 종족과 피지배 종족 사이에 원만한 권력의 공유와 경제가 이루어진다면 평화로운 공존이 가능하지만, 많은 국가에서 종족갈등이 정치화되고, 이러한 문제는 민족주의, 종족주의라는 민족분쟁으로 표출되고 있다. 소수민족 정치단체들은 독립이나 자치강화를 목적으로 하면서 중앙정부와 극한 갈등을 빚고 있다. 소수민족 정치단체들은 글로벌 여론을 향한 호소, 다른 국가에 흩어져 사는 해외동포를 기반으로 하는 경제적 협력과 원조, 정규군 혹은 테러를 이용한 군사적 무력사용, 강대국 혹은 주변국가와의 외교를 통한 협력 등 다양한 방법을 통하여 정치력을 발휘하고 있다. 각국 소수민족의 지역은 적은 인구에 비하여 방대한 영토에 분포되어 살고 있으며, 또한 풍부한 자원이 매장되고 있는 경우가 적지 않다. 소수민족문제가 민족주의와 종교, 자원, 주변국과의 관계 등과 결부되어 글로벌 분쟁화되는 사례도 적지 않다.

대표적인 사례로는 이스라엘과 팔레스타인, 카슈미르 분쟁, 중국의 티베트, 몽골과 신장(新疆) 위그로족, 중국 남부·베트남 북부·라오스 북부·태국 등에 거주하는 몽족, 동유럽의 집시, 영국과 아일랜드민족, 스페인·프랑스의 바스크족, 러시아의 체첸, 르완다사태, 구 소련과 구 유고슬라비아의 분열과정과 새로운 국가건설 등이 있다.

　쿠르드 민족은 터키·시리아·이라크·이란·아르메니아·아제르바이젠 등 국경지대 53만㎢를 중심으로 3천만명 정도가 분산되어 살고 있다. 쿠르드족이 거주하는 지역은 산악지역이 많고 주변국과 강대국들은 갈등에도 불구하고 쿠르드의 독립과 자치를 방해하고 있다. 이러한 운명에 대하여 쿠르드족 스스로는 "쿠르드족에게는 친구는 없고 산만 있다"라고 자조하고 있다. 쿠르드족 다수는 이슬람 수니파를 믿으며, 쿠르드어를 사용하고 있다. 역사적으로 페르시아, 아랍, 몽골, 오스만제국의 지배를 받았다. 제1차 세계대전 시기 영국, 제2차 대전 시기 미국 등 전승국에 협조했으나, 주변국과 유럽 열강의 이해관계에 따라서 독립을 달성하지 못했다. 이후 터키, 이라크, 이란에 거주하는 쿠르드족을 중심으로 무장투쟁, 그리고 독립 및 자치운동이 지속되었다. 2003년 미국의 이라크 침공 당시 쿠르드족은 미국이 후세인 정권을 타도하는데 협조하며, 미군점령 이후 쿠르드 자치정부를 인정받았다. 이에 따라서 인접한 터키와 이란 등의 정부는 쿠드르족의 독립과 자치강화를 향한 정치활동에 긴장을 하고 있다.

　티베트 민족문제의 경우도, 종교, 영토와 자원 등의 문제와 결부되어, 주변국뿐만 아니라 강대국 간의 관계, 그리고 글로벌정치의 쟁점으로도 등장하고 있다. 지도자 달라이 라마가 중국의 지배를 거부하며, 1959년 인도 북서부 다람살라로 이주하여 망명정부를 설립했다. 이 조직은 뉴욕, 런던, 도쿄, 타이베이 등에 대표사무소를 설치하고 있다. 망명정부의 티베트 독립운동은 불교 철학에 기반을 두고 비폭력적인 방법으로 진행되고 있어, 달라이 라마는 1989년 노벨평화상을 수상하면서, 지구촌 사회의 주목을 받고 있다.

V. 맺음말: 더욱 아름다운 지구촌을 향하여

1. 글로벌 정치문화의 진보를 위하여

지구촌은 국경기능의 저하, 주권의식의 약화, 글로벌정치와 국내정치의 경계의 애매모호화가 진행되고 있고, 글로벌정치는 인류의 진보의 더욱 높은 차원을 향해 나아가야 한다는 인식이 강조되고 있다. 그러나 여전히 오늘날 글로벌정치는 인간의 본성이 투영되어 대결과 갈등이 지배적이며, 인간의 선의에 바탕을 둔 이상주의적 진보의 측면은 강화되지도 않고 확대되지도 않으며, 그것을 수용하는 정도도 그렇게 깊지 않다.[6]

국내정치에서 있어서 어떤 문화와 사고를 갖느냐에 따라서 사회의 운명이 변화하듯이, 글로벌정치에서도 마찬가지이다. 예를 들어, 상대방에 대하여 적으로 인식하는지 혹은 친구로 인식하는지에 따라서 우리와 상대방의 관계는 변화할 수 있다.

첫째, 글로벌정치를 '만인에 대한 만인의 투쟁'으로 인식하는 홉스적 발상이 있다. '같은 하늘 아래에서 우리는 같이 살수 없다,' '이것이 아니면 저것이다'라는 정치문화가 있다. 이에 따르면 글로벌정치의 행위자 간의 승부를 결정짓기 위한 투쟁은 어떻게 상대방을 소멸시킬 것인가, 혹은 압도할 것이가의 문제에만 관심을 둔다. 실제로 글로벌정치의 역사에서 제국주의 열강의 시대, 냉전시대에 이러한 사고를 기반으로 했다. 이런 사고는 성악설을 원류로 해서, 인류사에서 인간의 야만성을 표출했었다. 최근 동아시아 각국에서도 많은 극우적 민족주의 정치인(쇼비니스트)이 선거를 통하여 인기를 얻고 정치력을 발휘하고 있다. 심지어 최근 중동지역에서는 이슬람국가와 같은 극단적인 세력이 확장하고 있다.

둘째, 경쟁의 정치문화가 있다. 이러한 정치문화에서는 행위자 간의 갈등과 협조가 공존하며, 베스트팔렌체제 이후 글로벌정치의 근간이 되어 왔다. 현재도 대부

---

6 왕이저우(王逸舟) 저, 박종철 역, 『글로벌 정치와 중국외교(全球政治与中国外交)』, 한울출판사, 2010.

분의 행위자 간의 행동양식의 근본이 되어 왔다. 상호작용을 기반하기 때문에, 인식에 따라서 적이 될 수도 있고, 친구가 될 수도 있다. 내가 상대방을 친구나 공존할 수 있는 이웃으로 간주하면, 상대방도 똑같은 반응을 보일 가능성이 크게 된다. 따라서 적극적 상호작용은 상호공존의 글로벌 질서를 만들어 낼 수 있지만, 적대적 상호작용은 갈등의 글로벌 질서를 만들어 낼 수 있다.

셋째, 칸트적 발상에 따른 글로벌정치에서 협력과 화해라는 정치문화가 있다. 이런 글로벌 정치문화는 '공통의 이익'과 '플러스섬(Plus-Sum)'의 결과를 중시하며, 협력의 가능성을 발굴하고, 갈등의 확장을 억제하는 '구존동이(求存同異)'를 추구한다. 우리는 지구촌이라는 한 배를 같이 타고 있다는 인식이다. 이것은 세계시민이 지향해야 하는, 가장 높은 수준의 글로벌 정치문화이다. 국가와 횡국가적 행위자들 사이의 상호 의견과 이익의 존경이 중요하다. 현재 지구촌에서는 유럽연합(EU) 정도에서만 이러한 글로벌 정치문화와 인식을 부분적으로 수용하고 있다.

유럽 각국도 다른 지역과 마찬가지로, 홉스적 발상에서 만인에 대한 만인의 투쟁이라는 정치문화를 바탕으로 수백년 동안 피비린내나는 전쟁을 치렀다. 제2차 세계대전이 종전을 했을 때만 해도, 피해자와 가해자 사이에 사죄와 용서, 그리고 화해와 치유의 과정이 있을 것이라고는 발상조차 할 수도 없었다. 그러나 유럽인들은 하나의 공동의 집이라는 인식에 기반하여 경제와 문화 분야와 같은 비정치적인 분야에서 시작하여 쉬운 문제부터 해결하고 또한 상호 이익의 균형을 맞추는 상호 협력을 추구하였다. 그리고 베스트팔렌조약을 통하여 유럽 스스로가 발명한 민족국가라는 정치적 공동체를 넘어서서 유럽연합이라는 더 높은 수준의 협력과 평화의 공동체를 향해서 나아가고 있는 것이다. 이 과정에서 더욱 영향력이 강한 행위자들이 앞장서서 약한 행위자들의 입장을 보호하고, 대화와 협력의 장에 나오도록 설득했다. 만약 힘의 논리에 의하여, 만인에 대한 만인의 투쟁 방식으로 유럽연합의 건설을 강대국들이 추진했다면, 약자들에 의한 저항이 있고, 이러한 상호과정 속에서 유럽에서 또 다른 분쟁, 심지어 전쟁이 발생했을 수도 있다.

현실의 글로벌정치에는 이러한 세 가지 정치문화가 혼재되어 있다. 글로벌 정치의 다양한 행위자들과 세계시민들이 어떤 정치문화를 선택하느냐에 따라서 조금 더 아름다운 지구촌이 건설될 수도 있을 것이다. "같은 하늘 아래에서 같이 살 수 없다"와 같은 문화는 감소되고 있지만, 글로벌정치에서 칸트 문화는 여전히 멀리에 있다. 오늘날 대부분의 글로벌 행위자들은 경쟁의 정치문화를 추구하고 있다.[7] 더욱 아름다운 지구촌을 건설하기 위하여, 세계시민으로서 어떤 마음을 갖느냐는 중요한 문제이다. 따라서 국민국가의 구성원으로서 시민의식을 넘어서, 지구촌 사회의 일원으로 글로벌 시민의식을 함양할 필요성이 있다.

2. 동아시아 공동의 집을 향하여

역사적으로 동아시아는 인류문명의 하나의 축이었고, 지구촌 정치의 하나의 모델이기도 했다. 현재 동아시아는 이질적이며 동시에 대립적인 지역이다. 우리가 살고 있는 동아시아도 지구촌의 다른 지역과 마찬가지로 역사, 정치, 경제, 지리적으로 복잡한 구조로 되어 있다. 서구 제국주의의 침략으로 인하여 동아시아 각국은 식민지 지배를 경험했다. 해방 이후, 전범국 일본과 주변 피해국가 사이에 식민지에 대한 문제가 원만하게 해결되지 않았고, 역사인식에 대한 차이에 따라서 상호 불신의 시대가 지속되고 있다. 동아시아 지역 사이에 역내 경제협력과 무역 등의 비정치적 분야의 협력은 상당히 활발한데도 불구하고, 역사문제와 영토문제, 그리고 민족주의를 둘러싼 갈등은 지속되고 있다. 만약 중국과 일본과 같은 동아시아의 대국의 쇼비니즘적 의식을 바탕으로 대동아공영권과 같은 "동아시아의 공동의 집"을 건설하려고 한다면, 100년 전과 같은 전쟁과 투쟁의 시대가 다시 도래할 수도 있다.

한국, 중국, 일본 등은 역내를 선도하는 국가로서 책임의식을 바탕으로 지역협력을 위하여, 칸트적 발상에 기반하여 동아시아의 역사, 영토, 민족주의의 문제를 해결해야 한다. 세계대전 직후, 유럽공동체(European Community)의 창설은 실현이 거의 불가능한 하나의 아이디어에 불과했다. 그러나 현재 유럽연합(EU)은 지구촌과 우리 동아시아가 지향해야 할 하나의 모델이 되고 있다. 동아시아에서도 공동의 집

---

7 왕이저우(王逸舟) 저, 박종철 역, 『글로벌 정치와 중국외교(全球政治与中国外交)』, 한울출판사, 2010.

을 향한 칸트적 발상을 한다면, 갈등과 대립은 협력과 대화로 전환될 수 있다. '동아시아 공동의 집(The Common House of East Asia)'을 향한 다양한 회의체, 국제기구, NGO 연합, 인적 교류 등이 지속적으로 증가하고 있다.

아세안＋3(한중일) 회의체, 아세안지역안보포럼(ARF: ASEAN Regional Forum), 아세안경제공동체, 아시아개발은행(ADB: Asia Development Bank) 등 다양한 회의체와 지역국제기구가 활동하고 있다. 2015년에 출범하는 아세안경제공동체(AEC: ASEAN Economic Community)는 동남아국가연합의 회원국 10개국을 기반으로 하고 있다. 아세안경제공동체는 유럽경제공동체(EEC: European Economic Community)의 아시아판을 목표로 한다. 이는 인구 6억 3천만명(2014년 기준 세계 3위), GDP 2조 5천억 달러 이상(2013년 기준 세계 7위)의 거대 경제블록이며, 단일시장화, 높은 경쟁력을 지닌 경제 지역화, 균형적 경제발전, 지역경제통합을 목표로 하고 있다. 비록 동아시아 국가들이 민족주의를 강화하면서 역사문제, 영토문제 등으로 갈등이 잔존해 있지만, 중앙정부의 입장과 달리 아세안＋3, 다국적기업, NGO, 지방자체단체, 종교단체 등 다양한 행위자들은 정치적으로 민감한 문제를 넘어서서 비정치적 분야를 중심으로 유연하게 대처하며, 동아시아 공동의 집을 향한 협력을 모색하고 있다.

3. 한반도 남북의 평화공존의 길을 찾아서

냉전시기, 미소 분열에 따라서 한반도는 냉전의 최전방이었고, 탈냉전 이후 여전히 분쟁지역으로 남아있다. 조금 더 아름다운 지구촌을 향한, 그리고 동아시아 공동의 집을 향한 첫걸음으로 우리 한국인들은 남북 사이의 평화와 공존에 대하여 연구하고 모색해야 한다.

필자가 몇 년전 수업시간에 '한국정치에서 해결해야 하는 문제점'을 과제로 낸 적이 있었다. 어떤 여학생은 "왜 우리 고무신은 인생의 가장 좋은 시절에 남자친구를 군대로 보내야 하는 것인가"라는 제목으로 한국의 분단구조와 기성 세대를 비판하는 보고서를 제출한 적이 있다. 그 보고서의 요점은 분단의 책임은 기성세대에 있음에도 불구하고, 이에 따른 젊은 세대의 희생과 고통, 그리고 분단비용이 너무 크다는 점이다.

해방과 독립 이후, 한국정치의 핵심 화두는 경제발전, 민주화와 통일이었다. 남북관계와 한반도 평화문제의 경우, 분단과 전쟁의 경험을 넘어서서 칸트적이며 플러스 섬의 발상이 번번히 좌절되어 왔었다. 분단의 기원이 되는 미·소대결은 역사 속의 기억으로만 남아 있지만, 한반도의 분단과 대립은 여전히 지속되고 있다. 한반도 평화공존은 한국의 국내정치의 문제이면서 동시에 글로벌정치의 주요 쟁점이기도 하다.

한국의 젊은 남성은 의무적으로 2년간 군대에서 의무복무를 하고 있다. 북한의 경우, 남성은 13년, 여성은 9년 동안 복무를 하고 있다. 만약 남한과 북한이 평화로운 공존이 가능하다면, 분단에 따른 젊은이들의 희생과 부담은 감소하거나 사라질 것이다. 우리는 우리의 소원은 통일이라고 말을 즐겨한다. 그러나 매년 시행되는 여론조사에 따르면, 시대가 흐르고 연령층이 젊어질수록 남북통일을 당연히 이룩해야만 한다고 응답하는 비율은 줄어들고 있다.

그러나 분단을 통하여 한국인은 너무나 큰 고통을 겪고 있고, 많은 손실을 입고 있다는 측면에서 남북 사이의 평화로운 공존과 협력의 분위기를 조성해야만 한다. 앞에서 필자가 설명한 바와 같이, 냉전시대와 같이 만인에 대한 만인의 투쟁이라는 사고로는 남북 사이에 대화와 타협의 장을 만드는 것은 쉽지 않다. 세계대전 이후, 유럽에서 공동의 집을 향한 비정치적 분야에서 대화와 협력을 추구하는 칸트적 발상에서 평화적 공존을 모색한 바와 같이, 남북 사이에 비정치적 분야에서 쉬운 문제부터 조건없는 대화를 통한 플러스 섬(Plus-Sum)의 협력과 평화공존을 모색해야 한다.

현재 우리는 한반도에서 독일통일과 같이 주변 강대국을 만족시키는 통일을 이룩할 준비가 여전히 미흡하고, 급변사태를 통하여 도둑처럼 통일이 찾아올 가능성도 비교적 적다. 급작스러운 통일도 역시 철저히 준비해야 하지만, 조금 더 아름다운 지구촌을 향한, 그리고 동아시아 공동의 집을 향하여 첫 걸음으로써, 현재의 분단체제를 넘어서기 위하여 한반도 남북은 어떤 평화와 공존체제를 건설할지를 고민해야 한다. 성숙된 이웃 국가관계로서 독일과 오스트리아와 같이 한 민족이 여러 국가를 형성하며 평화로운 지내고 있는 경우도 있고, 비정치적 분야를 중심으로 평화공존을 지향하는 중국-타이완의 양안관계도 있는데, 이러한 협력과 평화공존의 모델은 남북관계가 지향해야 할 하나의 조금 더 아름다운 정치문화를 제공하고 있는 것이다.

질문 및 토론 사항

1. 학문적으로 혹은 현실정치의 영역에서 "국제정치, 국제관계, 세계정치, 지구촌정치, 글로벌정치"라는 개념을 구별할 필요가 있는가?

2. 글로벌라이제이션과 파편화, 그리고 정보화가 가속화되는 시대에 글로벌정치에서 국가의 주권은 약화될 것인가 혹은 강화될 것인가?

3. 글로벌정치에서 횡국가적 행위자들은 어떤 것들이 있는가?

4. 지구촌이 '새로운 중세'와 같은 체제로 나아가고 있는가? 혹은 글로벌정치는 여전히 강대국 정치의 산물인가?

5. 화해와 협력이라는 인식을 기반으로, 지구촌의 복잡한 문제를 해결하는 공동의 관리 방식으로서 글로벌 거버넌스의 시대는 도래하고 있는가?

6. 한반도의 분단을 극복하기 위하여 남북통일은 필수적인가? 분단해체와 통일로 가는 중간단계의 방안으로 양안관계 혹은 독일-오스트리아처럼 평화롭게 공존의 길을 모색할 수가 있을 것인가?

참고문헌

• 제1장

홍원표. 2013. 『한나 아렌트 정치철학: 행위, 전통, 인물』. 서울: 인간사랑.

홍원표. 2002. 『현대정치철학의 지형』 서울: 인간사랑.

Arendt, H. 1958. *The Human Condition*. Chicago: University of Chicago Press.

Arendt, H. 1951. *The Origin of Totalitarianis*. New York: Schocken Books.

• 제2장

이극찬. 1999. 『정치학』. 서울: 법문사.

이범준·신승권. 1997. 『政治學』. 서울: 박영사.

이상두. 1985. 『자유에서의 도피』. 서울: 범우사.

홍순권·조형제. 1996. 『정치권력과 사회계급』. 서울: 풀빛.

Bertrand Russell. 1938. *Power*. London: George Allen & Unwin, Ltd.

Charles Edward Merriam. 1957. *Systematic Politics, 4th edition*. Chicago: University of Chicago.

Carl J. Friedrich. 1937. *Constitutional Government and Politics: Nature and Development*. New York: Harper & Brothers Publishers.

_____. 1950. *Constitutional Government and Politics*. New York: Ginn and Co.

Charles Wright Mills. 1954. *The Power Elite*. New York: Oxford University Press.

David Held. 1989. *Political Theory and the Modern State: Essays on State, Power, and Democracy*. Stanford: Stanford University Press.

Erich Fromm. 1972. *Escape from Freedom*. New York: The Hearst Corporation.

Gaetano Mosca. 1939. *The Ruling Class*. New York: McGraw-Hill Book Co.

Hannah Arendt. 1969. *On Violence*. New York: Harcourt Brace Jovanovich.

Harold Dwight Lasswell. 1936. *Power and Personality*. New York: Compass Books Edition.

_____. 1948. *Power and Personality*. New York: W. W. Norton & Co., Inc.

_____. 1963. *Politics: Who gets What, When, How*. Cleveland: A Meridian Book.

Harold Dwight Lasswell and Abraham Kaplan. 1950. *Power and Society: A Framework for Political Inquiry*. New Haven: Yale University Press.

Han Morgenthau. 1948. *Politics among Nations*. New York: Alfred A. Knopf.

John Locke. 1690. *An Essay Concerning Human Understanding*. London: Printed for the Busset and Sold by Edw. Mory.

Karl Löwenstein. 1965. *Political Power and the Governmental Process*. Chicago: The University of Chicago Press.

Nicos Poulantzas. 1975. *Political Power and Social Classes*. London: NLB.

Max Weber. 1921. *Politik als Beruf, Gesammelte politische Schriften*. München.

Robert A. Dahl. 1963. *Modern Political Analysis*. Englewood Cliffs. N.J: Prentice-Hall, inc.

_____. 1948. *Modern Political Analysis*. Englewood Cliffs. N.J: Prentice-Hall, inc.

Robert Morrison MacIver. 1948. *The Web of Government*. The University of Toronto Law Journal, Vol. 7, No. 2.

Thomas Hobbes. 1945. *Leviathan*. ed. by Michael Oakshott. Oxford: Black well.

_____. 1994. *Leviathan*. Edited with Introduction and Notes by Edwin Curley. Indianapolis: Hackett Publishing Company.

Vilfredo Pareto. 1963. *The Mind and Society: A Treatise on General Sociology*. Vol. III-IV, trans. by A. Bongiorno and Luingston. New York: Dover Publications Inc.

• 제3장

고범서 · 이상두 · 이서행 공저. 1985. 『현대정치이데올로기총론』. 서울: 학문사.

김성수. 2015. 『새로운 패러다임의 비교정치』. 서울: 글로벌콘텐츠.

김용욱. 2002. 『정치학: 이슈와 성찰』. 서울: 법문사.

노병철 · 변종헌 · 임상수 공저. 2000. 『현대 사회와 이데올로기』. 서울: 인간사랑.

박채용. 2000. 『서양정치사상사 4』. 서울: 세계아기선교출판국.

스터바, 배석원 옮김. 2001. 『윤리학에 대한 3가지 도전』. 서울: 서광사.

윤순갑. 2005. "정치이데올로기." 조용상 편. 『정치학의 이해』. 파주: 법문사.

캐롤라인 라마자노글루. 김정선 역. 1997. 『페미니즘, 무엇이 문제인가』. 서울: 문예출판사.

한국사회과학연구소 편. 1978. 『현대이데올로기의 제문제』. 서울: 민음사.

마르코 마르티니엘로. 윤진 역. 2008. 『현대사회와 다문화주의』. 파주: 한울아카데미.

Banting, Keith, Richard Johnston, Will Kymlicka & Stuart Soroka. 2006. "Do Multiculturalism Policies Erode the Welfare State?" in Keith Banting & Will Kymlicka, *Multiculturalism and the Welfare State: Recognition and Redistribution in Contemporary Democracies*. Oxford: Oxford University Press.

Ebenstein, William and Fogelman, Edwin. 1980. *Today's ISMS*. Englewood Cliffs. New Jersey: Prentice-Hall, Inc.

Joppke, Christian. 2001. "Multicultural Citizenship: A Critique." *European Journal of Sociology*. 42-2.

Joppke, Christian. 2004. "Ethnic Diversity and the State." *The British Journal of Sociology*. 55-3.

Sargent, Lyman Tower. 1999. *Contemporary Political Ideologies*. 7th edition. Orlando: Harcourt Brace College Publishers.

• 제4장

김비환. 2014. 『이것이 민주주의다』. 파주: 개마고원.

목광수. 2013. "민주주의적 덕성과 공론장." 『사회와 철학』. 제25집. 사회와 철학연구회.

박혁 외. 2014. "서구의 심의정치 사상과 제도." 『심의의 질적 제고와 의회정치 발전방안』. 국회사무처 용역보고서.

박상훈·박찬표·최장집 공저. 2007. 『어떤 민주주의인가』. 서울: 후마니타스.

이동수. 2005. "대의제 민주주의의 위기: 마넹의 논의를 중심으로." 『시민사회와 NGO』 3(1). 한양대학교 제3섹터 연구소.

이부하. 2009. "전자민주주의와 인터넷 선거." 『공법학연구』 10(2). 한국비교공법학회.

이지문. 2012. 『추첨민주주의 이론과 실제』. 파주: 이담 Books.

임혁백. 2009. "대의제 민주주의는 무엇을 대의하는가?: 일반의사와 부분의사, 그리고 제도 디자인." 『한국정치학회보』 제43집 4호. 한국정치학회.

장동진. 2012. 『심의민주주의: 공적 이성과 공동선』. 서울: 박영사.

주성수. 2006. "대의민주주의를 넘어서: 참여민주주의의 시대로." 주성수·정상호 편. 『민주주의 대 민주주의』. 서울: 아르케.

Held, D. 박찬표 역. 2010. 『민주주의의 모델들』. 서울: 후마니타스.

Manin, B. 1997. *The Principles of Representative Government*. Cambridge: Cambridge University Press.

Manin, B. 곽준혁 역. 2004. 『선거는 민주적인가?』. 서울: 후마니타스.

Young, I.M. 2004. "The Deliberative Model." Colin Farrelly, ed., *Contemporary Political Theory: A Reader*. Sage.

Parker, W.C. 1994. "Advanced Ideas about Democracy: Toward a Pluralist Conception of Citizenship Education." Paper presented at the Annual Meeting of the National Council for the Social Studies.

Swift, A. 김비환 역. 2011. 『정치의 생각』. 파주: 개마고원.

• 제5장

김순규 외. 2000. 『정치학의 이해』. 서울: 박영사.

Hague, R. & Harrop, M. 김계동외 옮김. 2011. 『비교정부와 정치』. 서울: 명인문화사.

최장집. 2008. 『한국 민주주의, 무엇이 문제인가』. 서울: 생각의 나무.

레이파트, A. 최명 역. 1987. 『민주국가론』(1984년판). 서울: 법문사.

린쯔·바엔주엘라. 신명순·조정관 공역. 1995. 『내각제와 대통령제』. 서울: 나남.

쉬블리, 필립스. 김계동 외 역. 2013. 『정치학개론: 권력과 선택』. 서울: 명인문화사.

진영재. 2013. 『정치학총론』. 서울: 연세대학교 출판부.

Hagopian, M.N. 1984. *Regimes, Movements, and Ideologies, 2nd*. New York: Longman.

Lijphart, A. 1992. "Introduction." *Parliamentary versus Presidential Government*. Oxford Univ. Press.

Sartori. G. 1994. *Comparative Constitutional Engineering*. New York University Press.

• 제6장

강경선. 2005. "민주주의와 입헌주의의 딜레마."『민주법학』제28호.

강정인. 2008. "민주화 이후 한국정치에서 자유민주주의와 법치주의의 충돌."『서울대학교 법학』49-3.

김대영. 2003. "법과 정치: 리프만의 정치평론에 나타난 보통법적 관점."『한국정치학회보』37-1.

김욱. 2007. 『교양으로 읽는 법 이야기』. 서울: 인물과 사상사.

김일영. 2001. "한국헌법과 '국가-사회'관계."『한국정치와 헌정사』. 서울: 도서출판 한울.

김홍우. 2012. 『법과 정치: 보통법의 길』. 서울: 인간사랑.

박명림. 2005. "헌법, 헌법주의 그리고 한국 민주주의."『한국정치학회보』39(1).

박은정. 2010. 『왜 법의 지배인가』. 서울: 돌베개.

이장희. 2014. "법과 정치의 관계에 관한 소고."『헌법학연구』20(2).

정준표. 2013. "사법심사, 입헌주의와 민주주의."『대한정치학회보』20(3).

정태욱. 2002. 『정치와 법치』. 서울: 책세상.

최대권. 2012. 『법치주의와 민주주의』. 서울: 서울대출판문화원.

Fukuyama, Francis. 2011. *The Origins of Political Order: From Prehuman Times to the French*

Revolution. New York, NY: Farrar, Straus & Giroux.

Ginsberg, Benjamin and Martin Shefter. 2002. *Politics by Other Means: Politicians. Prosecutors and the Press from Washington*. New York: Norton & Company.

Hague, Rod and Martin Harrop. 김계동 외 옮김. 2011. 『비교정부와 정치』. 서울: 명인문화사.

Huntington, Samuel P. 1996. *The Clash of Civilizations and the Remaking of the World Order*. New York: Simon and Schuster.

Heywood, Andrew. 조현수 옮김. 2014. 『현대정치의 이론과 실천』. 서울: 성균관대학교출판부.

Maravall, Jose Maria and Adam Przeworski. 안규남·송호창 외 옮김. 2008. 『민주주의와 법의 지배』. 서울: 후마니타스.

• 제7장

미국정치연구회. 2013. 『미국 정부와 정치 2』. 서울: 오름.

신명순. 2010. 『비교정치』. 서울: 박영사.

신유섭. 2001. "의회제도의 정착과 연공서열제." 『의정연구』 7.

신유섭. 2008. "근대정치이념의 미국적 적용: 건국 초기 문헌을 통해 본 미국의 전통보수주의." 『한국정치학회보』 42.

이극찬. 1999. 『정치학』. 서울: 법문사.

진영재. 2010. 『정치학 총론』. 서울: 연세대학교 출판부.

Asher, Herbert. 1985. "The Learnign of Legislative Norms." in Gleen R. Parker ed. *Studies of Congress*. Washington, D.C.: CQ Press.

Bullock, Charles S. 1979. "House Committee Assignments." in Leroy N. Rieselbach ed. *The Congressional System: Notes and Readings*. 2d ed. North Scitiate: Duxbury Press.

Burk, Edmund. 1774. *Speech to the Electors of Bristol — On HIis Being Delared by the Sheriffs Duly Elected One of the Representatives in Parliament for That City* (NOVEMBER 3).

Cain, Bruce, John Ferejohn, and Morris Fiorina. 1987. *The Personal Vote: Constituency Service and Electoral Independence*. Cambridge: Harvard University Press.

Jefferson, Thomas. 1977. "Letter to Edmund Pendleton." in Merrill D. Peterson, ed. *The Portable Thomas Jefferson*. 355-7. New York: Penguin Books.

Kelly, Richard. 2014. *The Parliament Acts*. Commons Briefing Papers SN00675. Library, House of Commons.

Kingdon, John W. 1989. *Congressmen's Voting Decisions*. 3d ed. Ann Arbor: The University of Michiugan Press.

Madison, James. 1987. *Notes of Debates in the Federal Convention of 1787*. New York: Norton.

Neustadt, Richard E. 1990. *Presidential Power and the Modern Presidents*. New York: The Free

Press.

Pollard, A. Frederick. 1920. *The Evolution of Parliament.* London: Longmans.

Rossiter, Clinton ed. 1961. *The Federalist Papers — Hamilton, Madison, Jay.* New York: Mentor.

Sinclair, Barbara. 1989. *The Transformation of the US Senate.* Baltimore: Johns Hopkins University Press.

Tocqueville, Alexis. 1969. *Democracy in America.* Translated by George Lawrence and Edited by J. P. Mayer. New York: HarperPerennial.

• 제8장

김수진. 2008. 『한국 민주주의와 정당정치』. 서울: 백산서당.

김용호. 2001. 『한국 정당정치의 이해』. 서울: 나남.

심지연 편. 2004. 『현대 정당정치의 이해』. 서울: 백산서당.

정진민 외. 2015. 『정당정치의 변화, 왜 어디로』. 서울: 형설출판사.

최장집 외. 2013. 『어떤 민주주의인가』. 서울: 후마니타스.

Blondel, Jean. 1968. "Party Systems and Patterns of Government in Western Democracies." *Canadian Journal of Political Science.* Vol. 1, No. 2.

Dahl, Robert A. 1966. "Patterns of Opposition." in Robert A. Dahl eds. *Political Oppositions in Western Democracies.* New Haven: Yale University Press.

Downs, Anthony. 1957. *An Economic Theory of Democracy.* New York: Harper.

Duverger, Maurice. 1967. *Political Parties.* London: Methuen & Co. Ltd.

Epstein, Leon. 1967. *Political Parties in Western Democracies.* New York: Praeger.

Inglehart, Ronald. 1977. *The Silent Revolution: Changing Values and Political Styles Among Western Publics.* Princeton: Princeton university Press.

Katz, R.S. and Peter Mair. 1994. *How Parties Organize.* London: Sage.

Kelsen, Hans. 1929. *Vom Wesen und Wert der Demokratie.*

Kirchheimer, Otto. 1966. "The Transformation of the Western European Party System." in Joseph LaPalombara and Myron Weiner, eds. *Political Parties and Political Development.* Princeton: Princeton University Press.

Laakso, M. and R. Taagepera. 1979. "Effective Number of Parties: A Measure with Application to West Europe." *Comparative Political Studies.* Vol. 12.

LaPalombara, Joseph and Myron Weiner, eds. 1966. *Political Parties and Political Development.* Princeton: Princeton University Press.

Lipset, Seymour and Stein Rokkan. 1967. "Cleavage Structures, Party Systems, and Voter Alignment." in Seymour Martin Lipset and Stein Rokkan, eds. *Party Systems and Voter*

Alignments: Cross-National Perspectives. New York: The Free Press.

Mair, Peter. 1997. *Party System Change: Approaches and Interpretations*. Oxford: Clarendon Press.

Panebianco, Angelo. 1988. *Political Parties: Organization and Power*. Cambridge and New York: Cambridge University Press.

Sartori, Giovanni. 1976. *Parties and Party System: A Framework for Analysis*. Cambridge: Harvard University Press.

Schattschneider, E.E. 1942. *Party Government in the United States*. New York: Rinehart.

• 제9장

안순철. 2000. 『선거체제비교』. 서울: 법문사.

이갑윤. 2011. 『한국인의 투표행태』. 서울: 후마니타스.

전용주 외. 2014. 『투표행태의 이해』. 서울: 한울아카데미.

파렐, 데이비드. 전용주 역. 2012. 『선거제도의 이해』. 서울: 한울 아카데미.

Almond, Gabriel. 1950. *The American People and Foreign Policy*. New York: Harcourt.

Downs, Anthony. 1957. *An Economic Theory of Democracy*. New York: HarperCollins.

Duverger, Maurice. 1954. *Political Parties*. New York: Wiley.

Harrop, Martin and William Miller. 1987. *Elections and Voters: A Comparative Introduction*. London: Macmillan Education.

Katz, Elihu and Paul Lazarsfeld. 1955. Personal Influence: *The Part Played by People in the Flow of Mass Communication*. New York: The Free Pres.

• 제10장

강명세. 2006. 『세계화와 탈산업화 시대의 노동과 복지의 정치』. 파주: 한울아카데미.

김병곤. 2009. "도머스 홉스 — 동의에 의한 절대주의." 강정인 편. 『서양 근대 정치사상사』. 서울: 책세상.

박상준. 2003. "헤겔의 시민사회론과 법교육에의 함의." 『社會科敎育』. 제42권 1호.

신진욱. 2008. 『시민』. 서울: 책세상.

유홍림. 2003. 『현대정치사상 연구』. 서울: 인간사랑.

잉글하트·웰젤(R. F. Inglehart & C. Welzel). 지은주 역. 2011. 『민주주의는 어떻게 오는가』. 서울: 김영사.

정상호. 2006. 『NGO를 넘어서』. 파주: 한울.

정상호. 2013. 『시민의 탄생과 진화』. 한림대학교 출판부.

조혜인. 2009. 『공민사회의 동과 서: 개념의 뿌리』. 파주: 나남.

최장집. 2002. 『민주화 이후의 민주주의』. 서울: 후마니타스.

Baumgartner, Frank R. and Beth L. Leech. 1998. *Basic Interest*. Princeton University Press.

Cohen, J.L. & Arato, A. 1997. *Civil Society and Political Theory*. Cambridge: Cambridge University Press.

Cohen, Joshua & Joel Rogers. 1995. *Secondary Associations and Democratic Governance: The Real Utopia Project*. London: Verso.

Dahl, Robert A. 1982. *Dilemmas of Pluralist Democracy*. New Haven: Yale University Press.

Gilens, Martin and Benjamin I. Page. 2014. "Testing Theories of American Politics: Elites, Interest Groups, and Average Citizens." *Perspectives on Politics*. Vol. 12/No. 3.

Hanagen, Michael. 1998. "Social Movements: incorporation, Disengagement, and Opportunities." Marco G. Giugni, Doug McAdam, Charles Tilly, *From Contention to Democracy*. Rowman & Littlefield Publishers.

Judis, John B. 2001. *The Paradox of American Democracy: Elites, Special interests, and the Betrayal of Public Trust*. Routledge.

Lindblom, E. Charles. 1993. *The Policy Making Process*. Prentice Hall.

Lowi. Theodore. 1970. "Decision Making vs. Policy Making: toward an Antidote for Technology." *Public Administration Review*. May/June.

Nownes, Anthony J. 2001. *Pressure and power: organized interests in American politic*. Houghton Mifflin Company.

Putnam. Robert D. 2000. *Bowling Alone: The Collapse and Revival of American Community*. Simon & Schuster.

Salamon, Lester M. and Helmut K. Anheier. 1997. Defining the nonprofit sector: A cross-national analysis. Manchester University Press.

Salisbury, Robert. H. 1992. *Interests and Institutions: Substance and Structure in American Politics*. Pittsburgh: University of Pittsburgh Press.

Schattschneider, E.E. 1960. *The Semisovereign People: A Realist's View of Democracy in America*. New York: Harcourt School.

Schlozman, Kay Lehman and John T. Tierney. 1986. *Organized Interests and American Democracy*. New York: Harper & Row Publishers.

Schmitter, Philippe. C. 1979. Still the Century of Corporatism, Schmitter and G. Lehmbruch, *Trends Toward Corporatist Intermediation*. Beverly Hills: SAGE Publications.

Spiller, Pablo T. and Sanny Liao. 2006. *Buy, Lobby or Sue: Interest Groups' Participation in Policy Making*. NATIONAL BUREAU OF ECONOMIC RESEARCH. Working Paper 12209/ http://www.nber.org/papers/w12209.

Verba et al, S. 2002. *Voice and Equality*. Cambridge: Harvard University Press.

• 제11장

미국정치연구회 편. 2014. 『미국 정부와 정치 2』. 서울: 오름.

서울대학교 정치학과 교수 공저. 2002. 『정치학의 이해』. 서울: 박영사.

신명순. 2008. "정치와 정치문화." 민준기 · 신명순 · 이정복 · 윤성이 공저. 『한국의 정치: 제도 · 과정 · 발전』. 서울: 나남.

이소영. 2014. "정당, 미디어, 그리고 정치적 선호: 6.4 서울시장 선거 유권자의 선택적 미디어 노출과 정치적 태도." 『21세기 정치학회보』 24집 3호.

헤이우드, 앤드류 지음 · 조현수 옮김. 2011. 『정치학』. 서울: 성균관대학교 출판부.

홍재우. 2012. "'아버지와 나는 다르다?' 세대정치와 정치사회화." 『21세기 정치학회보』 22집 3호.

Almond, Gabriel. 1956. "Comparative Politica System." *Journal of Politics* 18(3).

Almond, Gabriel. 1971. "Introduction: A Functional Approach to Comparative Politics." in Gabriel Almond and James Coleman (eds.). *The Politics of Developing Areas*. Princeton: Princeton University Press.

Almond, Gabriel. 1983. "Communism and Political Culture Theory." Comparative Politics 15. pp. 127-38.

Almond, Gabriel. 1993. "The Study of Political Culture." in Berg-Schlosser and R. Rytlewski (eds.). *Political Culture in Germany*. New York: St. Martin's Press.

Almond, Gabriel and Sidney Verba. 1965. *The Civic Culture*, Boston: Little Brown and Company.

Hague, Rod · Martin Harrop 지음. 김계동 · 김욱 · 민병오 · 윤진표 · 지병근 옮김. 2011. 『비교정부와 정치』. 서울: 명인문화사.

Huntongton, Samuel. 1996. *The Clash of Civilizations and the Making of World Order*. New York: Somon & Schuster.

Inglehart, Ronald. 1971. "The Silent Revolution in Europe: Intergenerational Chnage in Post-Industrial Societies." *American Political Science Review* 65. Princeton. NJ: Princeton Univerity Press.

Inglehart, Ronald. 1997. "Modernization and Postmodernization: Cultural, Eonomic and Social Change." in 43 Societies, Princeton. NJ: Princeton Univerity Press.

Norris, Pipa. 1999. "The Growth of Critical Citizens and Its Consequences." in Pipa Norris (ed.). Critical Citizens: Global Support for Democratic Governance. Oxford and New York: Oxford University Press.

Putnam, Robert. 2000. *Bowling Alone: The Collapse and Revival of American Community*. New York: Simon & Schuster.

Pye, Lucian W. 1968. "Political Culture." David L. Sills (ed.). *International Encyclopedia of the Social Science*. Vol. 12. New York: The Macmillan Co. and The Free Press.

- 제12장

진덕규. 2003. 『현대정치학』. 서울: 학문과 사상사.

필립스 쉬블리. 김계동 외 역. 2013. 『정치학 개론: 권력과 선택』. 서울: 명인문화사.

Almond, Gabriel A. and Sidney Verba, 1963. *The Civic Culture*. Boston: Little, Brown and Co.

Haggard, Stephen and Robert Kaufman. 1995. *The Political Economy of Democratic Transitions*. Princeton: Princeton University Press.

Huntington, Samuel P. 1991. *The Third Wave: Democratization in the Late Twentieth Century*. Norman: University of Oklahoma Press.

Lipset, Seymour M. 1960. *Political Man: The Social Bases of Politics*. New York: Garden City.

O'Donell, Guillermo and Philippe C. Schmitter. 1986. *Transition from Authoritarian Rule: Tentative Conclusions about Uncertain Democracies*. Baltimore: Johns Hopkins University Press.

Putnam, Robert D. 1994. *Making Democracy Work: Civic Traditions in Modern Italy*. Princeton: Princeton University Press.

Przeworski, Adam., Alvarez, Michael E., Cheibub, Jose Antonio and Fernando Limongi. 2000. *Democracy and Development: Political Institutions and Well-Being in the World, 1950–1990*. New York: Cambridge University Press.

- 제13장

강인태. 2012. "지방자치단체의 자치입법권의 범위와 한계." 『서강법률논총』 (봄).

김대영, 강민구, 김민정. 2014. "지방세외수입 징수체계 효율화 방안." 한국지방세연구원 연구보고서.

김두관. 1997. "시민운동 발전을 위한 자치단체의 역할." 『한양대학교 지방자치연구소 국내세미나 논문집』 (겨울).

박재욱. 2008. "지방화와 함께 가는 지방자치." 21세기 정치연구회 편. 『정치학으로의 산책』. 파주: 한울아카데미.

유재원. 2003. 『한국지방정치론: 이론과 실제』. 서울: 박영사.

윤영진. 1994. "광역의회의 예산심의형태에 관한 연구: 대구시와 광주시를 중심으로." 『한국행정학보』 (봄).

이기우. 1997. "시민주권의 회복과 시민참여의 활성화." 『한양대학교 지방자치연구소 국내세미나 논문집』 (겨울).

임승빈. 2005. 『지방자치론』. 서울: 법문사.

장우영. 2011. "지방자치와 시민참여." 『OUGHTOPIA』 (봄).

정일섭. 2006. 『한국지방자치론』. 서울: 대영문화사.

정재욱. 2001. 『한국지방자치의 기초이해』. 서울: 대명출판사.

최병대. 2008. 『자치행정의 이해』. 서울: 대영문화사.

최창호. 2006. 『지방자치의 이해』. 서울: 삼영사.

최창호. 2007. 『지방자치학』. 서울: 삼영사.

한국지방세연구원. 2012. "국고보조금의 현황과 문제점." 연구보고서. 한국지방자치학회. 2008. 『지방의회
　　　의 이해』. 서울: 박영사.

한국지방자치학회. 2008. 『한국 지방자치의 이해』. 서울: 박영사.

허철행. 2011. "지방선거에 있어서 정당공천제의 한계와 개선방안에 관한 연구." 『지방정부연구』 (여름).

• 제14장

김민정 외 공저. 2011. 『젠더정치학』 파주: 한울.

라셀 살라자르 파레냐스 저. 문현아 옮김. 2009. 『세계화의 하인들』. 서울: 도서출판 여이연.

Benhabib, Seyla. 2004. *The Rights of Others: Aliens, Residents and Citizens*. Cambridge:
　　　Cambridge University Press.

Castles, Stephen and Davidson, Alastair. 2000. *Citizenship and Migration: Globalization and the
　　　Politics of Belonging*. New York: Routledge.

Gutmann, Amy. 2003. *Identity in Democracy*. Princeton: Princeton University Press.

Kymlicka, Will. 2007. *Multicultural Odysseys: Navigating the New International Politics of
　　　Diversity*. NewYork: Oxford University Press.

• 제15장

김준형. 2006. 『국제정치이야기』. 서울: 책세상.

마샬 맥루한 지음. 박기순 옮김. 2005. 『지구촌』. 서울: 커뮤니케이션북스.

박재영. 2008. 『국제정치 패러다임: 현실주의, 자유주의, 구조주의』. 서울: 법문사.

베일리스 · 스미스 · 오언스(John Baylis, Steve Smith and Particia Owens). 하영선 외 역. 2006. 『세계정
　　　치론』. 서울: 을유문화사.

안문석. 2014. 『글로벌정치의 이해』. 파주: 한울.

유현석. 2014. 『국제정세의 이해』. 파주: 한울.

조순구. 2006. 『국제문제의 이해: 지구촌의 쟁점들』. 파주: 법문사.

최은경. 2014. 『글로벌 미디어와 문화 경계』. 서울: 커뮤니케이션북스.

왕이저우(王逸舟) 저. 박종철 역. 2010. 『글로벌 정치와 중국외교(全球政治与中国外交)』. 파주: 한울.

헤들리 불(Hedley Bull) 저. 진석용 역. 2012. 『무정부사회; 세계정치에서의 질서에 관한 연구』. 파주: 나
　　　남출판.

타나까 아끼히꼬(田中明彦) 저. 이웅현 역. 2000. 『새로운 중세(中世) ─ 21세기의 세계시스템』. 서울:
　　　지정.

찾아보기

저자 약력 (장별 저자순)

김영재
성균관대학교 정치외교학과, University of South Carolina 정치학 박사
국제정치·북한정치 전공
청주대학교 교수, 청주대학교 국제교류처장, 2014 한국정치학회 회장

홍원표
한국외국어대학교 정치외교학과, 한국외국어대학교 정치학 박사
정치철학 전공
한국외국어대학교 LD 학부 교수

박명호
동국대학교 정치외교학과, University of Michigan State 정치학 박사
비교정치·정치과정 전공
동국대학교 교수, 동국대학교 행정대학원 부원장, 2016 한국정당학회 회장

정태일
충북대학교 정치외교학과, 충북대학교 정치학 박사
정치사상·한국정치 전공
충북대학교 교수, 충북대학교 대학출판부 부장, 2015 충북대학교 정치외교학과 학과장

심승우
한국외국어대학교 체코어과, 성균관대학교 정치학 박사
정치사상·다문화 전공
성균관대학교 유교문화연구소 전임연구원 및 겸임교수

김용복
서울대학교 정치학과, 서울대학교 정치학 박사
정당정치·의회정치 전공
경남대학교 정치외교학과 교수, 전 한국정당학회 회장, 전 한국정치연구회 회장, 현 한국의회발전연구회
　이사장

전기원
부산대학교 정치외교학과, University of Alabama 정치학 박사
국제정치·비교정치 전공
해군사관학교 교수, 국방부 정책자문위원회(국제정책분과위) 위원

신유섭
연세대학교 정치외교학과, University of Georgia 정치학 박사
미국정치·공공정책 전공
연세대학교 정치외교학과 교수, 2009 미국정치연구회 회장, 2014 한국정치학회 총무이사

김영태

고려대학교 정치외교학과, Freie Universität Berlin 정치학 박사

선거 · 정당정치 전공

목포대학교 정치언론홍보학과 교수

전용주

연세대학교 정치외교학과, University of Kansas 정치학 박사

미국정치 · 정치과정 전공

동의대학교 교수, 한국지방정치학회 회장, 한국정당학회 부회장

정상호

한양대학교 정치외교학과, 고려대학교 정치학 박사

비교정치 · 한국정치 전공

서원대학교 교수, 한국정치연구회 부회장, 2015 한국정치학회 충청지회장

이소영

연세대학교 정치외교학과, University of Texas at Austin 정치학 박사

비교정치 · 미국정치 전공

대구대학교 조교수

차창훈

연세대학교 정치외교학과, University of Warwick 정치학 박사

외교정책 · 중국정치 전공

부산대학교 정치외교학과 교수, 중국사회과학원 아 · 태연구소 초빙교수, Georgetown University 방문 학자

이충희

청주대학교 정치외교학과, University of Glasgow 정치학 박사

비교정치 · 유럽정치 전공

청주대학교 평화안보연구소 연구원

김민정

연세대학교 정치외교학과, 프랑스 파리 제2대학교 정치학 박사

비교정치 · 여성정치 전공

서울시립대학교 국제관계학과 교수

박종철

전북대학교 정치외교학과, 중국사회과학원 정치학 박사

국제관계, 중국 · 북한 정치 전공

경상대학교 교수, 민주평화통일자문회의 상임위원

정치학 시리즈 1
정치학: 인간과 사회 그리고 정치

초판인쇄	2015년 8월 10일
중판발행	2021년 3월 10일
지은이	한국정치학회 김영재 외
펴낸이	안종만·안상준
편 집	김선민
기획/마케팅	우인도
표지디자인	홍실비아
제 작	우인도·고철민
펴낸곳	(주) **박영시**
	서울특별시 금천구 가산디지털2로 53, 210호(가산동, 한라시그마밸리)
	등록 1959. 3. 11. 제300-1959-1호(倫)
전 화	02)733-6771
f a x	02)736-4818
e-mail	pys@pybook.co.kr
homepage	www.pybook.co.kr
ISBN	979-11-303-0234-8 93340

copyright©한국정치학회 김영재 외, 2015, Printed in Korea

정 가   19,000원